Curso de direito
PROCESSUAL CIVIL

SÉRIE CURSOS DE DIREITO

inter
saberes

Adriano Cesar Braz Caldeira
Guilherme Strenger

Curso de direito
PROCESSUAL CIVIL

Rua Clara Vendramin, 58 ■ Mossunguê
CEP 81200-170 ■ Curitiba ■ PR ■ Brasil
Fone: (41) 2106-4170
www.intersaberes.com
editora@intersaberes.com

Conselho editorial Dr. Alexandre Coutinho Pagliarini ■ Dr.ª Elena Godoy ■ Dr. Neri dos Santos ■ M.ª Maria Lúcia Prado Sabatella
Editora-chefe Lindsay Azambuja
Gerente editorial Ariadne Nunes Wenger
Assistente editorial Daniela Viroli Pereira Pinto
Revisão de texto Fábia Mariela De Biasi
Edição de texto Millefoglie Serviços de Edição ■ Tiago Krelling Marinaska
Capa Iná Trigo
Projeto gráfico Sílvio Gabriel Spannenberg
Designer **responsável** Sílvio Gabriel Spannenberg
Diagramação Renata Silveira
Iconografia Regina Claudia Cruz Prestes

Dados Internacionais de Catalogação na Publicação (CIP)
(Câmara Brasileira do Livro, SP, Brasil)

Caldeira, Adriano Cesar Braz
  Curso de direito processual civil / Adriano Cesar Braz Caldeira, Guilherme Strenger. — Curitiba, PR : InterSaberes, 2025. — (Série cursos de direito)

  Bibliografia.
  ISBN 978-85-227-1547-3

  1. Processo civil 2. Processo civil - Brasil I. Strenger, Guilherme. II. Título. III. Série.

24-210699   CDU-347.9

Índices para catálogo sistemático:
1. Direito processual civil   347.9

Cibele Maria Dias - Bibliotecária - CRB-8/9427

1ª edição, 2025.
Foi feito o depósito legal.
Informamos que é de inteira responsabilidade dos autores a emissão de conceitos.
Nenhuma parte desta publicação poderá ser reproduzida por qualquer meio ou forma sem a prévia autorização da Editora InterSaberes.
A violação dos direitos autorais é crime estabelecido na Lei n. 9.610/1998 e punido pelo art. 184 do Código Penal.

Sumário

Capítulo 1
Aspectos gerais do processo 11

1.1 Complexidade social e a multifatorialidade dos conflitos 12
1.2 Tutelas diferenciadas 13
1.3 Lide 14
1.4 Objeto do processo e objeto litigioso do processo 16
1.5 Questões prévias: preliminares, prejudiciais e mérito 17

Capítulo 2
Meios adequados de solução dos conflitos 21

2.1 Ideia geral 22
2.2 Mediação 23
2.3 Conciliação 29
2.4 Arbitragem 30
2.5 Autocomposição 36
2.6 Autotutela 37

Capítulo 3
Direito processual 39

3.1 Conceito de direito processual 40
3.2 Autonomia do direito processual 40
3.3 Instrumentalidade do processo 42
3.4 Unidade e divisão do direito processual 44
3.5 Direito processual e Constituição Federal 45
3.6 Direito processual e direito material 46
3.7 Direito processual civil como regra geral 46
3.8 Princípios constitucionais do direito processual 47

Capítulo 4
Jurisdição 57

4.1 Conceito de jurisdição 58
4.2 Espécies de jurisdição 59
4.3 Princípios informadores da jurisdição 60
4.4 Jurisdição voluntária e jurisdição contenciosa 62
4.5 Características da jurisdição 62

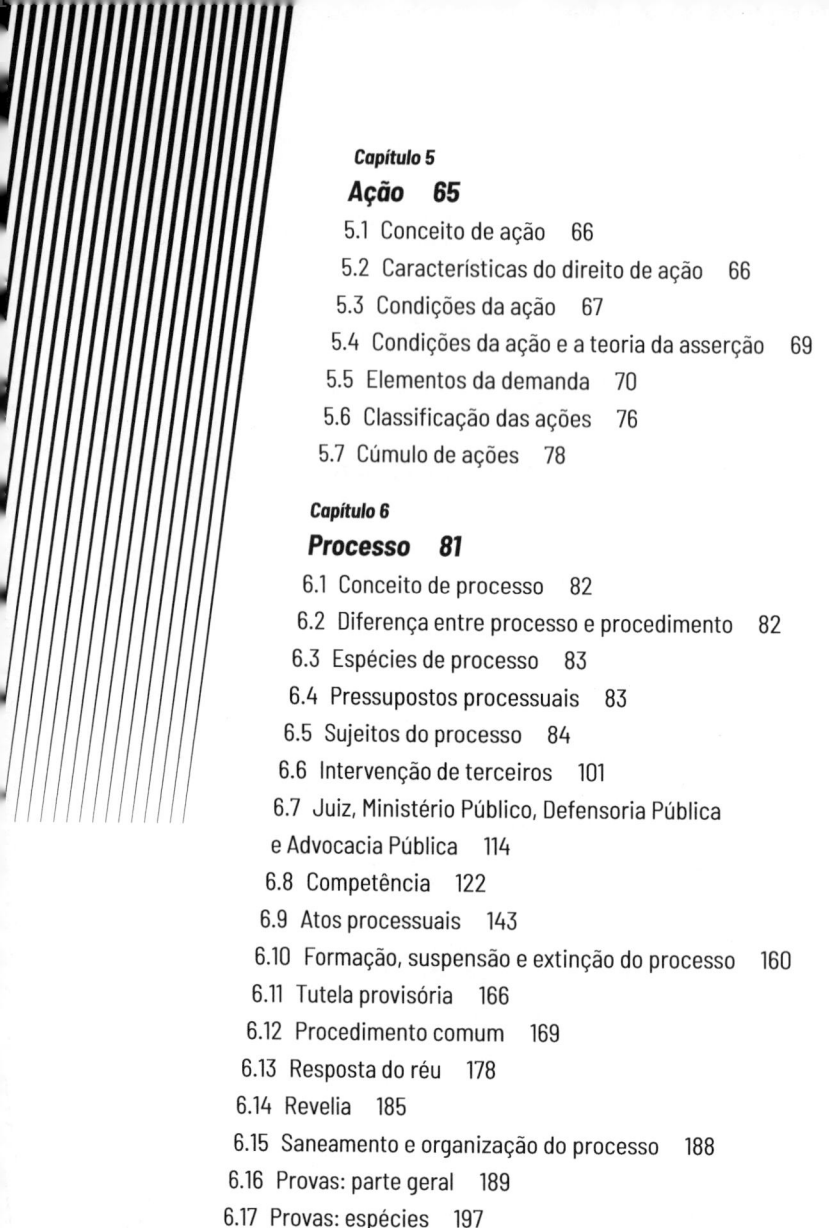

Capítulo 5
Ação   65
   5.1 Conceito de ação   66
   5.2 Características do direito de ação   66
   5.3 Condições da ação   67
   5.4 Condições da ação e a teoria da asserção   69
   5.5 Elementos da demanda   70
   5.6 Classificação das ações   76
   5.7 Cúmulo de ações   78

Capítulo 6
Processo   81
   6.1 Conceito de processo   82
   6.2 Diferença entre processo e procedimento   82
   6.3 Espécies de processo   83
   6.4 Pressupostos processuais   83
   6.5 Sujeitos do processo   84
   6.6 Intervenção de terceiros   101
   6.7 Juiz, Ministério Público, Defensoria Pública e Advocacia Pública   114
   6.8 Competência   122
   6.9 Atos processuais   143
   6.10 Formação, suspensão e extinção do processo   160
   6.11 Tutela provisória   166
   6.12 Procedimento comum   169
   6.13 Resposta do réu   178
   6.14 Revelia   185
   6.15 Saneamento e organização do processo   188
   6.16 Provas: parte geral   189
   6.17 Provas: espécies   197
   6.18 Sentença   207
   6.19 Coisa julgada   213
   6.20 Liquidação de sentença   217
   6.21 Cumprimento de sentença   218
   6.22 Procedimentos especiais   226

Capítulo 7
Recursos cíveis   281
7.1 Atos jurisdicionais   282
7.2 Meios de impugnação   284
7.3 Conceito de recursos   285
7.4 Natureza jurídica   287
7.5 Fundamentos   287
7.6 Princípios recursais   288
7.7 Efeitos da interposição dos recursos   294
7.8 Ações autônomas de impugnação   296
7.9 Pressupostos de admissibilidade dos recursos   299
7.10 Juízo de admissibilidade dos recursos   306
7.11 Desistência do recurso e renúncia ao direito de recorrer   307
7.12 Recurso adesivo   310
7.13 Recursos cíveis em espécie   314
7.14 Recurso especial e recurso extraordinário   340

Capítulo 8
Processo de execução   369
8.1 Conceito   370
8.2 Poder geral de cautela e efetivação da execução   370
8.3 Ato atentatório à dignidade da justiça   370
8.4 Partes   371
8.5 Desistência da execução   372
8.6 Cúmulo de execuções   373
8.7 Competência   373
8.8 Requisitos para o processo de execução   374
8.9 Fraude contra credores e fraude à execução   376
8.10 Formas de execução   378

Capítulo 9
Ação rescisória   389
9.1 Conceito   390
9.2 Legitimidade para propor ação rescisória   391
9.3 Competência para julgar a ação rescisória   391

Referências   393
Sobre os autores   397

A Marilia, Bernardo e João Pedro, minha vida, obrigado meus amores!

Adriano Caldeira

À Gilene da Costa Strenger, exemplo de esposa, amiga e principalmente companheira, pelos ensinamentos, pela paciência e pelo eterno amor!
A Renato Paixão Nakano, pelo auxílio.
A Gustavo Lima, pela sociedade e amizade.

Guilherme Strenger

Capítulo 1
Aspectos gerais do processo

7.1 Complexidade social e a multifatorialidade dos conflitos

É impossível imaginar o estudo do Direito e, de modo especial, do direito processual sem observar as características da sociedade em que ele se erige. Isso porque o direito processual nada mais é do que uma ciência que visa ao aprimoramento do sistema de justiça, no qual se inserem os mecanismos de resolução de conflitos sociais, e que exerce atividade mais próxima da administração de certos interesses sociais, que, nada obstante de ordem privada e envolvendo direitos disponíveis, exigem a chancela do Estado; é o que tradicionalmente se denomina *jurisdição voluntária*.

É preciso sempre ter em mente que o dinamismo é da essência da sociedade, assim como a formação dos conflitos, resultado que é das relações sociais pautadas pelo interesse, considerado em todas as suas possibilidades.

Essa dinâmica social tem se mostrado cada vez mais veloz e multifacetada, tanto em decorrência do avanço da tecnologia, que, inclusive, permitiu o aperfeiçoamento dos meios de comunicação de massa, quanto da reorganização e do fortalecimento dos grupos de representação.

Ainda a respeito das caraterísticas da sociedade contemporânea é que se desenvolve a ideia de sociedade complexa, caracterizada pelo entrelaçamento cada vez mais fino de seus fatores de composição.

Fatores econômicos, políticos, sociais, religiosos, morais, ecológicos, culturais se sobrepõem escamoteando a causa primária de um conflito. Não é possível, por exemplo, apontar a causa determinante do racismo no Brasil; assim é também para a violência urbana, a discriminação em suas várias vertentes, o déficit educacional etc. Todas essas situações são compostas de múltiplos e entrelaçados fatores de determinação; por isso, são ditas *complexas*.

Assim, a dinâmica desses fatores implica natural sobreposição entre eles, de tal ordem sutil e profunda, como o rio que, ao encontrar o mar, vê suas águas se confundido de modo que não mais se permite a separação e, lá na frente, a própria identificação de uma e outra.

A consequência igualmente natural desse processo é o surgimento de tipos de conflitos com aquele mesmo grau de complexidade, composto de uma gama cada vez mais ampla de fatores de determinação, impondo às instituições jurídicas e a seus agentes soluções igualmente complexas, sob pena de inefetividade de seus resultados.

Foi, por exemplo, o surgimento e o aperfeiçoamento da tecnologia que fomentou a possibilidade de se fazer negócios jurídicos pela via eletrônica. No entanto, se, por um lado, o aprimoramento da tecnologia nos brindou com facilidades como esta, por outro lado suscitou, na mesma proporção, conflitos até então impensados, a exemplo das diversas formas de fraudes negociais criadas e aperfeiçoadas graças às novas tecnologias.

É também em decorrência das novas tecnologias que os limites das fronteiras físicas tornaram-se irrelevantes para a formação de relações sociais e negociais antes improváveis. Com isso, a própria ideia de soberania impõe novos caminhos de reflexão, visto que determinados direitos, antes regionalizados, passam a ser compreendidos como de interesse global, a exemplo da tutela efetiva do meio ambiente, além das complexas questões relacionadas ao processo migratório, em parte forçado pelo impacto das tecnologias na disponibilidade de empregos, antes ocupados por pessoas, substituídas hoje por máquinas, forçando um deslocamento humano em busca de novas formas de sobrevivência.

A interferência das ideologias nas relações sociais, sobretudo as de naturezas política e religiosa, revelam uma profunda complexidade de seus laços, exigindo maior acurácia dos mecanismos de solução e, sobretudo, das instituições envolvidas no processo de eliminação desses conflitos.

1.2 Tutelas diferenciadas

Novos conflitos, novos direitos, novos valores sociais e conflitos multifacetados impõem a formatação de providências de proteção de direitos e resolução de conflitos diversos, com flexibilidade suficiente para se amoldar às especificidades do caso concreto, sem, contudo, perder de vista os parâmetros de segurança jurídica.

A esses novos meios de resolução e proteção de direitos dá-se o nome de *tutelas diferenciadas*, em decorrência da capacidade de se amoldarem às caraterísticas do caso específico.

Código de Proteção do Consumidor, Estatuto do Idoso, Lei de Proteção Ambiental, Estatuto da Criança e do Adolescente, Lei de Combate à Violência Doméstica e de Gênero etc. são exemplos de legislações criadas nessa nova realidade e necessidade social e jurídica.

As tutelas diferenciadas incidem tanto sobre o direito material quanto sobre o processual. Nessa linha, as medidas cautelares, a tutela antecipada, a execução fiscal, as demandas coletivas (ação civil pública, ação popular, improbidade administrativa, mandado de segurança coletivo), os juizados especiais etc. são procedimentos diferenciados, que procuram dialogar com as peculiaridades dos novos tipos de conflitos e tutelar direitos materiais até desconhecidos do direito pátrio.

E qual parâmetro é mobilizado para se classificar estas tutelas como diferenciadas?

Aquilo que se tinha como comum, tanto com relação aos direitos materiais (penal e civil) quanto com relação ao processual (processo de conhecimento e de execução e, no penal, o Código de Processo Penal comum), é o ponto de partida para se pensar em procedimentos diferenciados. Quando fica evidenciado que aquelas vias comuns, tradicionais, não mais respondem à proteção de um novo direito, surge a necessidade de se propor novos caminhos.

A ideia de se diferenciar as tutelas, material e processual, emerge com a exigência, cada vez mais imposta pelo sistema, de se proteger a disposição decorrente do princípio da **isonomia**, em outras palavras, é necessário tratar as situações desiguais de modo desigual. Assim, aquele que se apresenta em absoluto estado de urgência, em que seu direito se encontra em risco iminente de se perder ou de sofrer um dano irreparável, não pode ser submetido ao mesmo procedimento daquele que não apresenta tal estado de urgência. Na esteira desse raciocínio, aquele que está com idade avançada não pode receber o mesmo tratamento legal daquele que ainda não atingiu tal estágio da vida. A regulação das tutelas, de acordo com as situações sociais diferenciadas, nas palavras certeiras de Donaldo Armelin (1992, p. 45) potencializa sua capacidade de efetivação.

1.3 Lide

A palavra lide assumiu significados variados no ordenamento processual brasileiro. Segundo doutrina clássica de Francesco Carnelutti (2000a, p. 93), a lide deve ser entendida como o conflito de interesses qualificado por uma pretensão resistida.

De acordo com esse clássico processualista italiano, o **interesse** equivale à posição favorável de um sujeito sobre determinado bem, ao passo que a **pretensão** se configura como o desejo de subordinação de um interesse sobre o outro. Quando essa pretensão – ou seja, essa tentativa de subordinação da vontade de um sobre a vontade de outro – encontra resistência, surge a figura da lide.

Lembra Carnelutti (2000a) que o termo lite até então era utilizado para indicar não apenas o conflito, mas o próprio processo. Ressalta, contudo, posição com a qual concordamos, que é necessário que se atribua terminologia distinta que diferencie processo e conflito de interesses.

Nessa visão, lide se configura tanto de modo endoprocessual, nos casos em que o réu contesta o pedido do autor, quanto extraprocessual, quando apresentada pretensão por um e resistência por outro.

Como contraponto, levanta-se a doutrina de outro processualista italiano, Enrico Tullio Liebman (1976), que avalia como demasiadamente sociológica essa definição de Carnelutti. Para Liebman (1976, p. 114), não é o conflito em sua totalidade que interessa ao processo, mas tão somente aquela parte transportada pelo autor para dentro de um processo por meio de sua inicial. Portanto, a lide deve ser vista como a pretensão apresentada pelo autor nos limites de seu pedido. Não fosse assim, na hipótese de revelia do réu não haveria o que ser decidido.

A análise da obra de Liebman (1976, p. 120-121) leva a pensar, em alguns momentos, que a formação dos limites da lide dependeria da atuação do réu, ao afirmar que "pedido e contestação representam dois pedidos em conflito". Mais adiante continua o autor: "este conflito de interesses, qualificado pelos pedidos correspondentes, representa a lide, ou seja, o mérito da causa. A lide é aquele conflito, depois de moldado pelas partes e vazado nos pedidos formulados ao juiz".

Contudo, uma leitura mais detida de tal doutrina revela que a lide é formada mesmo pelo pedido do autor. É a pretensão do autor que delimita o mérito, o objeto do processo, é sobre este que deverá decidir o juiz. Como diz o próprio Liebman (1976, p. 121): "é o autor que propõe o pedido e com isso suscita a lide e fixa o mérito da causa. A atitude do réu é para esse efeito sem consequências". Continua ele: "o máximo que ele pode fazer é contestar o pedido do autor, sem alterar-lhe os limites, no máximo estendendo a matéria lógica a ser examinada, não modificando a identidade e os limites do pedido" (Liebman,1976, p. 121). E mais: "tampouco tem maiores consequências a inatividade do réu, ou mesmo a sua adesão ao pedido do autor" (Liebman, 1976, p. 121). Ele finaliza declarando que a atuação do réu em apresentar pedido material contra o autor (reconvenção ou pedido contraposto) o colocaria na condição de autor, o que configuraria, por conseguinte, uma nova lide.

Portanto, estamos convencidos de que os termos lide, mérito e pretensão são sinônimos. A resistência do réu pode até ampliar o leque de questões a serem resolvidas pelos juízes, mas não modifica os limites da lide.

O Código de Processo Civil (CPC), vigente a partir de 2016, reduziu substancialmente o emprego do termo lide, em clara indicação de que esse debate perde força à medida que emergem outras questões de maior relevância no cenário processual a exigir maior atenção.

No entanto, nas poucas situações em que o CPC/2016 emprega o termo lide, o faz de modo diverso, indicando suas várias acepções. Assim, quando o inciso I do art. 113 diz que haverá litisconsórcio facultativo quando entre elas houver comunhão de direitos ou de obrigações relativamente à lide, o termo é claramente empregado como indicativo de mérito, nas trilhas da ideia de Liebman (1976).

Já no art. 125, ao aludir à denunciação da lide, o sentido é outro; agora, como indicativo de processo (no sentido de instrumento de solução de conflito), visto que denunciar à lide significa, de modo objetivo, trazer ao processo terceiro estranho a ele.

Por fim, ao tratar das hipóteses de jurisdição voluntária, nos arts. 719 e seguintes, é possível notar que o legislador continuou acolhendo a ideia de lide na definição de Carnellutti (2000a), uma vez que qualifica como de jurisdição voluntária aqueles casos em que o conflito de interesses, decorrente de uma pretensão resistida, não está presente. **Jurisdição voluntária** corresponde àquelas situações em que, apesar de se exigir a via judicial, o caso concreto decorre de solução amistosa, ausente o pedido de um e a resistência de outro; nesses casos, não se alude à ideia tradicional de partes (como indicativo de sujeitos ocupando polos contrapostos do processo).

1.4 Objeto do processo e objeto litigioso do processo

Neste ponto, diferentemente do anterior, não concordamos com a posição apresentada pela doutrina de Liebman (1976). Para esse doutrinador, o objeto do processo não se distingue de objeto litigioso, correspondendo ao pedido do autor.

A nosso ver, objeto do processo e objeto litigioso do processo indicam situações e elementos distintos. Em verdade, o objeto litigioso do processo é conteúdo em relação ao objeto do processo; aquele está inserido neste, portanto.

Nessa linha, não se pode observar o processo como uma moldura envolvendo uma relação jurídica material controvertida apenas. O processo é algo mais amplo, envolve a relação jurídica material, mas igualmente envolve aspectos objetivos que também devem ser resolvidos, inclusive produzindo efeitos, como a presença ou não dos pressupostos processuais e das condições da ação.

Essa visão é mais ampla do que aquela apresentada por doutrinadores que, a exemplo de Humberto Theodoro Jr. (2010, p. 58), relacionam o objeto do processo ao pedido formulado pela parte em face da relação material controvertida em clara adoção da posição de Liebman (1976).

Fosse assim, não se permitiria falar em *objeto do processo* nos processos envolvendo jurisdição voluntária, se bem que, para essa corrente, não há que se falar em processo nesses casos, mas sim em *procedimento administrativo*, posição com a qual, *data maxima venia*, não coadunamos.

Como anota doutrina de Cândido Rangel Dinamarco (2001b, p. 107), a duplicidade de vertentes apresentadas na pretensão do autor (leia-se: *no pedido*) deverá receber igualmente uma duplicidade de resolução, uma relativa aos requisitos de admissibilidade da demanda (condições da ação e pressupostos do processo, como já dito), outra relativa ao direito material pleiteado. Segundo Dinamarco

(2001b), a pretensão do autor poderá ser satisfatória quanto aos primeiros elementos e, também, quanto ao segundo, obtendo, nesse caso, procedência final da demanda; mas também poderá ser satisfatória apenas com relação à primeira vertente; nesse caso, sua decisão será de mérito, porém de improcedência, porque rejeitada a pretensão material; ou pode ainda não ser acolhida nenhuma das pretensões do autor, nesse caso, será o processo extinto sem análise de mérito.

Afirma Dinamarco (2001b, p. 295) que "a existência do processo numa ordem jurídica é imposição da necessidade do serviço jurisdicional: o processo existe acima de tudo para o exercício da jurisdição e esse é o fator de sua legitimidade social entre as instituições jurídicas do país".

Na visão desse processualista, o processo como "método de trabalho" envolve tanto a relação jurídica que se forma em seu interior quanto o procedimento necessário para seu desenvolvimento (Dinamarco, 2001b, p. 295).

Os requisitos que antecedem a análise do mérito, denominadas *questões prévias*, não se confundem com o próprio mérito da demanda. Assim, por exemplo, antes de resolver a quem pertence o direito material pleiteado, é necessário que o juiz verifique se o direito não está prescrito, se o autor tem legitimidade para a causa, se as partes estão devidamente acompanhadas de seus advogados etc.

7.5 Questões prévias: preliminares, prejudiciais e mérito

Considera-se **questão prévia** toda aquela matéria que, no bojo do processo, exige ser resolvida antes da apreciação do mérito, sendo duas as suas espécies: preliminares e prejudiciais.

Questões preliminares são, em regra, de natureza processual e impedem a resolução do mérito, sem, contudo, interferir diretamente em seu conteúdo. São as condições da ação (pedido juridicamente possível, interesse de agir e legitimidade para a causa) e os pressupostos do processo (petição inicial, jurisdição e citação do réu e capacidade postulatória como pressupostos de existência; e petição apta, citação válida, competência, capacidade de direitos, capacidade processual como pressupostos de validade).

Questões prejudiciais, por sua vez, são aquelas que, tendo natureza material, interferem no próprio resultado do mérito principal. Por exemplo, a resolução da paternidade antes de se resolver a condenação dos alimentos ou a verificação se há ou não vínculo empregatício antes de se resolver a condenação sobre as verbas trabalhistas.

O **objeto do processo** é composto, portanto, de um lado, pelas questões prévias e, de outro, pelo próprio mérito. O termo *objeto do processo* surge, nesse caso, como indicativo de objetivo, finalidade do processo.

Figura 1.1 Objeto do processo

$$\left[\begin{array}{l}\blacksquare \text{ questões prévias = preliminares + prejudiciais}\\ \blacksquare \text{ mérito/pedido}\end{array}\right]$$

Por sua vez, **objeto litigioso do processo** indica tão somente o pedido do autor, considerado nos limites do que consta na inicial. Isso por uma simples razão: as questões prévias, apesar de inseridas no processo exigindo sua perfeita resolução, não pertencem ao pedido.

Segue que os termos lide, *mérito, pedido, pretensão* e objeto litigioso do processo são indicativos da mesma coisa: o bem da vida desejado pelo autor, envoltos, por certo, em uma narrativa específica dos fatos.

E a causa de pedir compõe o mérito da demanda? Nossa resposta é no sentido negativo.

A **causa de pedir**, composta de fundamento jurídico e fatos, destina-se apenas a demarcar os limites factuais a serem considerados pelo magistrado no julgamento do pedido. O pedido só se torna único no mundo jurídico quando iluminado pela causa de pedir e pelas partes envolvidas. Assim, em que pese seja indispensável a narrativa da causa de pedir pelo autor, ela não compõe o mérito; tão somente oferece seus contornos de fato e de direito, ou seja, os limites necessários para individualização do pedido no mundo jurídico.

Essa afirmação poderia soar contraditória se analisada à luz dos efeitos objetivos da coisa julgada. Se os efeitos objetivos da coisa julgada levam em conta a causa de pedir, como assumir que ela não compõe o mérito? Como já dito, não se está afirmando que a causa não interessa para o mérito da demanda; está-se declarando que não é elemento interno seu, mas externo. Aqueles que alegam pertencer a causa internamente ao mérito, aludem que, modificada a causa, o mérito se torna outro. Ora, o mesmo ocorre com as partes, e estas não compõem o mérito. Modificadas as partes, os limites da coisa julgada também serão modificados, mas nem por isso elas compõem o mérito. A nosso ver, confundir o conteúdo de mérito com os limites objetivos e subjetivos da coisa julgada é um erro. A função da causa de pedir, e assim também das partes, é delimitar o mérito no mundo jurídico, diga-se, estabelecer os limites da coisa julgada. Estes últimos são compostos, portanto, de mérito (pedido) individualizado por determinadas partes e causa de pedir (fatos).

Por fim, a nosso ver, modificada a causa de pedir ou alteradas as partes, o pedido/lide/mérito/objeto litigioso recebe novos contornos no mundo jurídico e, por isso, passa ser lido de modo diverso.

Capítulo 2
Meios adequados de solução dos conflitos

2.1 Ideia geral

O século XX certamente será lembrado por acontecimentos marcantes como as guerras mundiais, as lutas sociais e o surgimento da comunicação mundial e da inteligência artificial.

O surgimento da internet, seguido pelo aprimoramento dos mecanismos de comunicação e da tecnologia de modo geral, talvez tenha sido o fato de maior impacto para o direito. Ilustra isso o processo de aprimoramento e posterior enfraquecimento da democracia, o qual foi sustentado por tais instrumentos; basta lembrar os grandes movimentos sociais formados após o advento das mídias de massa e, em sentido contrário, a pulverização das chamadas fake news no claro intuito de minar as bases democráticas.

Esses novos instrumentos e mecanismos de comunicação têm provocado, por consequência natural, a formação de novos conflitos e imposto novos desafios ao direito.

Não imaginava o legislador ter de legislar sobre questões envolvendo fertilização *in vitro*, clonagem e filiação decorrente desses procedimentos. Não imaginava o julgador ter de decidir sobre transplante de células-tronco, conflitos envolvendo homoafetividade, assinatura eletrônica, regulação das mídias e do uso da inteligência artificial.

De sua parte, os capitalistas não contavam com o fortalecimento da sociedade em defesa de seus direitos; estes, por sua vez, jamais enfrentaram um sistema de capital tão voraz, especialmente com a degradação das relações de trabalho e dos serviços prestados.

Essas são algumas das muitas situações decorrentes da dinamicidade da sociedade após o desenvolvimento dos meios de comunicação, que hoje são de massa.

Nessa linha, alguns bens que não recebiam a devida atenção do legislador são hoje objeto de rígida proteção jurídica, o que a doutrina denomina *tutelas diferenciadas materiais*.

O direito processual, por sua vez, não poderia passar incólume diante desse cenário. Essa dinamicidade de que falamos torna seus instrumentos tradicionais insuficientes à resolução dos novos tipos de conflitos e satura a via tradicional de solução desses conflitos.

O esgarçamento do sistema tradicional de solução dos conflitos envolvendo o Estado é, desse modo, resultado de um processo histórico.

Há, portanto, a imediata necessidade de implementarmos novos mecanismos de solução de conflitos, tutelas processualmente diferenciadas.

O aprimoramento desses novos mecanismos de solução de conflito, especialmente a **mediação**, a **conciliação** e a **arbitragem**, contribuiria para o processo de aperfeiçoamento do sistema de justiça.

Como bem anota doutrina de Rodolfo de Camargo Mancuso (2009, p. 39, grifo do original):

> essas e tantas outras constatações induzem a refletir que, nos dias de hoje, a função judicial precisa ser urgentemente repensada e reciclada, colocando-se em pauta uma *reavaliação* dessa função estatal, que então deixaria de operar como uma oferta primária, para ser vista como uma *cláusula de reserva* [...].

Resta saber quais razões nos impedem de avançar e efetivar mecanismos diferenciados de solução de conflitos. Essa questão não será respondida por nós, aqui, em razão da inadequação do espaço e dos fins a que se presta a presente obra, mas a deixaremos para que cada leitor deste livro pense e se manifeste, afinal, as redes de comunicação estão aí.

Foi exatamente buscando construir novo caminho de solução de conflitos que o Conselho Nacional de Justiça (CNJ) deu importante passo na publicação da Resolução n. 125/2010, estabelecendo a Política Judiciária Nacional de Tratamento Adequado dos Conflitos de Interesses.

A ideia de "tratar" os conflitos é o traço distintivo desses novos modelos em relação ao modelo tradicional, qual seja, de decisões impositivas pelo Judiciário. Sabidamente, em determinados casos e tipos de conflitos, a decisão impositiva não só resolve o conflito, mas também exige novos caminhos para a efetiva resolução.

A busca pelo "tratamento" do conflito, sobretudo via mediação, impõe ao mediador descobrir qual foi o início do conflito, em qual momento aquela relação se tornou conflituosa e, a partir daí, apresentar um plano de "cura" dessa ferida.

2.2 Mediação[1]

Nos exatos termos do que dispõe o parágrafo único do art. 1º da Lei de Mediação – Lei n. 13.140/2015 –, a mediação é um meio de solução de controvérsias entre particulares ou de casos envolvendo Administração Pública.

A mediação pode ocorrer antes do processo, mas não se exclui a possibilidade de ter início durante o trâmite processual, inclusive por sugestão do próprio magistrado.

É aconselhável, portanto, que o magistrado forme uma equipe de mediadores dispostos a auxiliá-lo na resolução desses conflitos.

---

[1] Para um estudo mais aprofundado da mediação, consultar trabalho específico de Tartuce (2008).

A mediação se caracteriza por ser medida que visa levar os próprios litigantes a uma aproximação e, por consequência, a encontrarem, eles mesmos, uma forma de autocomposição e eliminação do conflito.

Diversamente do modo de solução sentencial, tradicionalmente utilizado nas demandas judiciais, a mediação busca encontrar o que exatamente deflagrou o conflito, o que permitirá "tratá-lo" de dentro para fora.

Como se sabe, o modelo sentencionista não tem essa função; ao contrário, busca-se apenas e tão somente resolver o conflito de direitos que fora posto diante do magistrado. Exemplo claro são os casos de rompimento conjugal. Levado ao Judiciário, o juiz se limitará a verificar os requisitos legais, decretando ou meramente homologando o pedido de divórcio; muito diverso da mediação, que, nessa mesma situação de divórcio, buscará compreender em que momento o casal se desencontrou e, sobretudo, a razão que o levou àquela condição de conflito e ao consequente divórcio.

Na mediação, o mediador não se insere no conflito, não sugere solução, mas conduz as partes conflitantes a um diálogo, a uma aproximação reflexiva, para que, cada qual, compreendendo as razões do outro, aceite que nenhuma decisão judicial será melhor e mais adequada para o caso específico deles que aquela encontrada por eles mesmos. Nenhuma decisão judicial sobre convivência com os filhos será melhor que aquela encontrada pelos próprios pais divorciados.

Outra característica da mediação é que ela pode ser exercitada por um único mediador ou por grupo de mediadores, desde que escolhidos pelos conflitantes.

Deve-se ter ciência de que a mediação não é remédio milagroso, menos ainda adequada para todo e qualquer tipo de conflito, mas especialmente para aqueles cujas relações entre os conflitantes se mostram continuadas. Conflitos condominiais, familiares, tensões na relação de trabalho ou societária têm essa característica, ou seja, a relação entre os conflitantes não se encerra com a solução do conflito – diferindo, portanto, de mera relação de cobrança de dívida pontual, em que os conflitantes se distanciam após a solução do caso.

2.2.1 Princípios norteadores da mediação

Além das garantias gerais que norteiam as relações negociais, como isonomia, lealdade, capacidade dos agentes, a mediação impõe a necessidade de se considerar princípios específicos, estabelecidos no art. 2º da Lei n. 13.140/2015:

- **Imparcialidade do mediador** – Não se poderia conceber uma atuação parcial do mediador, beneficiando um em detrimento do outro. É necessário que, apesar de escolhidos de comum acordo pelos conflitantes, seja o mediador capaz de se manter isento durante a condução da mediação.

- **Isonomia entre as partes** – A exigência da isonomia se faz necessária em toda relação negocial e processual, impondo que as partes recebam do gestor do conflito tratamento igualitário, considerando as peculiaridades que os diferencia. Sabe-se que a igualdade é resultado de eventual tratamento desigual ante desigualdades, assim será também com relação à isonomia na mediação. Ofertar aos conflitantes as mesmas oportunidades, o mesmo tratamento diante de mesma necessidade é fundamental para que o desfecho da mediação aconteça de modo harmônico e satisfatório para todos.
- **Oralidade** – A mediação é um procedimento informal, sem as amarras burocráticas tradicionalmente encontradas em um processo judicial. A rigidez do local, da hora, da forma processual não é encontrada na mediação. Isso também se aplica à necessidade de registro escrito de seus atos, que, tanto quanto possível, devem permanecer na oralidade, no diálogo. Com isso, busca-se desenvolver a relação de confiança entre os conflitantes, o que produzirá maior conforto na condução dos trabalhos.
- **Informalidade** – Como visto no tópico anterior, a mediação deve ser conduzida de modo informal, sendo a oralidade um de seus sinais. Não há procedimentos predeterminados a serem obedecidos; são os conflitantes, junto do mediador, que encontram a melhor forma de projetar e executar a mediação, havendo liberdade de atuação e confiança entre os integrantes da mediação.
- **Autonomia da vontade das partes** – Ninguém está obrigado a fazer ou deixar de fazer algo, senão em virtude de lei. Com base nessa premissa é que o art. 2º, § 2º, da Lei de Mediação oferta aos conflitantes a liberdade de decidirem se querem ou não tratar o conflito por meio da mediação, ou se querem mesmo seguir pela via tradicional no Poder Judiciário. Como consequência da garantia do livre acesso à justiça – previsto na Constituição Federal (CF), art. 5º, inciso XXXV –, ninguém pode ser obrigado a seguir pela via da mediação e/ou conciliação como uma etapa prévia para o Judiciário. Mesmo que já iniciada a mediação, nada impede que se desista dela durante seu curso.
- **Busca pelo consenso** – Como já ponderado nas linhas anteriores, a mediação se diferencia do procedimento tradicional sentencionista do Poder Judiciário exatamente porque o conflito recebe um "tratamento" a partir das causas mais profundas do conflito, deixando de fora a imposição de regras, o acolhimento da verdade de um em detrimento da verdade de outro. Na mediação, como determinado no art. 4º, § 1º, da Lei n. 13.140/2015, há uma construção conjunta da solução do conflito, até por isso mostra-se mais duradoura do que a decisão judicial proferida e imposta sobre uma das partes.
- **Confidencialidade** – O art. 30 da Lei de Mediação trata da necessária confidencialidade que deverá reger todo procedimento da mediação. Toda e

qualquer informação relativa ao procedimento da mediação será guardada pelas partes, ficando estas impedidas de divulgar ou transmitir qualquer informação de qualquer modo para quem quer que seja. Ressalva se faz quando as partes permitirem expressamente ou quando a lei impuser a comunicação. Frisa-se que todos que estejam atuando na mediação, de modo direto ou indireto, seja como parte, mediador, advogado preposto, assessores técnicos, estão obrigados a respeitar a confidencialidade das informações, salvo quando a abertura da informação resultar de determinação legal, ou expressa permissão das partes, ou ainda quando necessária ao cumprimento do acordo firmado entre as partes (Lei n. 13.140/2015, art. 30, § 1º). Violada a exigência da confidencialidade, a prova que daí decorrer, em processo judicial ou arbitral, deverá ser excluída, por ser considerada ilegal em razão da ilicitude de sua obtenção, como prevê o art. 30, § 2º.

Ainda com relação ao dever de confidencialidade, é necessário lembrar das exceções estampadas no § 4º do art. 30, o qual dispõe que os sujeitos da mediação poderão ser chamados a prestar informações à administração tributária após o encerramento da mediação. Nesse caso, a informação prestada à autoridade tributária deverá servir exclusivamente para as atuações de competência dessa instituição, incidindo, nesse caso, a regra contida no art. 198 da Lei n. 5.172/1966 (Código Tributário Nacional).

Da mesma forma, os crimes de ação pública não estão protegidos pela regra da confidencialidade, como determina a redação do § 3º do art. 30 da Lei de Mediação[2].

- **Boa-fé** – A exigência de ética e lealdade nas relações pessoais está longe de se impor apenas ao processo ou aos negócios jurídicos. Em verdade, trata-se de exigência de boa convivência em sociedade, devendo, portanto, permear todas as nossas relações de vida, seja em família, no condomínio, na escola e, por certo, nas tratativas negociais, em que se insere a mediação. Não seria possível a busca pela resolução de conflitos considerando que aqueles que lá se dispuseram a estar estivessem agindo à margem da ética, da lealdade, da boa-fé em suas relações. A fraude, a inverdade, a omissão proposital, a intenção de ludibriar são, assim, incompatíveis com o escopo da mediação, devendo ser imediatamente descartada na hipótese de se identificar tal comportamento por qualquer das partes envolvidas.

---

2   Ação penal pública é aquela cuja provocação está na alçada do Ministério Público, como se vê no art. 129, inciso I, da CF/1988. Não há especificação na Lei de Mediação sobre qual espécie de ação penal pública estaria excluída da confidencialidade, se somente a incondicionada ou a condicionada também. Considerando que não cabe ao intérprete dizer aquilo que não foi dito pela lei, somos forçados a considerar públicas as duas variantes de ação.

2.2.2 Mediadores

A definição de quem poderá atuar como mediador, bem como os limites de sua atuação, estão regulados a partir do art. 9º da Lei de Mediação.

Na condição de mediadora extrajudicial poderá atuar qualquer pessoa capaz e de confiança das partes. É importante ressaltar que, no caso de mediação extrajudicial, não é exigido que o mediador faça parte de algum conselho ou entidade associativa relacionada à atividade da mediação; resumidamente, basta ser capaz, ser de confiança das partes e ter condições de atuar como mediador, ou seja, que entenda, ainda que de modo não técnico, qual é o papel do mediador.

Já o art. 11 da referida lei elenca os requisitos exigidos para quem pretender atuar como mediador judicial. Nesse caso, exige-se, além da capacidade, que seja a pessoa graduada há pelo menos dois anos em curso de ensino superior de instituição reconhecida pelo Ministério da Educação[3] e que tenha obtido capacitação em escola ou instituição de formação de mediadores, reconhecida pela Escola Nacional de Formação e Aperfeiçoamento de Magistrados (Enfam) ou pelos tribunais[4].

Cumpridos os requisitos legais para atuação como mediador judicial, caberá ao interessado requerer sua inscrição junto ao tribunal responsável pela jurisdição em que pretende atuar, passando, assim, a integrar o cadastro de mediadores daquele tribunal.

Quanto à remuneração, estabelece o art. 13 da Lei n. 13.140/2015 que caberá ao tribunal (por certo, aos magistrados também) fixá-la, valor que será pago pelas partes, ressalvada a hipótese de gratuidade conquistada pela parte.

É sempre importante lembrar que nada impede que as partes escolham inicialmente um único mediador e, ao longo do procedimento, se decida de comum acordo pela inclusão de outros árbitros, considerando, por exemplo a complexidade da questão a ser solucionada, o que é expressamente permitido pelo art. 15 da mesma lei.

---

3   A exigência de dois anos de formação em curso superior não se aplica àquele que pretende atuar apenas como conciliador, conforme restou decidido pelo Enunciado n. 56 do Fórum Nacional de Mediação e Conciliação e pelo Enunciado aprovado em 2016 pelo CNJ.

4   Os cursos de formação de mediadores não são oferecidos diretamente pelo CNJ, mas apenas regulados por esse órgão. A Resolução n. 6/2016 da Enfam define as regras a serem observadas pelas instituições que pretendem ministrar tais cursos.

2.2.3 Atuação do advogado nas mediações

Questão relevante é sobre a necessidade ou não da presença de advogado nos procedimentos de mediação. Em resposta, afirma o art. 10 da Lei de Mediação que as partes poderão estar acompanhadas de advogados ou defensores públicos.

Na hipótese de uma das partes comparecer assistida, seja por advogado ou defensor público, é dever do mediador suspender a mediação até que todos estejam devidamente assistidos, não sendo, portanto, permitido que siga com a mediação com apenas uma das partes assistida.

Quanto a se tratar de obrigação ou mera faculdade da parte estar acompanhada de advogado ou defensor público, não há dúvidas na doutrina de que se trata de mera liberalidade das partes estar ou não assistida juridicamente. O crucial é que, caso uma parte esteja acompanhada, a outra também deverá estar.

2.2.4 Procedimento da mediação

Mais relevante que o procedimento de mediação é, sem dúvida, o compromisso que todos os envolvidos devem ter com a confidencialidade das informações apresentadas no curso, sob pena de quebra da credibilidade e segurança do procedimento.

A mediação é considerada instituída na data correspondente à primeira reunião agendada pelas partes com o(os) mediador(es), nos termos do art. 17 da Lei n. 13.140/2015.

É de fundamental relevância observar que, enquanto a mediação estiver em trâmite, os prazos prescricionais permanecerão suspensos, como determina o parágrafo único do mesmo art. 17.

Cabe ao mediador, nos termos do art. 18 da referida lei, definir as regras sob as quais o procedimento arbitral ocorrerá. Assim será com relação a datas, horários, forma e local. Aqui, vale lembrar que um dos princípios que regem a mediação é exatamente a informalidade.

Da mesma forma, cabe ao árbitro definir as medidas necessárias para boa condução da mediação, por exemplo, as informações que deverão ser prestadas pelas partes e documentos necessários.

O procedimento de mediação não está sujeito a prazo legal, cabendo ao mediador defini-lo de acordo com o avanço das tratativas.

Entendo o mediador ter atingido o objetivo da mediação ou, ainda, na eventual hipótese de concluir pelo não êxito do procedimento, lavrará termo final, seja com o acordo lavrado ou contemplando as razões pelas quais entende não haver motivação para o avanço das tratativas.

Na hipótese de acordo lavrado, será submetido à homologação judicial, constituindo título executivo judicial, com fundamento no art. 20, parágrafo único, da Lei n. 13.140/2015.

2.3 Conciliação

A conciliação é outra forma de solução de conflitos. Por essa via, as partes conflitantes elegem um terceiro (conciliador) para ajudá-los na pacificação.

O papel do conciliador é inserir-se na situação conflituosa e participar ativamente do processo de resolução. Para tanto, sugere soluções, aconselha as partes, mostra os prós e os contras de uma demanda judicial.

No Brasil, não há uma legislação regulamentando a figura da conciliação; o que há são previsões esparsas no ordenamento jurídico, a exemplo do disposto no art. 3º, § 2º, do Código de Processo Civil (CPC), que determina que é dever do Estado prover a solução consensual dos conflitos sempre que o caso permitir. Na mesma linha, dispõe o art. 6º do CPC que é dever de todos os sujeitos do processo cooperar entre si para que se obtenha, em tempo razoável, decisão de mérito justa e efetiva, assim como o art. 139, inc. V, que define como dever do magistrado promover a autocomposição das partes por meio de conciliadores e mediadores.

Somadas tais determinações do CPC vigente à política pública de tratamento de conflitos estabelecida pela Resolução n. 125/2010 do CNJ, a única conclusão razoável admitida é aquela a que chegou André Pagani de Souza (2017) quando afirma tratar-se de dever do magistrado a busca constante da pacificação do conflito, inclusive em sede de tribunais, mostrando-se insuficiente a mera resolução do conflito por meio de decisões impositivas.

Assim como a mediação, a conciliação pode ocorrer de modo judicial ou extrajudicial. A diferença é que, a mediação exige condição de formação diversa do mediador, a depender de sua atuação ocorrer via judicial ou extrajudicial, ao passo que a conciliação não o faz.

Na conciliação judicial, obtido resultado positivo, será reduzido a termo e homologado pelo magistrado, passando a constituir título executivo judicial, nos termos do art. 515, inciso II, do CPC. Assim também ocorrerá com o acordo extrajudicial homologado judicialmente, previsto nesse mesmo art. em seu inciso III.

Assim como ocorre no procedimento da mediação, enquanto estiver a conciliação sendo desenvolvida, o processo permanecerá suspenso.

Quanto à escolha do conciliador, se pela via extrajudicial, as partes conflitantes podem escolher qualquer pessoa, de confiança de todos, não se exigindo qualquer outro requisito.

2.4 Arbitragem[5]

2.4.1 Hipóteses de cabimento

A arbitragem vem disciplinada no direito brasileiro pela Lei n. 9.307/1996 e se caracteriza pela presença de terceiro, eleito pelas partes conflitantes de comum acordo para dirimir conflito.

O árbitro poderá atuar isoladamente ou em grupo (tribunal arbitral), sempre dependendo da vontade dos conflitantes.

Segundo dispõe o art. 1º da Lei de Arbitragem, tal meio de solução de conflitos poderá ser utilizado naquelas hipóteses em que um direito patrimonial disponível surge como objeto do litígio.

Contudo, crescem a passos largos as hipóteses de admissão legal do procedimento da arbitragem para dirimir conflitos envolvendo, de algum modo, direitos que se caracterizam, no todo ou em parte, como disponíveis, a exemplo do que se tem na Lei n. 11.079/2004, em seu art. 11, inciso III, que regulamenta o uso da via da arbitragem para resolução de conflito surgidos nas relações de contratação de obras e serviços pelo sistema de parcerias público-privadas.

O Projeto de Lei Complementar n. 469/2009[6] pretende incluir a arbitragem no Código Tributário Nacional a exemplo do que ocorreu em Portugal com o advento do Decreto-Lei n. 10/2011. Especificamente com relação ao direito do trabalho, vem se consolidando a ideia da permissão da arbitragem. No caso de conflitos coletivos, a permissão estaria fundamentada na determinação do § 1º do art. 114 da CF/1988[7].

Outro dispositivo indicativo da permissão da arbitragem na solução de conflitos laborais é o 507-A da Consolidação das Leis do Trabalho (CLT), alterado com o advento da Lei n. 13.467/2017 que implementou a polêmica reforma trabalhista. Nos termos desse dispositivo legal, naqueles contratos individuais de trabalho, cujo trabalhador receba remuneração superior a duas vezes o limite máximo estabelecido para os benefícios do Regime Geral de Previdência Social, poderá ser pactuada cláusula compromissória de arbitragem, exigindo, no entanto, que a iniciativa tenha partido do empregado ou que se tenha sua anuência expressa.

---

5   Para um estudo mais aprofundado sobre arbitragem, indicamos a obra de Carmona (2023).
6   Ainda sem votação no Legislativo até a data em que se prepara o presente material (março de 2024).
7   "frustrada a negociação coletiva, as partes poderão eleger árbitros".

2.4.2 Autonomia da vontade na arbitragem

No procedimento arbitral, o resguardo da autonomia da vontade das partes é certamente o elemento mais caro. A começar pela validade de sua adoção como meio de solução do conflito, todo o seu procedimento está sustentado na livre manifestação de vontade das partes.

Logo em seu art. 1º, a Lei n. 9.307/1996 estabelece que as pessoas capazes de contratar poderão valer-se da via da arbitragem para dirimir litígios relativos a direitos patrimoniais disponíveis.

Já o art. 2º da mesma lei permite às partes definir se a arbitragem será de direito ou equidade, inclusive podendo definir as regras específicas que deverão ser observadas pelo árbitro da resolução do conflito, resguardados os parâmetros de bons costumes e da ordem pública, podendo, ainda, adotarem os usos e costumes e/ou as regras gerais de direito.

A própria escolha do árbitro ou câmara arbitral é de liberdade das partes (art. 3º), bem como todos os parâmetros sobre o procedimento e eficácia da decisão arbitral, podendo, por exemplo, ser definido pelas partes que a decisão arbitral não terá caráter vinculativo, devendo servir como parecer destinado à orientação de decisões a serem adotadas na condução de um negócio.

Atente-se para o fato de que, nos casos de contrato de adesão, a arbitragem, apesar de autorizada, impõe alguns cuidados.

O § 2º do art. 4º da Lei n. 9.307/1996 estabelece que a cláusula compromissória inserida em contratos de adesão só terá validade se a iniciativa para a inserir tiver sido do próprio consumidor aderente, ou tiver concordado expressamente com ela, devendo, nesse caso, assinar ou rubricar especificamente a cláusula, que, além disso, deverá estar em negrito ou de qualquer outra forma destacada das demais cláusulas do contrato.

A ideia central dessa determinação é exatamente proteger da melhor maneira a boa-fé contratual, impondo limites ao contratante responsável pela elaboração do contrato, evitando a fragilidade do consumidor.

Nesse sentido, mostra-se pacífica a orientação da jurisprudência do Superior Tribunal de Justiça (STJ), a exemplo do que restou determinado nos EDcl no AgInt no REsp nº 1.641.672-MG, de relatoria da Ministra Isabel Gallotti, enfatizando que, em casos assim, o Poder Judiciário tem competência para analisar validade da cláusula de arbitragem inserida no contrato de adesão.

Não bastasse, destaca-se a vedação contida de modo expresso no art. 51, inciso VII, do Código de Defesa do Consumidor quanto à utilização impositiva de arbitragem nas relações de consumo.

2.4.3 Natureza jurisdicional da arbitragem

O debate sobre a natureza jurisdicional da arbitragem, apesar de merecer aqui considerações, não tem mais o peso de outrora.

O entendimento de que a atividade arbitral tem natureza jurisdicional se consolida de modo irreversível na doutrina e na jurisprudência.

Contudo, é imperioso considerar que essa conclusão exigiu uma atualização da concepção de jurisdição, entendida no passado como uma atividade exclusiva do Estado de solucionar os conflitos sociais mediante imposição das regras e normas de direito, para a compreensão da jurisdição como atuação não mais exclusiva do Estado, ao menos no sentido de responsável pela decisão do conflito.

Sem dúvida, essa foi também a ideia do legislador, que, ao editar a Lei de Arbitragem, conferiu à decisão arbitral a natureza de título executivo judicial, equivalendo em tudo à sentença judicial.

No entanto, é preciso enfatizar que, apesar da natureza jurisdicional da arbitragem, é fato que o poder jurisdicional do árbitro não equivale em tudo ao poder do magistrado, sendo limitado em sua atuação executiva, visto que a execução de ordem arbitral eventualmente descumprida terá de ocorrer no âmbito exclusivo do Poder Judiciário, assim como eventual necessidade de anulação do procedimento arbitral.

2.4.4 Convenção arbitral

A via da arbitragem será eleita por meio de uma convenção arbitral, tendo por espécies a cláusula compromissória e o compromisso arbitral (art. 3º da Lei de Arbitragem).

A cláusula compromissória ocorre quando, da redação do contrato, façam os contratantes constar, de comum acordo, que elegem essa via para dirimir possíveis desavenças ali surgidas (art. 4º).

Ao eleger a arbitragem, as partes poderão deixar desde já consignados todos os detalhes do procedimento arbitral, como: quem serão os árbitros; quantos árbitros irão atuar (exigindo a lei que sejam em número ímpar); quem atuará como árbitro substituto (art. 13, § 1º) na hipótese de impedimento de um dos árbitros titulares; em qual câmara arbitral se desenvolverá a arbitragem; a responsabilidade sobre os custos; a natureza da decisão arbitral; o tempo de duração da arbitragem; e tudo mais que puder eventualmente gerar dúvidas no desenvolvimento da arbitragem, dando-se a essa forma de construção da cláusula arbitral o nome de *cláusula arbitral cheia*.

De outro modo, poderão as partes decidir por clausular apenas a definição da arbitragem como forma de resolução do conflito, sem, contudo, definir os detalhes do procedimento, ao que se dará o nome de cláusula compromissória vazia. Por óbvio que essa forma de construção da cláusula arbitral não é a mais aconselhada na prática arbitral.

Na hipótese de se adotar a forma da cláusula vazia, ocorrendo o conflito, a parte que desejar seguir pela via da arbitragem deverá notificar a parte contrária informando seu interesse em dar início à arbitragem e convocando o notificado para data, local e hora, sempre com a devida comprovação do recebimento da notificação, para que possam firmar compromisso arbitral definindo todo o procedimento arbitral.

Não ocorrendo acordo sobre os detalhes do procedimento arbitral, será necessário promover ação judicial apenas e tão somente para se definir tal procedimento.

A forma da adoção da arbitragem pela via da cláusula compromissória deverá ser sempre escrita, nos termos do que determina o art. 4º, § 1º, da Lei n. 9.307/1996, podendo constar no contrato ou, ainda, em documento apartado que faça referência a ele.

De destacada relevância é a possibilidade de se inserir cláusula compromissória em contratos de adesão. Em razão da presumida fragilidade da parte aderente, referida cláusula só terá validade se por escrito e em negrito e, ainda, com aceitação expressa da parte aderente, sendo exigido que assine e viste especificamente a cláusula, não bastando que o faça em relação ao contrato geral.

Igualmente relevante é a regra prevista no art. 8º da referida lei, que estabelece a completa autonomia da cláusula compromissória em relação ao contrato, de modo que eventual nulidade do contrato não atinge a cláusula arbitral, cabendo ao árbitro decidir os limites e os pontos específicos de eventual impacto da nulidade do contrato sobre a cláusula.

Já o compromisso arbitral é a forma de se eleger a arbitragem nos casos em que não houver convenção prevista em cláusula contratual. Imagine-se que os contratantes não tenham cogitado a arbitragem no ato da elaboração do contrato, decidindo por essa via já diante do conflito instalado, ou mesmo durante o trâmite de ação no Poder Judiciário.

2.4.5 Árbitros

Nos termos do que estabelece o art. 13 da lei, poderá atuar como árbitro qualquer pessoa, desde que de confiança das partes.

Cada uma das partes deverá indicar um árbitro. Ambos os indicados terão a incumbência de indicar o árbitro presidente. Não havendo acordo prévio sobre essa dinâmica, deverão as partes seguir para a via do Poder Judiciário, apenas e tão somente para se decidir sobre a atuação dos árbitros.

Assim como ocorre em relação ao magistrado, os árbitros deverão atuar com plena dose de imparcialidade, diligência, discrição e independência, tendo por dever comunicar as partes sobre eventual situação de impedimento ou suspeição.[8]

2.4.6 Procedimento arbitral

A arbitragem tem início com a aceitação pelos árbitros das respectivas nomeações, nos termos do que dispõe o art. 19 da Lei que regula a arbitragem.

O início da arbitragem interrompe a prescrição que retroagirá à data do requerimento de sua instauração, ainda que extinta a arbitragem em razão de seu não cabimento ao caso.

No caso de terem as partes definido o procedimento no bojo da cláusula compromissória, será este seguido pelos árbitros; na hipótese contrária, caberá aos árbitros defini-los, de acordo com o previsto no art. 21, § 1º.

A postulação na arbitragem deverá ocorrer sempre por meio de advogados, de acordo com a redação do art. 21, § 3º.

A fase de instrução do procedimento arbitral adota, no que couber, o procedimento e as regras definidas pelo CPC para as demandas judiciais, devendo sempre respeito ao contraditório, à ampla defesa, à licitude das provas e à imparcialidade do julgador.

2.4.7 Tutelas de urgência e evidência

São consideradas *medidas de urgência*, nos termos do art. 300 do CPC, aquelas a serem adotadas nas situações em que o requerente demonstra indícios, probabilidade da titularidade do direito pleiteado, bem como o risco de se ter de aguardar o julgamento do mérito da demanda. Há, ainda, casos em que o requerente tem uma probabilidade de direito a partir do preenchimento de requisitos objetivos legais e/ou científicos, por exemplo, a matrícula de imóvel constando seu nome como proprietário de bem ocupado sem sua permissão, o que se denomina *tutelas de evidência*. Nesses casos, não se exige a situação de risco para configuração do direito a tutela liminar, de modo que, demonstrado o preenchimento do requisito legal de configuração do direito, terá a parte direito a liminar legal. É assim no pedido liminar de reintegração de posse, no dever de pagar alimentos no caso de certidão de nascimento em que o sujeito consta como pai ou mãe.

---

8 As situações que caracterizam o impedimento e a suspeição estão indicadas nos arts. 134 e 135, respectivamente, do CPC.

No procedimento arbitral, em virtude da ausência de atuação executiva dos árbitros, é preciso cuidado com relação ao direcionamento do pedido de medidas de urgência ou evidência.

No caso de a parte necessitar de medidas de urgência (não evidência), sem que ainda se tenha iniciado o procedimento arbitral, deverá direcionar seu pedido para o Poder Judiciário (art. 22-A). Concedida a medida pelo Judiciário, deverá a parte iniciar a arbitragem no prazo máximo de 30 dias, sob pena da medida de urgência concedida perder sua eficácia (art. 22-A, parágrafo único).

Iniciada nesse prazo a arbitragem, caberá aos árbitros decidir pela manutenção da medida concedida pelo Judiciário, modificá-la ou mesmo revogá-la.

Surgindo a necessidade da medida de urgência e de evidência, já com o procedimento arbitral iniciado, o pedido deverá ser endereçado diretamente aos árbitros.

2.4.8 Carta arbitral

Denomina-se *carta arbitral* o requerimento enviado pelos árbitros ao Poder Judiciário solicitando a prática de atos que fogem da competência dos primeiros. Cita-se como exemplo o caso de haver necessidade de se impor restrições de direitos às partes ou bloqueios de bens. Como visto, os árbitros não detêm o chamado *poder de imperium*, ou seja, o poder de executar medidas mediante força, competência esta exclusiva do Poder Judiciário.

Sendo assim, havendo no caso concreto a necessidade de bloquear patrimônio da parte, deverá o árbitro requerer tal medida ao Judiciário, ficando este vinculado aos limites do requerimento.

2.4.9 Sentença arbitral

A sentença arbitral corresponde em tudo à sentença judicial. Deverá, inclusive, conter os mesmos elementos de validade exigidos na sentença proferida pelo magistrado, quais sejam: relatório, fundamento e dispositivo (art. 26). Ressalte-se, ainda, que da sentença arbitral não será admitida a interposição de recurso, passível apenas de nulidade nos termos do art. 32.

Apesar do óbice legal à interposição de recursos, é necessário registrar a permissão para interposição de embargos de declaração[9], que, apesar de sua natureza recursal, têm características diversas das demais espécies recursais. Os recursos típicos objetivam a reforma, a anulação ou a modificação da decisão recorrida, ao passo que os embargos de declaração buscam aclarar a decisão diante de sua obscuridade e contradição ou, ainda, complementar decisão que se mostra omissa.

A eficácia da sentença arbitral obedecerá aos limites estabelecidos pelas partes na convenção, podendo até mesmo restar definido que a sentença não terá peso vinculante, valendo apenas como parâmetro de atuação das partes, o equivalente a um parecer jurídico.

2.5 Autocomposição

A autocomposição ocorre quando, por ato voluntário dos litigantes, sem que haja interferências de terceiros, juiz, árbitro, mediadores, conciliadores, chega-se a um ajuste de vontades. Cada qual, renunciando à parte de seu direito, permite a pacificação do conflito sem que haja necessidade da imposição da vontade do Estado sobre a vontade dos litigantes.

É sempre sugerido às partes de um processo ou, ainda, aos indivíduos do conflito que ainda estão em fase pré-processual que optem pela autocomposição, a fim de evitar o calvário e os custos de um processo que, por mais célere que possa ser, levará tempo e trará aborrecimentos às partes.

A autocomposição pode ocorrer de três formas:

1] **Renúncia** – O autor da demanda renuncia ao direito material pretendido, total ou parcialmente. Aqui são importantes alguns esclarecimentos. Primeiro, a renúncia não pode ser confundida com a remissão, como bem anota doutrina de Carlos Roberto Gonçalves (2012, p. 367): a renúncia é gênero, do qual remissão[10] é espécie; a renúncia é ato unilateral do credor, a remissão pressupõe aceitação do remitido; a renúncia é mais ampla do que a remissão por poder recair sobre direitos pessoais de natureza não patrimonial, ao passo que a remissão só pode recair sobre direitos creditícios.

---

9 Vide a respeito: REsp n. 1.102.460/RJ, Relator Min. Marco Buzzi, Corte Especial, j. em 16/06/2015: "a extinção do procedimento da arbitragem ocorre com a prolação da sentença arbitral, a qual somente pode ser objeto de embargos de declaração (a serem apreciados pelo próprio juízo arbitral) ou ação anulatória".

10 Não confundir, ainda, remissão com remição. Remição tem natureza processual e indica o pagamento da dívida que deu origem à execução (CPC, art. 826). Remissão indica o perdão da dívida, configurando causa extintiva da obrigação prevista no art. 385 do Código Civil.

2] **Reconhecimento do pedido** – O réu, em vez de contestar a pretensão do autor, reconhece-a, pacificando o conflito. É importante lembrar, sobretudo para aqueles que estão em fase de formação universitária, que o reconhecimento do pedido pelo réu não é indicativo de revelia. A revelia corresponde à inércia do réu na fase de defesa, o que não necessariamente indica que esteja disposto a reconhecer o pedido do autor. Também não se confunde o reconhecimento do pedido com o reconhecimento dos fatos (confissão). É possível que o réu, ao contestar, admita os fatos conforme narrados pelo autor em sua inicial, refutando, contudo, o pedido.

3] **Transação** – As partes, de comum acordo, ajustam suas vontades. Segundo observa clássica doutrina de Caio Mario da Silva Pereira (1966, p. 213), "a transação é uma especial modalidade de negócio jurídico, que se aproxima do contrato na sua constituição, e do pagamento nos seus efeitos". Continua o autor observando que, tecnicamente, a transação deve ser vista como "determinado negócio jurídico, que se realiza por via de um acordo de vontades, e tem por objeto extinguir a obrigação" (Pereira, 1966, p. 213). É sempre relevante observar que a transação só se caracteriza havendo ajuste de vontades, não ocorrendo jamais de modo unilateral.

2.6 Autotutela

Autotutela é a pacificação dos conflitos pelas próprias forças. Presente no período antigo, em razão da ausência do Estado, a autotutela existe ainda hoje como exceção absoluta em nosso ordenamento jurídico. Exemplo disso é o disposto no art. 1.277 e no § 1º do art. 1.210, ambos do Código Civil (CC).

O que difere a autotutela aplicada na Antiguidade daquela aplicada atualmente é o fato de que hoje se apresenta como exceção, sendo permitida somente nos casos em que a lei, de modo expresso, assim o fizer, além de ser limitada pelo razoável. Assim, excedido o limite da razoabilidade, a atuação deixa de ser tida por lícita passando à ilicitude, respondendo seu autor pelo excesso cometido. Nessa linha, há a legítima defesa (da honra, da propriedade, da vida) [11].

---

11 O art. 23 do Código Penal estabelece que não há crime quando o agente pratica o fato em estado de necessidade, legítima defesa e estrito cumprimento do dever legal. O parágrafo único desse mesmo artigo estabelece que o agente, em qualquer das hipóteses desse artigo, responderá pelo excesso culposo ou doloso.

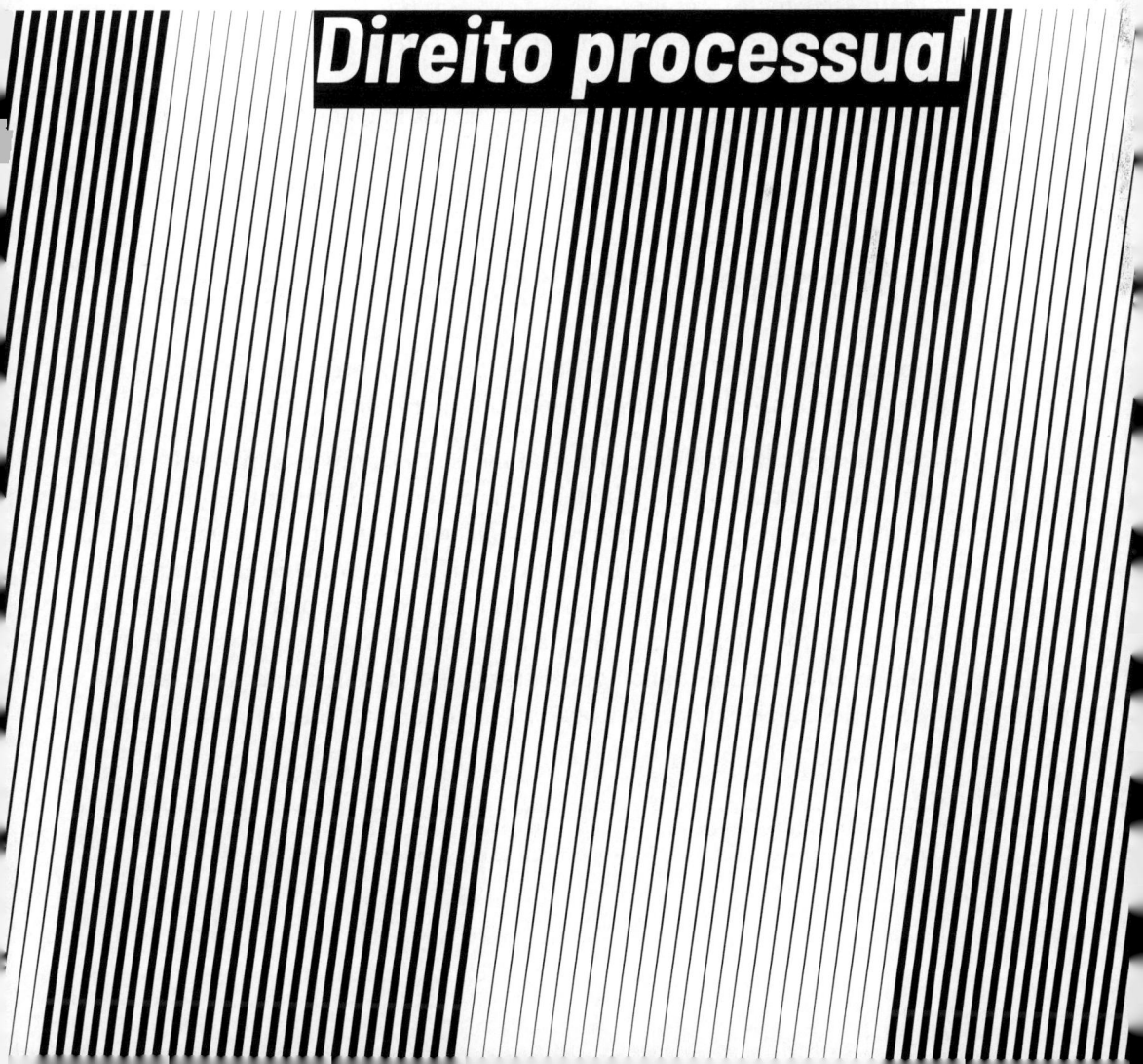

Capítulo 3
Direito processual

3.1 Conceito de direito processual

O direito processual é ciência autônoma, destinada ao estudo dos institutos da jurisdição, da ação, da defesa e do processo.

Como bem anota doutrina de Adolf Wach (1977, p. 170), "*esa independência es relativa y el proceso es una figura secundaria destinada a conservar y hacer respetar el derecho material*".

Segundo outro doutrinador clássico, Leo Rosenberg (1955, p. 42-43), "*derecho procesal civil es todo el derecho objetivo regulador de este procedimiento; es decir, el conjunto de las normas que tienen por objeto las instituciones estatales de jurisdicción civil [...]*".

O direito processual tem por objeto, de acordo com Leo Rosenberg (1955, p. 42-43), "*las instituciones y pressupuestos de la jurisdicción civil, la espécie, formas y efecto de la tutela jurídica y el procedimiento para su consecución*"[1].

O direito processual abrange todo o sistema de resolução de conflitos ou de administração de interesses. Não se pode excluir dessa ideia, por exemplo, os meios adequados de solução de conflitos, a jurisdição voluntária e a organização judiciária.

Até mesmo a avaliação do impacto que determinadas situações e comportamentos sociais provocam no processo devem ser objeto de investigação dessa ciência, como ocorre com as relações econômicas, políticas e sociais.

3.2 Autonomia do direito processual

A autonomia de uma ciência é medida por três elementos: princípios próprios, método e objeto próprio. O direito processual apresenta todos eles.

1] Os **princípios** do sistema processual não se confundem com aqueles de outras áreas do direito. Os princípios que regem o pensamento entorno dos institutos do processo têm caráter publicista, e respeitam a uma prestação jurisdicional que resolva o conflito sob o império da ordem legal, colocando-se, portanto, acima dos interesses particulares dos sujeitos envolvidos nesse mesmo conflito. Relativamente à ciência do direito material, os princípios que o estruturam, ainda quando de natureza pública, não miram a eficiência do serviço jurisdicional, mas as relações subjetivas envolvidas na situação de fato.

---

1   É importante observar que o autor alude a *direito processual civil* em razão do direcionamento de sua obra, mas certamente que suas conceituações se estendem ao *direito processual geral*.

2] Quanto ao **método**, o direito processual adota o método sistemático-teleológico, de modo que seus institutos devem ser interpretados e geridos com a função de atingir um fim, qual seja, a tutela efetiva do direito material, sempre com a máxima preservação das garantias fundamentais.

3] No que se refere ao **objeto** do direito processual, tem-se o estudo do processo, visto como o instrumento de realização do direito material; a jurisdição, entendida como a atuação do Estado na pacificação dos conflitos e administração de interesses privados; a ação, entendida como a garantia fundamental de exigir do Estado a tutela dos direitos; e, por fim, a defesa, como a outra face do direito de ação, atribuindo ao sujeito passivo da relação processual a possibilidade de refutar as alegações que lhe são dirigidas.

Este objeto do direito processual não se confunde, de qualquer modo, com o objeto do direito material, que é o estudo das relações sociais envolvendo pessoas (direito pessoal) ou pessoas e coisas (direito real).

Não compete, portanto, ao direito processual regular o convívio social, tampouco criar direito na esfera material, modificá-los ou extingui-los, como nos lembra Cândido Rangel Dinamarco (2001b, p. 42-43).

Essa autonomia do direito processual em relação ao direito material se concretizou graças a Oskar Von Bülow, em 1868, quando da publicação de obra destinada a demonstrar que a relação que se estabelece no processo nada tem com a relação material.

Os direitos e obrigações do processo, afirma Von Bülow (2003, p. 6):

> aplicam-se entre os funcionários do Estado e os cidadãos, desde que se trata no processo da função dos oficiais públicos e uma vez que, as partes são levadas em conta unicamente no aspecto de seu vínculo e cooperação com a atividade judicial; essa relação pertence, portanto, a uma relação jurídica pública.

Outra característica marcante da relação processual apontada por esse doutrinador é o fato de ser contínua, desenvolver-se ao longo do processo, diferentemente da relação material, que se mostra posta e estática assim como ocorreu no convívio social.

Não se pode, contudo, crer que a autonomia do direito processual lhe permita o isolamento. Ao contrário, essa autonomia só se justifica no campo da ciência, em que se busca o aprimoramento de seus institutos. Contudo, quanto ao fim, o direito processual é plenamente dependente do direito material, no sentido de que todo seu estudo e seu aprimoramento só se justificam se voltados para a tutela do direito material.

3.3 Instrumentalidade do processo

Como registrado no tópico anterior, o estudo do direito processual só se justifica se voltado ao atendimento das necessidades de tutela efetiva do direito material. Por isso, é qualificado por uma ciência instrumental.

E o que significa dizer que o direito processual e seu objeto, o processo, são "instrumentos" de serventia do direito material? Essa afirmação conduz à conclusão de que o direito processual não tem relevância no cenário jurídico? Há razão para que o cientista se preocupe com as questões do processo ou, em verdade, devem ser encaradas como mera técnica de solução de conflitos?

A teoria da instrumentalidade do processo advém da concepção de que não há mais espaço na ciência processual para investigações puramente dogmáticas, que, adentrando o debate dos conceitos, lá permaneçam sem se voltar os olhos para as necessidades práticas de solução dos conflitos em que os sujeitos de direitos estejam envolvidos.

Sendo assim, entendem os instrumentalistas que eventuais máculas do processo devem ser sempre superadas, tanto quanto possível e desde que não prejudiquem qualquer das partes, para, então, resolver-se o conflito.

É exatamente a partir dessa teoria que o Código de Processo Civil (CPC) estabelece, em seu art. 277, que, "quando a lei prescrever determinada forma, o juiz considerará válido o ato se, realizado de outro modo, lhe alcance a finalidade".

É preciso ter em mente que nem sempre o fim justifica os meios na interpretação dos institutos processuais. Exemplo disso é a indispensável preservação das garantias fundamentais do processo, como o contraditório, a ampla defesa e a proibição das provas ilícitas[2].

Eis que é imperioso ressaltar que o simples fato de se ter reconhecido como violada uma garantia constitucional do processo já deveria ensejar a plena nulidade dos atos contaminados, não havendo prejuízo mais grave do que este na condução legítima do processo.

Como anota Cândido Rangel Dinamarco (1998, p. 23), "o que conceitualmente sabemos dos institutos fundamentais deste ramo jurídico já constitui suporte suficiente para o que queremos, ou seja, para a construção de um sistema jurídico processual apto a conduzir aos resultados práticos desejados".

---

2   Em decisão proferida no bojo do REsp n. 1.582.970-SP (Rel. Min. Luis Felipe Salomão, j. em 23/08/2018), restou definido que, apesar de confirmada a falta de intimação da parte sobre a decisão que determinou a especificação de provas, no caso concreto, não foi demonstrado qualquer prejuízo à parte, visto que o caso ensejava julgamento antecipado da lide, sendo desnecessária qualquer outra prova. Conclui o julgado do Superior Tribunal de Justiça (STJ): "em respeito ao princípio da instrumentalidade das formas, somente se reconhece eventual nulidade de atos processuais caso haja a demonstração efetiva de prejuízo pela parte interessada".

Nessa mesma linha, observa José Roberto dos Santos Bedaque (2003, p. 21): "por isso o direito processual deve adaptar-se às necessidades especificas de seu objeto, apresentando formas de tutela e de procedimento adequadas às situações de vantagem asseguradas pela norma substancial".

Assim, afirmar que o processo e sua ciência têm natureza instrumental não permite concluir por sua secundariedade, sua irrelevância; ao contrário, exatamente por se concluir que se trata de ciência instrumental é que seu estudo deve ser cada vez mais implementado, aprimorado, aprofundado, contudo tendo em vista seu fim: a tutela do direito material.

O direito processual é ciência meio e, como tal, só protegerá seu objeto final (o direito material) de modo efetivo na medida em que aperfeiçoar seus institutos para tal.

Segue que o direito processual, apesar de autônomo, não pode ser visto como um fim em si mesmo. O direito processual é, portanto, ciência instrumental, voltada a desenvolver e aprimorar seus institutos para melhor tutelar as relações de direito material, estas sim vistas como fim.

Talvez esteja aí a razão pela qual os problemas do direito processual – sua ineficiência, sua desestruturação, a desorganização judiciária – não são percebidos no mundo do processo, mas no mundo da vida, para utilizar expressão de Habermas (2010)[3].

A violência nas ruas, o desrespeito às garantias do consumidor etc. decorrem, em certa parte, pela certeza de um processo inefetivo.

Contudo, com a reiterada *venia*, a adoção da tese da instrumentalidade não representa aval a banalização dos institutos do processo, sobretudo aqueles elevados ao patamar de garantias fundamentais.

Flexibilizar a violação das garantias fundamentais, como tem-se notado em repetidas oportunidades da prática forense, não se relaciona com a teoria da instrumentalidade, mas, ao contrário, está em linha com outro modelo de processo, o autoritário e antidemocrático.

A violação de qualquer das garantias constitucionais do processo, apenas por isso, já ensejaria razão suficiente para nulificar o ato, pelo simples fato de que essa violação é de tal ordem grave que contêm em si mesmo um dano insuperável, não se podendo exigir a comprovação de qualquer outro dano na esfera material de direitos.

---

3 Em seu *Direito e democracia*, Jürgen Habermas (2010, p. 24-25) utiliza a expressão "mundo da vida" para indicar o campo em que o direito deve agir, devendo deixar o mundo das abstrações, sob pena de ineficácia, sob pena de não permitir o surgimento de um agir comunicativo capaz de modificar as realidades.

3.4 Unidade e divisão do direito processual

O direito processual é ciência una, assim como o é o próprio Direito.

A divisão em ramos específicos ocorre por razões pouco mais do que didáticas, de modo que o estudo do processo, seja ele civil, penal, trabalho e mesmo o coletivo, tem elementos estruturais comuns.

A diferença entre os ramos do direito processual é de grau, e não de natureza, como anota doutrina clássica de José Frederico Marques (1958, p. 33).

Pondera com acerto também a professora Ada Pellegrini Grinover (1978, p. 3):

> a intensificação das relações sociais, as exigências de uma sociedade em incessante transformação, o impacto da tecnologia, os novos instrumentos de pressão política, despertam o jurista em geral para a necessidade de estudos interdisciplinares que o tornem apto a participar efetivamente da realidade social, globalmente entendida, desempenhando seu papel na formação do direito e como operador do sistema jurídico, à guisa de verdadeiro "engenheiro social".

A análise da unidade processual deve ocorrer sob dois ângulos:

1] em razão da competência legislativa;
2] considerando sua divisão em outros ramos.

Quanto à competência legislativa, informa Ada Pelegrini Grinover (1978, p. 9) que a unidade do processo tem início com a Constituição de 1934, na qual se estabelecia, no art. 5º, inciso XIX, alínea "a", que apenas a União poderia legislar sobre processo e que suas leis teriam aplicabilidade em todo o território nacional. Daí decorre o teor do art. 16 do atual CPC, afirmando que a jurisdição é una e de atuação em todo o território nacional, tudo culminando com o primeiro Código de Processo Civil publicado em 1939.

Até então, vigiam no Brasil as leis processuais estaduais com forte influência das instituições portuguesas, sobretudo as Afonsinas.

Esse passo na unificação legislativa do processo foi de extrema importância por permitir uma maior segurança jurídica, impedindo que em cada Estado vigesse uma legislação diferenciada sobre o processo.

Quanto à unidade científica, tem-se que o direito processual é ciência única, devendo o processo civil, o processo penal, o processo do trabalho e o processo coletivo ser vistos como ramos autônomos dessa ciência, em razão de suas peculiaridades procedimentais.

E o chamado *sincretismo processual*, o que significa?

Entende-se por sincretismo processual a interdisciplinaridade das medidas judiciais praticadas no desenvolvimento de um processo, ou seja, são medidas de uma natureza, sofrendo interferências de outra natureza. Exemplo de sincretismo processual se verifica quando, no desenvolvimento de uma ação penal, o magistrado pratica atos de natureza civil, como acontece na Lei Maria da Penha (Lei n. 11.340/2006, modificada pela Lei n. 14.550/2023), que permite, em seu art. 19, § 5º, conceder medidas de urgência visando à proteção imediata da mulher agredida, independentemente de se tratar de medida cível ou penal[4]. Também quando no procedimento do cumprimento de sentença realizam-se atos de natureza de conhecimento, na mesma linha, tem-se a prática de atos de execução forçada dentro de processo de conhecimento.

3.5 Direito processual e Constituição Federal

Em um sistema positivado de normas como se tem no Brasil, a Constituição Federal representa a base fundamental e mais profunda de interpretação desse sistema. Resta às demais normas, incluído obviamente o direito processual, submeterem-se aos ditames constitucionais.

Conforme nos ensina doutrina de Dieter Grimm (2006, p. 28), a Constituição deixou de ser um indicativo da situação de um país, passando, após as revoluções do final do século XVIII, a indicar "*El conjunto de normas que regula de modo fundamental la organización y el ejercicio del poder estatal, así como las relaciones entre el Estado y la sociedad*".

A construção de uma Constituição nos Estados democráticos considera os elementos básicos de organização de dada sociedade, estabelecendo seus pilares de sustentação em uma ordem jurídica justa.

A validade das regras e normas processuais, portanto, está condicionada à observância das determinações constitucionais, fenômeno que também ocorre com o direito material.

---

4 "Art. 19. As medidas protetivas de urgência poderão ser concedidas pelo juiz, a requerimento do Ministério Público ou a pedido da ofendida. [...] § 5º As medidas protetivas de urgência serão concedidas independentemente da tipificação penal da violência, do ajuizamento de ação penal ou cível, da existência de inquérito policial ou do registro de boletim de ocorrência."

Essa relação entre Constituição Federal e direito processual se dá em via dupla. Assim, enquanto o processo se vale da Constituição para se desenvolver de modo válido, extraindo de seu bojo os princípios ali constantes, seja de modo expresso ou não, a própria Constituição se vale do processo para fazer valer seus valores, de modo que a efetivação de suas determinações só ocorrerá a partir das medidas concretamente adotadas no desenvolvimento de um processo.

3.6 Direito processual e direito material

O direito processual, por sua natureza, serve de instrumento de tutela do direito substancial. Não se quer com essa afirmação dizer que as normas processuais não mereçam atenção do estudioso, ou que seja dever do juiz flexibilizar todas as regras de processo para atingir o direito material.

A conquista da autonomia do direito processual com relação ao substancial impõe uma reavaliação da forma como interpretamos e aplicamos as regras processuais.

A exigência que se faz é de que o trato do direito processual se estabeleça no sentido de convergir seus institutos a uma efetiva tutela do direito material. Nessa linha, não se admite mais no campo da ciência processual, estudos isolados do processo sem qualquer convergência para a tutela prática do direito material.

Nesse sentido, anota José Roberto dos Santos Bedaque (2003, p. 17) que "a natureza instrumental do direito processual impõe sejam seus institutos concebidos em conformidade com as necessidades do direito substancial". Dessa forma, finaliza o autor: "à luz da natureza instrumental das normas processuais, conclui-se não terem elas um fim em si mesmas" (Bedaque, 2003, p. 19).

3.7 Direito processual civil como regra geral

As regras dos direitos processual penal, trabalhista, tributário e coletivo são consideradas especiais, tendo como geral o processo civil. Isso significa, basicamente, que havendo regras específicas tratando do procedimento a ser adotado no caso concreto, deve prevalecer sobre a regra geral do processo civil, devendo esta ser utilizada nos casos de matérias penal, trabalhista, tributária e coletiva apenas na ausência de regras específicas.

Exatamente com esse espírito de subsidiariedade das regras especiais do direito processual, tendo o processo civil como regra geral, o art. 15 do CPC de 2015 passou a determinar que: "Na ausência de normas que regulem processos eleitorais, trabalhistas ou administrativos, as disposições deste Código lhes serão aplicadas supletivamente e subsidiariamente".

Cabe aqui rápido esclarecimento sobre a diferença entre os termos *supletivo* e *subsidiário*, visto que utilizados na redação do aludido art. 15 do CPC.

Por *supletivo* entende-se que as regras do processo civil serão utilizadas nos casos em que as regras específicas, apesar de existirem, se mostram insuficientes para resolver o caso concreto; já por *subsidiário* entende-se aqueles casos em que a regra especial se mostra lacunosa, não se aplicando ao caso concreto. Imagine-se a legislação do processo do trabalho não tratando da forma de realização da citação, seria este exemplo de uso subsidiário das regras de citação previstas no CPC.

3.8 Princípios constitucionais do direito processual

3.8.1 Conceito de princípio

A definição de princípio é trabalho árduo, que exige pesquisa profunda sobre a influência dos elementos da filosofia e da teoria geral do direito no comportamento, sobretudo, interpretativo das normas jurídicas.

No presente trabalho, diante das limitações de sua destinação, não será aprofundado tal debate conceitual, seguindo caminho que se entende mais adequado, deixando, porém, indicações bibliográficas para aqueles que pretendem seguir a análise de modo mais aprofundado.

Segundo doutrina de Humberto Ávila (2008, p. 78), que critica a tradicional posição doutrinária de distinguir princípios e regras seguindo o critério da abstração e valoração, os princípios

> são normas imediatamente finalísticas, primariamente prospectivas e com pretensão de complementariedade e de parcialidade, para cuja aplicação se demanda uma avaliação da correlação entre o estado de coisas a ser promovido e os efeitos decorrentes da conduta havida como necessária à sua promoção.

Para esse doutrinador, o princípio desempenha uma "função diretiva", que por sua vez, é determinada por um conteúdo. No caso do processo, o processo justo, a moral processual e a participação equilibrada dos sujeitos do processo são conteúdos que exigem um meio, este representado pelos princípios do contraditório, da imparcialidade, da lealdade, do devido processo legal etc.

O mesmo autor entende que as regras, diferentemente dos princípios, "são definidas como normas imediatamente descritivas, primariamente retrospectivas e com pretensão de decidibilidade e abrangência, para cuja aplicação exigem a avaliação da *correspondência* entre a construção conceitual da descrição normativa e a construção conceitual dos fatos" (Ávila, 2008, p. 80).

Desse modo, verifica-se que, as regras regulam uma situação concreta, ou seja, são normas direcionadas a uma hipótese específica – exemplos: as regras que disciplinam a compra e venda de imóveis, as regras que disciplinam o mercado financeiro –, ao passo que os princípios são normas gerais, de aplicação ampla. Por exemplo, quando aludimos aos princípios decorrentes das relações de consumo ou do processo, estamos diante de normas que se aplicam a todas as relações que ali se enquadrarem, o contraditório não é princípio específico de determinado tipo de processo, mas de todos. Por fim, nas palavras de Humberto Ávila (2008, p. 80), "os princípios descrevem um ideal de coisas".

Concordamos com esse autor quando afirma que tanto a regra quanto o princípio exigem certo grau de ponderação, não sendo correto o entendimento de que, diante de uma regra, nada resta a seu aplicado senão cumpri-la[5]. Como visto, a sociedade é dinâmica por natureza, o que implica inevitável descompasso entre esta e as situações descritas em determinada regra, exigindo de seu aplicador um inseparável poder de reaproximação dessas situações, descritivas e factuais.

3.8.2 Princípio da imparcialidade do juiz

A validade do processo pressupõe a observância de alguns limites de atuação tanto do juiz quanto das partes, entre eles a necessidade de o juiz permanecer distante das partes. Apesar de agente do processo, contribuindo para seu perfeito desenvolvimento, o juiz deverá ser considerado impedido (art. 144, CPC) ou ao menos suspeito (art. 145, CPC) se de qualquer forma estiver ligado ao objeto do processo ou às partes.

O princípio da imparcialidade, apesar de não constar de modo expresso na Constituição Federal, decorre perfeitamente do princípio do devido processo legal, além da vedação de existência de tribunais de exceção no art. 5º, inciso XXXVII.

Lembra a doutrina de Cândido Dinamarco (2001b, p. 201) que a imparcialidade não pode ser confundida com a neutralidade.

---

5   Essa concepção, hoje superada, deve-se a Montesquieu, que dizia ser o juiz a simples *boca da lei*.

De acordo com essa corrente doutrinária, o juiz é ser social, convive, portanto, com os problemas da sociedade; logo, não se pode exigir que ignore tais fatores no momento de interpretar determinada norma.

Compete, no entanto, ao juiz, diante do caso concreto, ponderar a situação fática, considerando a realidade social vivida, os valores daquela sociedade e aplicar a norma jurídica a esse mesmo caso.

As próprias garantias constitucionais da magistratura (inamovibilidade, irredutibilidade de vencimentos e vitaliciedade) foram estabelecidas com a inegável função de ofertar condições para o aprimoramento da imparcialidade do julgador.

Portanto, a imparcialidade que se exige do juiz é técnica, no sentido de manter-se distante das emoções do caso concreto, dos anseios das partes. Não pode o juiz permitir que suas concepções políticas, morais, religiosas alcancem a demanda que lhe foi posta, sob pena de pender para um dos lados, provocando inevitável injustiça na decisão.

3.8.3 Princípio da igualdade

A igualdade que exige como determinação constitucional para as relações processuais não corresponde ao sentido ideológico, visto que, nalguma medida, os sujeitos que compõem uma sociedade são desiguais.

Ressalta-se que, no presente trabalho, a igualdade deverá ser entendida como gênero, tendo como espécie a isonomia.

Por **igualdade**, tem-se o nivelamento geral dos indivíduos que formam uma sociedade, deixando de lado todo e qualquer parâmetro que os possa distinguir, como raça, cor, credo etc. Já a **isonomia** se configura como o resultado do tratamento dos sujeitos considerando exatamente as desigualdades existentes entre eles.

A igualdade, constante na Constituição Federal em seu art. 5º, *caput*, é abstrata, competindo ao magistrado, analisando as circunstâncias do caso concreto, modelar essa premissa às características do caso e das partes.

É nesse sentido que se permite, no art. 6º, inciso VIII, do Código de Defesa do Consumidor (CDC), a inversão do ônus da prova da relação de consumo, o mesmo se aplicando às relações de trabalho, tendo em vista a hipossuficiência do consumidor e do trabalhador.

Em obediência ao presente princípio da igualdade e tratamento isonômico das partes, o STJ, em decisão da Quarta Turma, de relatoria do Ministro Luis Felipe Salomão, ao apreciar demanda envolvendo habilitação de pessoas do mesmo sexo ao casamento entendeu que "A igualdade e o tratamento isonômico supõem o direito a ser diferente, o direito à autoafirmação e a um projeto de vida independente de tradições e ortodoxias. Em uma palavra: o direito à igualdade somente se realiza com plenitude se é garantido o direito à diferença" (REsp n. 1.302.467/SP).

Em outro julgado, a mesma casa entendeu, em voto da Terceira Turma de relatoria do Ministro Paulo de Tarso Sanseverino, que a mulher deve receber a complementação a aposentadoria no mesmo percentual recebido pelo homem (AgRg no AG n. 1.414.990/SC).

3.8.4 Princípio do contraditório

O art. 5º, inciso LV, da Constituição Federal estabelece que será assegurado o contraditório e a ampla defesa a todos os litigantes, seja em processo judiciário ou administrativo.

Restritivamente, o princípio do contraditório corresponde à oportunidade de manifestação da parte sobre os atos processuais que estejam relacionados a direitos seus. Contudo, não se trata de mero direito formal de manifestação, mas sim que possa efetivamente interferir na construção da decisão do caso.

Tradicionalmente, o contraditório sempre esteve ligado a dois elementos:

1] **informação**, ou seja, o direito da parte ou interessado de ser adequadamente informado sobre os atos processuais que lhe dizem respeito;
2] **direito de reação**, indicando o direito desse mesmo sujeito, devidamente informado, de reagir. Note-se que o juiz não era considerado sujeito integrante do contraditório, devendo esse princípio ser lido exclusivamente como se relacionado às partes e interessado do processo.

No entanto, a doutrina mais moderna tem entendido como insuficiente essa visão, passando a incluir o juiz como sujeito do contraditório, além de considerar o dever de colaboração como integrante da concepção maior de contraditório.

Por certo que a relação do juiz com o contraditório não equivale àquela das partes com esse mesmo princípio. O magistrado, como já anotado, assume relação de imparcialidade, mas de modo algum de neutralidade.

Ademais, sua imparcialidade não lhe retira o dever de atuar na solução da lide de modo proativo. Exemplo disso ocorre na necessária atividade do magistrado buscando adequar o julgamento da demanda à técnica de julgamento com perspectiva de gênero imposta pelo Conselho Nacional de Justiça (CNJ), com a edição da Portaria n. 27/2021.

O denominado *princípio da cooperação ou colaboração*, previsto no art. 6º do CPC, segue nesse sentido, estabelecendo regras para a atuação de todos aqueles que, de alguma forma, relacionam-se com a condução do processo.

O que legitima a necessidade de uma participação efetiva dos sujeitos do processo é, necessariamente, o fato de que, em relação às partes, são eles que, por estarem diretamente envolvidos no conflito social, dispõem de melhores condições de fornecer elementos ao convencimento do magistrado.

Ao juiz, por sua vez, que fará pesar sobre as partes a vontade da lei, impõe-se a necessidade de participação ativa na relação processual, com os olhos voltados a encontrar melhores condições para a realização de uma ordem jurídica justa.

Além de buscar conhecer os fatos com base nas provas produzidas nos autos, deve o magistrado, por meio do diálogo com as partes ou mesmo com os terceiros, encontrar elementos à concretização de seu convencimento.

Frisa-se que o princípio do contraditório não se aplica exclusivamente ao processo judicial. A Constituição Federal, em seu art. 5º, inciso LV, estabelece que o contraditório deve ser observado tanto no âmbito judicial quanto no administrativo.

Ainda sobre aspectos do contraditório, tem-se a possibilidade de esse princípio ser observado apenas em um segundo momento, chamado, nesse caso, de *contraditório diferido* ou *postergado*.

Naquelas situações em que o bem jurídico material corre risco iminente de lesão ou de perda, é necessário que se proteja tal bem, devendo o aperfeiçoamento do contraditório ser realizado em momento subsequente. É o que se verifica nas tutelas de urgência concedidas sem oitiva prévia da parte contrária, ou ainda nos casos de prisões cautelares visando evitar prejuízos na apuração dos fatos ou evitar ainda a fuga do próprio investigado ou réu, o que poderia tornar o processo penal inócuo.

Questão a ser considerada diz respeito à presença de contraditório da fase de inquérito.

Não se sustenta mais na doutrina e, sobretudo, na jurisprudência contemporânea a tese de inexistência de contraditório e ampla defesa na fase de investigação, especialmente depois de o STF editar a Súmula Vinculante n. 14, cujo teor é o seguinte: "É direito do defensor, no interesse do representado, ter acesso amplo aos elementos de prova que, já documentados em procedimento investigatório realizado por órgão com competência de polícia judiciária, digam respeito ao exercício do direito de defesa".

É certo que a ideia de contraditório na fase de inquérito não se confunde com a atividade realizada em contraditório no bojo do processo judicial. Aqui, ele se revela no trinômio informação-reação-colaboração, ao passo que, na fase pré-processual de investigação, aperfeiçoa-se com base no direito do defensor do investigado de acessar as informações e provas colhidas na investigação.

O fato de o investigado não ser intimado pela autoridade investigativa para se manifestar em contraditório a sua acusação não retira de qualquer modo a caraterística desse princípio do inquérito.

3.8.5 Livre convencimento do juiz ou persuasão racional

Estabelece o art. 371 do CPC que o juiz apreciará as provas produzidas nos autos pelas partes e indicará os fundamentos de seu convencimento.

A ideia de liberdade de avaliação das provas produzidas no processo deve ser bem ponderada no sentido de não se criar a falsa imagem de que o magistrado tem condições de dar às provas o peso que acha que deva ter, independentemente do contexto fático em que esteja inserida. Nessa medida, não tem o magistrado liberdade de criar situações que não estejam estabelecidas no contexto dos autos, sob o fundamento de liberdade de se convencer de qualquer forma.

Não se pode perder de vista que a ideia de "livre" convencimento judicial, afastada pelo CPC na nova redação do seu art. 371, mantida, porém pela jurisprudência, não pode, de qualquer forma, ser interpretada como liberdade de valorar as provas processuais de modo subjetivo, tornando o peso das provas relativo.

Em verdade, há questões relativas às provas que não estão na alçada de avaliação do magistrado, por exemplo, o direito de não produzir prova contra si mesmo, ou a vedação de uso de prova ilícita no processo.

Nesse contexto, não pode o juiz, por exemplo, dizer que um exame de DNA receberá menor peso probatório que um documento qualquer.

3.8.6 Princípio da motivação das decisões judiciais

O art. 93, inciso IX, da Constituição Federal determina que "todos os julgados dos órgãos do Poder Judiciário serão públicos, e fundamentadas todas as decisões, sob pena de nulidade".

O princípio da motivação das decisões judiciais, segundo doutrina de José Carlos Barbosa Moreira (citado por Nery Jr., 2000, p. 173), constitui-se em "manifestação do Estado de direito, anterior, portanto, à letra da norma constitucional que a refira expressamente".

O CPC, em seu art. 489, § 1º, da mesma forma faz consignar providências que deverão ser consideradas no intuito de evitar nulidades de decisões por falta de fundamentação adequada.

É pelas mãos do Estado democrático de direito que a exigência de motivação das decisões judiciais visa resguardar a segurança jurídica, afastando o risco de arbitrariedades das decisões, além de garantir a liberdade de utilização das vias recursais por aquele que se mostrar insatisfeito com a decisão e o fundamento que lhe fora contrário.

O dever de fundamentar a decisão significa que o magistrado tem de apresentar as razões de fato e de direito que o levaram a determinada conclusão, indicando as provas que embasaram seu raciocínio, além das regras de direito que serviram ao caso.

Nos termos da jurisprudência vigente, o magistrado não é obrigado a se manifestar sobre todos os argumentos apresentados pelas partes, mas tão somente acerca daqueles necessários para sustentar suas conclusões[6].

3.8.7 Princípio da publicidade

O art. 93, inciso IX, da Constituição, além de determinar a necessidade de fundamentar os atos decisórios do juiz, impõe a publicidade dos atos judiciais como elemento fundamental a sua validade.

Apesar de prevista textualmente no corpo constitucional, a determinação da publicidade dos atos judiciais encontra limites na própria Constituição Federal, que, em seu art. 5º, inciso LX, assevera que "a lei só poderá restringir a publicidade dos atos processuais quando a defesa da intimidade ou o interesse social o exigirem".

A finalidade maior ao estabelecer tais determinações é, sem dúvida, ofertar condições para a transparência das atividades desenvolvidas pela Poder Judiciário, lembrando sempre que o presente princípio não se encontra adstrito às atividades desenvolvidas no âmbito do Judiciário, mas de qualquer atividade do Poder Público na administração da coisa pública.

3.8.8 Princípio da lealdade processual

Os arts. 5º e 77 do CPC estabelecem os parâmetros, bem como as consequências para todos aqueles que se dispuserem a prejudicar a parte contrária ou mesmo a atuação da jurisdição, podendo ser-lhes imputadas medidas com o intuito de coibir atos que caracterizam a utilização do processo com fins alheios a sua finalidade.

O processo foi instituído, já vimos, com a finalidade de pacificação dos interesses sociais; dessa forma, não se pode admitir que qualquer das partes se valha da estrutura do Judiciário no intuito de fraudar as atividades ali desenvolvidas.

---

6   AgInt no AREsp n. 1.692.532/RJ, Rel. Min. Herman Benjamin, Segunda Turma, j. em 14/06/2022.

Nesse sentido, expor fatos em juízo sabidamente inverídicos, ou mesmo produzir provas inúteis, ou, ainda, apresentar pedidos destituídos de fundamento, implica atuação contrária à determinação da boa-fé e da lealdade processual.

Se feridos os deveres descritos no art. 77, incisos IV e VI, do CPC – respectivamente, cumprir com exatidão as decisões jurisdicionais, de natureza provisória ou final, e não criar embaraços a sua efetivação, e não praticar inovação ilegal no estado de fato de bem ou direito litigioso –, incidirá multa de até 20% do valor da causa, considerando a gravidade do ato.

Nos casos em que o valor da causa se mostrar irrisório, referida multa deverá ser de até 10 vezes o valor do salário mínimo, nos termos do que estabelece o § 5º do art. 77.

Ressalta-se que tais multas não poderão ser aplicadas sobre os advogados (públicos ou privados) membros do Ministério Público e da Defensoria Pública, os quais deverão responder perante os seus respectivos Conselhos de Ética e Corregedorias.

3.8.9 Princípio da economia e instrumentalidade das formas

A finalidade primeira do processo, visto como mero instrumento de pacificação social, é, sem dúvida, entregar, no menor período possível, o direito material àquele a quem realmente pertence.

É buscando atingir essa finalidade que o art. 277 do CPC estabelece que o juiz deverá conservar a validade do ato que, a despeito de não ter sido praticado nos termos formais impostos pela lei, não provocar prejuízo a qualquer uma das partes.

No mesmo sentido, dispõe o art. 283 que o erro de forma dos atos processuais só acarretará a nulidade se comprovado o efetivo prejuízo à parte, devendo ser aproveitados todos aqueles atos que, mesmo que não obedientes à regra, não provocaram referido prejuízo.

Resumidamente, nenhum ato processual será anulado se não provocar prejuízo à parte, mesmo que contenha erro formal.

3.8.10 Princípio do duplo grau de jurisdição

Quando o juiz ou o tribunal profere decisão no âmbito do processo, independentemente de ser de natureza final ou incidental, cria condições e possibilidade para que o sucumbente a remeta ao segundo grau de jurisdição, requerendo reavaliação das questões de fato e direito decididos.

A falibilidade do ser humano é certamente um dos argumentos que justificam a adoção de tal procedimento no sistema jurídico brasileiro.

Para que se alcance maior grau de segurança jurídica, deve ser a decisão revista por um colegiado composto de magistrados de maior experiência, apesar de ser verdadeira a afirmação de que a experiência nem sempre indica acerto na decisão.

O sistema recursal, segundo Egas Moniz de Aragão (1965, p. 80), "é fórmula tradicional, provada e aprovada para possibilitar a correção dos erros em que o juiz haja incorrido".

O duplo grau de jurisdição, nas claras palavras de José Carlos Barbosa Moreira (2005, p. 238), indica, em termos genéricos, "que dele decorre a necessidade de permitir-se nova apreciação da causa, por órgão situado em nível superior na hierarquia judiciária, mediante a interposição de recurso ou expediente análogo".

A garantia do duplo grau de jurisdição não está expressamente prevista na Constituição Federal. As únicas manifestações que evidenciam a existência do duplo grau e sua necessidade são os artigos que mencionam a competência dos órgãos de graus superiores.

O art. 102 determina a competência do Supremo Tribunal Federal (STF) para julgar por meio de recurso ordinário e de recurso extraordinário (incisos II e III). No mesmo sentido, o art. 105 estabelece ser de competência do STJ o julgamento do recurso ordinário e do recurso especial (incisos II e III). Há também o art. 5º, inciso LV, que menciona as figuras do contraditório e da ampla defesa – "aos litigantes, em processo judicial ou administrativo, e aos acusados em geral são assegurados o contraditório e ampla defesa, com os meios e recursos a ela inerentes" –, e o art. 92, ao mencionar, entre os órgãos do Judiciário, a existência dos tribunais.

Ressalte-se, ainda, a previsão contida na Lei n. 9.099/1995 quanto ao procedimento adotado para os Juizados Especiais Cíveis, determinando, em seu art. 41, que da decisão do Juizado Especial Cível (JEC) caberá recurso para o próprio juizado, devendo ser este julgado por um colegiado composto de três juízes togados pertencentes ao primeiro grau e que se reunirão na sede do juizado.

Também não pode dizer tratar-se de garantia constitucional absoluta, havendo exceções ao direito de recorrer.

Há assim, exceções, situações em que a parte sucumbente não terá direito ao recurso, a exemplo do que previsto no art. 18 da Lei n. 9.307/1996, que veda a possibilidade do recurso diante de sentença arbitral, ressalvada a hipótese dos embargos de declaração.

Na mesma linha, a determinação contida no art. 1.015 do CPC impõe limites à recorribilidade das interlocutórias.

3.8.11 Princípio do devido processo legal

O princípio do devido processo legal, que tem origem na Carta de João Sem Terra (1215), está previsto na Constituição Federal de 1988 em seu art. 5., inciso LIV.

A estrutura do devido processo legal indica uma divisão que permite analisá-lo por dois aspectos, processual e substancial.

No primeiro caso, mostra-se ligado à necessidade de o processo desenvolver-se observando todas as demais garantias que regem tal instrumento. Assim, o processo, para que se possa entendê-lo como legal – nos termos do ordenamento jurídico vigente –, deverá seguir preservando o contraditório, a imparcialidade judicial, a ampla possibilidade de defesa, a apresentação de provas lícitas, a preservação do juiz natural etc.

Ademais, deverá igualmente respeitar os limites impostos pelo próprio direito material pleiteado na pretensão do autor.

O devido processo legal substancial está intimamente relacionado ao poder do Judiciário de impor limites às eventuais arbitrariedades cometidas em sede de atos administrativos e legislativos praticados pelo agente governamental. Engana-se aquele que pensa tratar-se de novidade da doutrina ou mesmo da jurisprudência. Se bem lembrada a origem da garantia do *due process of law* do direito inglês, virá à mente o fato de que seu objeto maior de preservação era exatamente a liberdade, a igualdade e a propriedade, institutos de direito material.

Não se confunda a atuação do Poder Judiciário na aplicação do devido processo legal substancial com a interferência de um Poder sobre outro. Em verdade, o que faz o Poder Judiciário, nesse caso, é exatamente cumprir com sua função constitucional de controle de constitucionalidade de atos e normas daqueles outros dois Poderes.

O STF, ao julgar RE n. 796.939 (Rel. Min. Edson Fachin, j. em 18/03/2023), declarou inconstitucional a multa isolada prevista em lei para incidir diante da mera negativa de homologação de compensação tributária, exatamente por violação ao devido processo legal substancial. Em seu voto sustentou o Ministro Relator que o referido dispositivo legal (art. 74, § 17, da Lei n. 9.430/1996) não se mostrava razoável na medida em que a legitimidade tributária havia sido inobservada do binômio eficiência e justiça fiscal.

Capítulo 4

Jurisdição

4.1 Conceito de jurisdição

A jurisdição indica, tradicionalmente, a atuação imperativa, mas também gerencial do Estado na solução de conflitos sociais.

Tal atuação corresponde simultaneamente ao exercício de um poder, de uma função e de uma atividade. É **poder** porque exercitado de modo imperativo, permitindo ao Estado declarar o direito e fazer valer sua vontade sobre a vontade dos litigantes – o caráter substitutivo, na clássica visão de Chiovenda (1965).

Contudo, essa afirmação não se coaduna mais com a realidade atual da atuação do Estado na pacificação dos conflitos.

É flagrante o poder de atuação que a cada dia se atribui aos entes administrativos para que imponham suas próprias ordens. O Procon, por exemplo, recebeu do Código de Defesa do Consumidor (CDC) – Lei n. 8.078/1990 – o poder de impor penalidades nas hipóteses de descumprimento das regras consumeristas, nos termos dos arts. 56 a 59 daquela lei.

É bem verdade que essas decisões de natureza administrativa podem ser levadas às vias do Poder Judiciário, a quem compete a palavra final sobre o tema posto. No entanto, essa possibilidade não se mostra suficiente para afastar a natureza substitutiva de determinadas decisões tomadas no âmbito administrativo.

Além de expressão de poder, a jurisdição expressa **função**, porque compete ao Estado o dever de realizar a pacificação dos conflitos sociais, sendo ladeado pelas funções executiva e legislativa.

É ainda **atividade**, porque exige a realização de atos destinados àquela pacificação, atos estes que serão, em tese, realizados por seus agentes, os juízes e os auxiliares da justiça.

Igualmente faz parte da atividade jurisdicional do Estado identificar as características do conflito, a fim de adequar suas vias de solução, sob pena de inefetividade na busca da solução. É assim, por exemplo, nos casos em que se verifica uma caraterística no conflito que o aproxima mais da mediação do que do modelo sentencial, de caráter impositivo.

A jurisdição é, pois, a atuação do Estado na pacificação de conflitos e na administração de interesses privados.

A jurisdição está disciplinada no CPC a partir de seu art. 16. O primeiro deles diz que "a jurisdição civil é exercida pelos juízes e tribunais em todo o território nacional". Essa determinação marca o limite territorial da jurisdição nacional, em obediência aos contornos ofertados pela soberania.

É preciso compreender, contudo, que a superação desses limites físicos vem sendo paulatinamente permitida por conta das necessidades das relações jurídicas transnacionais e da cooperação jurídica internacional. A ultranacionalidade dos direitos humanos, por exemplo, impõe, para sua efetiva tutela, uma atuação jurisdicional igualmente sem fronteiras rígidas.

Já o art. seguinte determina que, para postular em juízo, é necessário ter interesse e legitimidade. Na verdade, há aí dois requisitos de viabilidade da ação, e não propriamente da jurisdição, as chamadas **condições da ação**.

Ainda que parte da doutrina entenda ser inadequado aludir às condições da ação, preferindo a ideia de que tais requisitos correspondem aos critérios da admissibilidade do processo, é forçoso reconhecer que o art. 17 expressa que tais requisitos são condição de admissibilidade da ação, e não do processo.

Essa e outras questões atinentes às condições da ação serão tratadas de modo pormenorizado no Capítulo 5.

4.2 Espécies de jurisdição

A jurisdição, apesar de una e indivisível, comporta espécies.

- **Quanto ao objeto** – Classifica-se em jurisdição **penal** e **civil**. A natureza civil da jurisdição decorre da exclusão daqueles atos de natureza penal, sendo assim entendidos aqueles que estiverem relacionados aos crimes e às contravenções definidas pela legislação penal, geral e especial. Aquilo que não configurar crime ou contravenção penal será, portanto, de natureza civil. Tanto a jurisdição civil quanto a penal se subdividem em **especial** e **comum**, a depender da maneira como classificada pelo sistema de justiça, a exemplo do que ocorre com as justiças eleitoral, trabalhista e militar, qualificadas como jurisdição especial, ao passo que a justiça federal é classificada como de natureza comum.
- **Quanto ao grau** – Classifica-se em jurisdição superior e inferior. Configuram-se como inferiores os juízos de primeira instância, e como de grau superior da jurisdição os juízos exercidos pelos tribunais estaduais, regionais e superiores. Convém lembrar que, apesar de alusão ao grau superior e inferior, a atividade jurisdição é nacional, não comportando divisões e, menos ainda, hierarquia.
- **De direito e equidade** – A **jurisdição de direito**, prevista no art. 140 do CPC, configura-se pela vinculação do magistrado ao ordenamento jurídico, ao passo que a **jurisdição por equidade**, aplicável apenas de modo subsidiário em nosso ordenamento, configura-se pela liberdade do magistrado de julgar o caso considerando outras fontes de direito, inclusive a lei. Pelo critério da legalidade não tem o magistrado essa liberdade de escolha do parâmetro de julgamento, está vinculado à lei, já no julgamento por equidade, admitido

apenas nos casos expressamente determinados em lei, poderá o juiz definir qual dos critérios irá utilizar no caso concreto, a lei, a analogia, os costumes etc.

4.3 Princípios informadores da jurisdição

Após breve análise acerca da definição de jurisdição, damos continuidade com o estudo dos princípios informadores da função jurisdicional, a seguir abordados.

- **Investidura** – Somente o juiz togado está investido do poder jurisdicional, excluindo-se juízes leigos, atuantes exclusivamente no âmbito do juizado especial (art. 7º, Lei n. 9.099/1995). No exato momento em que o juiz, aprovado em concurso de provas e títulos ou, na hipótese dos tribunais, chegando ao cargo de desembargador pelo quinto constitucional ou, ainda, nomeado para ocupar a função de ministro nos tribunais superiores, recebe do Estado a autorização necessária para atuar em seu nome na pacificação dos conflitos sociais, aí se considera investido de jurisdição. Desse momento em diante, o magistrado passa a falar em nome do Estado.
A Lei n. 9.307/1996 concedeu ao árbitro os mesmos poderes decisórios do juiz togado (art. 31), ficando apenas restringida sua atuação quanto aos atos de poder, ou seja, aqueles atos necessários à efetivação das ordens judiciais. Desse modo, verifica-se que também na arbitragem há hipótese de investidura. Apenas se deve considerar que esta não se caracteriza nos exatos termos da investidura togada. Na arbitragem, a investidura dá-se por duas formas: (i) atribuição de função jurisdicional pela lei específica; (ii) acordo entre as partes indicando o árbitro e lhe conferindo os limites de atuação.
A investidura é elemento que pesa sobre a pessoa física do magistrado. Sendo o magistrado afastado, exonerado, aposentado ou, ainda, em caso de falecimento, ele perde a investidura, faltando aí pressuposto de existência do processo.
A investidura não pode ser confundida com a competência. Esta se mostra como pressuposto processual de desenvolvimento, além de estar ligada ao órgão jurisdicional (juízo). Todo e qualquer juiz atuando em nome do Estado tem jurisdição (investidura), o que indica também autorização para falar em casos abstratos; mas somente aquele que atuar no limite territorial e/ou funcional da sua lotação jurisdicional terá competência, de acordo com a matéria que lhe for permitido julgar (ressalvada aqui a hipótese de varas monocráticas, muito comuns no interior dos estados). A competência, enfim, é a autorização para falar em situações concretas.

- **Aderência ao território** – Presente no art. 16 do CPC, esse princípio, também denominado *princípio da territorialidade*, indica que a jurisdição será exercitada nos limites do território nacional. Desse modo, não se admite a aplicação no Brasil de normas estrangeiras, salvo expressas permissões legais (a permissão poderá ocorrer somente quanto às normas materiais).
- **Indelegabilidade da jurisdição** – A competência do exercício da jurisdição, pertence ao magistrado e lhe é atribuída pela norma constitucional, não podendo ser delegada a outro poder, tampouco a outro órgão inserido no mesmo Judiciário. O juiz não pode, agindo segundo sua própria consciência, delegar funções a outros órgãos. Essa observação deve-se ao simples fato de que os juízes não agem no exercício da função jurisdicional como pessoas físicas, e sim como elementos integrantes da estrutura que é o Estado.
- **Inevitabilidade** – O Estado, detentor do poder jurisdicional, tem condições suficientes para impor sua vontade em detrimento da vontade das partes. Uma vez provocada a atividade jurisdicional do Estado, este irá impor aos sujeitos do processo a vontade da lei. O peso desse princípio recai sobre as partes de modo desigual. Quando pesando sobre o réu, este já se vê sujeito à vontade da lei com o simples pedido de sua citação, ao passo que o autor tem a liberdade de provocar ou não a atividade jurisdicional.
- **Inafastabilidade** – A Constituição Federal garante que "a lei não excluirá da apreciação do Poder Judiciário lesão ou ameaça a direito" (art. 5.º, XXXV, CF). Esse é o princípio-chave do sistema processual, significando muito mais do que simplesmente uma regra garantidora da liberdade de ação. O acesso à Justiça deve ser entendido como a necessidade de um processo célere e justo o suficiente para entregar, em tempo hábil, ao sujeito de direito o que lhe é atribuído pela ordem jurídica. Importante considerar que a Constituição Federal, em seu art. 217, parágrafo 1º, traz uma exceção. Trata-se da necessidade de se esgotar toda a via administrativa (justiça desportiva) para que só então se possa demandar em juízo sobre temas relacionados a disputa desportiva.
- **Juiz natural** – Não se permite a criação de tribunais de exceção, tampouco a determinação particular de juiz para apreciar o caso concreto em detrimento das regras de competência. A Constituição é expressa nesse sentido quando estabelece, em seu art. 5º, inciso XXXVII: "Não haverá juízo ou tribunal de exceção". Desse modo, não se deve admitir a eleição de juiz para um caso já ocorrido (*post factum*), sendo necessário que se obedeça às determinações previamente estabelecidas de competência, bem como regras de competência são definidas previamente ao caso.
- **Inércia** – A atividade jurisdicional, até para efetivamente manter-se equidistante dos interesses das partes conflitantes, exige subjetividade em sua convocação. Assim, caso as partes não consigam resolver a pendência entre

si amigavelmente (via ordinária) na pacificação dos conflitos sociais, devem buscar o auxílio do Estado para que este intervenha impondo sua vontade em substituição à vontade dos litigantes (via extraordinária ou subsidiária). Sendo assim, não haverá qualquer prestação jurisdicional senão após a devida provocação da parte.

4.4 Jurisdição voluntária e jurisdição contenciosa

Ainda sobre o tema da jurisdição, é fundamental tratarmos de sua divisão em voluntária e contenciosa.

A **jurisdição voluntária** se caracteriza pela ausência de lide a ser resolvida pelo Estado por meio da imposição de medida judicial. Ela se apresenta naqueles casos em que, apesar da ausência de lide, a configuração do direito impõe a manifestação do Estado para validade e eficácia do ato. É o que ocorre nos casos de divórcio ou inventário em que, apesar de consensual, há interesse de incapaz envolvido.

A atividade jurisdicional voluntária visa, de modo substancial, resguardar o cumprimento de certos procedimentos de ordem pública, não obstante o direito material, objeto da proteção, ser de natureza privada.

Entretanto, há quem atribua à jurisdição voluntária natureza jurisdicional propriamente, por visualizar na atividade do Estado um dever que vai além daquele de solucionar conflitos postos pelas partes, visualizando na atuação do Estado-juiz um dever de verdadeira gestão de interesses que, apesar de particulares, refletem na ordem pública.

O legislador reservou espaço à jurisdição de natureza voluntária desde o art. 719 do CPC, tratados de modo detalhado adiante, em seção específica desta obra.

4.5 Características da jurisdição

A jurisdição apresenta, entre outras, estas características:

- **Unidade** – A jurisdição é una e indivisível, sendo exercitada em todo o território nacional. Não deve ser confundida com a divisibilidade da competência.
- **Substitutividade** – O exercício da jurisdição, quando diante da necessidade de resolver conflitos, substitui a vontade dos litigantes pela vontade da lei.

A lei deve ser o parâmetro de atuação do Estado-juiz na solução de conflitos nos quais as partes não conseguem ajustar seus desejos e necessidades.

- **Imparcialidade** – A atuação jurisdicional exige do magistrado distância com relação à situação de conflito, o que não o impede, antes lhe exige, dialogar com as partes, buscando sempre a conciliação.
- **Definitividade** – As decisões jurisdicionais resolvendo os conflitos, são, em regra definitivas, ressalvadas as hipóteses de relativização.
- **Lide** – Segundo doutrina clássica, a lide (conflito de interesses qualificado por pretensão resistida) é elemento marcante da verdadeira jurisdição. Assim, só haverá, por essa doutrina, típica atuação jurisdicional quando diante de lide a ser resolvida. Por essa exata razão se diz que jurisdição voluntária configura uma falsa jurisdição ou jurisdição atípica.

Capítulo 5

Ação

5.1 Conceito de ação

O termo *ação* deve ser analisado em ao menos dois sentidos: processual e constitucional.

No **sentido processual**, é indicativo de demanda, ou seja, o próprio ato concreto e jurídico de buscar junto ao Judiciário a tutela de um direito violado.

Quanto ao **aspecto constitucional**, corresponde a um direito fundamental, o direito de ação, que constitui um direito abstrato de pedir a tutela do direito material violado. Assim, este refere-se a um direito abstrato de pedir a tutela, ao passo que aquele equivale ao exercício concreto, prático desse direito.

Frisamos que o direito de ação (sentido constitucional) não guarda relação com outro direito, o material.

Ao exercitar o direito constitucional de ação como direito abstrato, apresentam-se ao Estado-juiz as razões de fato que conduzem à afirmação de que um direito material seu fora violado, decorrendo daí um pedido de tutela.

5.2 Características do direito de ação

O direito de ação, como direito fundamental, apresenta algumas caraterísticas capazes de delimitar seu perfil:

- **Subjetivo** – O direito de ação pertence indistintamente a todas as pessoas, físicas e jurídicas, públicas e privadas.
- **Público** – Significa que o direito de ação é exercitado em face do Estado. Não se pode aqui confundir com o exercício da "ação" no sentido processual, como indicativo de demanda, sendo este exercitado em face da parte contrária. O direito de ação, como direito abstrato e fundamental, é exercitado em face do Estado, exatamente por pertencer a este o poder-dever de tutela dos direitos eventualmente violados.
- **Autônomo** – O direito de ação pertence ao processo; logo, é autônomo em relação ao direito material e com este não pode ser confundido.
- **Abstrato** – O exercício do direito de ação independe do resultado do processo. A teoria abstrativista da ação se contrapõe à teoria concretista da ação. Esta afirmava que o direito de ação está vinculado ao resultado da demanda.

5.3 Condições da ação

As chamadas *condições da ação* são os requisitos exigidos pelo sistema processual para que o Estado-juiz possa analisar o mérito da demanda, evitando assim a inutilidade da condução de um processo.

O art. 17 do CPC estabelece duas condições da ação, a saber: interesse de agir e legitimidade da parte.

5.3.1 Interesse de agir

O interesse de agir configura a necessidade da atuação do Estado na solução do conflito. A parte deverá demonstrar a violação de um direito requerendo a intervenção do Estado na solução desse conflito.

Chamamos a atenção para o fato de que o interesse de agir tem natureza processual, não se confundindo com o exercício constitucional do direito de ação.

Da mesma forma, o interesse de agir não se confunde com o interesse substancial (material): o primeiro se relaciona com o direito de pleitear a tutela do Estado, e o segundo, com o desejo sobre o bem jurídico envolvido na demanda. Por exemplo: entendendo um contratante ter sido induzido a erro, terá interesse de agir (processual), em promover uma demanda ao Estado-juiz para pedir uma providência jurisdicional e, concomitantemente, terá interesse substancial (material) na resolução do negócio jurídico.

O interesse de agir é formado por dois elementos internos, a necessidade e a adequação. A **necessidade** se configura a partir do momento em que, violado o direito material, a solução do conflito imponha a presença do Estado-juiz para sua solução, ao passo que a **adequação** indica a necessidade de se valer do procedimento adequado para a condução do processo.

Assim, querendo o credor, desprovido de título executivo, exigir o pagamento de quantia que entender ser titular, terá de fazê-lo por meio de ação de cobrança ou eventualmente, ação monitória, não dispondo de interesse de agir (adequação) para a propositura de ação de execução, exatamente por ter como requisito a presença de um título executivo com obrigação líquida, certa e exigível.

5.3.2 Legitimidade de parte

Por determinação do art. 17 do CPC, para demandar em juízo, a parte precisa demonstrar, além do interesse de agir, a legitimidade.

A legitimidade *ad causam*, apesar de ter natureza processual, tem sua origem na própria relação material. Portanto, serão considerados parte legitimada, ativa ou passiva, aqueles sujeitos que estejam hipoteticamente envolvidos na relação material inserida na demanda judicial.

É por esta razão que o art. 18 do CPC estabelece que "ninguém poderá pleitear direito alheio em nome próprio, ressalvadas as permissões legais".

Nessa linha, será considerado legitimado ordinário exatamente aquele que figure na relação de direito material que deu ensejo à demanda judicial, classificada essa forma como legitimidade ordinária.

Será, no entanto, extraordinária tal legitimidade (ou substituição processual) quando o sujeito do processo demandar em seu nome, mediante expressa autorização legal, na defesa de interesse alheio.

São exemplos clássicos de legitimidade extraordinária as entidades representativas que promovem demanda coletiva defendendo interesse de seus associados ou, ainda, o Ministério Púbico e a Defensoria Pública, que agem em defesa de interesses que estão inseridos na alçada de sua competência constitucional.

A figura da legitimidade *ad causam* não se confunde com a legitimidade *ad processum* – se a primeira se configura em relação à demanda ligada ao direito material, a segunda está vinculada à permissão para atuar no processo, configurando espécie de pressuposto processual. Assim, nas demandas de litisconsórcio necessário, um dos indivíduos, não obstante tenha legitimidade para a causa por ser titular do direito material, não tem legitimidade *ad processum* isoladamente, ou seja, não poderá atuar no processo sem a presença do outro litisconsorte.

Da mesma forma, é necessário esclarecer que legitimidade não pode ser lida como sinônimo de capacidade. A capacidade está ligada à aptidão do sujeito para realizar atos civis perante terceiros, e a legitimidade aparece vinculada à aptidão para o exercício desse mesmo direito em juízo.

A observação daquilo que se pode entender por capacidade e por legitimidade não se mostra questão vazia de significado prático.

A perfeita formação e o desenvolvimento do processo exige a presença da tríplice configuração da capacidade: a capacidade de ser parte, a capacidade processual (ou de estar em juízo) e a capacidade postulatória, além da perfeita distância que deve ser guardada entre legitimidade *ad causam* e *ad processum*.

- **Capacidade de ser parte** – É a capacidade de ser titular de direitos nos termos do art. 1º do Código Civil. Ser titular de direito material resulta naturalmente na capacidade de ser parte de um processo, o que não significa poder exercer esse direito de modo livre e desassistido.
- **Capacidade processual ou de estar em juízo** – Corresponde à aptidão de poder exercitar a defesa de seu direito em juízo. Sendo capaz, o sujeito terá capacidade plena de estar em juízo, devendo ser assistido, no caso de ser relativamente capaz e representado no caso de incapacidade plena (art. 70-ss do CPC).

- **Capacidade postulatória** – Equivale à aptidão técnica para atuar em juízo na representação de outrem. Referida aptidão é conferida pela OAB por meio de aprovação em prova destinada a tal fim.

Há casos em que a capacidade postulatória é dispensada legalmente, a exemplo do art. 654 do CPP, que dispensa tal requisito na impetração de *habeas corpus*; do art. 9º da Lei 9.099/1995, que o dispensa nas ações de até 20 salários no procedimento do juizado especial cível; do art. 791 da CLT, que dispensa de capacidade postulatória na propositura de reclamações trabalhistas; e do art. 19 da Lei n. 11.340/2006, que dispensa a presença do advogado para o pedido de medida protetiva de urgência nos casos de violência doméstica. Ressalte-se que, no caso da Lei Maria da Penha, a dispensa do advogado ocorre restritivamente para o pedido de medida protetiva, sendo exigida para a condução do processo judicial, nos termos do art. 27 da mesma lei.

5.4 Condições da ação e a teoria da asserção

Segundo a teoria da asserção, as condições da ação devem ser analisadas à luz da narrativa feita pelo autor na sua inicial e não da análise dos elementos do caso concreto. Desse modo, concluindo o juiz pela ausência de uma das condições da ação durante a análise da inicial, deverá extinguir o processo sem resolução do mérito (art. 485, VI, CPC).

De outro modo, consideram-se preenchidos esses requisitos, de tal sorte que, a partir da fase instrutória, todas as questões postas no processo passam a ser consideradas integrantes do mérito da demanda.

Frisamos que parte da doutrina entende que o CPC de 2015 abandonou definitivamente a categoria das condições da ação, sob a justificativa de que a nova legislação teria deixado de utilizar o termo *condições da ação*, bem como o termo *carência de ação*[1], dando claros e suficientes indícios de que teria deixado no passado essa categoria, passando a legitimidade e o interesse de agir a compor a categoria dos pressupostos de admissibilidade do processo, a exemplo do que ocorre no sistema alemão[2].

A jurisprudência, no entanto, não parece tão convencida assim, de modo que conserva a indicação da categoria das condições da ação, a exemplo do que se tem no julgamento do AgInt no REsp n. 1.815.539/PR (Rel. Min. Luis Felipe

---

1 Consequência para ausência de uma das condições da ação.
2 Nesse sentido, consultar Didier Jr. (2022).

Salomão), do qual se extrai que: "a ausência de legitimidade ativa, por se tratar de uma das condições da ação [...]".

5.5 Elementos da demanda

O estudo dos elementos da demanda se justifica, sobretudo, visando à segurança do resultado da atuação jurisdicional do Estado. A depender da forma de conjugação desses elementos, será possível verificar a configuração jurídica de institutos como a litispendência, a conexão, a continência e a coisa julgada.

Resumidamente, os elementos da ação representam o "material genético" de uma ação, visto que a identificação e a individualização de uma ação no mundo jurídico se dão, exclusivamente, com base nesses elementos.

Segundo a **teoria da tríplice identidade**, a demanda é identificada por três elementos: **partes**, **pedido** e **causa de pedir**. A legislação processual brasileira, expressamente filiada à essa teoria (art. 337, § 2º, do CPC) adota posição no sentido de determinar a reunião ou a extinção da demanda posta em juízo, dependendo da presença de um, alguns ou todos os elementos identificadores em mais de uma delas.

Ressalte-se, ainda, o fato de que, também do resultado da verificação dos elementos da demanda, decorrem os limites subjetivos e objetivos da coisa julgada, nos termos do imposto pelo art. 337, § 1º, do CPC. Assim, tramitando simultaneamente duas ou mais ações com os mesmos elementos internos, configurada estará a litispendência e, na hipótese de uma delas já ter sido julgada em decisão de mérito, ter-se-á a coisa julgada.

A doutrina comumente trata desse tema com a nomenclatura de elementos *da ação*. Em verdade, como se sabe, a ação é um indicativo de direito de exigir uma tutela jurisdicional efetiva do Estado; é, portanto, um direito subjetivo e abstrato. Sendo assim, os elementos não são propriamente da ação, como direito abstrato, mas da demanda, ou seja, a relação jurídica que foi posta diante do juiz por meio da petição inicial do autor (certas partes, pleiteando determinado pedidos com fundamento em certas razões de fato e de direito).

É sabido que a doutrina comumente trata os termos *ação* e *demanda* quase sempre na condição de sinônimos, por certo, mais pelo desapego às questões terminológicas do que pelo desconhecimento das diferenças existentes.

Feitos esses esclarecimentos, conceituam-se os *elementos da demanda* como os elementos que permitem identificar uma relação jurídica material que for a posta em juízo.

São esses elementos que delimitam o campo de atuação das provas, das manifestações de defesa do réu e, especialmente, da sentença que resolverá a controvérsia.

Em verdade, os elementos da demanda são figuras que se constituem com base na narrativa da petição inicial, e não emanando da relação material. A definição e caracterização de parte, assim também o pedido e a causa de pedir, só se mostra possível com a petição apresentada em juízo. É certo que as consequências sobre a análise de tais elementos recairão sobre a relação material, por exemplo, impossibilitando trazer a juízo aquela mesma situação de fato envolvendo os mesmos fundamentos e sujeitos, mas isso não permite afirmar, *data maxima venia*, que tais elementos decorrem da relação material.

Distanciam-se os elementos das condições da ação. As condições da ação (demanda) servem a permitir o julgamento do mérito, ao passo que os elementos se destinam a identificar uma demanda.

5.5.1 Partes

As partes são o autor (polo ativo) e o réu (polo passivo). Por *autor* entende-se aquele que pede em nome próprio a proteção de um direito seu ou de outrem. Quanto ao réu, este corresponde àquele que ocupa a condição de réu da demanda, ou seja, contra quem se pede a proteção do direito.

É imperioso assinalar que, apenas de maneira muito excepcional, com autorização expressa da lei, é que se poderá pleitear, em seu nome, defesa de interesse alheio. A regra, portanto, é que somente o titular do direito possa ir a juízo requerer a proteção desse direito, conforme art. 17 do CPC.

A verificação dos reais contornos do que deva ser entendido por partes se mostra de total relevância. Como alude doutrina clássica de Giuseppe Chiovenda (1965, p. 233), os limites subjetivos da coisa julgada, a formação da litispendência e a intervenção do terceiro são exemplos de questões que só permitem ser suficientemente resolvidas com base no real conceito de parte no processo.

Restringindo o conceito de *parte* ao aspecto puramente processual e respectivamente à relação processual e reafirmando a completa desnecessidade de buscar tal definição na relação substancial, Chiovenda (1965, p. 234) define *parte* como "aquele que demanda em seu próprio nome a atuação duma vontade da lei, e aquele em face de quem essa atuação é demanda".

Ainda segundo a doutrina desse clássico processualista italiano, essa é uma forma de demonstrar claramente a autonomia da relação processual e substancial, vez que se permite, ora e outra, uma demanda proposta por aquele que não seja sujeito da relação substancial, e de outro lado, uma demanda proposta contra quem igualmente não o seja, "temos dessa forma a posição de autor e réu" e, finaliza: "não é concebível um processo civil sem essas duas partes" (Chiovenda, 1965, p. 235-236).

Seguindo o mesmo entendimento de que o conceito de parte deve restringir-se ao seu aspecto puramente formal, ou seja, a posição dos indivíduos ante a relação processual, nada interessando se são ou não os mesmos da relação substancial, vejamos a doutrina de Niceto Alcalá-Zamora y Castillo (1974). O autor, adepto da posição de que só se permite pensar em duas partes no processo, mesmo que litisconsorciadas, apresenta seu conceito: *"partes son los sujetos que reclamam uma decisión jurisdiccional respecto a la pretensión que en el proceso se debate [...]"* (Castillo, 1974, p. 278).

À frente de uma das teorias que buscam definir *parte*, aquela mais restritiva, Francesco Carnelutti (2000b) afirma que é preciso levar em conta o fim pelo qual dois ou mais sujeitos buscam a prestação jurisdicional, para que se possa definir partes. Para Carnelutti (2000b, p. 105), o surgimento de conflito de interesses, qualificado pela pretensão resistida, posta em juízo, é o ponto fundamental para se falar na presença das partes, o que dá a ideia de um "estar contra alguém", conforme o autor.

Conceituadas as partes do processo, tem-se, de modo automático, a ideia de terceiros.

Por *terceiros* entende-se todos aqueles que não ocupam a condição de autor, tampouco de réu.

Ademais, não se deve confundir a condição de parte do processo com a legitimidade *ad causam* desse mesmo sujeito. A condição de parte é aferida conforme a posição do sujeito no processo (estando no polo ativo, autor, ou estando no polo passivo, réu), independentemente de sua real ligação com a relação material; já a legitimidade é verificada exatamente na relação material. Por essa via, será legitimado aquele que estiver inserido na relação material.

Por consequência, é plenamente possível que o sujeito seja tido como parte pelo simples fato de estar em um dos polos da demanda, mas não tenha legitimidade pelo fato de não ter participado da relação material.

Logo, o que qualifica o sujeito como parte é, tão somente, a situação de apresentar-se narrando na peça processual seja ela inicial ou incidental, exercendo um pedido em nome próprio ou contra ele sendo exercido um pedido.

5.5.2 Pedido

Por *pedido* entende-se a pretensão material do autor; em outras palavras, corresponde ao objeto de direito material que o autor pretende receber ao final da demanda.

Ao apresentar o pedido, deseja o autor da demanda ver solucionado pelas mãos do Estado-juiz um conflito social.

Segundo doutrina de Milton Paulo de Carvalho (1992, p. 97), "pedido é o conteúdo da demanda, a pretensão processual, o objeto litigioso do processo, o mérito da causa".

Humberto Theodoro Jr. (2010, p. 73), valendo-se dos elementos de composição do pedido, esclarece que este deve ser entendido, de um lado, como "o bem jurídico pretendido pelo autor perante o réu;" por outro lado, "no aspecto processual, o tipo de prestação jurisdicional invocada [...]".

Na verdade, a conceituação do pedido, como elemento de identificação da demanda, leva em consideração um conjunto de fatores que de algum modo se entrelaçam, impedindo que, na tentativa de conceituá-lo, sejam estes afastados. Portanto, estabelecer um conceito adequado de pedido só se permite após a verificação de todos os elementos de sua composição; é ato complexo.

A delimitação do pedido se mostra atividade das mais relevantes no trato judicial de uma demanda, visto que é com base nele que se poderá analisar a ocorrência de coisa julgada, por exemplo. Essa delimitação ocorrerá a partir do que tenha sido narrado pelo autor em sua inicial. Pedindo o autor reparação de dano moral relativa a determinada situação de fato, estes são os contornos do pedido que o juiz deverá considerar no ato do julgamento dessa demanda.

O pedido se divide, ainda, em imediato e mediato. Entende-se por **pedido imediato** a natureza do provimento jurisdicional desejado pelo autor que poderá assumir a natureza declaratória, constitutiva ou condenatória. Por seu turno, entende-se por **pedido mediato** o próprio bem da vida desejado pelo autor; assim, na ação de alimentos, o recebimento destes configura o pedido mediato; e, na ação de cobrança, o pedido mediado corresponde ao recebimento do crédito.

5.5.3 Causa de pedir

Conceituar *causa de pedir* não é tarefa das mais cômodas. Há quem sustente ser "impossível emitir um conceito unívoco e abrangente" (Tucci, 2009, p. 24).

Analisando o conteúdo desse instituto, Tucci (2009, p. 24) declara tratar-se de "locução que indica o fato ou conjunto de fatos que serve para fundamentar a pretensão do demandante.

Moacyr Amaral dos Santos (2004, p. 164) não apresenta propriamente um conceito de causa de pedir, mas especifica sua finalidade, afirmando corresponder ao fundamento do pedido.

Humberto Theodoro Jr. (2010) a considera o "fato jurídico que ampara a pretensão deduzida em juízo".

É possível notar, contudo, que a causa de pedir é composta de dois elementos:

1] os fatos dos quais emerge a situação jurídica trazida às mãos do Estado;
2] as razões jurídicas que embasam o pedido do autor.

Portanto, para que o sujeito venha a juízo pleitear a proteção de direito do qual entende ser titular, é necessário que, além de narrar seu pedido (imediato e mediato), exponha também todas as razões fáticas e jurídicas que o fundamentam.

É nesse sentido que o art. 319, inciso III, do CPC exige que a petição inicial venha acompanhada da narrativa dos fatos constitutivos do direito, bem como seus respectivos fundamentos jurídicos.

A ocorrência de uma situação social que traga, de algum modo, reflexos na órbita jurídica de um sujeito configura o que se denomina *relação jurídica material*.

Se eventualmente tal situação não restar devidamente resolvida pela boa vontade dos envolvidos, permitindo que aflore em qualquer deles o desejo de buscar a realização do direito que entende ter sido agredido injustamente, terá ele a garantia constitucional plena de buscar a jurisdição estatal para solução da controvérsia.

Para tanto, deverá o sujeito insatisfeito provocar a atividade jurisdictional do Estado, o que exigirá a apresentação do pedido, especificando nesse ponto o tipo de providência jurisdicional que deseja ver praticada pelo Estado, assim como o bem da vida que espera ver protegido.

Contudo, a apresentação de um pedido, por mais especificado que possa ser, não se mostra suficiente para uma individualização da demanda. É necessário que esse pedido esteja devidamente acompanhado de um fato, indicando uma situação social específica em que o conflito se deu, a exemplo de um acidente de trânsito: Onde? Como? Em que circunstâncias?

A apresentação do fato, como elemento de individualização da demanda, mostra-se de todo relevante, por responder pelo isolamento daquele pedido no cenário jurídico. Por essa razão, deve se dar de modo detalhado, sobretudo quando se tratar de relação jurídica individual.

Ao lado da exigência de narrativa dos fatos constitutivos do seu direito, deverá o autor apresentar o fundamento jurídico deste, de modo que insira aquele fato no cenário jurídico.

A causa de pedir se destina, assim, à perfeita individualização da demanda, visando emprestar tratamento igualmente unitário a cada uma delas.

Logo, um pedido de dano moral deverá ser considerado único, se analisado em razão dos fatos que o cercam.

Para o perfeito atingimento da ordem jurídica justa, é mais do que necessário que a resposta jurisdicional seja individualizada, não se podendo decidir fatos iguais de modo diverso, sabidamente.[3]

---

3 Ressalvam-se aqui aquelas hipóteses em que o legislador permite ao juiz decidir de acordo com a máxima de experiência, como ocorre com as demandas de jurisdição voluntária.

Esse tratamento personalizado só será possível se verificada a equivalência entre as demandas, resultado que exige a análise de suas características internas.

Segue que o pedido de dano material decorrente de negligência de determinado sujeito no trânsito, por exemplo, por ter cruzado o sinal vermelho involuntariamente é distinto do pedido de dano material por dolo, pelo resultado desejado praticado por motorista no trânsito, por exemplo, por ter dirigido sem habilitação e embriagado.

O estudo da causa de pedir requer que se façam algumas considerações sobre a diferença entre duas importantes teorias: da substanciação e da individuação.

Segundo a **teoria da substanciação**, é o fato narrado pelo autor que dará os contornos da atuação do juiz. Desse modo, estando diante de demandas que apresentem as mesmas partes, o mesmo pedido, mas que decorram de situações fáticas distintas, consideram-se demandas distintas, devendo ser reunidas tão somente em razão da verificação de conexão.

Atenção especial deve ser dada ao segundo elemento de caracterização da causa de pedir: o **fundamento jurídico**. Não por ser mais relevante do que os fatos narrados, porque na verdade não o são; mas pelas semelhanças, inclusive terminológicas, que apresentam com outras figuras do processo.

A inadequada interpretação do que se deva entender por *fundamento jurídico da demanda* pode levar a uma controvérsia no **processo de individualização** das demandas.

Nesse sentido, mostra-se de importância destacada a diferenciação entre fundamento jurídico e **fundamento legal**. Quanto a este último, indica tão somente o dispositivo legal em que se pretende enquadrar a situação fática, ao passo que aquele primeiro indica a necessidade de o autor da demanda narrar os fatos, em tal ordem, que permita seu enquadramento em direito previsto no sistema jurídico.

O fundamento jurídico, portanto, configura-se como uma consequência lógica e natural que decorre dos fatos constitutivos do direito do autor. A indicação do artigo é, assim, coisa estranha à configuração dos elementos identificadores da demanda[4].

Ainda, ressaltamos que os elementos que vinculam a análise jurídica do juiz são os fatos e o pedido, servindo os fundamentos jurídicos apenas para reafirmar o amparo do direito àquela situação de direito invocada pelo autor. O fundamento jurídico, por exemplo, na ação de reintegração ou manutenção de posse é o direito ao livre uso e gozo da posse por quem a detém legitimamente decorrente de contrato ou da propriedade.

---

4   Nesse sentido: Dinamarco (2001, v. I, p. 128).

Ainda sobre o tema em análise, outra observação necessária é que a teoria da substanciação, indubitavelmente adotada por nosso ordenamento processual, pelo menos quanto ao processo individual, comporta graus de superficialidade.

José Rogério Cruz e Tucci (2006), manifestando-se sobre o tema, afirma que, na hipótese de demandas voltadas à verificação de usucapião extraordinário, a narrativa da causa de pedir será muito mais tênue.

Isso porque, segundo o autor (Tucci, 2006, p. 251-ss), posição que entendemos correta, a disposição, contida no art. 1.238 do Código Civil pressupõe a presença dos elementos fáticos constitutivos desse direito, bastando que demonstre a posse pelo lapso temporal exigido em lei, 15 anos, a não verificação de oposição e a utilização do bem como seu, não havendo qualquer necessidade de se narrar os detalhes da constituição dessa posse.

São essas situações em que a própria condição do autor, ante a situação fática ocorrida, já se mostra suficiente para a caracterização de seu direito, dispensando-se, assim, um maior detalhamento desse mesmo fato. Para o pedido de divórcio, basta que o requerente se manifeste, livremente, no sentido de afirmar não querer mais conviver com outra determinada pessoa, tratando-se este de direito potestativo.

5.6 Classificação das ações

As ações se classificam de acordo com o pedido apresentado pelo autor em sua inicial. Portanto, é o pedido que terá objetivos declaratórios, constitutivos ou condenatórios.

5.6.1 Ação declaratória

Nesse tipo de ação, o autor visa, substancialmente, a obter uma declaração de existência ou inexistência de uma relação jurídica. Aqui o resultado do processo torna certo o que até então era incerto, afasta-se com isso uma dúvida até então existente e que pesava sobre a relação jurídica. Exemplos claros de ação de natureza declaratória se tem nos casos de investigação de paternidade, falsidade documental, validade ou invalidade de negócio jurídico etc. Convém salientar que, em regra, as decisões proferidas nesses casos declaratórios produzem efeitos *ex tunc*, ou seja, retroativos ao momento em que tal relação se realiza, podendo, excepcionalmente, receber efeito *ex nunc*, a depender do poder e da necessidade de modulação do órgão julgador.

5.6.2 Ação constitutiva

A ação de natureza constitutiva configura-se quando a decisão que julga o pedido do autor modifica a relação jurídica preexistente, de modo que a relação jurídica material que existia anteriormente à decisão se mostra diversa daquela que surge posteriormente a ela. Exemplo claro ocorre nos casos de divórcio e de rescisão contratual, em que a decisão rompe com o modelo de relação material preexistente.

5.6.3 Ação condenatória

A natureza condenatória da ação se verifica pela imposição de um dever, de uma obrigação. O autor propõe sua ação indicando o desejo de ver a parte contrária submetida ao dever de cumprir uma obrigação. Logo, reconhecido o direito ao crédito do autor, impõe-se ao réu o dever de pagar o valor, assim também no caso em que se reconhece a responsabilidade de alguém pelo dano causado e, consequentemente o dever e o valor a ser reparado, ou, ainda, quando reconhecido o dever de realizar uma obrigação de qualquer outra natureza, fazer, não fazer, dar coisa certa, incerta etc.

A ação de natureza condenatória pode se desdobrar em duas outras variantes: mandamental e executiva *lato sensu*.

A **ação condenatória de eficácia mandamental** se caracteriza pelo fato de impor uma obrigação personalíssima, em que o juiz deverá se valer de meios indiretos de efetivação que farão o obrigado decidir em algum momento cumprir a ordem. A ordem de fazer, quando personalíssima, somente aquele obrigado pode realizar, é mandamental. Havendo resistência no cumprimento da ordem, as únicas medidas possíveis de efetivação deverão atuar no convencimento do obrigado, como a multa diária e a restrição de direitos, a exemplo do bloqueio de CNH.

Já a **ação condenatória de eficácia *lato sensu*** se configura nas hipóteses em que a obrigação pode ser realizada por outro que não o próprio obrigado originário, não sendo, portanto, obrigação personalíssima. Nesses casos, imposta uma ordem a um obrigado e havendo resistência quanto ao cumprimento, deverá o magistrado determinar que outro a cumpra ou que se cumpra a obrigação de outro modo, como ocorre no caso de substituição da obrigação de fazer ou entrar algo por reparação de dano patrimonial.

5.7 Cúmulo de ações

É possível que em uma mesma demanda haja a sobreposição de ações, tanto no aspecto subjetivo quanto em relação aos elementos objetivos da demanda.

Haverá **cúmulo subjetivo** nos casos em que se verificar, na mesma demanda, mais um sujeito ocupando o mesmo polo, ativo, passivo ou nos dois casos, chamado aqui de misto. Tal situação configura o instituto do litisconsórcio, que será objeto de estudo adiante, em seção específica do presente manual.

Quanto ao **cúmulo objetivo**, ocorre nos casos em que se tem a soma de pedidos. Nesse caso, há subespécies de cumulação de pedidos:

- **Cumulação necessária de pedidos**: ocorre nos casos em que o autor apresenta mais de um pedido desejando receber todos eles necessariamente, é o caso do pedido de reparação de dano moral e patrimonial, ou cobrança de aluguel e despejo etc.
- **Cumulação alternativa (CPC art. 325)**: ocorre nos casos em que o autor apresenta mais de um pedido, mostrando-se satisfeito com o recebimento de qualquer deles, ficando sob a responsabilidade do réu decidir como irá cumprir a obrigação; é o que se vê nos casos em que o autor pede a substituição do produto com defeito ou a restituição do valor pago.
- **Cumulação subsidiária (CPC art. 326)**: nesse caso, o autor também irá apresentar mais de um pedido, no entanto, indicará um deles como o principal e outro como secundário. Aqui, diferentemente do alternativo, o réu não tem a liberdade de escolha, devendo cumprir a ordem prioritariamente entregando o pedido principal, admitindo-se a satisfação pelo pedido secundário, apenas se comprovar a impossibilidade do primeiro. É o caso em que o autor pretende receber outro produto idêntico aquele com defeito, aceitando a devolução do valor pago, apenas na hipótese de o produto não existir mais para o comércio.

5.7.1 Requisitos para cumular ações

O § 1º do art. 327 do CPC estabelece que, para que haja possibilidade de cúmulo dos pedidos, será necessário observar determinados requisitos.

O primeiro deles é a compatibilidade entre os próprios pedidos, de modo que não poderá o autor fazer pedidos que se excluem. Imagine o autor pedir o reconhecimento de seu direito de receber gratificação em razão de exercer função de chefia e, ao mesmo tempo, pedir horas extras, quando é sabido que não há que se falar em horas extras para cargos de chefia. Outro exemplo se tem no caso de o autor pedir que se anule determinado contrato sob a alegação de ter ocorrido vício de consentimento, ao mesmo tempo que pede, no caso de se entender que o contrato é válido, que se reduza o juro cobrado. Ora, entendendo que não ocorreu qualquer vício de consentimento, consequentemente o que foi pactuado no contrato, inclusive os juros, está correto.

Outro requisito imposto no § 1º do art. 327, inciso II, é que os pedidos têm a mesma competência. Assim, não pode o autor cumular pedidos de natureza penal e cível, por exemplo, ou um pedido de competência da vara cível comum e outro de competência de vara especializada.

O terceiro requisito imposto para cúmulo válido de ações é que haja compatibilidade de procedimentos. Não pode o autor, por exemplo, cumular pedidos cujos procedimentos sejam distintos, a exemplo de ações de procedimento especial com pedidos de procedimento comum.

A exceção quanto a este último requisito fica por conta da hipótese em que o autor renuncie ao procedimento especial de um dos pedidos, como indica o § 2º do art. 327 do CPC. Pretendendo cumular pedido cujo procedimento é comum e outro com procedimento especial, deverá o autor renunciar ao procedimento especial.

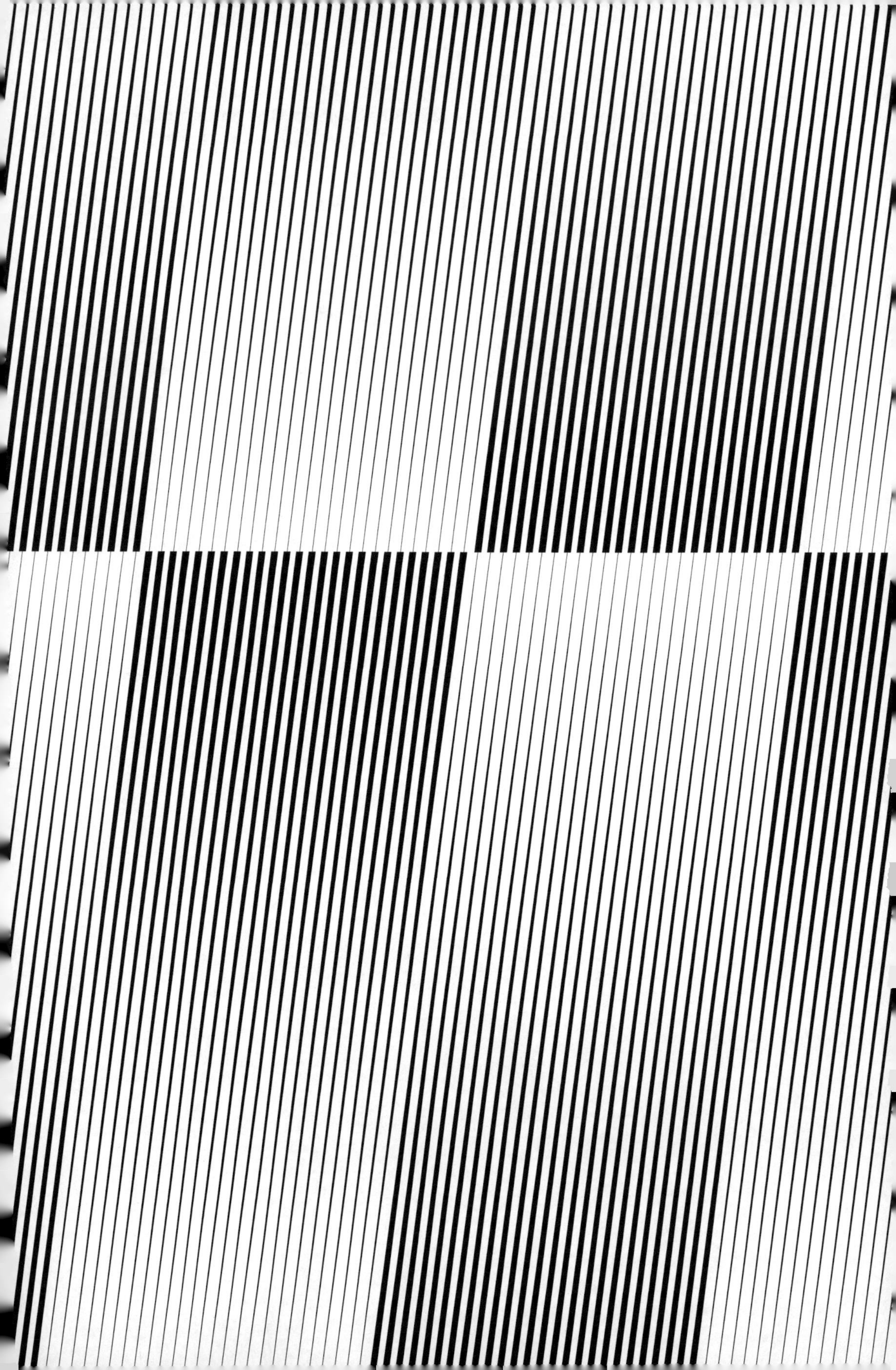

Capítulo 6
Processo

6.1 Conceito de processo

O processo não se confunde com a ciência, que o tem como um de seus objetos de estudo o direito processual. Esta é continente, aquele é parte de seu conteúdo, juntamente da ação e da jurisdição.

Ao longo do tempo, surgiram diversas teorias com o intuito de explicar o processo. Entre as mais correntes, podemos citar a teoria da relação jurídica, a teoria da situação jurídica e a teoria do processo como entidade complexa.

O processo é considerado método, composto de um procedimento e uma relação jurídica, envolvendo as partes e juiz, produzindo ao final uma norma jurídica que regerá a relação material entre as partes.

O sistema processual vigente adota explicitamente a natureza de instrumento do processo, de modo que, como todo instrumento, tem um fim determinado, qual seja, a solução da lide. Não é o processo, portanto, fim em si mesmo compreensão necessária para superação de barreiras técnicas que poderiam impedir a adequada e célere solução da lide. É nesse sentido que o art. 277 do Código de Processo Civil (CPC) reza que, no caso de a lei prescrever determinada forma para prática do ato processo, deverá o juiz considerar esse ato válido, ainda que praticado de outro modo, se tiver alcançado sua finalidade sem provocar prejuízos às partes.

No mesmo sentido, o art. 283 do CPC estabelece que o erro de forma do ato processo, por si só, não acarreta nulidade do ato, devendo ser aproveitado quando não resultar prejuízo para qualquer das partes e tiver atingido sua finalidade.

6.2 Diferença entre processo e procedimento

O **processo** como método de solução de lide é composto de uma relação jurídica e um procedimento, não podendo ser confundo com o seu conteúdo, especialmente o procedimento. O **procedimento** se configura como o conjunto de atos logicamente interligados e que conduzem a relação jurídica entre partes e juiz à solução do mérito, é o modo como o processo se desenvolve.

Tal diferença é fundamental em decorrência da competência legislativa de um e outro. O art. 22, inciso I, da Constituição Federal (CF) de 1988 estabelece que compete com exclusividade à União legislar sobre matéria de processo, ao passo que o art. 24, inciso XI, estabelece que compete, de modo concorrente, à União e aos Estados legislar sobre matéria de procedimento.

Não poderia, por exemplo, determinado estado determinar que, em sua circunscrição, a regra de execução se dá de modo diverso daquela apresentada pelo CPC, sendo esta regra de natureza processual, enquadrada nas hipóteses de competência exclusiva da União.

6.3 Espécies de processo

Há dois tipos de processo adotados pelo CPC: **processo de conhecimento** e **processo de execução**. O primeiro pode ainda se desenvolver por tipos de procedimentos, comum ou especial. Quanto ao processo de execução, sua adoção no caso prático somente será permitida nas hipóteses em que a parte ostentar um título considerado executivo (CPC art. 784, além dos incisos VI, VII e VIII do art. 515).

O processo de conhecimento tem a função de definir quem é o titular do direito pleiteado e qual exatamente é esse direito, o que se faz por meio de procedimento cognitivo de apuração de fatos e provas. Portanto, não tendo o autor em mãos um título executivo indicado taxativamente nos artigos e incisos citados que demonstre de modo líquido e certo quem é o titular do direito e qual é exatamente esse direito, fatalmente deverá o autor se valer de um processo de cognição ampla (conhecimento) para que, em vias de sentença, esses elementos sejam definidos.

Já quando o credor tem em mãos, por exemplo, contrato particular precisando a obrigação contratual, bem como quem está na condição de obrigado, não terá qualquer necessidade de se valer de processo de conhecimento para definir esses elementos, podendo seguir diretamente para a via executiva, exigindo do Estado-juiz a imposição do dever obrigacional ao devedor inadimplente.

6.4 Pressupostos processuais

A existência e a validade do processo estão condicionadas à presença de certos requisitos, denominados *pressupostos processuais de existência* e *de validade*.

Figura 6.1 Pressupostos processuais

Pressupostos de existência	Pressupostos de validade
Petição inicial apta	Capacidade dos sujeitos do processo
Jurisdição	Capacidade postulatória
	Competência do juízo
	Citação válida do réu

A consequência para a falta de um dos pressupostos varia conforme o pressuposto seja de existência ou de validade. Ausente um pressuposto de existência, declara-se a inexistência do processo, de modo que não produzirá efeitos jurídicos; é o que ocorre na hipótese de uma decisão proferida por um sujeito não investido em jurisdição: para uma sentença assinada por alguém que não seja juiz, esse ato é qualquer coisa menos uma sentença; logo, não produzirá efeitos como tal.

Já a ausência de pressuposto de validade implica a nulidade do ato no processo, caso não seja possível a correção do vício, como já anotado. Imagine-se uma demanda que tenha tramitado em juízo absolutamente incompetente, ou uma citação que não tenha sido praticada de modo válido. Esses atos só serão passíveis de não aproveitamento caso tenham causado prejuízo para as partes, podendo ser aproveitados na hipótese de ausência desses prejuízos, como acontece na hipótese do réu que, mesmo citado de modo inválido, comparece no processo para apresentar sua defesa espontaneamente (art. 239, § 1º, CPC).

Se, por um lado, a existência e a validade do processo impõem a configuração positiva dos pressupostos ora indicados, por outro, exige a ausência, a não configuração, de outros elementos, o que se convencionou denominar *pressupostos processuais negativos*.

Assim, a coisa julgada, a litispendência, a convenção de arbitragem e a perempção se referem a situações jurídicas que, em sendo constatada sua ocorrência, implicarão o impedimento de atribuição de validade ao processo.

Portanto, a validade do processo exige a presença de alguns pressupostos e a ausência de outros.

6.5 Sujeitos do processo

O Livro III do CPC trata da figura dos sujeitos do processo, sendo estes as partes, seus respectivos procurados, o juiz, os auxiliares da justiça, o perito, o depositário, o intérprete, o tradutor, os conciliadores, os mediadores, o Ministério Público e a Advocacia Pública.

6.5.1 Partes

A verificação dos reais contornos do que deva ser entendido por *partes* se mostra de total relevância, sendo eles os titulares da relação material objeto do litígio e razão da existência do processo. Anote-se, ainda, que as linhas que demarcam os limites da coisa julgada, da litispendência, dependem diretamente do adequado entendimento do que é parte.

Restringindo o conceito de parte ao aspecto processual e, por conseguinte, à relação processual e reafirmando a completa desnecessidade de buscar tal definição na relação substancial, Chiovenda (1965, p. 234) define *parte* como: "aquele que demanda em seu próprio nome a atuação duma vontade da lei, e aquele em face de quem essa atuação é demanda".

Ainda segundo a doutrina desse clássico processualista italiano, esta é uma forma de demonstrar claramente a autonomia da relação processual ante a substancial, uma vez que se permite, ora e outra, uma demanda proposta por aquele que não seja sujeito da relação substancial, e, de outro lado, uma demanda proposta contra quem igualmente não o seja, "temos dessa forma a posição de autor e réu", e finaliza: "não é concebível um processo civil sem essas duas partes" (Chiovenda, 1965, p. 235-236).

Quanto a essa afirmação de que não se pode conceber o processo sem essas duas partes, é necessário esclarecer que tal entendimento está superado, sendo plenamente possível a existência e o desenvolvimento válido do processo sem a presença do sujeito no polo passivo, o réu. Basta lembrar que, iniciada a demanda com distribuição da petição inicial do autor, toda uma série de atos processuais válidos serão praticados, como a determinação da emenda da inicial, típica decisão interlocutória, a análise e decisão sobre pedido liminar, fundada em tutela de urgência e/ou de evidência, inclusive dando ensejo a eventual recurso de agravo de instrumento, sem contar ainda com a possibilidade de intervenção na esfera patrimonial e de direitos do réu em decorrência de medidas protetivas de urgência.

Portanto, já não se mostra adequado sustentar que a existência ou a vida do processo depende, necessariamente, da presença das duas partes.

Seguindo o entendimento de que o conceito de parte deve restringir-se a seu aspecto puramente formal, ou seja, posição dos indivíduos na relação processual, nada interessando se são ou não os mesmos da relação substancial, segundo doutrina de Niceto Alcalá-Zamora y Castillo (1974). O autor, adepto da posição de que só se permite pensar em duas partes no processo, mesmo que litisconsorciadas, afirma que *"partes son los sujetos que reclamam uma decisión jurisdiccional respecto a la pretensión que en el proceso se debate"* (Castillo, 1974, p. 278).

Outro clássico doutrinador que se propõe a conceituar *parte* é Leo Rosenberg (1955, p. 211), para quem *"partes en el proceso civil son aquellas personas que solitan y contra las que se solicita, en nombre próprio, la tutela jurídica estatal."* Reafirmando sua posição no sentido de adotar a teoria formal no conceito de parte, segue esse doutrinador, a exemplo de Chiovenda, afirmando que em nada interessa saber se o autor é realmente o titular do direito pleiteado e se o réu é de fato o obrigado.

À frente de uma das teorias que buscam definir parte, aquela mais restritiva, Francesco Carnelutti (2000b, p. 105) segue dizendo que é preciso levar em conta o fim pelo qual dois ou mais sujeitos buscam a prestação jurisdicional, para que se possa definir partes. Para Carnelutti (2000b, p. 105), o surgimento de conflito de interesses, qualificado pela pretensão resistida, posta em juízo, é o ponto fundamental para se falar na presença das partes, o que dá a ideia de um "estar contra alguém", conforme o autor.

Ovídio Batista da Silva e Fabio Luiz Gomes (1997, p. 134), criticando o conceito formal (processual) de parte, declaram que, na verdade, sendo a lide aquela descrição de conflito trazida pelo autor da demanda, parte da lide serão, sempre, as mesmas partes do processo. Para esses processualistas,

> apenas as pessoas que tomam parte no processo como elementos componentes da controvérsia deverão ser designadas como partes, reservando-se para os demais integrantes da relação processual que, embora não integrantes da lide, participam também do processo (MP, procuradores, auxiliares da justiça, etc.) a denominação de terceiros". (Silva; Gomes, 1997, p. 134)

Falam, assim, em "partes principais e partes secundárias" ou, ainda, em "partes do processo e partes da lide" (Silva; Gomes, 1997, p. 134).

6.5.2 Diferença entre parte e terceiro

Conceito que reputamos demasiadamente amplo é aquele apresentado por Liebman (2005, p. 123) e acolhido no Brasil por Cândido Rangel Dinamarco, dizendo tratar-se de parte "os sujeitos do contraditório instituído perante o juiz". Para Liebman (2005, p. 124), todo aquele que, de algum modo, se vê atingido pelos efeitos dos provimentos do juiz se apresenta na condição de parte.

Na esteira desse pensamento, *terceiros* seriam aqueles que permanecem fora desse contraditório, ou seja, fora do processo. Segundo Cândido Rangel Dinamarco (2002b, p. 22), adquire-se a qualidade de parte de quatro formas: "a) pela demanda do autor; b) pela citação; c) pela intervenção (ingressando em processo pendente, o terceiro passa a ser parte); d) pela sucessão de uma das partes".

Entendemos demasiadamente ampla tal posição, porque, na concepção desse processualista, até mesmo o assistente simples e o *amicus curiae* estariam na condição de parte. Nas palavras de Dinamarco (2001b, p. 338), "qualquer que seja a modalidade de assistência, ele terá faculdades, ônus, poderes e deveres inerentes à relação processual. Tem a liberdade de participar, praticando atos do processo, sendo legítimo inclusive a recorrer de decisões desfavoráveis ao assistido.

Data maxima *venia*, quanto ao assistente simples e ao *amicus curiae*, não podem ser incluídos na condição de parte, dado que, por ordem do legislador, o assistente simples atuará como auxiliar da parte principal, e o *amicus curiae*, como assistente do juízo julgador. É bem verdade que o art. 121 do CPC estabelece que o assistente exercerá os mesmos poderes e sujeitar-se-á aos ônus processuais que o assistido; mas é certo também que o fará na condição de mero coadjuvante, auxiliar, como expressamente o classifica o referido artigo.

Frisamos que a vedação constante no art. 123 do CPC que impede o assistente simples de rediscutir no futuro o objeto da demanda em que interveio não legitima sua condição de parte, visto que referido impedimento é resultado do efeito preclusivo, e não da coisa julgada, sendo esta restrita às partes efetivas do processo, autor e réu[1].

Como adverte doutrina de Humberto Theodoro Jr. (2007, p. 163) "o assistente intervém tão-somente para coadjuvar uma das partes e obter sentença favorável, sem defender direito próprio".[2]

José Rogério Cruz e Tucci (2006, p. 26), analisando com acerto a condição das partes no processo, assevera que "o conceito de parte não pode ser aferido nos domínios da relação jurídica de direito material".

Consoante a essa definição de parte, conforme adiante salientamos, parte não se confunde propriamente com a legitimidade, podendo ocasionalmente uma e outra pesar sobre o mesmo indivíduo.

Logo, o que qualifica o sujeito como parte é, tão somente, o fato de pedir uma tutela jurisdicional em nome próprio, autor, ou ser aquele contra quem o autor pediu a providência jurisdicional, réu. O fato de esses sujeitos terem ou não interesse processual e/ou legitimidade processual definitivamente não interfere em sua condição de parte.

Desse modo, mesmo sendo acolhida a tese de que o sujeito apresentado no processo se mostrava carecedor de legitimidade e/ou interesse de agir, não perderá a característica de ter sido parte no processo, a chamada *parte ilegítima*.

A via da intervenção de terceiro, de fato, permite a transformação de um terceiro em parte. Isso porque passa a exercitar pedidos ou contra ele se passa a pedir. Todavia, para que tal transformação ocorra, a pura intervenção não é o único fator a ser considerado, sendo necessário observar se esse terceiro está autorizado a demandar em nome próprio ou a ser demandado. O assistente litisconsorcial, o denunciado e o chamado ao processo são exemplos de terceiros que,

---

1 Art. 506 do CPC: "A sentença faz coisa julgada às partes entre as quais é dada, [...]".
2 Corroboram esse entendimento Alvim (2003, p. 128) e Santos (2006, p. 81). A jurisprudência do STJ igualmente caminha no sentido de considerar o assistente simples mero coadjuvante, ficando, desse modo, afastado dos efeitos da coisa julgada: REsp. n. 774.777/MT (Rel. Min. Humberto Martins, Segunda Turma, j. em 06/03/2007).

uma vez aceitos no processo, passam a figurar na condição de parte, exatamente por estarem autorizados a demanda em nome próprio, assim como também irá ocorrer com o deferimento da desconsideração da pessoa física ou jurídica, espécie de intervenção de terceiro com o advento do CPC de 2015.

6.5.3 Diferença entre parte e legitimidade

A **legitimidade** se configura pela relação jurídica entre determinados sujeitos entorno do bem da vida objeto do interesse de ambos (relação de direito material); já a **parte** se caracteriza pela participação de um indivíduo na relação processual, demandando em nome próprio ou sendo demandado nessa mesma condição.

A configuração da legitimidade se dá pela presença do sujeito na relação material, ao passo que a condição de parte se dá pela presença do sujeito na relação processual (polo ativo ou passivo).

É plenamente possível que, apesar de legitimado a demandar em juízo, pelo fato de ser integrante da relação material, decida por não fazê-lo, seja porque o conflito tenha sido resolvido por outra via, seja simplesmente pelo fato de entender não ser necessário. Entretanto, caso se conclua que o sujeito que se encontra em um dos polos da demanda processual não participou da relação material, ou não estava inserido no conflito, será ainda assim considerado parte, ilegítima, porém, o que exigirá a correção do sujeito do polo ou, em última análise, a extinção do processo por conta da ilegitimidade de uma das partes.

6.5.4 Capacidade processual e capacidade de direitos

A **capacidade processual** representa a aptidão para exercitar direitos e obrigações no âmbito do processo. Nesse sentido, estabelece o art. 70 do CPC que toda pessoa que se encontre no exercício de seus direitos tem capacidade para estar em juízo.

Embora muito se aproxime da **capacidade de direitos**, regulada no art. 1º do Código Civil, a capacidade processual tem características um pouco distintas. Nos termos do art. 1º do Código Civil, toda pessoa é capaz de direitos e deveres na órbita civil. Em determinados casos, apesar de o sujeito que está no polo processual ter capacidade de direitos, sendo inclusive legitimado para a causa, não tem capacidade processual, ou seja, não está apto a exercer as atividades decorrentes da relação processual, o que se mostra essencial para a validade do processo, salvo se cumprir determinadas exigências legais, como ocorre, por exemplo, com o litisconsorte necessário.

A exigência legal ou substancial para a formação do litisconsórcio (por isso, necessário), tornando nula a demanda sem esta formação, retira de uma das partes a capacidade de estar em juízo isoladamente, desacompanhado do outro litisconsorte.

No caso dos absolutamente incapazes, será exigida a presença de seu representante legal para validade da prática do ato processual; sem isso, o incapaz não terá capacidade processual, não obstante tenha capacidade de direitos e até legitimidade para a causa.

Nesse ponto, convém clarificarmos certos conceitos. *Capacidade de direitos* significa a aptidão para ser titular de direitos e deveres na vida civil.

Pela letra fria do art. 2º do Código Civil, nosso ordenamento jurídico teria adotado a teoria natalista, em que a assunção da personalidade se daria apenas com o nascimento com vida; no entanto, tem sido cada vez mais frequente o entendimento jurisprudencial e doutrinário no sentido de que o nascituro já goza de tais prerrogativas.

Como bem destacou o Ministro Luis Felipe Salomão, Relator do REsp n. 1.415.727/SC, a condição de pessoa precede a personalidade civil, aquela tem início com a concepção e esta com o nascimento com vida. O nascituro, segundo a posição adotada pelo STJ a partir do referido julgado, é sujeito de direitos, especialmente quanto à tutela da vida. Isso também se aplica aos animais de estimação, que, apesar de tratados pela legislação civil como coisa, vêm recebendo dos tribunais nacionais a condição de pessoa não humana, classificada como sujeito de direito[3]. Ainda no sentido de ampliação da condição de sujeitos de direitos, tem-se o direito da natureza.

Como destacou o Ministro Og Fernandes, no julgamento do REsp n. 1.797.175/SP, a natureza alcança nos nossos dias um *status* de pessoa não humana, avançando inclusive rumo a um novo paradigma jurídico biocêntrico. O princípio da dignidade da pessoa humana ganha uma nova dimensão, a dimensão ecológica, devendo ser tratado como categoria de direito fundamental na ótica constitucional e de direito humano na ótica internacional.

Quanto ao incapaz, estabelece o art. 71 do CPC que deverá ele ser representado ou assistido por seus pais, tutor ou curador.

Há casos em que a legislação processual determina a nomeação de curador especial, elencados no art. 72 do CPC, são eles:

- incapaz, caso não tenha representante legal ou caso haja colidência entre os interesses de um e outro;
- ao réu preso revel, bem como ao réu revel citado de modo ficto (edital ou hora certa), salvo no caso de ter constituído advogado particular.

---

3   Sobre o tema, consultar Hachem (2017, p. 141-172).

É importante lembrar que a **curatela especial** será exercida pela Defensoria Pública, como determina o parágrafo único do mesmo art. 72.

Há casos ainda em que, apesar da titularidade do direito material, a lei processual limita a capacidade processual; é o caso da regra disposta no art. 73 do CPC, que determina que um cônjuge necessitará do consentimento do outro para propor ação que verse sobre direito real imobiliário, ressalvada a hipótese de terem se casado sob o regime da separação total de bens. O exigido consentimento poderá ser suprido judicialmente no caso de resistência considerada injusta, nos termos do art. 74 do CPC.

No caso de ocuparem o polo passivo da demanda, estabelece o parágrafo único do mesmo art. 73 que haverá litisconsórcio necessário entre os cônjuges, devendo os dois ser citados para a demanda, sob pena de nulidade, o que também ocorrerá nos casos em que o fato diga respeito a ambos ou, ainda, o ato jurídico tenha sido praticado pelos dois.

Igualmente será exigida formação de litisconsórcio necessário entre os cônjuges quando uma dívida, apesar de assumida por apenas um deles tenha relação com o bem-estar da família, ou, por fim, no caso de reconhecimento, constituição ou extinção de ônus sobre bem imóvel de um deles ou de ambos.

Vale ressaltar que, no caso de ações possessórias, a formação do litisconsórcio necessário somente será exigida na hipótese de composse ou ato praticado pelos dois, como determina o § 2º do art. 73 do CPC.

6.5.5 Deveres das partes

O art. 77 e seguintes do CPC estabelece os parâmetros de comportamento exigidos para a adequada condução do processo, sob os limites da ética e da boa-fé processual.

O fato de as partes ocuparem condições processuais opostas, podendo se valer da ampla defesa e da efetiva atuação no processo, não lhes autoriza, de modo absolutamente nenhum, adotar comportamento que agride os parâmetros da indispensável boa-fé e ética processual.

A conduta abusiva e maliciosa de qualquer das partes deve ser, imediatamente e de modo contundente, rechaçada do processo e devidamente punida a parte. Contudo, a comprovação de tal comportamento deve ocorrer de modo que não restem dúvidas sobre a intenção da parte de provocar danos à parte contrária ou mesmo ao Sistema de Justiça.

O CPC indica como comportamentos a serem assumidos no processo:

I] **Expor os fatos em juízo conforme a verdade.**

Sabe-se que o fim maior do Direito é encontrar a verdade real dos fatos, não deixando de lado a ideia de que a verdade absoluta jamais será efetivamente encontrada. Com isso, é exigido dos litigantes que, ao se apresentarem em juízo no intuito de ver a pretensão resistida pacificada, tragam os fatos como tenham ocorrido verdadeiramente. Assim, cabe ao autor, ao propor a demanda contra o réu, narrar a situação fática como realmente ocorreu, da mesma forma que ao réu, ao contestar a demanda do autor.

Poderá, então, o magistrado, não tendo presenciado o fato, decidir, acreditando estar agindo ante acontecimentos verdadeiros e, por fim, cumprindo com os ditames da Justiça.

Não se pode aqui deixar de considerar aquelas circunstâncias sobre as quais as partes não estão obrigadas a se manifestar, não configurando, obviamente hipótese de quebra de paradigma de ética e boa-fé processual.

A parte não é obrigada a depor de fatos: (i) criminosos ou torpes que lhe forem imputados; (ii) a cujo respeito, por estado ou profissão, deva guardar sigilo.

II] **Proceder com lealdade e boa-fé.**

A lealdade e a boa-fé são requisitos indissociáveis do processo justo. As partes, quando integrantes do processo, não só podem, como devem buscar demonstrar seu direito por todos os meios admitidos em lei e mesmo por aqueles que não se encontram expressamente permitidos, mas que não vão de encontro com a moral e os bons costumes éticos.

Segundo Rui Stoco (2002, p. 37), "a boa-fé constitui atributo natural do ser humano, sendo a má-fé o resultado de um desvio da personalidade". Age com má-fé, por exemplo, o sujeito que instrui sua testemunha a mentir em depoimento, ou que trata as testemunhas com desprezo e de maneira vexatória, conforme dispõe o art. 459, § 2º, do CPC.

III] **Não formular pretensões nem alegar defesas ciente de que são destituídas de fundamento.**

Situação a ser repudiada é a utilização do processo com fim especulativo ou com o intuito de fraudar a lei. A previsão do presente inciso nos parece decorrer expressamente do disposto no inciso I, que determina a necessidade de preservar a verdade dos fatos. Assim age o sujeito que, sabendo que certo sujeito não é seu pai, o aciona pleiteando alimentos.

IV] **Não produzir provas nem praticar atos inúteis ou desnecessários à declaração ou defesa do direito.**

O processo, visto como mero instrumento de realização dos valores socialmente relevantes, não pode, de forma alguma, ser utilizado para protelar o resultado da prestação jurisdicional. A prerrogativa que cabe ao Estado de modo exclusivo de prestar a tutela jurisdicional tem de ser cumprida de maneira efetiva; para tanto, deve o magistrado refutar toda prática de ato de qualquer dos sujeitos do processo, não só das partes, que vise a prejudicar o atingimento da ordem jurídica justa. A CF, em seu art. 5°, inciso LV, e o CPC, em seu art. 369, atribuem a todos o direito a provar suas alegações por quaisquer meios admitidos em lei. Contudo, tais disposições não permitem que se extrapolem os limites éticos e morais, que devem, de qualquer forma, ser preservados.

V] **Cumprir com exatidão os provimentos mandamentais e não criar embaraços à efetivação de provimentos judiciais, de natureza antecipatória ou final.**

A primeira observação é a de que este preceito constitui obrigação de todos aqueles que, de alguma forma, atuam no processo, indo além das partes, portanto, conforme alude o *caput* do art. em análise. Nesse sentido, quis o legislador instituir meios de punição àqueles que, diante de determinação mandamental, deixar de observá-la.

Entendemos, particularmente, que a imposição de multa com base no art. 81 deverá pesar também sobre os casos de decisões de qualquer natureza, não só aquelas de natureza mandamental, inclusive podendo cumular as multas de litigância de má-fé com a de ato atentatório à dignidade da justiça (Tema n. 507 STJ e art. 77, § 2°, CPC), previsto, por exemplo, na hipótese dos arts. 246, § 1°; 334, § 8°; 772, inciso II, do CPC, lembrando que a cobrança de tais multas deverá ocorrer nos autos do processo, consoante ao que determina o art. 777 do CPC.

A segunda observação refere-se à exclusão dos advogados dos efeitos punitivos advindos do descumprimento do previsto nos incisos do art. 77. O advogado, seja ele público ou privado, não está sujeito às penas do art. em comento (CPC art. 77, § 6°), porque já será devidamente responsabilizado, após julgamento em contraditório, pelas respectivas comissões de ética.

A multa a ser aplicada pelo juiz com fulcro no art. 77 terá mínimo de 1% e máximo de 10% sobre o valor da causa corrigido, sem prejuízo de eventual dever de indenização pelos danos causados à parte contrária.

Na situação em que o valor da causa se mostrar irrisório ou inestimável, o valor da multa pode chegar a 10 vezes o valor do salário mínimo, de acordo com a regra constante no art. 81, § 2°.

O art. 78, § 2º, do CPC determina que poderá o juiz, de ofício ou a requerimento, riscar do processo as expressões injuriosas quando estas forem empregadas pelo advogado ou pela parte, membro do Ministério Público e Defensores Públicos.

Segundo entendimento do Ministro Vicente Cernicchiaro:

> a expressão injuriosa não tem o sentido empregado no Código Penal, referindo-se a dignidade ou decoro. Ao contrário, visa a abranger palavras escritas ou orais incompatíveis com a linguagem de estilo forense, a que estão vinculados os juízes, o MP e o advogado, em homenagem à seriedade do processo" (STJ, REsp n. 33.654-9-RS, 6ª Turma, j. em 14/06/1993, p. 11.794, citado por Negrão; Gouvêa, 2003, p. 116).

Se, no entanto, as expressões de que fala o *caput* do art. 78 forem proferidas oralmente, o advogado será advertido para não utilizá-las, sob pena de lhe ser cassada a palavra.

6.5.6 Responsabilidade das partes por dano processual

Os arts. 79, 80 e 81 do CPC falam de maneira particular da prática de atos voltados a prejudicar o direito alheio e da consequente responsabilidade pelos danos causados.

No primeiro dos artigos, tem-se a afirmação de que aquele que litigar com má-fé, seja autor, réu ou mesmo o terceiro interveniente, responderá pelos danos causados.

No caso específico do art. 80, temos a possibilidade de verificar as situações que caracterizam a litigância de má-fé processual. Assim, considera-se litigante de má-fé aquele que:

I] **deduzir pretensão ou defesa contra texto expresso de lei ou fato incontroverso;**

Exemplos: alegar defesa contrária aos documentos juntados pela parte; tentar, de maneira indireta, contestar fatos não atacados pelo réu em contestação.

II] **alterar a verdade dos fatos;**

Os casos mais característicos são a omissão de fatos relevantes ao julgamento do processo, o fato de uma das partes mentir ou de instruir testemunha a mentir no processo. Outra hipótese ocorre quando a parte narra fatos em sua petição que são contrariados por suas próprias provas trazidas aos autos.

III] **usar do processo para conseguir objeto ilegal;**

É indiferente que o intuito fraudulento seja de ambas ou de apenas uma das partes; em qualquer dos casos, deverá ser aplicada a pena do art. 81, por litigância de má-fé. Caso o ato fraudulento seja descoberto após a sentença transitada em julgado, deverá ser utilizada, a requerimento do MP, a via da ação rescisória (art. 966, III, CPC).

IV] **opuser resistência injustificada ao andamento do processo;**

É o caso da interposição de recurso sobre matéria preclusa, ou da negativa da parte ou do advogado em apresentar os documentos que lhe forem requisitados.

V] **proceder de modo temerário em qualquer incidente ou ato do processo;**

É o caso do sujeito que interpõe exceções infundadas; de modo geral, agir de forma temerária corresponde à atuação fora dos limites "normais" em uma demanda, atuação sincera, honesta.

VI] **provocar incidentes manifestadamente infundados;**

O termo *incidente* deve ser entendido em sentido genérico, indicando toda e qualquer forma de medida incidental, inclusive a ação declaratória incidental com fulcro a protelar o fim do processo.

VII] **interpuser recurso com intuito manifestadamente protelatório.**

Nesse caso, a distinção em relação ao inciso anterior é apenas quanto à figura processual: aquele fala em incidente; este, em recurso com efeito protelatório. É imperioso salientar que o STJ pacificou o entendimento de que o fato de a parte interpor reiterados recursos, por si só, não configura litigância de má-fé (REsp n. 1.333.425).

Quanto à responsabilidade sobre os danos provocados pela atuação processual maliciosa, será sempre objetiva com relação à parte, de nada interessando se tenha ou não autorizado o advogado a agir de certa forma. Portanto, é vazio de significado a parte sustentar que o ato malicioso foi praticado pelo advogado sem seu conhecimento ou consentimento; será, então, a parte responsável por este ato, se caracterizada a intenção do dano.

Com relação ao advogado, membros do Ministério Público e da Defensoria Pública, conforme estabelece o art. 77, § 6º, do CPC, sua responsabilidade deverá ser apurada pelo respectivo órgão de classe ou corregedoria, ao qual o juiz deverá oficiar.

A parte que viola os preceitos de boa-fé no processo poderá ser responsabilizada de duas formas:

1] **Reparação dos danos patrimoniais** – De ofício ou a requerimento, os danos deverão ser apurados e cobrados nos mesmos autos da ação, ainda que haja necessidade de procedimento de liquidação, nos termos do art. 81, § 3º do CPC. Incluem-se no valor da reparação as custas processuais e demais despesas assumidas por aquele que sofre com a má-fé da parte contrária.
2] **Incidência de multa** – Além da responsabilidade pelos danos causados pela parte maliciosa, poderá o juiz fixar multa em decorrência do ato praticado. Nos termos do art. 81 do CPC, referida multa deverá ser maior do que 1% e menor do que 10%, calculada sobre o valor da causa corrigido, devendo o valor resultado ser dividido proporcionalmente a seu interesse na causa, como estabelece o § 1º do mesmo art. 81. Nos casos em que o valor da causa se mostrar irrisório ou inestimável, poderá o juiz fixar a multa em até 10 vezes o valor do salário mínimo vigente, devendo ser considerado neste caso o salário nacional.

6.5.7 Litisconsórcio

6.5.7.1 Conceito

Em regra, o processo se constitui pela participação de um sujeito no polo ativo e um no polo passivo. No entanto, há situações que possibilitam, e, em outros casos impõe, o cúmulo de sujeitos no processo, seja no polo ativo (litisconsórcio ativo), seja no polo passivo (litisconsórcio passivo), seja nos dois casos (litisconsórcio misto). O termo litisconsórcio designa a participação de vários sujeitos em um único processo, o qual pode conter apenas uma lide ou lides variadas.

6.5.7.2 Formação do litisconsórcio

A formação do litisconsórcio ocorre quando da conjugação de múltiplos elementos, devendo ser considerados os sujeitos, o momento que se forma, a obrigatoriedade e como os efeitos da sentença os atingem.

De modo geral, a formação do litisconsórcio ocorre tendo em vista a economia processual, a celeridade da solução das demandas e, sobretudo, a segurança jurídica, já que impede ou pelo menos reduz a possibilidade de decisões conflitantes em processos que tenham demandas semelhantes.

Para uma apresentação mais didática, dividiremos a exposição do litisconsórcio, considerando as categorias mencionadas no parágrafo anterior.

6.5.7.2.1 Quanto aos sujeitos

Como aludido na introdução deste tema, em regra, as partes ocuparão no processo o polo ativo e o polo passivo em sua forma simples, ou seja, um autor e um réu apenas. No entanto, poderá haver, em determinados casos, a necessidade ou simples conveniência de se formar uma pluralidade de indivíduos no mesmo polo do processo. Essa hipótese poderá ocorrer, em um dos polos apenas, ou em ambos, de modo simultâneo.

Quando houver mais de um autor na mesma demanda, estará constituído o litisconsórcio ativo; havendo mais de um réu, a formação será de litisconsórcio passivo; e, por fim, se for encontrado mais de um autor e mais de um réu ao mesmo tempo, forma-se o litisconsórcio misto.

Este último caso pode ser pensado na hipótese em que é proposta ação por dois ou mais autores pedindo a citação de dois ou mais réus ou, ainda, na situação em que, proposta a ação em face de apenas um réu, pessoa jurídica, pede-se a sua desconsideração, passando seus sócios a compor o polo com a empresa.

6.5.7.2.2 Quanto à obrigatoriedade

Quando analisado o aspecto da obrigatoriedade, o litisconsórcio se classifica em facultativo e necessário.

A formação do litisconsórcio será facultativa nos casos em que a relação jurídica material existente entre eles se mostrar cindível, ou seja, cada um dos litisconsortes ostenta com a parte adversa uma relação material autônoma.

Esta classificação vem definida nas hipóteses elencadas no art. 113 do CPC, ao dizer que duas ou mais pessoas podem litigar, no mesmo processo, em conjunto, ativa ou passivamente, quando:

I – entre elas houver comunhão de direitos ou de obrigações relativamente à lide;
II – os direitos ou as obrigações derivarem do mesmo fundamento de fato ou de direito;
III – entre as causas houver conexão pelo objeto ou pela causa de pedir;
IV – ocorrer afinidade de questões por um ponto comum de fato ou de direito.

Tais hipóteses apresentam a mesma característica de permissão da formação do litisconsórcio, qual seja, a conexão de causas, em decorrência do pedido, a causa de pedir ou, ainda, por mera afinidade de questões.

Exemplo de litisconsórcio facultativo se tem no caso em que instituição financeira pretende cobrar dívida prevista em contrato em que constam dois codevedores solidários. Cabe à instituição decidir pela propositura da ação isoladamente contra qualquer deles ou mesmo contra ambos.

No caso do litisconsórcio por afinidade de questões, não ocorre por conta de uma conexão de fato ou de direito propriamente, mas por uma afinidade, ainda que indireta, por alguma questão de fato ou de direito. O que difere a mera afinidade da conexão é o fato de que, nesta última, a situação de fato ou de direito em todas as demandas é a mesma; diferentemente, na mera afinidade de questões, o fato ou o direito não são o mesmo, contudo, se cruzam, se conectam em algum momento.

A título de exemplo de litisconsórcio por mera afinidade de questão de direito, pode-se imaginar pretendida ação revisional de alimentos proposta pelo pai tendo ele filhos de genitoras distintas. Nesse caso, apesar da diferença das genitoras e consequente diferença da situação fática do dia a dia dos filhos (casas diferentes, gastos diferentes etc.), há indiscutivelmente uma ligação de direito entre eles, não sendo permitido que os filhos recebam tratamento jurídico diverso.[4]

Ainda sobre a formação do litisconsórcio facultativo, o § 1º do art. 113 do CPC alude à possibilidade de o magistrado limitar o número de sujeitos na formação do litisconsórcio sempre que a quantidade de sujeitos puder colocar em risco a celeridade e efetividade do processo, o que se convencionou denominar *litisconsórcio multitudinário*.

Na hipótese da determinação judicial de fracionamento das partes em múltiplas relações jurídicas processuais, determina o art. 113, § 2º, do CPC que o requerimento para a limitação interromperá o prazo para manifestação ou resposta, que recomeçará da intimação da decisão que o solucionar.

No caso da formação do litisconsórcio necessário, a exigência é maior, devendo todos os sujeitos participar do processo, não havendo consulta sobre a vontade de cada um.

A imposição da participação de todos no processo advém de duas fontes: imposição legal ou indivisibilidade da relação jurídica material, nos termos do art. 114 do CPC.

Sendo assim, a falta de citação de qualquer deles implicará nulidade da demanda, visto que isoladamente a parte não tem legitimidade para demandar.

A imposição legal verifica-se, por exemplo, no art. 73, § 1º, do CPC.

Segundo determinação do referido artigo, ambos os cônjuges serão necessariamente citados para a ação quando esta versar sobre direito real imobiliário,

---

[4] Esse foi o entendimento da 3ª Câmara de Direito Privado do TJ/SP no julgamento do AI n. 2047955-27.2022.8.26.0000 (Rel. Des. Carlos Alberto de Salles, j. em 19/08/2022).

ressalvado o caso em que tiver sido adotado o regime de separação absoluta de bens. Outro caso, arrolado no inciso III do mesmo artigo e parágrafo, tem-se na hipótese de dívida contraída por um dos cônjuges a bem da família.

6.5.7.2.3 Quanto ao momento de formação

Há casos em que a ação judicial já é distribuída com a formação litisconsorcial estabelecida; em outros casos, a integração de novos sujeitos no polo da demanda ocorre após o início da ação. No primeiro caso, denomina-se *litisconsórcio inicial*; no segundo, *litisconsórcio ulterior* ou *incidental*. Exemplo de litisconsórcio incidental ou ulterior ocorre quando de chamamento ao processo ou denunciação da lide, ou, ainda, no caso da assistência litisconsorcial, que são casos de intervenção de terceiro que irão ocorrer no curso da ação em que se intervém.

Aqui é necessário observar e esclarecer alguns aspectos influenciadores da formação do litisconsórcio ulterior, ligados à possibilidade ou não de inclusão de outros sujeitos ao processo após a citação válida do réu, obviamente quando se tratar de mera faculdade do litisconsorte.

A dúvida que surge nesse ponto é a seguinte: tratando-se- de mera faculdade na participação dos sujeitos no processo e sendo o réu citado validamente, poderá haver inclusão de outros sujeitos no feito ou não? Deve-se sempre levar em consideração o que determina o art. 264 do CPC: após a citação do réu, as partes mantêm-se as mesmas.

A discussão realmente só pode ocorrer no presente caso no litisconsórcio facultativo, uma vez que, no necessário, todos os sujeitos devem participar do processo, sob pena de nulidade.

Os arts. 264 e 294 do CPC tratam ao mesmo tempo da alteração subjetiva (relativa às partes) e da alteração objetiva (relativa ao pedido e à causa de pedir). Com relação à alteração objetiva, ambos estabelecem que, após a citação válida do réu, somente será permitida sua alteração com o consentimento deste; após o despacho saneador, nem mesmo com o consentimento do réu (art. 264, parágrafo único).

Quanto à alteração subjetiva (partes), a legislação adota postura um pouco mais rígida. O mesmo art. 264 determina que, após a citação do réu, as partes mantêm-se as mesmas, salvo expressa permissão legal. Segundo doutrina de Cândido Rangel Dinamarco (2001b, v. I, p. 69), citado o réu, não se alteram as partes, nem mesmo com o consentimento do réu. O que justifica tal medida, segundo esse renomado processualista, é a necessidade de se proteger o réu de incertezas futuras. No entanto, não se pode esquecer é que a própria letra da lei, na parte final do art. 264, permite exceções a tal regra. São os casos de intervenções de terceiros, como a nomeação à autoria dos arts. 62 e 63, o chamamento ao processo do art. 77, a figura da assistência litisconsorcial etc.

Dessa forma e por conclusão, o litisconsórcio facultativo ulterior somente poderá ocorrer levando-se em conta o período que vai da propositura da demanda com a distribuição da petição inicial simples até a citação válida do réu. A tendência é o STJ não admitir a figura do litisconsórcio facultativo ulterior, salvo permissão legal, por ferir o princípio do juiz natural.

6.5.7.2.4 Quanto à sentença: comum ou unitária

A **sentença comum** é determinada pela mera afinidade de fatos e fundamentos apresentados na demanda, pela conexão de objetos ou pela simples afinidade de questões de fato ou de direito (art. 113, II e III, CPC). Já a **sentença unitária** configura-se pela identidade entre os direitos ou obrigações (art. 113, I, CPC) e pela incidibilidade da relação jurídica material.

Em outras palavras, quando a relação material que une cada um dos litisconsortes com a parte adversa se mostrar autônoma, a sentença é caracterizada como comum ou simples; já naqueles casos em que a relação material se mostrar indivisível, em decorrência da unidade da relação material, a sentença se configura como unitária.

O exemplo mais típico de sentença comum/simples é o relativo aos danos sofridos por dois sujeitos em razão do mesmo fato. Se um prova o dano ocorrido, tem seu pedido procedente; e, se o outro litisconsorte não consegue convencer o magistrado de suas alegações, tem, na mesma sentença daquele, a improcedência de seu pedido. Percebemos, nesse exemplo, a possibilidade de fracionar os efeitos da sentença entre os litisconsortes.

O art. 116 do CPC determina a existência da sentença unitária, dizendo ocorrer quando "o juiz tiver de decidir a lide de modo uniforme para todos os litisconsortes". Pode-se citar como exemplo a anulação de casamento. Nesse caso, ao declarar a nulidade do casamento, nem sequer há necessidade de indicar para qual dos litisconsortes se direciona a decisão, sendo óbvia a resposta. O mesmo irá ocorrer no caso da anulação de negócio jurídico para coobrigados.

6.7.5.3 Litisconsórcio multitudinário

Como já demonstrado em linhas anteriores, o parágrafo primeiro do art. 113 oferta ao magistrado o poder de impor limites na quantidade de sujeitos na formação do litisconsórcio, restritivamente na forma facultativa.

O fato a ser considerado pelo magistrado para impor tal limitação é a possibilidade de a quantidade de sujeitos criar dificuldades para o desenvolvimento efetivo da demanda. Visa, com isso, permitir uma maior fluidez para o processo, provocando por consequência, economia e efetividade processual.

É importante ressaltar que a definição pela imposição de limitar a quantidade de sujeitos no litisconsórcio, o chamado litisconsórcio multitudinário, só poderá ocorrer diante da análise do caso concreto, considerando as características de cada caso, sendo inadequada sua imposição com regras em abstrato.

6.5.7.4 Litisconsórcio ativo necessário

Dentro do tema do litisconsórcio, certamente o debate sobre a possibilidade de formação do litisconsórcio ativo necessário é dos mais polêmicos. Isso porque, se, por um lado, há direitos que impõem a presença no polo processual de todos os titulares do direito discutido, por outro, há a garantia constitucional da liberdade de demandar, como decorrência do acesso à justiça (CF art. 5º, XXXV) e da disponibilidade do direito de provocar a jurisdição (art. 2º, CPC).

Portanto, nas situações em que um dos litisconsortes necessário ativo não tem interesse na demanda, não é permitido impor a ele que integre o processo, bem como não é permitido impedir que aquele litisconsorte que quer seguir com a demanda o faça sozinho.

Já em 2014, a Terceira Turma do STJ, ao julgar o REsp n. 1.222.822, de relatoria do Ministro Ricardo Villas Bôas Cueva, admitiu a figura do litisconsórcio ativo necessário. O caso tratava de ação objetivando a revisão de contrato de financiamento habitacional firmado por ex-cônjuges. Conforme anotou o Ministro Relator, a decisão do referido caso teria natureza unitária, em face do fato de que a decisão atingiria exatamente na mesma condição os ex-cônjuges. Por esta razão, entendeu o referido julgador que, nos casos de litisconsórcio ativo necessário, não há outra solução juridicamente possível senão determinar que o autor inclua todos no polo ativo da demanda, sob pena de indeferimento liminar da inicial e consequente extinção do processo.

Restou aqui adotada posição doutrinária de Cândido Rangel Dinamarco (2009, p. 364) e também de Fredie Didier Jr. (2022, p. 311).

Em síntese, diante de direito material indivisível pertencente a mais de um sujeito e de decisão que os atingirá diretamente em sua parcela de direito, a presença de todos no polo ativo será obrigatória, cabendo ao juiz, caso o autor se apresente sozinho na inicial, determinar a emenda da petição para intimação dos demais litisconsortes, sob pena de indeferimento da inicial.

6.6 Intervenção de terceiros

6.6.1 Conceito de terceiros

Só é possível determinar o conceito de terceiro valendo-se da exclusão, ou seja, considera-se terceiro todo aquele que não ocupa a condição de parte de um processo. Se A e B integram um processo na condição de partes (autor e réu), todos os outros indivíduos de uma sociedade, inclusive as pessoas jurídicas, são considerados terceiros em relação àquele processo.

Ocorre que, apesar de não ser parte do processo, o terceiro pode, eventualmente, ter interesse na solução daquela demanda, o que justificará sua intervenção na ação judicial.

A intervenção do terceiro no processo ocorre por duas vias: de forma voluntária ou provocada. É considerada **voluntária** quando o próprio terceiro pede para ser admitido no processo, como acontece nos casos de assistência e *amicus curiae*; é, no entanto **provocada** naqueles casos em que uma das partes do processo solicita ao juiz que insira o terceiro no processo, como acontece nos casos de desconsideração da pessoa jurídica, denunciação da lide e chamamento ao processo.

6.6.2 Interesse jurídico como pré-requisito para a intervenção de terceiro

A intervenção de terceiro em processo alheio se caracteriza como a vinda de uma pessoa, física ou jurídica, para o processo. A premissa, portanto, é de que aquele que será inserido na demanda como terceiro não esteja em um de seus polos no ato da propositura da ação.

No entanto, a intervenção do terceiro exige a configuração do chamado *interesse jurídico*, ressalvada apenas a hipótese em que este terceiro interventor seja a Fazenda Pública, o que será objeto de tratamento específico adiante.

O interesse jurídico se caracteriza quando restar demonstrado que, apesar de o terceiro não fazer parte da lide processual, o resultado da decisão proferida naquele processo poderá atingir direito seu.

É o exemplo de ação de desapropriação promovida por ente público em face do proprietário do imóvel, sendo, portanto, estes as partes do processo. Eventual inquilino do imóvel poderá intervir na condição de terceiro assistente do proprietário, por exemplo, posto que, julgada procedente a desapropriação, o contrato de locação do inquilino estará automaticamente rescindido, devendo ele desocupar o imóvel.

Da mesma forma, a seguradora tem interesse jurídico na ação em que seu segurado esteja respondendo por perdas e danos causados em acidente de trânsito, por exemplo.

Ressalte-se que não basta para admissão da intervenção do terceiro em processo alheio a demonstração de outro tipo de interesse, que não o jurídico.

Um bom exemplo de ausência de interesse jurídico se tem no caso em que inquilino, alegando violação de seu direito de preferência, pede para intervir em ação judicial em que A e B discutem a venda do imóvel locado. O direito de preferência do inquilino deve ser defendido por ação própria e não por pedido de intervenção de terceiro, exatamente porque o que o justifica é um interesse econômico, e não jurídico.

Ainda a título de exemplo, pode-se imaginar ação judicial proposta por A em face do Município, visando recálculo de seu IPTU. O vizinho de A, entendendo que seu IPTU também tem irregularidade, pede para intervir como assistente de A. Tal pedido deverá ser indeferido, considerando-se que o interesse apresentado pelo terceiro não é jurídico, mas meramente econômico. A discussão sobre eventual erro no IPTU de A nenhum efeito produzirá sobre o IPTU de seu vizinho, ausente, portanto, o interesse jurídico legitimador do pedido de intervenção.

6.6.3 Espécies de intervenção de terceiro

6.6.3.1 Intervenção anômala

Nos casos em que o terceiro interventor for a União ou qualquer outra pessoa jurídica de direito público, a intervenção será classificada como anômala, em face das peculiaridades desse tipo de intervenção.

Nos termos do art. 5º da Lei n. 9.469/1997, poderá a União intervir nas causas em que figurarem, como autoras ou rés, autarquias, fundações públicas, sociedades de economia mista e empresas públicas federais.

O parágrafo único do mesmo artigo dispõe ainda que as pessoas jurídicas de direito público poderão intervir nas causas cuja decisão possa refletir sobre interesses seus, ainda que meramente econômicos, independentemente de caracterizar interesse jurídico, seja para apresentar documentos, memoriais que se mostrem úteis ao exame da matéria, podendo inclusive recorrer, devendo, nesse caso, haver deslocamento de competência.

Verificam-se, na redação do *caput* e do parágrafo único do art. 5º, situações distintas de intervenção, uma em que o terceiro interventor é a União, permitida restritivamente nos casos em que uma das partes é um ente público específico; e outra no caso de o terceiro ser um Poder Público geral, permitida sua intervenção em qualquer que sejam a ação e as partes, desde que constatado o interesse daquele Poder Público solicitante.

Saliente-se que a redação contida no parágrafo único não faz qualquer restrição às pessoas jurídicas de direito público; portanto, incluem-se aí as estaduais, federais, municipais e distritais.

Registre-se, ainda, que a letra expressa da lei faz referência à demonstração de interesse econômico para que se admita a intervenção anômala, não sendo exigência legal, ao contrário, a demonstração de interesse jurídico.

Deve-se frisar, nesse ponto, que a competência da Justiça Federal (Súmula n. 150 STJ), inicialmente se restringirá à análise da presença ou não dos requisitos exigidos para a intervenção anômala, em especial o interesse jurídico. A transferência total da competência para julgar o caso em tela passará à Justiça Federal apenas se se concluir pela presença de tal requisito. Decidindo-se por não se justificar a intervenção, os autos da ação deverão ser novamente devolvidos para a justiça comum de origem, não sendo possível ao juízo comum rever a decisão proferida pela Justiça Federal, como determina a Súmula n. 254 do STJ.

A intervenção anômala coloca o Poder Público como assistente de uma das partes, devendo, no entanto, sua atuação se restringir aos esclarecimentos de atos e fatos mediante a apresentação de documentos e/ou de memoriais.

6.6.3.2 Assistência

Prevista no art. 119 do CPC, a assistência se caracteriza como espécie de intervenção em que o terceiro requer sua admissão no processo demonstrando para isso seu interesse jurídico. O intuito do terceiro/assistente, em tal situação, é auxiliar uma das partes (assistido) com quem mantém relação jurídica material de modo que a sentença lhe seja favorável, o que beneficiará indiretamente o assistente.

O pedido de intervenção do assistente tem cabimento, segundo o parágrafo único do art. 119, em todo tipo de procedimento e grau de jurisdição; contudo, ao ser admitido, o assistente assumirá o processo na condição em que estiver, ficando impedido de praticar atos passados. É preciso ter certa cautela ao tratar da intervenção do assistente em procedimentos ou processos que visam mera efetivação de obrigações, como as executivas. Nesses casos, em face da finalidade específica a ser alcançada, não se admite qualquer forma de intervenção de terceiros, nem mesmo a assistência. De outro modo, a possibilidade existirá no caso de impugnação ao cumprimento de sentença ou embargos de execução[5].

Da mesma forma, a Lei que regula o procedimento dos juizados especiais, 9.099/95, veda em seu art. 10 a intervenção de terceiros, inclusive a assistência.

Nesse sentido, a regra contida no parágrafo único do art. 119 não impede restrições impostas por normas especiais.

O pedido de intervenção do assistente ocorrerá por simples petição dirigida ao juízo da causa principal, devendo as partes ser intimadas a se manifestar no prazo de 15 dias, como determina o art. 120 do CPC. Não havendo rejeição no referido prazo, estará deferida a intervenção do assistente.

Todavia, havendo rejeição de qualquer das partes, sob a alegação de ausência de interesse jurídico do terceiro, caberá ao magistrado avaliar a questão, decidindo sobre o ponto, devendo dar o regular andamento ao processo durante essa análise.

É possível que o juiz da causa, concluindo pela ausência do interesse jurídico do terceiro, indefira liminarmente seu pedido de intervenção, decisão da qual caberá agravo de instrumento.

No sistema do CPC vigente, há duas formas de assistência: simples e litisconsorcial.

6.6.3.2.1 Assistência simples

Prevista nos arts. 121 a 123 do CPC, a assistência se caracteriza como simples quando o terceiro que pede para intervir não tem legitimidade para ser parte daquela demanda em que pretende intervir. A relação jurídica material, nesse caso, vincula terceiro (assistente) e a parte assistida, diferentemente do que pode ser notado na assistência litisconsorcial, em que a relação material vincula o terceiro (assistente) e a parte contrária do assistido.

É o exemplo do sócio de empresa que se encontra em procedimento de falência. A relação jurídica material existente é entre credores e empresa falida, não com seu titular. No entanto, poderá o sócio da empresa atuar como assistência simples da massa falida para proteger esse patrimônio de eventual irregularidade processual, posto que poderá, eventualmente, resvalar sobre seus bens particulares.

O fundamento jurídico para a admissibilidade decorre da determinação do art. 103 da Lei n. 11.101/2005, que, apesar de afastar o devedor da gestão dos bens, permite-lhe fiscalizar o procedimento de administração da falência, nos termos do parágrafo único desse mesmo artigo, inclusive prevendo expressamente a possibilidade de sua intervenção nos processos em que a massa falida seja parte.

---

5   Nesse sentido, ver decisão proferida pela Terceira Turma do STJ, por ocasião do julgamento do REsp n. 1.727.944/SP (Rel. Min. Nancy Andrighi, j. em 25/06/2018).

Há também possibilidade de assistência simples no caso de ação que discute a desapropriação de imóvel locado. O inquilino poderá intervir como assistente do proprietário do imóvel, visto que, procedente a desapropriação, seu contrato de locação estará automaticamente desfeito.

Importante questão surge na análise do disposto no art. 123 do CPC. Dispõe o artigo que, transitada em julgado a demanda, o terceiro assistente não poderá pretender rediscutir a justiça da decisão. São exceções os casos em que: comprovar que só foi admitido no processo em momento em que não era mais possível interferir no resultado; em razão do comportamento do assistido, não teve condições de interferir no resultado, ou, ainda, o assistido omitiu culposa ou dolosamente provas que poderiam dar outro resultado à demanda.

Convém advertir que essa impossibilidade prevista no art. 123 não decorre dos efeitos da coisa julgada, mas do efeito preclusivo que atinge o assistente simples.

Uma vez que, mesmo intervindo na demanda, o assistente simples não assume a condição de parte, permanecendo como mero coadjuvante do assistido, os efeitos da coisa julgada não o atingem propriamente.

A mesma impossibilidade de rediscutir a decisão após seu trânsito atingirá o assistente litisconsorcial; no entanto, a razão será diversa. O assistente simples não é atingido pelos efeitos da coisa julgada pelo fato de não se tornar parte da demanda, já o assistente litisconsorcial se torna litisconsorte do assistido, parte, portanto, sendo ele alvo dos efeitos da coisa julgada.

Em resumo, tanto o assistente simples quanto o litisconsorcial estarão impossibilitados de rediscutir a justiça da decisão após seu trânsito; contudo, o fundamento jurídico será diverso para um e outro. No caso do assistente simples, a razão é o efeito preclusivo que o atinge, caracterizado por ter participado da demanda, ao passo que, para o assistente litisconsorcial, a razão são os efeitos da coisa julgada que contra ele pesam, exatamente pelo fato de que, ao intervir, tornou-se parte litisconsorcial ao lado do assistido.

6.6.3.2.2 Assistência litisconsorcial

A assistência é considerada litisconsorcial quando há relação jurídica material entre o terceiro interventor e a parte adversa do assistido, o que o legitima a ocupar a condição de parte do processo, como determina a redação do art. 124 do CPC.

A ação, nesse caso, poderia ter sido proposta em face do terceiro, o que não ocorreu por opção do autor da ação.

Na assistência simples, o assistente admitido no processo atua meramente como coadjuvante do assistido, não podendo contrariar sua vontade no curso da demanda; já na assistência litisconsorcial, o assistente tem plena liberdade de atuação no curso da demanda, visto que sua entrada configurará hipótese de litisconsórcio junto ao assistido. Na assistência litisconsorcial, a lide também pertence ao assistente, de modo que, mesmo com eventual saída do assistido do processo, a demanda continuará até final julgamento com o assistente litisconsorcial.

É o que ocorre, por exemplo, no caso em que é alienado um bem litigioso. Na determinação do art. 109 do CPC, tal alienação não modifica a legitimidade para a ação, devendo permanecer nos autos o alienante. Contudo, poderá o terceiro adquirente da coisa intervir na demanda como seu assistente litisconsorcial.

Outro exemplo é o caso em que a ação de cobrança de aluguel é proposta por apenas um dos coproprietários do imóvel, podendo aquele que ficou de fora da ação entrar como assistente litisconsorcial do proprietário autor da ação.

6.6.3.3 Denunciação da lide

A denunciação da lide tem natureza de ação e pode ser realizada por ambas as partes.

Seu objetivo é garantir futuro exercício do direito de regresso, nos casos de evicção ou responsabilidade jurídica que decorra de previsão legal ou contratual, nos termos da determinação contida no art. 125.

Desse modo, a denunciação da lide admite um terceiro no processo, permitindo, a um só tempo, resolver a responsabilidade discutida na demanda principal e o direito de regresso na denunciação.

Apesar de propiciar ao denunciante economia processual, a denunciação da lide não é obrigatória, ficando facultado à parte esgotar a demanda principal e, na hipótese de condenação, exercer seu direito de regresso por ação autônoma, caminho este que também poderá ser adotado no caso de indeferimento da denunciação da lide, como prevê expressamente a redação do § 1º do art. 125 do CPC.

Importante regra vem prevista no § 2º do mesmo artigo, que restringiu a uma única vez a denunciação da lide sucessiva. Assim, realizada a denunciação por qualquer das partes, o terceiro denunciado, citado para entrar na demanda, poderá realizar mais uma denunciação, restando aos sucessores do segundo denunciado resguardar seu eventual direito de regresso por meio de ação autônoma.

A finalidade desse limite, por certo, é evitar que as diversas denunciações sucessivas impeçam o regular desenvolvimento da demanda principal, em violação à garantia constitucional da duração razoável do processo, insculpida no art. 5º, inciso LXXVIII, da CF/1988.

Quanto ao momento em que a denunciação da lide deverá ser realizada, tem-se que, pretendendo o autor da ação principal realizar a denunciação, deverá fazê-lo na sua inicial, assim como no caso do réu, na sua contestação, não havendo outra oportunidade no curso do processo. Perdido este único momento, o direito de regresso deverá ser tutelado pela via da ação autônoma.

Permite o inciso II do art. 128 que, se revel o denunciado, poderá o denunciante deixar de prosseguir com sua defesa, bem como deixar de recorrer, concentrando sua atuação no exercício do direito de regresso. Isso porque, hipoteticamente, sendo o denunciado revel, os fatos narrados pelo denunciante serão acolhidos por verdadeiro, podendo o juiz, desde já, providenciar o julgamento antecipado da lide[6], impondo ao denunciado revel o dever de reembolsar o denunciante.

Apesar da possibilidade, não é recomendado na prática o denunciante abandonar sua defesa na expectativa de que o juiz imporá ao denunciado revel a obrigação de reembolsá-lo.

Basta observar que o julgamento antecipado da lide no caso de revelia não é imposição, mas possibilidade diante da situação fática em que o processo se encontre, dependendo da inexistência de outras provas, do nível de convicção do magistrado etc.

A depender da situação concreta, há risco de o denunciante sair sucumbente na ação principal e também na denunciação, exatamente porque a revelia, por si só, nem sempre implicará em sucumbência.

Situação diversa se encontra na narrativa apresentada no inciso III do art. 128 do CPC. É possível que, feita a denunciação, o terceiro denunciado confesse o fato que contra si foi narrado, aceitando, até mesmo, o pedido feito pela parte denunciante. Aqui, sim, em face da renúncia do denunciado e da aceitação do pedido, sua condenação ao regresso será certa, podendo a parte denunciante deixar de apresentar outras manifestações e de recorrer de eventual condenação na demanda principal. Ainda que tenha de cumprir a obrigação estabelecida na demanda principal, seu direito ao regresso será certo, nada impedindo, inclusive, que o denunciado cumpra diretamente a obrigação ante a parte vitoriosa da demanda principal.

Imagine nesse caso que A tenha sido demandado em ação de responsabilidade civil por dano causado a B em acidente de trânsito. Ao ser citado, A denuncia a lide à seguradora, que, por sua vez, aceita sua responsabilidade e se propõe a ressarcir os prejuízos que B teve com o acidente, ofertando o pagamento diretamente a B. Note-se que não há necessidade de A realizar o pagamento a B e depois cobrar o reembolso de sua seguradora.

---

[6] Art. 355, II, do CPC: "O juiz julgará antecipadamente o pedido, proferindo sentença com resolução do mérito, quando: [...] II – o réu for revel, ocorrendo o efeito previsto no art. 344 e não houver requerimento de prova, na forma do art. 349."

A denunciação da lide perderá seu objeto, nos termos do art. 129 do CPC, devendo ser encerrada na hipótese em que o denunciante saia vencedor da demanda principal, o que se dá por razões óbvias; se vencedor é, não tem responsabilidade a assumir, menos ainda obrigações a cumprir, não havendo o que regressar.

Questão relevante vem prevista no art. 88 do Código de Defesa do Consumidor (CDC)[7]. Referido artigo veda a denunciação da lide nas hipóteses de condenação por vício do produto ou serviço.

Apesar da aparente clareza e suficiência na redação do artigo, há necessária interpretação a ser considerada. É preciso levar em conta que a finalidade da restrição para realização da denunciação da lide, nesse caso, é preservar a tutela dos interesses do consumidor, impedindo que o fornecedor ou produto ou serviço defeituoso protele o andamento do processo, valendo-se da denunciação para este fim.

Todavia, é preciso considerar também que, muitas vezes, a denunciação da lide é favorável para o consumidor, inclusive podendo ser aceita por ele diante do caso concreto.

Portanto, com a devida *venia* aos que entendem de modo diverso, parece que o comportamento do magistrado aqui não deve ser de impedimento puro e simples da denunciação da lide pelo fornecedor do produto ou serviço, mas de avaliação do caso, a partir da manifestação do próprio consumidor acerca da intenção da parte contrária de realizar a denunciação.

Foi exatamente nesse sentido que a Quarta Turma do STJ, por ocasião do julgamento do REsp n. 913.687/SP (Rel. Min. Raul Araújo, j. em 04/10/2016), entendeu que compete exclusivamente ao consumidor rejeitar a denunciação da lide com fundamento no referido art. 88 do CPC, exatamente pelo fato da regra ter sido criada a seu único benefício.

Questão que cabe colocar é se uma das partes poderia denunciar a lide seu litisconsorte. Poderia um réu denunciar a lide o outro réu que já esteja no polo passivo da demanda, por exemplo? A resposta dada pelo STJ é no sentido positivo. Conforme o teor da decisão no REsp n. 1.670.232/SP (Rel. Ministra Nancy Andrighi, j. em 16/10/2018), essa é a única forma de um réu instaurar contra seu litisconsorte a lide sobre a necessidade de regresso a ser tratada de modo simultâneo a causa principal. A questão não é nova, já tendo a mesma Terceira Turma enfrentado o tema no ano de 1991 por ocasião do julgamento do REsp n. 8.185/SP (Rel. Min. Claudio Santos), tendo ali sido proferido o mesmo entendimento repetido em 2018.

---

7 Art. 88 do CDC: "Na hipótese do art. 13, parágrafo único deste código, a ação de regresso poderá ser ajuizada em processo autônomo, facultada a possibilidade de prosseguir-se nos mesmos autos, vedada a denunciação da lide."

6.6.3.4 Chamamento ao processo

Previsto no art. 130 do CPC, o chamamento ao processo é instrumento utilizado pelo réu, nos três casos determinados no referido artigo, como meio idôneo de envolver no processo, como seu litisconsorte, os demais responsáveis pelo cumprimento da obrigação.

Nos termos do artigo indicado, poderão ser chamados ao processo:

- o afiançado, na ação em que o fiador for o réu;
- os demais fiadores, na hipótese em que apenas um deles é colocado na condição de réu da demanda;
- o codevedor é citado para a ação, podendo requerer que os demais venham participar do polo passivo junto dele.

Sabe-se que os responsáveis solidários, se não envolvidos no processo de conhecimento, não poderão compor o procedimento de cumprimento de sentença, uma vez que lhes faltará legitimidade passiva para tanto, exatamente pelo fato de não figurarem no título executivo, além de não terem sido atingidos pela coisa julgada que pesou sobre a sentença da demanda de conhecimento[8].

Para que todos os coobrigados solidários, bem como os fiadores, estejam inseridos no título executivo, deverá aquele que for citado isoladamente provocar a vinda dos demais ao processo de conhecimento, exatamente no intuito de responsabilizá-los pela obrigação.

Questão a ser considerada é a vedação imposta pelo STJ ao chamamento ao processo em demandas envolvendo tutela da saúde, apesar da solidariedade imposta aos entes públicos no art. 196 da CF/1988. De acordo com o entendimento da Corte, emitida por ocasião do julgamento do REsp n. 1.203.244/SC, a admissão do chamamento ao processo nestes casos, implicaria prejuízo à efetiva tutela do direito, tese esta que restou reafirmada por ocasião do julgamento do conflito de Competência n. 187.533/SC, pela Primeira Seção em 12/04/2023, posição que poderá eventualmente ser modificada com o advento do julgamento do Tema n. 1.234 pelo STF.

É igualmente relevante considerar que o chamamento ao processo é instituto de cabimento exclusivo na fase de conhecimento, tendo em vista sua finalidade de definir a abrangência subjetiva da responsabilidade pela obrigação, incompatível por natureza com os procedimentos executivos, como a execução autônoma e o cumprimento de sentença[9].

---

8   Súmula n. 268 STJ: "O fiador que não integrou a relação processual na ação de despejo não responde pela execução do julgado."
9   TJSP, Apl n. 1007076-15.2019.8.26.0286 (Rel. Rosangela Telles, j. em 07/02/2023).

Diversamente do que estabelecia o CPC/1973, o CPC/2015 não prevê a suspensão do processo durante o procedimento de chamamento. Isso não significa, contudo, que não possa o magistrado fazê-lo, desde que haja requerimento e comprovação de eventual risco na continuidade do processo.

O chamamento ao processo resguarda também futuro e eventual direito de regresso, porém decorrente de obrigação solidária.

Outra situação que ainda guarda certo tumulto doutrinário sobre o cabimento do chamamento ao processo vem estampada no art. 1.698 do Código Civil. Nos termos do que determina o artigo citado, se o parente que deve alimentos em primeiro lugar não estiver em condições de suportar totalmente o encargo, serão chamados a concorrer os de grau imediato; sendo várias as pessoas obrigadas a prestar alimentos, todas devem concorrer na proporção dos respectivos recursos; e, intentada ação contra uma delas, poderão as demais ser chamadas a integrar a lide.

A dúvida que surge nesse ponto é saber se a via processual adequada para integrar o familiar responsável no processo é o chamamento ao processo – pelo fato da redação do art. se valer do termo *chamamento* –, a denunciação da lide ou, ainda, uma espécie de intervenção inominada.

Para responder a esta indagação, é necessário lembrar que a responsabilidade pelos alimentos na situação do artigo comentado não é de solidariedade, havendo sim uma divisibilidade e subsidiariedade do dever alimentar[10]. Isso, *a priori*, excluiria tanto a figura do chamamento ao processo quanto a denunciação da lide, pelo fato de não haver ali configurada nenhuma das hipóteses de seu cabimento estampadas no art. 125 do CPC e menos ainda o direito de regresso daquele que, tendo sido citado para o pagamento dos alimentos, o fez em substituição daquele parente que o deveria ter feito em primeiro lugar. Ilustra isso o caso em que os avós assumem a obrigação no lugar do filho (pai/mãe do alimentando) que, por falta de condições econômicas, não o fez. Realizado o pagamento dos alimentos neste caso, não poderão os avós exercitar o direito de regresso sobre o filho.

Portanto, com a devida *venia* àqueles que se esforçam em admitir a denunciação da lide ou o chamamento ao processo, de nossa parte, parece mais adequado vislumbrar aqui uma figura autônoma e inominada de intervenção de terceiro, com fundamento na necessidade de efetivação da obrigação.

---

10 A responsabilidade dos parentes pelo pagamento dos alimentos, na situação narrada no artigo 1.698 do Código Civil, configura-se como divisível e subsidiária. Isso indica que tais parentes só respondem pelo complemento dos alimentos, descaracterizando a figura jurídica da solidariedade. Nesse sentido: STJ, REsp n. 579.385/SP (Rel. Min. Nancy Andrighi, Terceira Turma, j. 26/08/2004, DJ de 04/10/2004, p. 291).

Situação completamente diversa é encontrada na hipótese em que quem pleiteia os alimentos é idoso em face de um dos filhos. Nesse caso, há previsão expressa no art. 12 do Estatuto do Idoso (Lei n. 10.741/2003), colocando os filhos na condição de responsáveis solidários pelo dever de alimentos ante os pais idosos, autorizando que aquele filho que tenha sido citado para o pagamento dos alimentos aos pais chame os demais irmãos para compor solidariamente o polo passivo da ação de alimentos.

Uma segunda indagação que surge diante do art. 1.698 do Código Civil é saber quem reúne condições para integrar o parente que esteja fora do processo no polo passivo da demanda. Por óbvio, o réu, aquele que detém o dever de suprir os alimentos em primeiro plano, não terá, em vias normais, qualquer interesse em trazer para o processo um parente seu, para responder pelo pagamento dos alimentos. Portanto, parece-nos mais adequado que este poder de integração do polo passivo esteja nas mãos do autor da ação, o alimentando, com fundamento no direito de efetivação de seu direito ou, ainda, pelo magistrado, considerando que, neste caso específico, a efetivação do direito aos alimentos tem *status* de interesse público, tanto é assim que se trata de direito indisponível.

6.6.3.5 Amicus curiae

Previsto no art. 138 do CPC, o *amicus curiae* não se caracteriza como espécie subjetiva de intervenção de terceiro, mas como colaborador do juízo. Logo, não pode ser confundido com assistência, nem utilizado em seu lugar.

O *amicus curiae* se caracteriza como espécie autônoma de terceiro, ou seja, distinta daquelas tradicionalmente presentes em nossa legislação.

A autorização para a intervenção do *amicus curiae* se funda no interesse institucional[11], ou seja, não visa tutelar diretamente o interesse subjetivo das partes da demanda. Admitido no processo, a função do amicus será auxiliar o julgador a encontrar melhores caminhos de interpretação e aplicação do direito no caso concreto.

A legitimidade para atuar na condição de *amicus* será, segundo redação do art. 138, *caput*, da pessoa jurídica ou natural, órgão ou entidade especializada que preencha o requisito da representatividade adequada.

A intervenção do *amicus curiae* poderá ocorrer tanto nas demandas que estejam tramitando em primeiro grau quanto naquelas que estejam se desenvolvendo

---

11 O juiz ou o relator, considerando a relevância da matéria, a especificidade do tema objeto da demanda ou a repercussão social da controvérsia, poderá, por decisão irrecorrível, de ofício ou a requerimento das partes ou de quem pretenda manifestar-se, solicitar ou admitir a participação de pessoa natural ou jurídica, órgão ou entidade especializada, com representatividade adequada, no prazo de 15 dias de sua intimação.

junto aos tribunais, cabendo, respectivamente, ao juiz ou relator do caso decidir pela admissibilidade, decisão esta que não será passível de recursos[12], nos termos do *caput* do art. 138, ressalvada a hipótese prevista no § 3º do mesmo artigo, que permite o recurso do *amicus curiae* da decisão que julga o incidente de resolução de demanda repetitiva (IRDR).

Questão de relevo na intervenção do *amicus* diz respeito à regra contida no § 1º do art. 138, que determina que sua admissão não altera a competência da ação, devendo permanecer exatamente no mesmo juízo em que fora distribuída.

Em julgamento proferido pela Corte Especial do STJ, REsp n. 1.152.218, restou definido que o pedido de intervenção do *amicus curiae* deverá ocorrer antes do início do julgamento do caso, sob pena de inutilidade das informações que poderá apresentar ao caso. Diversamente dos advogados que representam suas partes, o *amicus curiae* não tem direito a sustentação oral, podendo sua manifestação ocorrer por convocação do juiz ou relator do caso.[13]

6.6.3.6 Incidente de desconsideração da personalidade jurídica

O CPC de 2015 incluiu a figura do incidente de desconsideração da pessoa jurídica como espécie de intervenção de terceiro, a partir do art. 133. A despeito da desconsideração da pessoa jurídica, versa e inversa, se constituir em instituto de direito material, previsto no art. 50 do Código Civil, o incidente que o efetiva no bojo do processo possui natureza processual.

Configurados os requisitos para desconsideração, poderá a parte interessada, ou mesmo o Ministério Público, requerer a instauração do incidente, nos termos do art. 133 do CPC, o que poderá ser pleiteado tanto nas demandas de conhecimento quanto no cumprimento de sentença e execução autônoma de título extrajudicial, como expressamente determina o art. 134.

No caso de o autor requerer a desconsideração logo na petição inicial, não haverá necessidade de instauração do incidente, devendo, neste caso, o juiz determinar a citação da empresa ou de seus sócios, a depender da forma de desconsideração, assim como determina o § 2º do art. 134.

Deferido o pedido de incidente de desconsideração, a demanda permanecerá suspensa, o que não ocorrerá no caso de o pedido do autor ter ocorrido já na inicial, visto que, então, todos os responsáveis pela obrigação participarão da demanda desde o seu início.

---

12 Exceção à irrecorribilidade pelo *amicus* encontra-se no caso dos embargos de declaração, para sanar omissão, obscuridade e contradição da decisão que não o admite.
13 Nesse sentido: STJ, REsp n. 1.205.496.

Tanto a decisão que resolve sobre o pedido de desconsideração quanto aquela que resolve seu mérito terão natureza interlocutória nos termos do art. 1.015, inciso IV, c/c art. 136 do CPC.

Quanto à possibilidade de a desconsideração ocorrer de ofício, é preciso considerar a especialidade do direito em pauta. No âmbito do Código Civil, a desconsideração só poderá ocorrer a pedido do autor, como expressamente determina o *caput* do art. 50 do Código Civil, regra esta aplicada integralmente na Justiça do Trabalho, nos termos do art. 855-A da Consolidação das Leis do Trabalho (CLT). Situação diversa ocorre nas demandas envolvendo o CDC, uma vez que o art. 28 autoriza a desconsideração da pessoa jurídica versa e inversa de ofício pelo magistrado.

Para desconsideração da pessoa jurídica nas execuções fiscais, a questão exige um pouco mais de cautela. É preciso ter em mente que o Código Tributário Nacional (CTN), em seu art. 134, inciso VII, prevê as hipóteses de responsabilidade pelos débitos tributários com o consequente redirecionamento da execução fiscal aos sócios da pessoa jurídica[14]. Portanto, restritivamente no redirecionamento da execução fiscal para os sócios, dispensa-se o procedimento da desconsideração da pessoa jurídica, podendo o juiz redirecionar a demanda para os sócios.

Situação diversa, contudo, ocorre nos casos em que o redirecionamento visa responsabilizar outra empresa do mesmo grupo, não inserida na Certidão da Dívida Ativa (CDA). Nesse caso, de acordo com precedente firmado pelo STJ, a instauração do incidente é medida obrigatória, com a necessidade de se comprovar o abuso na relação entre as empresas. Nesse sentido, no caso em que as empresas tenham concorrido para a constituição do fato gerador, é legítimo a Fazenda Pública incluir todas elas na CDA; contudo, não o fazendo, o redirecionamento automático não será admitido, sendo exigida a instauração do incidente de desconsideração[15].

Por fim, não se pode deixar de registrar o entendimento da Terceira Turma do STJ, que, no julgamento do REsp n. 1.925.959, concluiu, por maioria de votos, pela possibilidade de fixação de honorários de sucumbência no caso de indeferimento do incidente, decisão esta que vai de encontro ao que a Corte vinha decidindo em casos envolvendo a mesma questão, sob o fundamento da ausência de previsão legal.

---

14 Art. 134 do CTN: "Nos casos de impossibilidade de exigência do cumprimento da obrigação principal pelo contribuinte, respondem solidariamente com este nos atos em que intervierem ou pelas omissões de que forem responsáveis: [...] VII – os sócios, no caso de liquidação de sociedade de pessoas. No mesmo sentido, o artigo 4º, incisos V e VI da Lei 6.830/80."
15 Nesse sentido, ver por todos REsp n. 1.775.269/PR (2018/0280905-9).

6.7 Juiz, Ministério Público, Defensoria Pública e Advocacia Pública

6.7.1 Juiz

É do juiz a responsabilidade de conduzir o processo de acordo com as determinações contidas na legislação processual, nos termos do que determina o art. 139 do CPC. De acordo com o referido art., compete ao magistrado prezar pela duração razoável do processo e pelo tratamento equilibrado entre as partes, além de reprimir os atos e comportamentos praticados por todos aqueles que atuam de alguma forma no processo, preservando a boa-fé no desenvolvimento do processo.

Entre as atribuições do magistrado na condução do processo e constantes no ora comentado, certamente o que mais desperta atenção da doutrina e da jurisprudência é aquele elencado no inciso IV, qual seja, "determinar todas as medidas indutivas, coercitivas, mandamentais ou sub-rogatórias necessárias para assegurar o cumprimento de ordem judicial, inclusive nas ações que tenham por objeto prestação pecuniária".

A busca crescente por meios de efetivação das ordens judiciais levou o legislador a atribuir ao magistrado poder de atuação nesse sentido que, se não aplicado com olhos na razoabilidade, poderá resultar em ampliação do problema que se pretendia combater.

A adoção de múltiplas medidas de restrição de direitos de modo simultâneo, por exemplo, multa diária, somada com bloqueio de CNH e passaporte, resulta em flagrante violação a direitos fundamentais da parte descumpridora das determinações judiciais. Diante da situação concreta de resistência à ordem judicial, deverá o magistrado adotar, gradativamente, medidas coercitivas contra aquele que insiste em resistir as determinações, de modo que, em determinado momento resolva o resistente cumprir com a determinação.

A orientação de que o magistrado deve agir na busca da efetividade de suas ordens, com olhos firmes na razoabilidade e na proporcionalidade das medidas adotadas, não significa, de modo algum, deixar de agir; ao contrário, essa atuação deve ser célere e direcionada à necessidade de cada caso.

Por exemplo, a fixação de multa diária em valor desproporcional ao da própria obrigação principal resulta. Em muitos casos, em um descumprimento duplo, qual seja, da obrigação principal e da multa diária, exatamente porque o devedor resistente, em casos assim, nem sequer possui patrimônio passível de responder por um e outro.

Seguindo esse entendimento, a Terceira Turma do STJ se viu na obrigação de adequar o valor de multa diária fixada no valor de R$ 1.000,00 diante do descumprimento de obrigação principal no valor de R$ 100,00. No caso concreto, REsp n. 1.714.990, a multa aplicada contra determinada instituição financeira para que interrompesse a cobrança de valor de R$ 123,92 chegou à cifra de R$ 1,2 milhão em favor do cliente após 10 meses de resistência do banco, configurando manifesta desproporcionalidade, na visão da Ministra Nancy Andrighi, relatora do caso[16].

Ainda em comento às disposições contidas no art. 139 do CPC, faz-se necessário lembrar que a permissão de dilação de prazos processuais e mesmo a alteração da ordem das provas processuais, a fim de adequá-las às necessidades de cada caso, devem ocorrer antes do encerramento do prazo regulamentar, nos termos do que dispõe o parágrafo único do desse mesmo dispositivo legal.

A positividade do direito adotada pelo nosso sistema de justiça impede, nos termos do art. 140 do CPC, que o juiz deixe de decidir algum caso concreto sob a alegação de que está diante de lacuna ou mesmo obscuridade jurídica. Em casos assim, e somente nesses casos, deverá o magistrado decidir valendo-se da analogia, costumes e princípios gerais de direito, não sendo esta ordem vinculativa de qualquer modo.

Nesse sentido, as hipóteses de decisão pelo critério da equidade serão admitidas, como determina o parágrafo único do mesmo artigo, naqueles casos em que é expressamente permitido por lei, a exemplo do que ocorre no procedimento do juizado especial cível em que o art. 6º da Lei n. 9.099/1995 autoriza que o magistrado encontre, diante de cada caso, a resposta "mais justa e equânime".

Julgar pelo critério da equidade de modo algum pode ser entendido como autorização para que o juiz direcione a interpretação da norma legal de acordo com suas convicções pessoais; ao contrário, significa decidir o caso com olhos nos princípios gerais, na analogia e nos costumes, quando a própria lei assim o permitir.

Por esta via, havendo clara e direta norma regulando determinada situação jurídica sem previsão de permissão expressa de equidade, deve aquela ser aplicada como determinada pelo legislador.

Ainda no sentido de orientar os limites de atuação do juiz diante do caso a ser enfrentado, o art. 141 do CPC estabelece que não poderá o juiz decidir o mérito da demanda fora dos limites determinados pelas partes, não podendo conhecer de questões para as quais lei exige iniciativa da parte. Tal determinação encontra amparo no princípio da inércia da atividade jurisdicional prevista no art. 2º do

---

16 Sobre os poderes do magistrado no processo e sobre o adequado entendimento dos conceitos de razoabilidade e proporcionalidade, conferir clássico artigo de autoria de José Manoel Arruda Alvim Neto (2005, p. 367-396).

CPC, segundo o qual se exige a provocação da parte para que se tenha a tutela jurisdicional do Estado atuando exatamente nos limites em que se requereu, ressalvadas apenas as situações em que a questão assume natureza de ordem pública, estando, portanto, acima do interesse das partes.

Quanto à responsabilidade do magistrado pelos atos praticados no curso do processo, determina o art. 142 que tal responsabilidade incidirá quando o juiz atuar com dolo ou fraude, deixar de praticar atos ou retardar sua prática sem que apresente justo motivo para tanto.

Nos termos da determinação contida no parágrafo único do mesmo dispositivo, a responsabilidade do magistrado nas hipóteses elencadas no inciso II só poderá ser requerida e apurada quando requerida a adoção de providências pela parte interessada, deixando o magistrado de atuar no prazo de 10 dias.

A adoção de providências no sentido de preservar a imparcialidade do juiz na condução do processo exigiu do legislador elencar, conforme consta no art. 144 do CPC, as situações que configuram hipóteses de impedimento ou suspeição do magistrado, o que nos impõe, para melhor didática, uma análise em separado.

6.7.1.1 Hipóteses de impedimento

As situações elencadas no referido art. 144 trazem como consequência imediata a necessária redistribuição do caso para outro julgador, sob pena de nulidade dos atos praticados pelo juiz impedido. Caracterizam impedimento do magistrado:

- casos em que o juiz tenha atuado como parte, perito, mandatário de qualquer das partes, ou Membro do Ministério Público, ou tenha prestado depoimento na condição de testemunha;
- casos em que juiz já tenha decidido alguma questão do caso em outro grau de jurisdição, o que é plenamente passível de ser verificado nas situações em que o juiz de primeiro grau esteja diante do mesmo caso, agora na condição de desembargador ou ministro de tribunais superiores;
- casos em que seu cônjuge ou companheiro, parente seu em linha reta ou colateral, inclusive os afins, até terceiro;
- grau, tenham atuado como defensor de qualquer das partes ou membro do Ministério Público[17];
- casos em que o próprio magistrado, seu cônjuge, companheiro, parente em linha reta ou colateral até terceiro grau for parte do processo;
- quando for sócio ou membro de direção ou administração de pessoa jurídica parte do processo;

---

17 Apenas para os casos em que já atuavam nas regras condições antes da propositura da demanda, nos termos do parágrafo 1º do mesmo artigo.

- casos em que o magistrado for herdeiro presuntivo[18], donatário ou empregador de qualquer das partes;
- quando uma das partes for instituição de ensino com a qual o magistrado tenha relação de emprego ou preste serviço de qualquer forma;
- a situação constante do presente inciso for declarada inconstitucional em decorrência da ADI n. 5.953;
- casos em que o magistrado tiver promovido ação contra uma das partes ou seus respectivos advogados.

6.7.1.2 Hipóteses de suspeição

Diversamente das hipóteses de impedimento, em que, demonstrada qualquer delas, o magistrado estará fora dos autos, de modo absoluto, nos casos de suspeição, a simples demonstração de qualquer das situações elencadas no art. 145 do CPC não se mostra suficiente para o afastamento do julgador, exigindo-se a comprovação da quebra de sua imparcialidade em decorrência de seu comportamento no curso da demanda.

Desse modo, não basta, por exemplo, a parte comprovar que o magistrado é devedor de uma das partes para vê-lo fora da condução do processo, sendo indispensável que comprove a atuação direcionada do magistrado com claro intuito de prejudicar seu credor, no exemplo citado.

Nos termos do art. 145 do CPC, há suspeição do juiz:

I - amigo íntimo ou inimigo de qualquer das partes ou de seus advogados;
II - que receber presentes de pessoas que tiverem interesse na causa antes ou depois de iniciado o processo, que aconselhar alguma das partes acerca do objeto da causa ou que subministrar meios para atender às despesas do litígio;
III - quando qualquer das partes for sua credora ou devedora, de seu cônjuge ou companheiro ou de parentes destes, em linha reta até o terceiro grau, inclusive;
IV - interessado no julgamento do processo em favor de qualquer das partes.

Comprovada a quebra da imparcialidade do juiz em decorrência da suspeição, deverá o julgador ser afastado de todos os casos em que o seu desafeto estiver na condição de parte, como decidiu o STJ por ocasião do julgamento do HC n. 762.105.

As hipóteses de configuração de impedimento e suspeição não são de incidência restrita ao magistrado, recaindo também sobre todos os sujeitos que estiverem de qualquer modo no processo e sobre os quais se exige a preservação

---

18 Por ter o grau mais próximo de parentesco, herdará o patrimônio do falecido.

da imparcialidade, como é o caso do Ministério Público e dos auxiliares da justiça, nos termos do que dispõe o art. 148 do CPC.

São taxativas as situações elencadas nos arts. 144 e 145 do CPC, não permitindo outras situações decorrentes de interpretação ampliativa.

Deverá a parte interessada alegar o impedimento ou suspeição no prazo de 15 dias, a contar da ciência do fato gerador, sob pena de ser considerada aceita a condição de imparcialidade do julgador como determina expressamente o art. 146 do CPC. A alegação deverá ocorrer por meio de petição específica, dirigida ao próprio juiz da causa, contendo as razões de fato e de direito que o tornam impedido ou suspeito para atuar no caso, bem como instruída com as provas que entende sejam necessárias à comprovação da alegação.

Na hipótese de o magistrado reconhecer o impedimento ou suspeição, deverá ser a demanda encaminhada ao seu sucessor legal. Todavia, não reconhecendo a imputação que lhe é feita, deverá o magistrado determinar a autuação da imputação em autos apartados, apresentando suas razões, seguidas de respectivas provas e, ao final, o devido encaminhamento ao tribunal competente.

Distribuído incidente de impedimento ou suspeição no tribunal, deverá o relator especificar se é ou não o caso de lhe atribuir efeito suspensivo até que seja resolvido o incidente, como determina o art. 146, § 2º.

Havendo, eventualmente, a necessidade de se fazer o pedido de suspensão do processo antes da manifestação do relator, deverá ser dirigido ao substituto legal. Julgado improcedente o incidente pelo tribunal, a demanda seguirá com o magistrado de origem; de outro modo, a demanda continuará com seu substituto legal.

O magistrado só será condenado ao pagamento de despesas sucumbenciais no caso de impedimento ou manifesta situação de suspeição[19].

No julgamento da Petição no REsp n. 1.339.313, a jurisprudência do STJ se firmou no sentido de que a autodeclaração de suspeição pelo magistrado não compromete os atos por ele praticados antes do fato gerador da suspeição, entendimento que já havia sido emitido pela mesma Corte por ocasião do julgamento do AREsp n. 763.510.

O STJ entendeu, ainda, que a alegação de suspeição não pode ser suscitada contra o órgão julgador considerado na sua totalidade, sendo esta uma situação que pesa individualmente sobre o julgador, por ser desdobramento da jurisdição (REsp n. 1.469.827).

Não concordando com a declaração de sua suspeição ou impedimento, tem o magistrado plena legitimidade recursal, nos termos do que restou decidido pelo STJ por ocasião do julgamento do REsp n. 1.237.996. Apesar de não ser parte da

---

19 Entendem-se por *manifesta suspeição* os casos em que a atuação do magistrado comprometa sua imparcialidade de tal modo que sua avaliação independe de aprofundamento probatório.

demanda principal em que o incidente foi apresentado, o magistrado está diretamente vinculado à questão suscitada no incidente, o que se mostra suficiente para configurar sua legitimidade, especialmente pelo fato de que, na hipótese de sua condenação, refletirá em seu patrimônio, legitimidade esta agora estampada de modo expresso no § 5º do art. 146 do CPC.

O STJ entendeu, ainda, que a declaração de suspeição feita pelo próprio magistrado por questão de foro íntimo é dotada de imunidade constitucional, impedindo que seja ela discutida ou rejeitada. De acordo com o voto do relator do RMS n. 33.531, a preservação da plena liberdade do magistrado em se autodeclarar suspeito por questões de foro íntimo visa à proteção de sua independência e imparcialidade nos termos do art. 95 da Constituição Federal.

6.7.2 Ministério Público

Ao lado da Advocacia, da Defensoria Pública e da Advocacia Pública, o Ministério Público (MP) é classificado como uma das funções essenciais ao adequado funcionamento da Justiça, recebendo tratamento no art. 127 e seguintes da Constituição Federal.

Assim, de acordo com a determinação contida no art. 127, o Ministério Público é instituição permanente, essencial à função jurisdicional do Estado, cabendo-lhe a defesa da ordem jurídica, do regime democrático e dos interesses sociais e individuais indisponíveis.

A atuação do Ministério Público deve observar os princípios a seguir comentados:

- **Indivisibilidade** – O Ministério Público é uno e indivisível, de modo que seus membros constituem um corpo único, chefiados pelo Procurador-Geral, não estando individualmente vinculados aos processos, mas institucionalmente, podendo ser substituídos uns pelos outros, desde que dentro de um mesmo ramo de atuação, de modo que um procurador da República não poderá substituir um procurador do trabalho, por exemplo. A indivisibilidade da instituição não impede a formação das carreiras internas, decorrentes da diversidade das funções e atribuições que recaem sobre seus membros, podendo, inclusive, atuar em litisconsórcio nas demandas judiciais.
- **Independência funcional** – A preservação das funções constitucionais atribuídas ao Ministério Público exige independência na sua atuação, de modo que o único controle a que se submete vem de seus órgãos superiores, como a Procuradoria-Geral de Justiça e/ou Conselho Superior do Ministério Público, sendo desses órgãos a competência para analisar eventual violação do dever funcional e de probidade. Destaca-se, portanto, que a independência está

relacionada à atuação funcional, e não administrativa, estando seus membros vinculados aos deveres administrativos da instituição. O CPC, em seu art. 176, reafirma a determinação colocada pela CF/1988, ao dizer que o MP atuará na defesa da ordem jurídica, do regime democrático e dos interesses e direitos sociais e individuais indisponíveis, exercendo o direito de ação em conformidade com suas atribuições funcionais.

É obrigatória, sob pena nulidade do ato, a intimação do Ministério Público para que, no prazo de 30 dias, manifeste seu interesse nas causas em que deva atuar como fiscal da lei.

As causas em que deverá atuar como fiscal da lei estão elencadas no art. 178 do CPC: "I – interesse público ou social; II – interesse de incapaz; III – litígios coletivos pela posse de terra rural ou urbana".

Nos termos do que dispõe o art. 179 do CPC, o Ministério Público, nos casos em que deva atuar como fiscal da lei, terá vista dos autos após as partes, devendo ser intimado para todos os atos do processo, e poderá, de maneira ampla, instruir o processo com provas, medidas que visam à preservação da verdade.

O MP deverá ser intimado pessoalmente para os atos do processo, gozando de prazo em dobro para se manifestar, como determina expressamente o art. 180 do CPC, salvo se outro prazo próprio do MP for fixado pela lei.

Quanto à responsabilidade do membro do MP pelos atos praticados, esta somente ocorrerá quando comprovada atuação dolosa ou fraudulenta, nos termos do art. 181.

6.7.3 Defensoria Pública

A Defensoria Pública é certamente a expressão maior do acesso à justiça. Com a função de tutelar os direitos de pessoas físicas e jurídicas que comprovadamente não reúnem condições de assumir o custo do serviço de justiça, a Defensoria Pública, Estadual ou Federal, aproxima o cidadão de seus direitos mais fundamentais.

O CPC trata da Defensoria Pública a partir do art. 185, estabelecendo que essa instituição exercerá a orientação jurídica, a promoção dos direitos humanos e a defesa dos direitos individuais e coletivos dos necessitados em todos os graus, de forma integral e gratuita.

Nesse ponto da explanação, é conveniente assinalar a distinção entre assistência judiciária e gratuidade de justiça. A **assistência judiciária** vem regulada no art. 5º, inciso LXXIV, da CF/1988, em que se atribui ao Estado o dever de garantir assistência jurídica a todos que comprovadamente não reúnam condições financeiras. O serviço da assistência jurídica é prestado pela Defensoria Pública dos estados e da Federação, ou por advogados conveniados pelo sistema OAB-Defensoria. O serviço de assistência jurídica envolve tanto atuação consultiva quanto defesa processual, ao passo que a **gratuidade da justiça**, regulada no CPC nos arts. 98 e seguintes, restringe-se à dispensa do dever de custear as custas e despesas do processo.

Desse modo, mesmo aquele que tem advogado particular poderá ser beneficiário da gratuidade da justiça, devendo, para tanto, declarar no processo não ter condições de custear a demanda sob pena de prejuízo de sua própria subsistência. Quanto a esse requisito, é imperioso destacar que o magistrado, caso não se convença da hipossuficiência da parte, poderá requerer que este traga aos autos provas que corroborem com a afirmação de falta de condições financeiras para as custas processuais.

Vale lembrar que eventuais multas aplicadas à parte beneficiária da gratuidade deverão ser pagas ao final do processo, nos termos do que dispõe o art. 98, § 4º, do CPC.

Entendendo o magistrado que o caso concreto não atinge os requisitos necessários para oferta da gratuidade, poderá permitir o parcelamento das custas, como autoriza o parágrafo 6º do mesmo artigo.

Questão relevante quanto ao tema da gratuidade diz respeito à necessidade de pagamento dessas mesmas despesas nos casos em que a parte se restabeleça financeiramente no prazo de até cinco anos contados do trânsito em julgado da sentença que o condene, ou seja, o benefício da gratuidade suspende o dever de custear as despesas do processo, inclusive quanto aos honorários de sucumbência, não havendo, portanto, isenção de tais despesas independentemente da condição financeira que a parte possa vir a ter no curso do processo.

Caberá à parte pleitear a gratuidade, na petição inicial, na contestação ou por meio de simples petição no curso da demanda, seguida da declaração de hipossuficiência e eventuais outros documentos que permitam o convencimento do juiz sobre a condição financeira da parte.

Outra questão de relevo é a presunção da hipossuficiência, que, segundo o art. 99, § 2º, do CPC, fica restrita à pessoa natural, cabendo à pessoa jurídica o ônus de comprovar sua condição de hipossuficiência. Em face da presunção da hipossuficiência da pessoa natural, o juiz somente poderá indeferir o requerimento se encontrar, nos autos, prova suficiente de que a parte reúne condições de custear as despesas processuais, como expressamente determina o § 2º do mesmo art. 99[20].

---

20   O STJ julgará o Tema n. 1.178 que tem por tese definir se é legítima a adoção de critérios objetivos para aferição da hipossuficiência na apreciação do pedido de gratuidade de justiça formulado por pessoa natural, levando em conta as disposições dos arts. 98 e 99, § 2º, do CPC.

Quanto à necessidade de inscrição nos quadros da OAB pelo Defensor Público, diversamente do que será anotado adiante para os integrantes da Advocacia Pública, estão dispensados da obrigatoriedade de inscrição nos quadros da OAB, em decorrência do que o STJ entendeu no julgamento do REsp n. 1.710.155/CE. Ao julgar o referido recurso, a Segunda Turma do STJ decidiu que a função exercida pelos defensores não é a mesma desempenhada pelos advogados e que apresenta peculiaridades, tendo recebido tratamento específico pela própria CF/1988, entendimento que já havia sido apresentado pelo mesmo STJ por ocasião do julgamento do RHC n. 61.848/PA.

6.7.4 Advocacia Pública

Regulada no art. 182 do CPC, a Advocacia Pública, tem a função de defender os interesses públicos da União, dos estados, do Distrito Federal e dos municípios, além da defesa das pessoas jurídicas de direito público que integram a Administração Pública direta e indireta sempre por meio de representação judicia.

O art. 183 do CPC estabelece prazo em dobro para o exercício da defesa da União, estados, Distrito Federal e municípios, bem como suas respectivas autarquias e fundações, ressalvados os casos em que a lei estabelecer, de modo expresso, prazo próprio para o ente público.

A Súmula n. 644 do Supremo Tribunal Federal (STF) expressamente dispensa a exigência de apresentação de mandato pelos Procuradores, considerando ser sua atividade inerente à condição que resulta do próprio cargo que ocupa, entendimento que também consta da Súmula n. 436 do Tribunal Superior do Trabalho (TST).

O entendimento que prevalece na jurisprudência é de que há necessidade de estarem devidamente inscritos no quadros da OAB.

6.8 Competência

6.8.1 Conceito e características

O adequado entendimento do que venha a ser *competência judicial* pressupõe a prévia análise do conceito de *função da jurisdição*. Esta corresponde ao Poder do Estado de resolver conflitos ocorridos na sociedade por meio da aplicação do direito. Esse poder, de acordo com o que dispõe o art. 16 do CPC, será exercitado pelos juízes e tribunais em todo o território nacional, para o que se exige a prévia provocação do sujeito que entende que seu direito tenha sido agredido ou que esteja na iminência de sê-lo, como determina o art. 2º do CPC.

Desse modo, a jurisdição se mostra una e indivisível, sendo passível de fracionamento apenas a mera atividade exercida pelo Poder jurisdicional diante do caso específico, exatamente o que se denomina *competência*.

Competência, portanto, é a fração da jurisdição, ou seja, é a aptidão dos órgãos jurisdicionais para aplicação do direito ao caso concreto.

Jurisdição é atributo subjetivo do magistrado, iniciando com sua posse; já **competência** se configura como elemento objetivo, pertencendo ao órgão jurisdicional e não à pessoa física do magistrado, sendo fixada pelo critério da distribuição, nos termos do art. 43 do CPC.

A ausência da jurisdição implicará reconhecimento de inexistência do ato processual praticado; por exemplo, quando um juiz pratica certo ato sem ter competência para tal prática, o ato é levado à nulidade, a qual deverá ser declarada pelo judiciário.

Segue que todo magistrado exerce jurisdição, mas não tem competência para atuar em qualquer caso.

6.8.2 Competência nacional concorrente

A competência internacional permite a jurisdição de um país estabelecer os parâmetros de atuação do seu sistema de justiça, indicando, por exemplo, aqueles conflitos cujas partes envolvidas poderão optar em se valer do judiciário nacional ou de outro país, sendo estes casos classificados como de jurisdição concorrente.

O art. 21 do CPC elenca as situações em que a jurisdição nacional empresta validade às decisões proferidas em outro país, sendo eles:

I] **Quando o réu, qualquer que seja sua nacionalidade, estiver domiciliado no Brasil.**

Pode-se aqui imaginar um ato jurídico praticado no exterior por empresa nacional, podendo ser acionada na justiça brasileira, pelo simples fato de possuir aqui seu domicílio; ou de estrangeiro que esteja morando no Brasil por qualquer motivo, podendo aqui ser acionado judicialmente por ato praticado em seu país.

II] **Quando no Brasil tiver de ser cumprida a obrigação.**

Tem-se como exemplo a competência determinada em contrato pelas partes contratantes, ao definir a justiça brasileira como responsável para dirimir eventual conflito surgido no curso do negócio.

III] **Quando o ato ou fato tenha sido praticado no Brasil.**

Certamente a hipótese mais frequente do presente artigo nas ações promovidas no judiciário brasileiro, como ação de divórcio promovida no Brasil sobre casamento aqui realizado entre brasileiro e estrangeiro; demanda para discutir adoção de criança brasileira; ou demanda voltada a resolver conflito de negócio jurídico realizado no Brasil.

Na mesma linha do art. 21, o art. 22 elenca novas situações de competência internacional concorrente a partir do CPC/2015:

I] **Ações de alimentos, para os casos em que o credor dos alimentos tiver domicílio ou residência no Brasil ou no caso de o réu (alimentante) ter vínculo patrimonial no Brasil.**

A necessidade de se trazer para a legislação processual as situações elencadas no inciso I nasce da realidade jurídica em que pais de filhos brasileiros deixam de contribuir para seus alimentos, criando dificuldade para a efetividade das demandas judiciais, pelo fato de muitas vezes esses pais residirem em outro país. Apesar da previsão do Estatuto da Criança e do Adolescente (ECA) de que essas demandas poderiam ser propostas no local do domicilio da criança, a regulamentação da questão do CPC se mostrou caminho mais adequado para findar o debate. Desse modo, mesmo que o alimentante resida em outro país, tendo no Brasil patrimônio passível de penhora, poderá a demanda tramitar na justiça brasileira com maiores chances de efetivação e tutela do direito do alimentando.

II] **Ações decorrentes de relações de consumo, quando o consumidor tiver domicílio ou residência no Brasil.**

A mesma interpretação é aplicada na hipótese prevista no inciso II do art. 22, em que o consumidor brasileiro aqui possui residência ou domicílio. Situação cada vez mais corriqueira nas relações de consumo, as compras virtuais apresentaram uma realidade jurídica que não pertencia à prática jurídica, em que o consumidor nacional adquire produto *on-line* de empresas estrangeiras e, diante da necessidade de judicializar a questão se via no dilema jurídico da eventual incompetência da justiça brasileira, nada obstante o CDC já apresentasse regulação da matéria.

III] **Ações em que as partes, expressa ou tacitamente, se submeterem à jurisdição nacional.**

Trata-se do foro de eleição internacional, em que os contratantes, de comum acordo, fazem constar do contrato a competência da justiça brasileira para dirimir eventual demanda que possa surgir sobre o caso, acordo de competência este que também pode ser definido por negócio jurídico firmado quando do início da demanda, ainda que não previsto no contrato firmado entre elas.

Na eventual hipótese de um dos casos elencados nos arts. 21 e 22 do CPC levar à propositura de ação judicial no Brasil e outra fora, não haverá formação de litispendência, conforme expressamente determina o art. 24, ressalvados apenas aqueles casos cuja determinação diversa seja imposta por tratados internacionais dos quais o Brasil seja signatário. A ideia aqui é, claramente, reafirmar a força da soberania de um país, fortalecendo os limites de sua jurisdição. Nesse sentido, nada obsta que haja simultaneamente uma demanda tramitando no Brasil e outra, com os mesmos elementos internos (partes, pedido e causa de pedir), tramitando na justiça de outro país.

Transitada em julgado uma delas, poderá a parte interessada requerer a homologação dessa decisão no outro pais, para que possa produzir seus efeitos também no sistema desse segundo país. Imagine-se, por exemplo, a demanda proposta fora do Brasil transitando em julgado, a parte interessada poderá requerer junto ao STJ a homologação dessa decisão no Brasil e, tendo êxito, pedir na sequência a extinção da ação brasileira com fundamento na coisa julgada.

6.8.3 Competência nacional exclusiva

Diversamente do que se viu na regra constante dos arts. 21 e 22, em que a justiça nacional empresta força jurisdicional às demandas surgidas das questões ali elencadas, tornando concorrente esse poder de decisão, o art. 23 elenca situações em que a justiça brasileira assume, de modo exclusivo, o poder de julgar, afastando qualquer possibilidade de admissão de decisões vindas de outro país.

Ilustram isso as ações em que se pretenda discutir imóveis localizados no território nacional, ou se pretenda judicializar questões relativas a sucessão hereditária, como casos sobre testamentos, inventário e partilha de bens localizados no Brasil, mesmo para as situações em que o autor da herança seja estrangeiro ou tenha domicílio fora do país.

No mesmo sentido, a justiça nacional tornou exclusivo seu poder jurisdicional para resolver questões relativas a divórcio, reconhecimento e/ou dissolução de união estável, e as ações de partilhas decorrentes dessas demandas, sempre que envolver bens localizados no Brasil, mesmo que seu titular tenha domicílio em outro país.

O fato de a jurisdição nacional ser apresentada como exclusiva torna impossível a eleição de foro diverso em negócios jurídicos, considerada nula eventual cláusula que pretenda impor o contrário, o que se encontra expressamente determinado pela redação do § 1º do art. 25, excluindo, por consequência, a liberdade que fora ofertada às partes pelo art. 63 do CPC.

6.8.4 Classificação da competência

A competência nacional se classifica em absoluta ou relativa, a depender se a questão envolvida é de interesse público ou se se limita a interesse das partes demandantes.

6.8.4.1 Competência absoluta

A competência absoluta é fixada para aqueles casos cujo interesse transcende a particularidade das partes, o que as impede de transigir sobre a regra determinada em lei para estes casos.

Em regra, a competência será absoluta em razão da pessoa, da matéria e da função, nos termos do art. 62 do CPC, sendo, portanto, inalterável por convenção entre as partes.

6.8.4.1.1 Competência em razão da pessoa

Nesse caso, a competência terá por fator determinante a condição da pessoa, ou seja, interessa quem está envolvido na demanda. Exemplo típico se tem nas ações em que a União Federal é parte (art. 109, CF), ou nos casos envolvendo o idoso, nos termos do que impõe o art. 80 da Lei n. 10.741/2003. Também será considerada competência em razão da pessoa a regra de julgamento contra o presidente ou vice-presidente da República, dos senadores, deputados federais, governadores, ou qualquer outra autoridade pública.

6.8.4.1.2 Competência em razão da matéria

Já a competência em razão da matéria será fixada considerando-se a especialidade da questão demandada: penal comum, penal especial, cível comum, família, trabalho, previdenciário, ambiental etc. Havendo juízo com competência específica é dele sempre a competência para enfrentar a demanda cuja matéria lhe seja correlata.

Por certo que, não havendo juízos especializados, competirá ao comum o julgamento da demanda, a exemplo da competência das varas cíveis para julgar demandas de família, quando ali não houver varas especializadas em família e sucessões.

6.8.4.1.3 Competência em razão da função

Tem-se aqui uma situação em que a competência será determinada pelo fato de já existir uma relação entre determinado juízo e a demanda. A depender das fases e graus jurisdicionais pelas quais a demanda deverá trilhar até o momento de seu trânsito em julgado, a competência será fixada. Portanto, o critério funcional absolutamente não guarda qualquer relação com a função exercida pela parte, a chamada *competência por prerrogativa de função* ou *foro privilegiado*, esta, aliás, se enquadra no primeiro critério acima, competência em razão da pessoa.

A competência em razão da função pode ser analisada sob dois ângulos: horizontal e vertical. Será considerado na linha horizontal, quando relativo a mesma instância, por exemplo, a competência para o cumprimento de sentença e/ou liquidação da decisão ilíquida será do mesmo juízo que julgou a demanda de conhecimento, ou a competência para analisar pedidos incidentais ao longo do processo, será do mesmo juízo onde a demanda principal tramita.

A competência em razão da função será considerada na sua verticalidade, nos casos em que houver necessidade de se desenvolver atos judiciais em grau recursal, competindo ao tribunal hierarquicamente acima do juízo que tenha proferido a decisão. É importante aqui considerar que, eventualmente, poderá implicar no caso concreto, dupla incidência de regra, por exemplo, no caso em que pretenda a parte recorrer de acórdão proferido pelo TJ do estado sob matéria constitucional, a competência levará em consideração não só a hierarquia, mas sobretudo a matéria.

Não respeitada a regra de competência absoluta, a consequência será a nulidade dos atos decisórios praticados pelo juízo absolutamente incompetente, dado que a competência do juízo é pressuposto processual de validade do processo.

O vício da incompetência absoluta pode ser alegado por qualquer das partes, devendo o próprio juízo reconhecê-la de *ofício a* qualquer tempo e grau de jurisdição, nos termos do art. 64, § 1º, do CPC.

A alegação da incompetência absoluta deverá ocorrer por meio de simples petição dirigida ao juízo da causa, cabendo a ele analisar sua própria competência[21]. Realizado o contraditório, sendo a alegação acolhida pelo magistrado, deverá encaminhar a demanda a seu substituto legal; de outro modo, continuará o juízo originário à frente da demanda, podendo a parte insatisfeita recorrer da decisão[22].

Ainda que transitada em julgado a decisão final do processo, caberá ação rescisória, nos termos do art. 966, inciso II, para se alegar incompetência absoluta do juízo que tenha proferido a decisão.

Frisamos que o acolhimento da incompetência absoluta não resulta na extinção do processo, menos ainda na sua total anulação. Em verdade, apenas os atos de decisão (todos os atos de decisão) poderão ser desfeitos pelo juízo competente, conservando-se os atos de natureza instrutória.

---

21 Esta regra é denominada *competência-competência*. Indica exatamente que compete ao próprio magistrado analisar a alegação de sua incompetência.
22 O STJ vem entendendo pela recorribilidade da decisão interlocutória que decide sobre a alegação de incompetência, ainda que não prevista no art. 1.015 do CPC, vide nesse sentido a decisão que resultou do REsp n. 1.679.909.

Deve-se ter em mente que, em casos de risco de lesão a direito, poderá o juízo, mesmo absolutamente incompetente, decidir, preservando a efetividade do direito, conservando esta decisão seus efeitos até que outra seja proferida pelo juízo competente, como estabelece o § 4º do art. 64 do CPC.

6.8.4.2 Competência relativa

A competência será relativa quando a questão demandada disser respeito restritivamente às partes envolvidas. Exatamente por essa razão, poderão elas, de comum acordo, eleger juízo diverso daquele sugerido pela norma processual, o que se convencionou denominar de foro de eleição.

Definir se o caso envolve competência absoluta ou relativa tem implicações ainda para se determinar ou não a reunião de ações conexas (só as relativas permitem a reunião), na possibilidade ou não da manifestação de ofício do juiz (sendo vedado sua manifestação de ofício nos casos de competência relativa, nos termos da Súmula n. 33 do STJ).

A competência será relativa, ao menos em regra, em dois casos, a seguir comentados.

6.8.4.2.1 Competência em razão do território

Nesse caso, a regra processual é quem indica em qual território (comarca) a demanda deverá tramitar. Assim, sempre que a norma processual determinar que a ação deverá tramitar no lugar do fato ou do ato, no lugar da coisa, ou ainda do domicílio/residência, no lugar em que tenha ocorrido o dano etc. será ela considerada territorial.

Certamente há exceções a essa regra, como na determinação contida no art. 47 do CPC, que estabelece que as ações que versarem sobre direito real relativo a bens imóveis deverão tramitar no foro de situação da coisa, podendo, no entanto, seu autor optar pelo foro de domicilio do réu ou de eleição, salvo quando a demanda tratar de direito de propriedade, vizinhança, demarcação e divisão de terras, nunciação de obra nova e servidão, devendo, para esses casos especificados, a competência ser considerada territorial, porém de natureza absoluta.

Da mesma forma, a regra prevista no art. 2º da Lei n. 7.347/1985 que dispõe sobre a competência para propositura de ação civil pública decorrente de dano ambiental, é territorial, do local do dano, mas fixada como absoluta por ordem expressa do mesmo artigo.

6.8.4.2.2 Competência em razão do valor da causa

Uma das razões para toda demanda tenha um valor de causa é a fixação da competência para seu julgamento. Da mesma forma do que se viu na competência territorial, aqui também a competência se mostra, em regra, relativa, podendo ser modificada por acordo entre as partes, salvo diante de expressa vedação legal.

Esse critério de competência está intimamente ligado à competência dos juizados especiais, devendo, contudo, ser adotada certa dose de cautela ao se afirmar tratar-se de competência relativa. Isso porque, no caso dos juizados especiais federais (Lei n. 10.259/2001), a competência é definida expressamente como absoluta pelo art. 3º, § 3º, assim como o art. 2º, § 4º, da Lei n. 12.153/2009, que disciplina a competência da Fazenda Pública.

Diferentemente do que se viu no caso de incompetência absoluta, a incompetência relativa só pode ser alegada pelo réu, jamais pelo autor, pelo simples fato de que a incompetência relativa do juízo foi gerada por escolha sua. Quanto ao juiz, a Súmula n. 33 do STJ veda, expressamente, a possibilidade de seu acolhimento de ofício.

Caberá ao réu, na preliminar de sua contestação, apontar a incompetência do juízo onde tenha a ação sido distribuída, sob pena de preclusão, nos termos do que estabelece o art. 64, *caput*, do CPC.

Não sendo alegada pelo réu nessa única possibilidade e tempo, ocorrerá a chamada *prorrogação de competência* (art. 65 CPC), ou seja, aquele juízo inicialmente incompetente passará a ser competente para seguir com a ação até o julgamento final.

Quanto à legitimidade do Ministério Público para alegar incompetência relativa, só estará presente nos casos em que estiver atuando no processo, na condição de parte ou de fiscal da lei.

6.8.5 Modificação da competência

Nos casos de competência relativa, poderá esta ser modificada em decorrência da conexão ou continência, nos termos do art. 54 do CPC.

Tal possibilidade se justifica na necessária preservação da segurança jurídica e no dever de coerência das decisões proferidas pelo Judiciário, diante do risco de se ter processos com decisões desencontradas na hipótese de tramitarem em juízos distintos.

6.8.5.1 Conexão

De acordo com o art. 55, haverá conexão quando duas ou mais causas tiverem o mesmo pedido ou a mesma causa de pedir. Contudo, não basta que se identifiquem os requisitos acima exigidos, sendo necessária, ainda, a competência comum para julgar todas as causas e que não haja sido proferida sentença em nenhuma delas. É o que se vê, por exemplo, entre ação que visa anular um contrato e outra em que se pretende impor o cumprimento desse mesmo contrato ou, ainda, entre ação renovatória de contrato de aluguel e ação de despejo.

Constatada a conexão de causas, a requerimento ou de ofício, deverão ser reunidas no juízo considerado prevento (art. 58), salvo se um deles já tiver sido julgado (art. 55, § 1º, CPC)[23].

O CPC/2015 trouxe de modo expresso, em seu art. 55, § 3º, situação de conexão em que seus elementos internos não estejam presentes, denominada *conexão por prejudicialidade*.

Da mesma forma, vem prevista no parágrafo 2º do mesmo artigo a possibilidade de reunião de causas mesmo que uma delas já esteja em vias de execução com fundamento em título executivo extrajudicial e outra esteja na fase de conhecimento, ou que ambas estejam fundadas no mesmo título executivo.

A prevenção do juízo onde as demandas conexas deverão ser reunidas é definida pela distribuição, como expressamente prevê a redação do art. 59 do CPC.

6.8.5.2 Continência

Nos termos do que dispõe o art. 56 do CPC, a continência entre duas ou mais ações se caracteriza quando, entre elas, se verificarem as mesmas partes e a mesma causa de pedir.

Diferentemente do que se viu na conexão, onde se admitia a presença do pedido ou da causa de pedir, na continência, há imposição da presente tanto da mesma parte quanto da mesma causa de pedir, sendo insuficiente apenas uma delas.

A continência é nada mais que uma litispendência parcial, visto que esta exige para sua configuração a total correspondência dos elementos identificadores da ação, ou seja, mesmas partes, pedido e causa de pedir.

Além de a continência exigir que se tenha as mesmas partes e a mesma causa de pedir, impõe que o pedido de uma ação abranja o pedido da outra ação, o que fará com que o objeto de ação contenha o objeto da outra ação.

Exemplo se tem na ação em que se discute o reconhecimento de união estável em paralelo à outra ação em que as mesmas partes discutem o reconhecimento e dissolução daquela mesma união estável cumulada com partilha de bens. Aqui é possível ver que o objeto da segunda ação é mais amplo do que o objeto da primeira ação, estando esta contida naquela.

---

23 O STJ entende que, apesar de desejável, não é obrigatória, cabendo ao magistrado avaliar a possibilidade diante do caso concreto, considerado o estágio em que as demandas estejam. Nesse sentido: REsp n. 1.933.873/SP e Súmula n. 235 do STJ, afirmando esta que a conexão não determina a reunião de causas quando uma delas já foi sentenciada.

Verificada a continência, a consequência será diversa daquela verificada no caso de conexão. Se neste a solução foi a reunião das demandas, tanto quanto possível, no caso da continência, o legislador apresentou duas soluções:

1] no caso de a ação continente ter sido proposta primeiro, a ação contida, chegando depois, deverá ser extinta sem resolução do mérito;
2] no caso contrário, ou seja, a ação menor, contida, tiver sido proposta primeiro, deverá o magistrado reuni-las no juízo prevento, como determina o art. 57 do CPC.

A modificação da competência poderá ocorrer, ainda, segundo o art. 63, por acordo entre as partes, denominado, nesse caso, *foro de eleição*, contudo, restrita aos casos de competência relativa.

A eleição do foro em cláusula contratual se estenderá aos herdeiros e sucessores como prevê o art. 63, § 2º, do CPC.

Poderá o juiz declarar tal cláusula sem efeito, sempre antes da citação do réu, quando entender tratar-se de cláusula abusiva, determinando assim o imediato envio dos autos para o juízo competente.

É imperioso destacar, neste ponto, que essa determinação contida no § 3º do art. 63 não configura exceção à vedação do acolhimento de ofício da incompetência relativa. O que se tem aqui é diverso, considerando que o juiz não está se manifestando diretamente sobre a incompetência do juiz, mas sobre a eficácia da cláusula contratual de eleição de foro. Passada a fase da citação, não poderá mais o magistrado se manifestar sobre a eficácia da cláusula de eleição de foro, cabendo exclusivamente ao réu fazer a alegação em preliminar de contestação.

6.8.6 Competência da Justiça Federal

A competência da Justiça Federal vem expressamente definida no art. 109 da CF/1988. De acordo com referido artigo, compete aos juízes federais julgar:

I - as causas em que a União, entidade autárquica ou empresa pública federal forem interessadas na condição de autoras, rés, assistentes ou oponentes, exceto as de falência, as de acidentes de trabalho e as sujeitas à Justiça Eleitoral e à Justiça do Trabalho;

II - as causas entre Estado estrangeiro ou organismo internacional e Município ou pessoa domiciliada ou residente no País;

III - as causas fundadas em tratado ou contrato da União com Estado estrangeiro ou organismo internacional;

IV - os crimes políticos e as infrações penais praticadas em detrimento de bens, serviços ou interesse da União ou de suas entidades autárquicas ou empresas públicas, excluídas as contravenções e ressalvada a competência da Justiça Militar e da Justiça Eleitoral;

V - os crimes previstos em tratado ou convenção internacional, quando, iniciada a execução no País, o resultado tenha ou devesse ter ocorrido no estrangeiro, ou reciprocamente;

VI - A as causas relativas a direitos humanos a que se refere o § 5º deste artigo;

VII - os crimes contra a organização do trabalho e, nos casos determinados por lei, contra o sistema financeiro e a ordem econômico-financeira;

VIII - os *habeas corpus*, em matéria criminal de sua competência ou quando o constrangimento provier de autoridade cujos atos não estejam diretamente sujeitos a outra jurisdição;

IX - os mandados de segurança e os *habeas data* contra ato de autoridade federal, excetuados os casos de competência dos tribunais federais;

X - os crimes cometidos a bordo de navios ou aeronaves, ressalvada a competência da Justiça Militar;

XI - os crimes de ingresso ou permanência irregular de estrangeiro, a execução de carta rogatória, após o "exequatur", e de sentença estrangeira, após a homologação, as causas referentes à nacionalidade, inclusive a respectiva opção, e à naturalização;

XII - a disputa sobre direitos indígenas.

Tal competência é tida por absoluta, em razão da pessoa.

Questão de relevo é a adequada interpretação da redação contida no parágrafo 2º do mesmo artigo:

> § 2º As causas intentadas contra a Uniao poderão ser propostas na seção judiciária em que for domiciliado o autor, naquela onde houver ocorrido o ato ou fato que deu origem à demanda ou onde esteja situada a coisa, ou ainda, no Distrito Federal.

Essa competência deve ser entendida como territorial, logo relativa.

Tal entendimento decorre do fato de que a Justiça Federal é regida pela Lei n. 5.010/1966, obviamente nos termos do que é recepcionado pela CF/1988, estabelecendo em seu art. 3º que cada um dos estados e territórios, bem como o Distrito Federal, constituirá uma Seção Judiciária, tendo por sede a respectiva capital.

Portanto, a alusão feita pela Constituição Federal ao termo "seção judiciária em que for domiciliado o autor [...]" está claramente recepcionando o conceito atribuído a esse termo pela referida Lei n. 5.010/1966.

Aliás, foi exatamente esta a interpretação ofertada a referida norma pela Advocacia-Geral da União (AGU) quando da edição da Súmula n. 23[24], que, apesar de emitida no ano de 2006, restou ratificada no ano de 2022 quando da publicação da consolidação das súmulas editadas por essa entidade, responsável pela defesa judicial da própria União.

Na mesma linha, caminha a jurisprudência do STF, a exemplo do exarado no acórdão do ARE n. 641.449, de Relatoria do Ministro Dias Toffoli, garantindo que a parte autora possa optar pelo ajuizamento da ação contra a União na capital do estado-membro, mesmo quando instalada Vara da Justiça Federal no município do mesmo estado em que está domiciliada.

Já quando a ação for proposta pela União, a competência firmada pelo § 1º do art. 109 da CF/1988 será do domicílio da parte contrária.

6.8.6.1 Competência delegada da Justiça Federal

Na hipótese de não haver sede da justiça federal na comarca, a competência será exercida pela justiça comum estadual ou deverá a parte se dirigir até a comarca que a tenha e que lhe seja mais próxima?

A CF/1988 determina, em seu art. 109, § 3º, que a lei poderá autorizar que as causas de competência da Justiça Federal em que forem parte o INSS sejam processadas e julgadas na justiça estadual quando a comarca do domicílio do segurado não for sede da vara federal.

Portanto, parece que ao menos no concernente à matéria previdenciária, a questão encontra amparo no texto constitucional, pendendo apenas a necessidade de lei que delegue a competência da federal para a estadual.

Com o advento da EC n. 103/2019, que manteve a regra definida no art. 75 da Lei n. 13.043/2014, na hipótese de não haver sede da Justiça Federal na comarca, caberá à Justiça estadual, de modo delegado, julgar a demanda envolvendo matéria previdenciária, bem assim as execuções fiscais. Nesse sentido, já teve o STJ condições de analisar o tema por ocasião do julgamento do IAC no CC n. 170.051/RS.

O STF igualmente já teve oportunidade de enfrentar a questão por ocasião do julgamento do RE n. 860.508, com repercussão geral pelo Tema n. 820. Restou definido que a Justiça estadual exercerá a competência que lhe fora delegada pela Justiça Federal restritivamente naqueles casos em que não há sede da federal na comarca.

---

24 "É facultado ao autor domiciliado em cidade do interior o aforamento de ação contra a União também na sede da respectiva Seção Judiciária (capital do Estado-membro)."

Esse, portanto, é o entendimento que deve prevalecer, ao menos por ora, no sentido de que, não havendo sede da Justiça Federal na comarca, as questões previdenciárias e de execução fiscal deverão ser julgadas pela justiça estadual local, por delegação.

6.8.7 Conflito de competência

O conflito de competência, regulado no art. 951 do CPC, caracteriza-se quando um ou mais juízos se declaram competentes ou incompetentes para julgar determinada causa.

Na hipótese de mais de um juízo se declarar incompetente para o enfrentamento de determinada demanda, será o conflito classificado de negativo, ao passo que, na hipótese de mais de um juízo se declarar competente, chamando a responsabilidade pelo julgamento da demanda, será o conflito classificado de positivo.

Configurado o conflito, independentemente de ser ele negativo ou positivo, caberá, segundo o art. 951, às partes, Ministério Público ou qualquer dos juízos envolvidos suscitar sua solução ao juízo respectivamente competente.

No caso específico do Ministério Público, há de se considerar duas situações: primeiro, o MP só será consultado, na condição de fiscal da lei, para se manifestar naqueles casos previstos no art. 178 do CPC e no art. 129 da CF/1988; segundo, na hipótese de estar no processo na condição de parte, por óbvio, poderá suscitar o conflito apresentado.

É preciso, ainda, ressaltar que o réu que tenha suscitado a incompetência relativa em sua contestação fica impedido para alegar conflito de competência, vedação essa expressa pelo art. 952 do CPC.

Tal restrição é fruto de preclusão lógica, verificada na incompatibilidade existente entre a alegação de incompetência relativa e a declaração de conflito de competência. Ao alegar o réu que um dos juízos é relativamente incompetente, por certo que está considerando que o outro seja o competente; logo, não haveria qualquer conflito, porque somente um deles seria o competente aos olhos do réu.

Em sentido contrário à determinação do *caput*, o art. 952, parágrafo único, do CPC estabelece que aquele que não tenha eventualmente suscitado o conflito preserva o direito de alegar a incompetência relativa ou absoluta de um dos juízos[25].

Quanto à competência para dirimir o conflito, a quem pertence?

O *caput* do art. 953 afirma ser do tribunal, mas qual? A resposta depende de analisar quais são os juízos envolvidos no conflito. Para facilitar a compreensão sobre para qual tribunal deve ser enviado o conflito de competência, sugerimos uma ordem de ideias:

---

25 Não se pode perder de vista que o conflito de competência pode ser suscitado por ambas as partes, ao passo que a incompetência relativa, somente pelo réu.

1] No caso de o conflito envolver juízes de primeiro grau e da mesma justiça, a competência será do respectivo tribunal. Por exemplo, havendo conflito entre dois juízes cíveis, a solução virá do TJ do estado; no caso de o conflito envolver juízes federais de primeiro grau, a solução virá do respectivo TRF e assim por diante.
2] No caso de o conflito envolver juízes de diferentes justiças, deverá ser suscitado junto ao STJ, por exemplo, o conflito entre juízo estadual e outro federal.
3] No caso de o conflito envolver algum dos TJs e TRFs, a solução virá do STJ.
4] No caso de o conflito envolver alguns dos TJs ou TRFs e o STJ ou TSE, TST, a solução virá do STF.
5] No caso em que o conflito for suscitado por algum dos juízos envolvidos, deverá fazê-lo por mero ofício enviado ao tribunal competente para dirimi-lo; já na situação em que o suscitante seja a parte ou o Ministério Público, o pedido de solução deverá ocorrer mediante petição endereçada ao tribunal competente para dirimi-lo.

Não se pode confundir conflito de competência com conflito de jurisdição. O **conflito de competência** ocorre entre juízes que antes possuem jurisdição, ou seja, são todos juízes da Justiça nacional, exercidos todos dentro do limite da territorialidade nacional. Por sua vez, o **conflito de jurisdição** se dá entre justiças de países distintos. A dúvida se a questão deve ser julgada pela justiça nacional ou estrangeira se configura como conflito de jurisdição e não de competência.

6.8.8 Competência para as ações sobre direito real imobiliário

De acordo com a redação do art. 47 do CPC, a competência para as ações envolvendo direito real sobre imóveis será o local da coisa.

A primeira questão a ser enfrentada é saber se tal competência é de natureza absoluta ou relativa.

O parágrafo único do mesmo artigo parece oferecer elementos suficientes para responder à questão posta, uma vez que estabelece que o autor pode optar pelo foro do domicílio do réu ou pelo foro de eleição se o litígio não recair sobre o direito de propriedade, vizinhança, servidão, divisão e demarcação de terras e de nunciação de obra nova.

Portanto, por via de exclusão, não tratando a ação de direito real nos casos especificamente elencados no artigo, deverá a competência nos demais casos ser encarada como relativa. Tem sido exatamente essa a interpretação aplicada pelo STJ, a exemplo do que foi decidido por ocasião do julgamento do CC n. 111.572/SC, bem como no julgamento do REsp n. 1.675.012/SP.

6.8.9 Competência para as demandas envolvendo direito pessoal ou real sobre bens móveis

Determina o art. 46 do CPC que as ações envolvendo direito pessoal ou real sobre bens móveis deverão ser propostas, em regra, no foro do domicílio do réu.

Referida competência é de natureza relativa. Contudo, tendo o réu mais de um domicílio, poderá o autor optar por qualquer deles; caso o réu esteja em local incerto ou não sabido, poderá o autor propor a ação em seu próprio domicilio ou onde o réu for localizado; por fim, se tanto o autor quanto o réu não tiverem residência no Brasil, poderá a ação ser proposta em qualquer foro do território nacional.

Especificamente no caso de haver na ação litisconsórcio passivo, tendo os réus diferentes domicílios, cabe ao autor escolher o domicilio de qualquer dos réus para propor sua ação.

6.8.10 Competência para as ações *causa mortis*

O art. 48 do CPC estabelece expressamente que a competência para as ações que decorrem do falecimento da pessoa é do seu último domicílio, ainda que o óbito tenha ocorrido fora do Brasil, como nos casos de inventário, partilha, arrecadação, cumprimento de disposições de última vontade, bem como todas as ações em que o espólio figurar parte.

Na situação em que o falecido não tinha domicílio certo, poderá a ação ser proposta no local em que os bens se encontrem, especialmente no caso de bens imóveis, sendo concorrente a competência no caso em que o falecido tenha deixado bens imóveis em diversos lugares, cabendo ao autor o poder da escolha de qualquer um deles. Já para aqueles casos em que o falecido não tenha deixado bens imóveis, a ação poderá ser proposta no local dos bens existentes no espólio.

No caso específico da ausência, e não da morte, a ação deverá proposta no foro do último domicílio do ausente.

Sendo o réu incapaz, a ação deverá tramitar no foro de domicílio de seu representante legal, nos termos do art. 50 do CPC.

6.8.11 Competências em leis especiais

Há, no sistema processual vigente, algumas situações de direito material que impõem regra de competência diferenciada, devendo ser aplicadas, nesses casos, as regras especiais definidas em suas respectivas leis e, apenas de modo subsidiário, fazer incidir as regras gerais do CPC.

6.8.11.1 Competência no Código de Defesa do Consumidor

É sabido que a defesa dos direitos do consumidor poderá ser realizada tanto de modo individual quanto de modo coletivo, nos termos do caput do art. 81 do CDC (Lei n. 8.078/1990). A depender de uma ou outra forma, a regra de competência será diversa.

No caso da ação individual, determina o art. 101, inciso I, do CDC que a competência será do domicílio do autor, resta saber se o caso é de competência absoluta ou relativa.

A presente regra deve ser interpretada sempre com olhos a facilitar a defesa do direito do consumidor, nos termos do que dispõe o art. 6º, inciso VIII, do CDC. Por essa razão, a competência para sua ação individual deve ser vista como de natureza territorial, logo relativa, cabendo exclusivamente ao autor optar em propor em seu próprio domicílio ou no domicílio do fornecedor do serviço ou produto.

Já no caso de a defesa do direito do consumidor ser realizada por via de ação coletiva, a competência seguirá regra diversa, prevista no art. 93. De acordo com a determinação do referido artigo, ressalvada a competência da justiça federal, será competente para a demanda coletiva de consumo a justiça local:

- no local do dano, quando se tratar de dano local;
- na capital do estado ou no Distrito Federal, no caso de dano regional ou nacional.

E qual é o critério para se definir o que deva ser considerado dano local, regional e nacional?

Por dano local deve ser entendido aquele dano que produz efeitos nos limites territoriais de uma comarca, de modo que seja possível isolar territorialmente o local do dano. Ressaltamos que é plenamente possível que se tenha mais de um local atingido pelo dano e, ainda assim, seja qualificado como dano local, bastando que seja possível isolar cada um desses locais. Imagine-se, a título de exemplo, que a distribuição de certo produto com defeito tenha ocorrido isoladamente na cidade de São Paulo e na cidade de Porto Alegre. Apesar de se ter mais de um local, é plenamente identificável e isolável o local do dano, podendo a ação ser proposta em qualquer um desses juízos, sendo todos igualmente competentes para a ação coletiva.

Entretanto, serão considerados **danos de natureza regional** aqueles casos em que não seja mais possível delimitar o dano a uma comarca isolada, tendo ele se espalhado e atingido uma parcela territorial do estado, devendo, nesse caso, a ação ser proposta na capital desse respectivo estado. Da mesma forma, não se pode ignorar o fato de que esse dano pode se espalhar e atingir diversas comarcas de estados diversos, naqueles casos de divisa territorial entre estados. Nesse caso, a competência será concorrente das capitais dos respectivos estados envolvidos, o que valerá para definição da legitimidade dos respectivos Ministérios Públicos estaduais.

Por fim, há casos em que, além de não ser possível limitar o dano a uma comarca, igualmente não será viável contê-lo a uma região estadual, tendo se espalhado para outras regiões do país. Imagine-se aqui um dano provocado por propaganda enganosa veiculada na mídia de múltiplos estados, ainda que não em todos; certamente, trata-se de caso de dano nacional, devendo a ação ser proposta na capital de qualquer dos estados envolvidos ou, ainda, no Distrito Federal.

Salientamos que, ainda que tenha ação de conhecimento tramitado de modo coletivo, promovida pelos entes legitimados, a necessária liquidação para se verificar a adequação da sentença coletiva ao caso individual deverá ser proposta por todos aqueles indivíduos que entendem que seu caso particular se adequa àquela sentença coletiva. Nesse caso, o procedimento de liquidação poderá ser proposto no local do domicílio do consumidor, anexando à inicial cópia da sentença coletiva, conforme entendimento já pacificado do STJ, por ocasião do julgamento do REsp n. 1.243.887.

6.8.11.2 Competência no Estatuto da Criança e do Adolescente

Para as ações em que se pretende a defesa de direitos da criança e do adolescente, a competência vem definida no art. 147 do ECA (Lei n. 8.069/1990).

De acordo com referido artigo, a ação deverá ser proposta:

- no local do domicílio dos pais ou responsável;
- no local onde se encontra a criança ou adolescente, à falta dos pais ou responsável.

Diversamente do que se viu com relação a regra de competência do CDC, aqui, a questão central é definir se essa competência é relativa ou absoluta e, ainda, se é possível deslocar a competência da ação no caso em que a criança ou adolescente altere seu domicílio no curso da ação.

No caso específico das ações coletivas, a questão encontra-se expressamente resolvida pela redação do art. 209 do ECA, onde se lê que tais ações deverão ser propostas no local onde deva ocorrer a ação ou omissão na proteção de tais direitos, devendo essa competência ser considerada absoluta.

A dúvida, portanto, limita-se às ações individuais.

A jurisprudência do STJ é no sentido de que, mesmo nas demandas individuais, a competência para o ECA deve ser entendida como absoluta, em decorrência da necessária proteção do melhor interesse para a criança ou adolescente.

A Súmula n. 383 do mesmo STJ afirma que a competência para julgar as ações conexas de interesse de menor é, em princípio, do foro do domicílio do detentor de sua guarda.

A questão da competência no caso específico do ECA gira em torno da necessidade de se tutelar de modo mais efetivo o interesse dessa criança ou adolescente, o que exige considerar peculiaridades do caso concreto, muitas vezes.

Portanto, deve-se partir da premissa de que essa competência, apesar de territorial, é absoluta; no entanto, nada impede que, por exemplo, a própria criança ou adolescente pretenda abrir mão dessa prerrogativa de competência, promovendo sua ação diretamente no domicílio daquele que deveria agir ou omitir-se na tutela de seu direito, talvez como forma de viabilizar de maneira mais efetiva eventual execução patrimonial futura. O que não se admite, em absoluto, é que essa mudança de competência se dê em prejuízo da criança ou adolescente, sob pena de nulidade dos atos decisórios por incompetência absoluta do juízo.

A segunda questão colocada diz respeito à possibilidade de se quebrar a regra da jurisdição perpétua determinada no art. 43 do CPC, no qual se estabelece que, distribuída a demanda, fixa-se a competência, não mais importando as alterações de fato e de direito ocorridas no curso da demanda.

Na prática jurídica, mostra-se frequente o caso em que o filho tenha seu domicílio alterado durante ação judicial por conta de mudança daquele que detém sua guarda.

De acordo com a determinação do art. 43 do CPC, essa mudança não permitiria a alteração da competência da ação, impondo ao menor se deslocar até onde tramita originalmente a ação para discuti-la. Ocorre que essa interpretação literal do art. 43 do CPC resultaria em afronta aos interesses do menor, contrariando o princípio-base de interpretação das regras que regem seus direitos.

Não se diga que o fato de o processo se tornar eletrônico torna o debate desnecessário, visto que a ação se encontra na nuvem, permitindo sua administração de qualquer lugar. Em verdade, o deslocamento da ação para o local onde passou a residir o menor é medida que se impõe sobretudo nos casos em que haverá prova pericial, mas não só, que exigirá a presença do menor, como ocorre nos casos de avaliação psicossocial. Esse também tem sido o entendimento do STJ, a exemplo do que julgado no CC n. 119378.

6.8.11.3 Competência no Estatuto do Idoso

O art. 80 do Estatuto do Idoso (Lei n. 10.741/2003) dispõe sobre competência, contudo, dirige-se restritivamente às demandas coletivas, ou seja, àquelas destinadas à tutela de direitos coletivos, difusos, individuais homogêneos e individuais indisponíveis. Apesar de que, neste último caso, a demanda também possa ser proposta de modo individual, o direcionamento da disposição contida no artigo às demandas coletivas é expressa.

De acordo com a redação do aludido artigo, a ação deverá ser promovida no foro do domicílio do idoso, devendo ser entendida por absoluta, apesar de caraterizada como territorial.

E no caso de demandas propostas de modo individual, qual é a competência?

Parece mais razoável que, nesses casos, a competência deva seguir a mesma determinação contida no art. 80 do Estatuto c/c art. 53, inciso III, do CPC, porém devendo ser entendida como relativa.

Caberá, então, exclusivamente ao idoso decidir por propor sua ação em seu próprio domicílio ou no local do domicílio do réu, aquele que lhe pareça mais adequado à efetividade de seus direitos, tendo sido este o entendimento firmado pelo STJ, a exemplo do que se tem no julgamento do REsp n. 1.896.379/MT.

6.8.11.4 Competência do Juizado Especial Cível

A competência do Juizado Especial Cível vem definida no art. 3º da Lei n. 9.099/1995, tendo por premissa primeira o menor grau de complexidade das causas. Diversamente do que se imagina, a competência do juizado especial cível é dividida em duas partes:

1] Em determinados casos, elencados no inciso I, a competência do juizado é definida pelo valor da causa, limitado a 40 salários mínimos. Nas causas cujo valor excede ao limite definido, a opção pelo procedimento juizado implicará em renúncia ao excedente, nos termos do que determina o parágrafo 3º do mesmo artigo, ressalvada, no entanto, a possibilidade de acordo.
2] O inciso II do art. 3º da Lei que regula o procedimento do juizado apresenta rol taxativo de casos de competência do juizado, independentemente do valor atribuído à causa, fazendo referência aos casos elencados no art. 275, inciso II, do CPC/1973. Ocorre que o CPC/2015 não recepcionou esse artigo, produzindo dúvida sobre a adequada interpretação quanto à competência do juizado para esses casos.

Apesar da controvérsia, a interpretação que prevalece na jurisprudência do STJ vai no sentido de afirmar que, não obstante a não receptividade do art. 275, inciso II, do CPC/1973 pelo CPC/2015, as causas que ali estavam elencadas continuam a ser de competência do juizado, independentemente do valor da causa, por força do que dispõe o art. 1.063 do CPC/2015, que expressa que o juizado continuará competente para essas causas até o advento de lei específica, o que até o momento em que se prepara o presente trabalho não ocorreu.

Sendo assim, continua de competência do juizado o julgamento das seguintes causas, independentemente do valor atribuídos a elas:

- arrendamento rural e parceria agrícola;
- cobrança ao condômino de quantias devidas ao condomínio;
- cobrança de danos causados a prédio urbano ou rústico;
- reparação de danos decorrente de acidente envolvendo veículos terrestres;
- cobrança de seguro, relacionados a acidente de veículos, com exceção das execuções;
- cobrança de honorários de profissionais liberais, salvo previsão em outro sentido decorrente de lei especial;
- revogação de doação.

Por outra via, há casos cuja competência do juizado foi afastada, de acordo com o § 2º do mesmo art. 3º. Isso se aplica a ações que tenham natureza alimentar, falimentar, fiscal, de interesse da Fazenda Pública, acidente de trabalho, estado e capacidade de pessoas.

Quanto à redação do referido parágrafo, são necessárias algumas considerações, especialmente em decorrência do advento do CPC/2015.

De modo geral, as ações de família estão inseridas na ideia de ações de estado de pessoa; contudo, o CPC/2015 em múltiplas passagens claramente distancia uma da outra.

Exemplo se tem na regra de citação, prevista no art. 695, § 1º, em que se determina que o mandado de citação nas ações de família estará desacompanhado de cópia da inicial, regra esta que não se aplica às ações de estado de pessoa, em decorrência do expresso desejo do legislador em limitar à hipótese às causas de família.

Segue-se que a vedação de uso do procedimento do juizado contida na redação do art. 3º, § 2º, vale restritivamente para as ações de estado de pessoa[26], ficando, portanto, permitido o uso do Juizado Especial para causas sobre direito de família.

---

26 Ação que versa sobre incapacidade, modificação de nome ou de gênero, questões relativas à nacionalidade.

6.8.11.5 Competência do Juizado Especial Federal

Diferentemente do que se observou no tópico anterior, onde a competência do juizado especial cível se configurou como de natureza relativa, territorial, no procedimento do Justiça Especial Federal, a competência, apesar de definida pelo valor da causa, 60 salários, é tida por absoluta, por determinação expressa do art. 3º da Lei n. 10.259/2001.

O mesmo art. 3º impõe, em seu § 1º, o rol de algumas demandas que estão impedidas de seguir por esse procedimento especial, são elas:

I - referidas no art. 109, incisos II[27], III[28] e XI[29], da Constituição Federal, as ações de mandado de segurança, de desapropriação, de divisão e demarcação, populares, execuções fiscais e por improbidade administrativa e as demandas sobre direitos ou interesses difusos, coletivos ou individuais homogêneos;

II - sobre bens imóveis da União, autarquias e fundações públicas federais;

III - para a anulação ou cancelamento de ato administrativo federal, salvo o de natureza previdenciária e o de lançamento fiscal;

IV - que tenham como objeto a impugnação da pena de demissão imposta a servidores públicos civis ou de sanções disciplinares aplicadas a militares.

Especificamente quanto ao limite de valor de causa, 60 salários, convém assinalar que, nos casos em que o pedido versa sobre parcelas vencidas e vincendas, o valor a ser considerado deverá resultar da soma entre as parcelas vencidas, mais 12 parcelas vincendas, nos termos do que dispõe o art. 3º, § 2º, da Lei n. 10.259/2001.

Importante questão a ser considerada refere-se à permissão expressa para realização de provas periciais no procedimento do Juizado Especial Federal, nos termos do art. 12. Significa dizer que, mesmo nos casos em que há necessidade de prova pericial complexa, a competência do Juizado Especial Federal será conservada.

---

27 As causas entre Estado estrangeiro ou organismo internacional e Município ou pessoa domiciliada ou residente no país.
28 As causas fundadas em tratado ou contrato da União com Estado estrangeiro ou organismo internacional.
29 A disputa sobre direitos indígenas.

6.8.11.6 Competência do Juizado Especial da Fazenda Pública

A competência do Juizado Especial de Fazenda Pública, definida no art. 2º da Lei n. 12.153/2009[30], assim como se viu no Juizado Especial Federal, é definida pelo valor de causa, 60 salários, sendo considerada absoluta por força de Lei.

Portanto, as ações promovidas em face dos estados, Distrito Federal e municípios, com valor de causa limitado a 60 salários, será também tida por absoluta.

Da mesma forma, há determinadas demandas que estão expressamente proibidas de se valerem desse procedimento, conforme prevê o § 1º do art. 2º:

> § 1º Não se incluem na competência do Juizado Especial da Fazenda Pública:
>
> I - as ações de mandado de segurança, de desapropriação, de divisão e demarcação, populares, por improbidade administrativa, execuções fiscais e as demandas sobre direitos ou interesses difusos e coletivos;
> II - as causas sobre bens imóveis dos Estados, Distrito Federal, Territórios e Municípios, autarquias e fundações públicas a eles vinculadas;
> III - as causas que tenham como objeto a impugnação da pena de demissão imposta a servidores públicos civis ou sanções disciplinares aplicadas a militares.

6.9 Atos processuais

6.9.1 Conceito

Entende-se por *ato processual* aquele ato praticado no processo e que para este tem relevância.

O processo, como ato complexo, é constituído de diversas fases e múltiplos atos, sendo estes logicamente interligados e encadeados, de modo que conduza a relação jurídica processual até final julgamento.

Há atos processuais de competência do juiz, e outros que devem ser praticados pelas partes e auxiliares da justiça.

Nos termos do que dispõe o art. 188 do CPC, em regra, os atos e termos do processo não têm forma previamente determinada. No entanto, nos casos específicos em que restar definida alguma forma por força de lei, ainda que esta

---

30 "Art. 2º É de competência dos Juizados Especiais da Fazenda Pública processar, conciliar e julgar causas cíveis de interesse dos Estados, do Distrito Federal, dos Territórios e dos Municípios, até o valor de 60 (sessenta) salários mínimos."

não venha a ser respeitada no processo, tendo o ato atingido a sua finalidade sem causar prejuízo à qualquer das partes, o ato deverá ser aproveitado, como expressamente impõe o *caput* do próprio art. 188 c/c art. 277, todos do CPC.

Quanto a este ponto, é de fundamental relevância lembrar da incidência da regra da instrumentalidade das formas dos atos processuais, disposta no art. 277 do CPC.

6.9.2 Publicidade dos atos e os casos de segredo de justiça

Sabe-se que, em regra, os atos processuais são públicos, ressalvados os casos em que se impõe o segredo de justiça.

Nesse sentido, o art. 189 especifica os casos que deverão tramitar em segredo de justiça, o que poderá ser determinado de ofício, pelo juiz, ou a requerimento de qualquer das partes.

I] **Causas em que o interesse público ou social exigir.**

Nessa hipótese, tem-se os casos em que o objeto da demanda impõe que o debate processual se dê em segredo de justiça, em face do impacto que a publicidade poderá provocar em determinadas esferas da sociedade. Nesse sentido, questões, como economia e segurança nacional e estabilidade das Instituições deverão tramitar em segredo, cabendo ao juiz analisar o risco do impacto e determinar o trâmite em segredo, total ou parcial.

II] **Demandas que versem sobre casamento, separação de corpos, divórcio, separação, união estável, filiação, alimentos e guarda de crianças e adolescentes.**

No caso do inciso II, as situações de segredo de justiça relacionada, estão intimamente ligadas às demandas de família, entre as quais naturalmente há questões de intimidade e privacidade das partes e da família inseridas no bojo da ação, justificando o segredo de justiça.

III] **Causas envolvendo informações relacionadas à intimidade da parte.**

Aqui, assim, como nos casos de direito de família, o risco de vazamento de informações relativas à intimidade da parte justifica a decretação do segredo.

IV] **Causas em que se demandem questões relativas a arbitragem, necessitando a comprovação da cláusula de confidencialidade vigente no caso arbitral.**

A causas que tramitam pela via da arbitragem têm a confidencialidade de seus atos como regra geral, podendo as partes renunciar a tal prerrogativa.

Na hipótese em que o procedimento arbitral tenha se desenvolvido sob a proteção da confidencialidade, vindo ao Poder Judiciário, em razão de alguma intercorrência verificada naquele procedimento, deverá ser preservada a confidencialidade, por meio do segredo de justiça.

Tramitando a demanda em segredo de justiça, apenas as partes e seus representantes terão acesso aos autos, cabendo ao terceiro interessado justificar a necessidade de vista ao magistrado, como determinado nos §§ 1º e 2º do art. 189 do CPC.

6.9.3 Negócio jurídico processual

O sistema processual brasileiro sempre permitiu às partes, de alguma forma, realizar espécies de negócios jurídicos processuais, adequando aspectos do procedimento às necessidades do caso concreto. Assim se dava com o pedido comum das partes para suspensão do processo para tratativas de acordo, ou o pedido igualmente comum de prorrogação de prazo para manifestação de laudo pericial.

A novidade apresentada pelo CPC/2015 nesse aspecto é que o art. 190 autoriza as partes a realizar negócios jurídicos processuais em situações gerais do processo, denominadas *atípicas*, desde que o caso envolva direitos sobre os quais se possa transigir e que sejam capazes as partes da demanda.

Nesse sentido, poderão as partes adequar o procedimento às necessidades gerais do caso concreto, por exemplo, realizando calendário processual, com o juiz do caso, convencionando sobre ônus, poderes, faculdades e deveres processuais.

Tal negócio processual poderá ser realizado antes da propositura da demanda, em cláusula preparatória, a exemplo da cláusula compromissória na arbitragem, ou, ainda, durante todo trâmite da demanda.

A permissão para que as partes realizem o negócio processual não retira do magistrado o poder de controle da validade de tal negócio, como expressamente determina o parágrafo único do art. 190 do CPC.

Em vias de julgamento do REsp 1.810.444, o STJ definiu que não podem as partes em vias de negócio dispor sobre ato que seja regido por norma de ordem pública, como a dignidade da pessoa humana e a preservação do Estado Democrático de Direito.

No caso concreto, o contrato firmado entre as partes continha cláusula que permitia o bloqueio liminar de ativos financeiros do devedor sem que este fosse ouvido previamente, o que viola a garantia fundamental do contraditório e ampla defesa.

No mesmo sentido, não poderiam as partes negociar, por exemplo, sobre admissão de provas obtidas por meios ilícitos ou, ainda, subtraindo direitos fundamentais de qualquer das partes.

Como regra fundamental para prática dos atos processuais, estabelece o art. 192 do CPC que é obrigatória a utilização da língua portuguesa, devendo eventuais atos praticados em outros idiomas estar acompanhados de tradução juramentada, ou ter tramitado por via diplomática ou pela autoridade central[31].

6.9.4 Atos das partes

As partes praticam atos de natureza unilateral ou bilateral de vontade, importando para o processo substancialmente aqueles que produzem efeitos na esfera processual, de modo que constituam, modifiquem ou extingam direitos. Assim, a petição inicial do autor ou a contestação do réu constituem atos das respectivas partes do processo; isso também vale para o acordo firmado no bojo do processo.

6.9.5 Atos do juiz

As manifestações do juiz no processo são denominadas genericamente de *pronunciamentos*, sendo as decisões e os despachos suas espécies.

Importa sobremaneira a distinção do que possa ser entendido por decisão e por despacho, por exemplo, se considerarmos que estes são irrecorríveis.

O **despacho** é caracterizado pelo fato de o magistrado determinar a prática de atos pelos serventuários da justiça, sem que este ato judicial implique qualquer restrição a direito das partes, razão por que são irrecorríveis. Exemplos de despachos se tem na ordem de envio dos autos ao contador judicial ou ao arquivo, ou nos casos em que o juiz determina que se faça intimação das partes.

Contudo, a característica maior da decisão é exatamente a interferência que o ato judicial tem sobre algum direito das partes, causando algum tipo de restrição a esse direito, por exemplo, quando o magistrado acolhe ou rejeita um pedido que lhe tenha sido dirigido por qualquer das partes.

A decisão judicial pode, ainda, se apresentar na forma de sentença, decisão interlocutória ou acordão, nos termos do art. 203 do CPC.

Nos termos do que dispõe o art. 203, § 1º, do CPC, a sentença é entendida como o pronunciamento por meio do qual o juiz, com fundamento nos arts. 485 e 487 do CPC, põe fim à fase cognitiva do procedimento comum, bem como extingue a execução.

Para se compreender o conceito de **sentença** é preciso ter em mente que o processo é dividido em fases, cada qual com uma finalidade específica. A fase de conhecimento, ou cognição, é destinada à busca pela definição sobre quem é

---

31 No Brasil a função de autoridade central é exercitada pelo Ministério da Justiça e Segurança Pública, a quem compete conduzir a cooperação internacional. A ideia, como o próprio nome deixa claro, é a instituição de comando único na coordenação dos pedidos de cooperação internacional.

o real titular do direito demandado, além de se definir exatamente esse direito. Essa fase se desenvolve durante o processo de conhecimento, no qual as partes poderão produzir suas provas na intenção de convencer o magistrado sobre os fatos narrados em suas respectivas petições. Ao final desse procedimento, será proferida decisão indicando sob o manto da liberdade de convencimento judicial a quem pertence aquele direito demandado e qual é exatamente esse direito. Tal ato judicial é a sentença.

Ocorre que nem sempre esse ato judicial se mostra suficiente para colocar fim ao processo, havendo aqueles casos em que a parte sucumbente resiste ao cumprimento da determinação judicial. Nesses casos, o processo de conhecimento, ou de cognição, terá continuidade, iniciando nova fase, qual seja, a de cumprimento de sentença, na qual, ao final, será proferida nova sentença extintiva desse procedimento.

Portanto, é admissível que se defina a sentença como ato do juiz que, apesar de ter o potencial de pôr fim à demanda judicial, não necessariamente o fará; contudo, não se pode admitir conceituar sentença como o ato do juiz que encerra o processo, exatamente pelo fato de que em alguns casos isso não ocorrerá.

Quanto à **decisão interlocutória**, a define o § 2º do mesmo art. 203, como todo pronunciamento judicial de natureza decisória e que não se enquadre no conceito de sentença.

Em outras palavras, decisão interlocutória é o ato do juiz que, no curso de um processo, acolhe ou rejeita algum pedido que lhe tenha sido apresentado, sem, contudo, colocar fim à fase de conhecimento ou de execução. São exemplos disso a decisão sobre a aptidão da inicial, a decisão sobre pedido de liminar ou tutela antecipada, um requerimento sobre prova, um pedido de restituição de prazo, ou de declaração de nulidade de ato incidental ao processo.

Logo, a decisão que considera um dos litisconsortes parte ilegítima, excluindo-o da demanda, deve ser tida como decisão interlocutória; já a decisão que considera a única parte do processo ilegítima levará à extinção do procedimento, devendo aqui ser tida por sentença.

A necessária distinção entre os pronunciamentos judiciais vai muito além da função teórica, refletindo diretamente no tipo de recurso a ser utilizado pela parte.

Por sua vez, o **acórdão** deve ser entendido como a decisão resultante de uma votação colegiada nos tribunais, como define o § 4º.

Convém lembrar que, em sede de tribunal, o acórdão não é a única forma de decisão, podendo ocorrer, e tem sido frequente, sobretudo em vias de tribunais superiores, que a decisão parta das mãos de um único julgador, o relator, denominada nesses casos de *decisão monocrática*.

6.9.6 Tempo e lugar dos atos processuais

6.9.6.1 Tempo

Nos termos do que dispõe o art. 212 do CPC, os atos processuais deverão ser praticados em dias úteis, das 6 às 20 horas.

Em situações excepcionais, visando à efetividade do direito ou mesmo a sua parte em razão da demora na atuação jurisdicional, poderá o juiz permitir a conclusão do ato após as 20 horas.

Especificamente quanto a citações, intimações, bloqueios de bens, como a penhora, poderão ser praticados no período de férias forenses, ou feriados ou mesmo fora dos horários estabelecidos no parágrafo acima, quando houver risco de lesão a direito, nos termos do art. 212, §§ 1º e 2º.

A parte deverá atentar para o fato de seu processo tramitar de forma física ou eletrônica, sendo que esta questão irá interferir no limite de horário para prática dos atos. No caso do processo físico, a prática do ato deverá ocorrer no horário de funcionamento do fórum, o que é determinado por lei local de cada estado.

Já no caso dos processos que tramitam eletronicamente, o ato processual pode ser praticado até às 23 h 59 min do último dia, como expressamente prevê o art. 213 do CPC.

É imperioso mencionar que, mesmo durante as férias forenses, alguns atos processuais podem ser realizados, destacando-se aqueles que visam à tutela de situações que indicam risco de lesão a direito, como permite o art. 214.

Além dos casos de urgência, os procedimentos de jurisdição voluntária, necessários à conservação de direitos, a ação de alimentos, bem como a nomeação e remoção de tutor e curador, deverão ter andamento durante o período de férias, sem prejuízo de outras situações definidas em lei especial.

Questão de bastante relevância diz respeito ao que deve ser entendido por *dias úteis* para efeito de prática de atos processuais. De acordo com a determinação do art. 216 do CPC, são aqueles dias em que há expediente forense. De modo inverso, são tidos por não úteis o sábado, o domingo e os dias em que não haja expediente forense.

6.9.6.2 Lugar

Acerca do lugar determinado para prática dos atos processuais, estabelece o art. 217 que este deverá ser a sede do juízo, ressalvadas as situações em que o juiz verificar haver interesse da própria justiça em que o ato se realize em outro local.

Pode ocorrer, por exemplo, a necessidade de se ouvir alguém, na condição de parte, testemunha ou informante judicial, que esteja sem condições de comparecer ao local do processo, autorizando o juiz que se faça isso em outra localidade.

Frisamos que os atos processuais realizados por meio de cartas – precatória, rogatória e de ordem – não se enquadram nas exceções quanto ao lugar do ato. Em verdade, o juízo destinatário de referidas cartas atua como extensão daquele juízo de origem.

6.9.7 Prazos

Sem qualquer sombra de dúvidas, as questões relativas aos prazos processuais são as mais relevantes neste capítulo. O risco da perda de um prazo processual, com a consequente preclusão do direito que deveria ou poderia ser praticado, assombra a vida do advogado ou advogada.

O art. 218 do CPC estabelece que os atos processuais deverão ser praticados nos prazos definidos em lei. Contudo, há casos em que a lei se mostra omissa quanto ao prazo, devendo, nesse caso, este ser definido pelo magistrado; e, em última análise, diante do silêncio da lei e do juiz, será o prazo de cinco dias, nos termos do que impõe o art. 218, § 3º, do CPC.

Vale lembrar a novidade apresentada pelo CPC/2015 que eliminou de vez a tese da intempestividade por prematuridade, que considerava intempestivo o ato praticado antes do início de sua contagem, o que hoje, diante de toda tecnologia que cerca o processo, não faz mais qualquer sentido. Sendo assim, impõe o art. 218, § 4º, que o ato será considerado tempestivo quando praticado antes do início da contagem do prazo.

Outra regra de destaque com relação aos prazos é sua contagem apenas nos dias úteis, como determina o art. 219 do CPC. Quanto a esse ponto, faz-se necessário chamar a atenção para o fato de que esta regra será aplicada especificamente para os prazos processuais (art. 219, parágrafo único), devendo os prazos materiais, como a prescrição e a decadência, ser contados em dias corridos, assim também nos procedimentos administrativos, salvo leis especiais em sentido contrário.

Alguma dúvida surgiu sobre a contagem do prazo de 30 dias estabelecido para apresentação do pedido principal no caso de tutela de urgência antecedente, nos termos do que prevê o art. 309, inciso II, do CPC. Por sua natureza decadencial, houve dúvida na jurisprudência sobre dever ser contado em dias úteis ou corridos. No entanto, o STJ pacificou entendimento no sentido de, em se tratando de prazo processual, sua contagem deve seguir a regra constante no art. 219 do CPC, ou seja, em dias úteis[32].

---

32 Nesse sentido: REsp n. 2.066.868/SP, j. em 20/06/2023, Rel. Min. Nancy Andrighi.

Há, no sistema processual, dois tipos de prazos, os peremptórios e os dilatórios.

Entende-se por **prazo peremptório** aquele que não pode ser modificado, sendo ele imposto por determinação legal. De acordo com a determinação do art. 222, § 1º do CPC, é vedado ao juiz reduzir os prazos peremptórios sem anuência das partes.

A determinação contida no referido artigo é, no mínimo, contraditória quanto ao que deva ser entendido por prazo peremptório. Se este é o prazo imposto por lei, ficando as partes e o próprio juiz impedidos de alterá-lo e, a nova redação do art. 222, § 1º, diz que não poderá o juiz reduzi-lo sem autorização das partes, isso significa que, havendo autorização, pode fazê-lo. Com isso, essa categoria de prazo foi banida do CPC/2015.

Nessa linha, é preciso ainda lembrar que o art. 190, ao tratar da possibilidade de se firmar negócio jurídico processual, permitiu que as partes convencionem sobre tais prazos, inclusive firmando calendário processual com o juiz do caso.

A conclusão, portanto, só pode ser no sentido de que os prazos processuais são todos **dilatórios** a partir do CPC/2015.

Quanto à contagem do prazo, determina o art. 224 do CPC que deverá ser excluído da contagem o dia do começo e incluído o dia final. Na hipótese de qualquer desses dias (inicial ou final) colidirem com feriado ou dia sem expediente forense, deverá ser prorrogado para o dia útil subsequente.

A contagem seguirá a seguinte regra:

- a data de disponibilização do ato no Diário de Justiça Eletrônico não será contada;
- o dia útil subsequente ao da data da publicação tampouco será contado;
- o dia útil subsequente ao da publicação será o primeiro dia efetivamente contado do prazo, seguindo, a partir daí, em dias úteis.

Exemplo:

- 10/02 – Segunda-feira: o ato foi disponibilizado no DJE no dia;
- 11/02 – Terça-feira: data da publicação do ato (salvo se não for dia útil);
- 12/02 – Quarta-feira: primeiro dia do prazo (salvo se não for dia útil).

Por se tratar de direito material da parte, poderá esta renunciar ao prazo que tenha no processo, desde que se trate de prazo exclusivamente seu, devendo fazê-lo de modo expresso.

Os prazos pertencentes ao juiz são denominados *prazos impróprios*, e aqueles prazos das partes, *prazos próprios*.

A diferença é que o prazo do magistrado, impróprio, não preclui, podendo o magistrado praticar o ato posterior a seu encerramento (art. 227), diversamente do que ocorre quanto aos prazos das partes, denominados *próprios*, estes, se não obedecidos, precluem, ficando a parte impedida de praticar o ato em outra oportunidade.

Outra questão que chama a atenção respeita ao prazo dos litisconsortes, previsto no art. 229 do CPC. Na hipótese em que os litisconsortes estejam acompanhados por advogados diversos, pertencentes a escritórios distintos, o prazo será contado em dobro.

A primeira questão a ser destacada quanto a essa regra é que não basta os litisconsortes serem representados por diferentes advogados, sendo ainda necessário que tais profissionais pertençam a escritórios diversos; a segunda questão concerne ao fato de que tal regra não será aplicada nos casos de processos eletrônicos (§ 2º), pelo simples fato de que poderão os advogados atuar simultaneamente no caso, sem que haja prejuízo para qualquer deles, diversamente do que ocorre em processos físicos. Por fim, ressaltamos que, caso apenas um dos litisconsortes decida praticar o ato processual, seu prazo não será contado em dobro, como determina o § 1º.

Em julgamento referente ao REsp n. 1.693.784, decidiu o STJ que o prazo de pagamento voluntário no processo de execução deve ser contado em dobro em obediência a determinação do art. 229, devendo esta regra ser aplicada a todas as hipótese de prazo, desde que presentes os requisitos referidos no artigo. No caso concreto, a decisão proferida pela instância inferior havia entendido que tal regra somente deveria incidir nos atos de natureza postulatória e não no caso de ordem de pagamento, o que não foi acolhido pelo STJ.

6.9.8 Comunicação dos atos do processo

Para o adequado desenvolvimento do processo, com efetivo contraditório, deverá o juiz comunicar às partes os atos do processo, o que deverá fazer em obediência às determinações contidas a partir do art. 236 do CPC.

A legislação processual dispõe de duas vias destinadas à comunicação dos atos do processo, a citação e a intimação.

6.9.8.1 Citação

De acordo com a redação do art. 238 do CPC, a citação é o ato pelo qual são convocados o réu, o executado ou o interessado para integrar a relação processual.

A citação representa o marco inicial da relação processual entre autor e réu, que deverá se desenvolver de maneira dinâmica por meio de um contraditório efetivo ao longo de todo o processo. Note-se que não só o réu será destinatário da citação, mas também o executado e o terceiro que eventualmente tenha vínculos materiais com o objeto da demanda.

Portanto, é dever de ofício do magistrado atentar para a existência de eventuais relações materiais envolvendo qualquer das partes e terceiros que tenham o objeto da demanda como ponto de ligação, determinando a citação desse terceiro para, caso queira, venha assumir sua posição do processo. É o que acontece, a título de exemplo, em demanda promovida com objetivo de anular negócio jurídico. Verificando o magistrado que eventuais efeitos da decisão podem pesar sobre terceiros inicialmente estranhos da relação processual, deverá determinar sua imediata citação.

6.9.8.1.1 Citação válida como pressuposto processual

A citação, validamente realizada, configura pressuposto processual de existência da relação processual entre autor e réu, não sendo possível, com a devida *venia*, afirmar tratar-se de pressuposto processual de existência do próprio processo.

Explicamos. É que a relação jurídica processual tem início já com a distribuição da demanda pelo autor, de modo que, para este, o processo já existe, produzindo efetivos efeitos, bastando lembrar da determinação contida no art. 239 do CPC, que determina expressamente que, para a validade do processo, é indispensável a citação do réu ou do executado, salvo os casos de indeferimento da inicial ou do julgamento liminar do mérito.

Desse modo, parece-nos afastada a tese de vigência passada e superada de que a citação seja pressuposto sem o qual o processo não existe; ao contrário, existe e produz efeitos já com a distribuição da demanda, figurando a citação válida do réu como pressuposto necessário para a complementação da relação processual (juiz, autor e réu), indispensável, aí sim, para o desenvolvimento válido do processo até final julgamento.

6.9.9.1.2 Teoria da aparência e validade de citação

Quando a certeza não pode ser atingida, buscar o ponto mais próximo dela é sempre a melhor solução. Voltado à aplicação do Direito para solução de conflitos sociais, sendo estes dinâmicos por sua própria natureza, a ideia de certeza se mostra sempre algo discutível, para não dizer inatingível, tornando mandatório optar pela segurança em detrimento da dúvida na prática dos atos do processo. Em outras palavras, se não é possível a certeza, então que se tenha a maior segurança.

Soma-se a isso a necessidade de parâmetros éticos e de boa-fé no trato da relação processual, não entre as partes, mas sobretudo na relação entre estas e o Estado-juiz.

Nesse sentido, há situações, ao longo do processo, em que o conjunto de fatos que a envolve permite concluir de certo modo, fundamentando e justificando a tomada de decisões válidas. Isso significa que, em determinada circunstância, considerando-se os fatores ali presentes, tudo levou a acreditar que o ato processual estivesse sendo praticado de modo válido e eficaz. É assim que se deve compreender as razões que fundamentam a aplicação da chamada *teoria da aparência*.

Analisando a questão de fundo da teoria da aparência, o STJ, por ocasião do julgamento do REsp n. 1.637.611, de relatoria da Ministra Nancy Andrighi, observou que tal teoria tem íntima relação com os princípios da boa-fé e da confiança. Referindo-se à doutrina de Menezes Cordeiro, observa que:

> Seja como um dado efectivo, depreendido das várias concretizações do fenômeno, seja como tentativa de explicação, apresentada em conjunturas diversas... a confiança exprime a situação em que uma pessoa adere, em termos de actividade ou de crença, a certas representações, passadas, presentes ou futuras, que tenham por efectivas. (Cordeiro, citado por STJ, REsp n. 1.637.611, Rel. Min, Nancy Andrighi)

Por essa via, a teoria da aparência permite considerar válido o ato praticado por pessoa que se apresenta como legitimada para realizá-lo, como o que se vê no julgamento do AgInt no AREsp n. 2.185.019/SC, em que se considerou válido ato praticado por pessoa que se apresentou como habilitada para tanto, tendo sido levado em conta, ainda, o fato de terceiro de ter agido de boa-fé.

Especificamente quanto à citação, será ela considerada válida nos casos em determinada pessoa se apresenta ao portador do ato citatório como legitimada a recebê-la, como expressamente determina o art. 248, § 2º. Refere-se o artigo à citação de pessoa jurídica, declarando que será válida a entrega do mandado a pessoa com poderes de gerência geral, de administração ou a funcionário responsável pelo recebimento de correspondências. Apresentando-se determinada pessoa ao portador do ato citatório (oficial de justiça ou agende do correio) como a pessoa responsável e autorizada para receber a citação, será o ato considerado válido, não se podendo exigir do agente de citação a necessidade de conferir documentalmente tais poderes.

Em decisão proferida pela Quarta Turma do STJ no AgInt no AREsp n. 2.205.881, restou decidido pela validade da citação recebida no endereço onde se situa a pessoa jurídica, sendo desnecessário que o aviso de recebimento seja assinado por representante legal da empresa.

Por fim, é imperioso destacar o fato de que tal teoria apenas pode incidir em casos de citação de pessoa jurídica, como expressamente determina no art. 248, § 2º, do CPC, visto que, com relação a pessoa física, a premissa é de que deve ser praticada sempre de modo pessoal.

6.9.8.1.3 Local da citação

Nos termos do que dispõe o art. 243 do CPC, em se tratando de réu civil, a citação poderá ser realizada em qualquer local em que o réu se encontre; entretanto, sendo o réu um militar da ativa e não sendo conhecida sua residência ou nela não sendo encontrado, deverá ser citado na unidade onde esteja servindo. Portanto, *a priori*, não há aqui qualquer espaço para citação do réu militar por edital ou com hora certa, visto que as hipóteses que autorizam tais formas de citação são, em tese, incompatíveis com a regra destacada no art. 243 do CPC.

Enquanto na ativa, o militar tem o chamado *domicílio necessário*, fixado na unidade em que esteja servindo; portanto, na eventual hipótese de não ser localizado em sua residência, será o ato entregue na referida unidade militar, sendo o militar declarado como efetivamente citado, salvo excepcionalidades do caso concreto que exigirá do magistrado devida adequação da norma.

6.9.8.1.4 Efeitos da citação válida

Realizada a citação de maneira válida, produzirá alguns efeitos imediatos no processo, sendo eles:

a] **Formação da litispendência**

Foi devidamente tratado nas linhas acima que, uma vez distribuída a ação judicial, o processo já existe para o autor, produzindo efetivos efeitos em relação a ele, ou seja, para o autor, a lide já está posta em juízo, pendente.

No caso do réu, a lide só estará pendente a partir do momento em que for citado de modo válido, momento a partir do qual o réu é inserido na relação jurídica processual.

A configuração da litispendência levará à extinção da ação sem resolução do mérito, constituindo-se em pressuposto processual negativo, ou seja, aquele fato processual que, ocorrendo, produz consequência imediata sobre a relação processual.

b] **Configuração de coisa litigiosa**

A propositura da demanda para o autor e citação válida para o réu os vincula ao resultado e, sobretudo, aos efeitos desse processo, de modo que o comprometimento da coisa objeto do litígio produzirá efeitos subjetivos, inclusive em relação aos adquirentes.

É nesse sentido que o art. 109 do CPC estabelece que a alienação da coisa ou direito litigioso por ato entre vivos, a título particular, não altera a legitimidade das partes. O § 3º desse mesmo artigo, em complemento, observa que os efeitos da sentença proferida entre as partes originais estendem-se ao adquirente ou cessionário da coisa litigiosa.

Isso significa, que, a alienação da coisa litigiosa não desvincula a coisa tampouco as partes do processo, permanecendo estas na condição de parte, alterando-se apenas a forma de sua legitimidade de ordinária para extraordinária, visto que agora o eventual alienante passará a defender coisa que passa a ser do adquirente.

Exatamente por essa razão, aquele que adquire coisa litigiosa não tem legitimidade para atuar na defesa da coisa na condição de terceiro, opondo embargos, por exemplo; sendo parte legitimada na demanda e não terceiro, absorve todos os efeitos que advém da coisa julgada[33].

c] **Constituição do devedor em mora**

A permissão para exigir do devedor a obrigação descumprida impõe a constituição de sua mora, ou seja, é preciso marcar no tempo quando exatamente aquele descumpriu a obrigação.

Nos casos em que a obrigação tem um prazo determinado, decorrente de lei ou de contrato, a mora se caracteriza de modo automático, bastando que o obrigado a descumpra naquele prazo[34]. Contudo, nos casos em que o cumprimento da obrigação esteja sujeito a prévia comunicação ou naqueles casos em que não há prazo determinado, exige-se que se marque no tempo com exatidão o início do descumprimento, o que poderá ser realizado por notificação extrajudicial ou pela citação válida do réu, nos termos do art. 397, parágrafo único, do Código Civil.

A constituição da mora do devedor se mostra fundamental, posto que é somente após este momento que se pode imputar ao devedor as consequências do descumprimento, como os danos decorrentes da impossibilidade do cumprimento, sempre que ao menos com culpa, os danos decorrentes da necessária conservação, as perdas econômicas etc., tudo nos termos do que dispõe o art. 394 e seguintes do Código Civil.

d] **Interrupção da prescrição**

Em verdade, a interrupção da prescrição se dá com o despacho que ordena a citação, como expressamente determina o § 1º do art. 240 do CPC, mesmo que referido despacho tenha sido proferido por juízo absolutamente incompetente.

Ocorre que, não adotando o autor providências necessárias para efetivação da citação válida do réu no prazo de 10 dias, a prescrição não será tida por interrompida, nos termos do que determina o § 2º do art. 240 do CPC.

---

33 Ver por todos: STJ, REsp n. 1.672.508, Terceira Turma, Rel. Des. Paulo de Tarso Sanseverino, j. em 25/06/2019.
34 Art. 394 do Código Civil: "Considera-se em mora o devedor que não efetuar o pagamento e o credor que não quiser recebê-lo no tempo, lugar e forma que a lei ou a convenção estabelecer."

Sendo assim, adotando o autor todas as providências para citação do réu e determinando o juiz a citação deste, a prescrição será interrompida a partir da data do despacho que a ordenou, retroagindo a data da propositura da demanda.

Esta questão se mostra de grande relevância, se considerados aqueles casos em que tenha o autor distribuído a ação em data próxima ao limite prescricional. Imagine, a título de exemplo, que tenha o autor promovido a ação a poucos dias do limite da prescrição e que, em razão de ordem de emenda da sua inicial, tal prazo decorra sem que haja o despacho de citação do réu, prescrito estará o direito do autor. Imagine, em outra situação, que a prescrição tenha ocorrido entre a data da propositura da demanda e a data em que ordenou a citação. Tendo o autor adotado todas as providências para que esta citação tenha ocorrido a contento, o direito de demanda do autor está a salvo, posto que a prescrição será considerada interrompida desde a data da propositura da demanda, como estabelece o § 1º do art. 240.

6.9.8.1.5 Formas de citação

Diversamente do CPC/1973, que adotava a citação postal como regra, a atual legislação passou a adotar a forma eletrônica como regra da citação[35].

a] **Via eletrônica**

É imperioso fazer uma distinção entre citação eletrônica e citação por meio eletrônico.

A **citação eletrônica** será realizada, exclusivamente, nos casos em que o processo tramita de modo eletrônico e apenas nos casos em que o citando já esteja cadastrado no banco de dados do Poder Judiciário, o que se mostra obrigatório no caso das empresas públicas e privadas, nos termos do que dispõe o § 1º do art. 246 do CPC.

Por esta via, a citação será disponibilizada no endereço cadastrado no referido sistema, devendo o citando acessá-la no prazo de 3 dias úteis contados do recebimento da notificação, sob pena de multa processual de até 5% do valor da causa, além de a falta de acesso ser considerada ato atentatório ao exercício da jurisdição[36], salvo justa causa (art. 246, §§1º B e C).

Com o advento da Lei n. 14.195/2021, que alterou a redação do art. 77, inciso VII, do CPC, passa a ser dever das partes do processo informar e manter atualizado o

---

35 CPC/2015: "Art. 246. A citação será feita preferencialmente por meio eletrônico, no prazo de até 2 (dois) dias úteis, contado da decisão que a determinar, por meio dos endereços eletrônicos indicados pelo citando no banco de dados do Poder Judiciário, conforme regulamento do Conselho Nacional de Justiça. (Redação dada pela Lei nº 14.195, de 2021)".
36 São assim entendidos os atos praticados por todos aqueles que atuam, de qualquer modo no processo, a fim de impedir ou dificultar o adequado desenvolvimento e eficiência no serviço jurisdicional.

cadastro com seus dados junto ao Poder Judiciário, exatamente com fins a facilitar sua intimação e citação, tanto na forma eletrônica quanto por vias eletrônicas.

Destaca-se que, mesmo com o advento de tal norma, a posição do STJ é no sentido de que referida lei não permite ainda o envio de citações e/ou intimações por redes sociais[37].

De outro modo, a **citação realizada por meios eletrônicos**, nada tem com o sistema de **citação eletrônica** ora explicado. Nos termos do que determina a Resolução n. 354/2020 do CNJ c/c a Lei n. 11.419/2006, a citação por meio eletrônico permite a prática do ato por qualquer meio de comunicação, a exemplo de telefone, aplicativos de mensagens e *e-mail*.

Frisamos que o envio da citação por meio eletrônico será realizado pela secretaria do juízo ou pelos oficiais de justiça e pelo próprio autor, nos termos do § 1º do art. 10 da Resolução CNJ n. 354/2020.

No entanto, nada impede que o autor indique em sua inicial endereços eletrônicos, telefones, dados de aplicativos de mensagens no intuito de facilitar a localização do réu, podendo esse endereço ser utilizado como forma de citação por via eletrônica, repita-se, desde que haja elementos de identificação do destinatário, bem como condições de confirmação de seu efetivo recebimento e, por certo, do entendimento do magistrado diante de cada circunstância do caso concreto.

Vale lembrar que, tanto na citação **eletrônica** quanto naquela realizada **por meios eletrônicos** ou, ainda, naquela realizada **por via postal**, será dispensada a utilização de carta precatória para qualquer comarca do país, nos termos do art. 247, ressalvados os seguintes casos:

- ações de estado de pessoa;
- quando o citando for incapaz;
- quando o citando for pessoa de direito público;
- quando o citando residir em local não atendido pela entrega domiciliar de correspondência, ou quando o autor justificar a necessidade de se realizar o ato de outra forma.

b] **Via postal**

Durante algum tempo, a citação realizada pela via postal foi tida como regra em nosso sistema, tendo sido substituída pela eletrônica em tempos mais recentes, em face do desenvolvimento das tecnologias.

Não sendo possível concretizar o ato pela via eletrônica, deverá então ser praticado pela via postal, correio, ressalvados os casos especificados no art. 247 do CPC, em que somente será admitido o ato praticado por mandado (oficial de justiça).

---

37 Conferir clara e importante explicação contida em acórdão proferido no REsp n. 2.026.925/SP, de relatoria da Min. Nancy Andrighi.

São pertinentes, nesse ponto, as considerações feitas pela doutrina de Fredie Didier Jr. (2022, p. 784-785), para quem a vedação do uso da via postal nos casos em que o réu resida em local onde não haja serviço postal parece óbvia, devendo aí ser mesmo realizada por mandado. Contudo, registra o autor, é plenamente razoável, para dizer o mínimo, que, apesar do local ser fisicamente de difícil acesso, possa ser plenamente acessível em termos de rede de comunicação, especialmente a internet, o que possibilitaria a prática do ato por meio eletrônico, não fosse a expressa vedação de seu uso no texto do art. 247 do CPC.

Como já lembrado, a citação pela via postal dispensa a utilização da carta precatória para sua efetivação, nos termos do próprio art. 247, devendo o ato ser enviado por carta diretamente para o endereço do réu.

A citação praticada pela via postal exige o envio de cópia da inicial e do despacho do juiz, como expressamente determina o *caput* do art. 248 do CPC, ressalvada a determinação de procedimento especial de citação para as causas relativas a direito de família, em que o art. 695, § 1º, do CPC determina que o termo de citação deverá conter apenas o estritamente necessário para identificação do réu e seguir desacompanhado de cópia da inicial, podendo o réu, caso queira, buscar as informações que reputa necessárias junto ao processo ou cartório respectivo da vara.

A ideia do legislador, nesse caso específico, é minimizar as tensões provocadas pelo recebimento da cópia da inicial pelo réu nos casos de família, em que as emoções são mais constantes, o que poderá interferir na tentativa de solução do conflito por mediação e/ou conciliação.

Questão resolvida pelo STJ diz respeito ao dever da Fazenda Pública de antecipar as despesas relativas ao ato citatório na execução fiscal.

A referida Corte firmou entendimento pelo rito dos repetitivos (Tema n. 1.054) no sentido de que o valor despendido com o ato citatório está inserido na ideia de custas processuais, não podendo ser confundido com despesas processuais. Nesse sentido, a Fazenda Pública está dispensada de promover o adiantamento de custas relativas ao ato citatório, devendo o recolhimento ocorrer ao final da demanda, no caso de sua sucumbência[38].

c] **Via do oficial de justiça**

A realização da citação por oficial de justiça, mandado, será adotada naqueles casos em que é vedada a utilização das vias eletrônicas e postal, já indicadas no art. 247 do CPC.

O instrumento de citação utilizado pelo oficial de justiça, mandado, exige, na sua formação, algumas informações obrigatórias, destacadas no art. 250 do CPC[39],

---

38 Ver sobre o tema o tratamento ofertado pelo art. 91 e ss. do CPC.
39 Convém lembrar da exceção contida no art. 695, § 1º do CPC.

como nome das partes, seguido dos respectivos endereços, a finalidade daquela citação, indicando as respectivas especificações constantes da inicial, sempre seguido da indicação do prazo que o réu terá para contestação, bem como da expressa indicação das eventuais consequências para a hipótese de sua revelia.

Naquele caso específico das ações de família, já registrado acima, o prazo de resposta do réu terá início apenas a partir da audiência de tentativa de conciliação e/ou mediação, caso esta reste frustrada.

Se o oficial de justiça não localizar o réu após tê-lo procurado por, ao menos, duas vezes em seu domicílio ou residência, ficando caraterizada a intenção do réu de se esquivar do ato citatório, deverá realizar o ato da citação com hora certa.

Para tanto, deverá cientificar qualquer pessoa da família ou, na falta desta, vizinhos ou pessoas que estejam no local de que retornará no dia útil seguinte imediato com fins a efetivar a citação, registrando não apenas o dia do seu retorno, mas sobretudo a hora.

O CPC atual fez constar de modo expresso a possibilidade de a citação ser entregue na portaria que controla o acesso do condomínio em que reside o réu.

Retornando o oficial de justiça no dia e hora designados, estando o réu presente, realizará sua citação de modo pessoal e direto, colhendo assinatura deste; na hipótese de o réu não estar presente, a citação será deixada com quem estiver no local, não havendo necessidade de que este segundo ato seja praticado na mesma pessoa que recebeu a primeira notificação.

d] **Por edital**

Regulada no art. 256 do CPC, a citação por edital será realizada nos casos em que o réu esteja em local desconhecido, incerto ou inacessível, ou, ainda, nos casos previstos em lei.

A legislação processual considera, para fins de inacessibilidade, no ato da citação por edital, o país que recusar o cumprimento de carta rogatória. Isso porque o cumprimento de uma carta rogatória é mera liberalidade resultante de relações diplomáticas entre países.

Quanto a local considerado inacessível, para fins de citação por edital, estabelece o art. 256, § 2º, do CPC que a notícia da citação deverá ser divulgada também pelo rádio, caso haja no local.

Já para o caso de local ignorado, ou incerto, serão assim entendido os casos em que as tentativas de localizar o réu sejam infrutíferas, inclusive nos locais que resultem de informações obtidas junto aos órgãos públicos (art. 256, § 3º).

Salientamos que a citação por edital depende de prévia autorização judicial e é considerada subsidiária, podendo ser utilizada apenas e tão somente nos casos em que se tenha esgotado a via do mandado.

6.10 Formação, suspensão e extinção do processo

6.10.1 Formação do processo

Nos termos do que dispõe o art. 312 do CPC, uma ação é considerada proposta no exato momento em que a petição inicial é protocolada; no entanto, para o réu, especificamente, a demanda só produz efeitos a partir de sua citação válida. Destaca-se, então que a relação jurídica processual é formada e passa a produzir efeitos em momentos distintos para autor e réu. No caso do autor, a propositura da demanda faz a relação processual se constituir de modo linear entre ele e o juiz; e somente com a citação valida é que o réu passa a integrar tal relação.

6.10.2 Suspensão do processo

No curso do processo, poderão surgir situações que exijam a suspensão de seu trâmite. As hipóteses de suspensão do processo são aquelas estabelecidas no art. 313 do CPC vigente.

É de suma relevância diferenciar a suspensão do processo da suspensão do prazo processual.

Na **suspensão do processo**, não se praticam atos processuais, salvo nos casos de risco de lesão a direito, como estabelece o art. 314 do CPC; é o que acontece nas hipóteses elencadas no referido art. 313.

Já na **suspensão do prazo processual**, ocorrem questões relacionadas à prática dos atos ou férias e feriados forenses. Aqui os atos processuais, como uma intimação ou citação, podem ser praticados não correndo qualquer prazo em relação a eles. Imaginemos, por exemplo, a citação do réu realizada durante as férias forenses, o que se mostra plenamente possível; nesse caso, a contagem do prazo para apresentação de sua contestação só terá início após o encerramento de tais férias.

De acordo com a determinação contida no § 4º, a suspensão do processo nunca poderá superar um ano para os casos em que o processo permanecer suspenso para resolução de questões prejudiciais elencadas no inciso V do mesmo art. 313. Para os casos em que a suspensão se deu por requisição das partes, por exemplo para tratativas de acordo, o prazo máximo de suspensão será de seis meses.

Esgotados os referidos prazos, deverá o juiz intimar as partes para que deem o devido andamento ao processo, sob pena de o andamento ser iniciado a revelia das partes.

Na hipótese de a suspensão ocorrer em decorrência de adoção ou parto, prevista no inciso IX, o tempo máximo de suspensão será de 30 dias, de acordo com a disposição do § 6º. No caso do advogado que se tornar pai, o tempo de suspensão do processo será de 8 dias (§ 7º).

Quando da necessidade de se aguardar a solução de questão criminal, ficará suspenso o processo cível pelo prazo máximo de três meses. Não sendo a ação criminal proposta nesse prazo limite, poderá o juízo cível decidir a questão de modo incidental, como estabelece o art. 315, § 1º.

Proposta a ação criminal no referido prazo limite de três meses, ficará a ação cível suspensa por até um ano; não finalizada a ação criminal nesse prazo, poderá o juízo cível resolver incidental na ação cível.

6.10.3 Extinção do processo

O processo será extinto por sentença, determinação contida no art. 316 do CPC.

O processo poderá ser extinto a partir de uma sentença que resolva o mérito, ou sem que o mérito seja resolvido, dependendo da ocorrência das hipóteses elencadas nos arts. 485 e 487 também do CPC.

Registre-se que, apesar de a sentença poder se fundar em qualquer das hipóteses dos referidos artigos, as demais formas de decisão também poderão figurar, a exemplo da decisão interlocutória ou do acórdão.

Em síntese, a sentença que extingue o processo estará fundada certamente em uma das situações dos arts. 485 ou 487; contudo, nem toda decisão fundada nesses artigos será uma sentença. É o que se verifica na decisão que exclui um dos litisconsortes da demanda por falta de legitimidade, ato este que será definido como agravo de instrumento; ou a decisão de segundo grau que verifica hipótese de prescrição, definida por acórdão ou mesmo decisão monocrática do relator.

O art. 203, § 1º, do CPC define a sentença como o pronunciamento do juiz que, com fundamento nos arts. 485 ou 487, põe fim à fase cognitiva do procedimento comum, bem como extingue a execução. Portanto, não se pode afirmar que a sentença coloca fim ao processo, mas sim à fase de cognição, considerando que este processo poderá ainda continuar em nova fase, de liquidação ou mesmo de cumprimento de sentença.

Em qualquer das hipóteses em que o processo seja extinto **sem resolução do mérito**, elencadas no art. 485, deverá o juiz intimar a parte dando-lhe a oportunidade de corrigir o vício, nos termos do que determinam os arts. 317 e 9º do CPC. Quanto às hipóteses específicas de extinção do processo, elencadas no art. 485 do CPC, cabe fazer algumas considerações:

a] **Indeferimento da inicial**

Nesse caso, a extinção do processo ocorrerá de modo liminar, ou seja, antes que o réu tenha sido citado para compor o polo passivo da demanda. Não se fala em extinção do processo por indeferimento da inicial após a citação e resposta do réu, pelo fato de que configuraria uma incoerência do próprio procedimento. Note-se que, se houve a determinação da citação do réu, é porque a inicial foi entendida como apta a produzir seus efeitos na estrutura processual, não havendo mais espaço para se falar em indeferimento.

b] **Abandono do processo pelas partes**

Deixando as partes o processo parado por mais de 1 ano, deverá o juiz intimá-los para que deem o devido andamento sob pena de extinção sem resolução do mérito. Considerando que a ideia que justifica esta determinação é chamar a atenção das partes para eventual falta de andamento do processo por culpa de seus respectivos advogados, a lógica processual impõe que a intimação para retomada de seu andamento deverá ocorrer de modo pessoal nas partes (CPC art. 485, § 1º). Não faria qualquer sentido permitir que a intimação aqui fosse direcionada aos advogados, sendo eles a eventual causa de paralização do processo.

c] **Abandono do processo pelo autor**

Se o inciso II do art. 485 fala em abandono do processo pelas partes, o inciso III alude ao abandono apenas pelo autor. Aqui, assim como no caso anterior, é necessária a intimação pessoal do autor para retomar o andamento da demanda no prazo de cinco dias, sob pena da extinção.

Nesse caso em que se verifica a desídia por parte do autor que deixa de dar o devido andamento ao processo, a Súmula n. 240 do STJ entende que, para a aplicação do art. 485, § 1º, é necessário haver o requerimento do réu, sem o que, não pode ser acolhida de ofício pelo magistrado como determina o § 6º do mesmo artigo, salvo se o réu ainda não estiver inserido na demanda.

Não se pode confundir a figura do abandono com a desistência da ação pelo autor, exigindo-se para que esta ocorra que o advogado tenha poderes especiais e que se faça de modo expresso.

Da mesma forma, não se pode confundir o abandono da causa com a prescrição intercorrente. Esta última se configura quando o autor da ação, seja de conhecimento, seja de execução, deixa de praticar algum ato que seria de sua responsabilidade. Em casos de execução, as situações mais frequentes são: quando o exequente deixa de dar andamento à demanda; quando não se localiza o executado; ou quando não se localizam bens passíveis de penhora.

Apesar de permitido ao autor repropor a ação que tenha sido extinta por falta de andamento ao processo, esta possibilidade está limitada a três vezes, momento em que se configurará a perempção, nos termos do art. 486, § 3º, do CPC. Nesse caso, o autor/exequente ficará impedido de repropor a mesma ação, podendo, no entanto, sustentar seu direito em vias de defesa.

d] **Falta de pressupostos de constituição e desenvolvimento do processo**

Já de início, é preciso ressaltar que nem toda ausência de pressuposto do processo resultará em sua extinção. Em razão da determinação de aproveitamento dos atos processuais, prevista no art. 277 do CPC, somada à regra da instrumentalidade das formas, prevista no art. 283, sempre que possível, o juiz deverá determinar a correção dos atos processuais irregulares, o que permitirá seguir com a demanda. Exemplos disso são a ausência de citação regular do réu ou a incompetência do juízo, casos em que será possível, ao menos em tese, corrigir o vício, tanto com a regularização da citação do réu quanto no encaminhamento dos autos para o juízo competente.

e] **Reconhecer a existência de perempção, litispendência ou de coisa julgada**

Além dos pressupostos processuais positivamente exigidos para constituição e desenvolvimento válido do processo, relativos àquelas práticas de atos que precisam ocorrer, há aqueles fatos processuais que não podem ocorrer, sob pena de impor a extinção da demanda. *Perempção* significa que o autor já deu causa à extinção do processo por abandono por três vezes, ficando impedido de repropor a mesma ação (art. 486, § 3º, CPC).

Também a litispendência não pode ser verificada, sob pena de exigir a extinção da demanda proposta em segundo momento. Sabe-se que a litispendência ocorrerá quando duas ou mais ações estiverem tramitando simultaneamente com os mesmos três elementos internos – partes, pedido e causa de pedir. A mesma situação ocorre com a coisa julgada, diferenciando esta da litispendência apenas quanto ao momento em que as demandas se encontram, como se verifica da redação do § 1º do art. 337 do CPC. Estando as demandas com os mesmos elementos em trâmite, litispendência, de outro modo, tendo sido o mérito de uma delas julgado, ocorre a coisa julgada.

f] **Verificar ausência de legitimidade ou interesse de agir**

As condições da ação são analisadas *in status assertionis*, ou seja, de acordo com a narrativa abstrata contida na inicial do autor. Assim, tanto a legitimidade quanto o interesse de agir devem ser considerados presentes na lide quando os elementos de narrativa do autor permitem ao juiz, em abstrato, concluir pela configuração de ambas as condições. Se o autor narra na sua inicial ter emprestado certa quantia ao réu, não tendo este restituído o valor nos termos do convencionado entre as partes, considerará preenchidas as duas condições da ação. A demonstração da inverdade dos fatos a partir da instrução probatória conduz à sentença de improcedência, e não mais de ausência das condições da ação.

g] **Acolher a existência de convenção de arbitragem, ou quando o juízo arbitral reconhecer sua competência**

A existência de convenção arbitral em negócio jurídico firmado livremente entre as partes tem por consequência o afastamento da jurisdição do Estado, ficando este impedido de atuar na solução da lide. No entanto, caberá ao réu invocar em sua contestação a existência de tal convenção requerendo a extinção da demanda judicial, não podendo o magistrado acolhê-la de ofício, como expressamente veda o art. 337, § 5º, do CPC.

h] **Homologar a desistência da ação**

Nesse ponto, não se pode confundir desistência da ação e renúncia do direito. A **desistência** representa o fato de o autor abdicar de seu direito de ação, estando ela já proposta. Desde que o réu não tenha sido validamente citado, poderá o autor desistir de sua ação, livremente e sem anuência do réu; se após a citação, somente com expressa anuência deste. Já a **renúncia** significa o autor abrir mão de seu próprio direito material, o que pode ocorrer tanto antes de a ação ser proposta quanto durante seu curso.

Nos termos do art. 200, parágrafo único, do CPC, a desistência da ação pelo autor só produzirá seus efeitos após a devida homologação pelo juiz da causa.

i] **Quando o direito material for considerado intransmissível no caso de morte da parte**

As ações de caráter personalíssimo não admitem a presença de sujeitos estranhos àquele direito no processo, de modo que, quando morre o titular desse direito, a demanda precisa ser extinta. É o que ocorre, por exemplo, com a ação em que se discute o direito a benefício previdenciário da parte.

j] **Nos demais casos previstos em lei**

Há outros inúmeros casos além dos anotados no presente artigo que, verificada a hipótese descrita, implicam extinção do processo sem resolução do mérito. É o que se verifica, a título de exemplo, na falta de regularização de vício de capacidade, descrito no art. 76, § 1º, inciso I, do CPC, ou quando não atendida a ordem de aditamento da inicial, descrita no art. 303, § 2º, e ainda, no art. 102, parágrafo único, que determina a extinção do processo sem resolução do mérito no caso de indeferimento da gratuidade sem que a parte recolha as custas devidas, além de outras situações descritas ao longo da legislação processual.

Todavia, há casos em que o processo será extinto **com resolução do mérito**. Nesse sentido, estabelece o art. 487 do CPC que tal decisão de mérito ocorrerá:

a] **Quando sentença acolher ou rejeitar o pedido constante na ação ou na reconvenção.**

O objetivo maior da demanda proposta pelo autor ou pelo réu-reconvinte é, de fato, ver o mérito resolvido por meio de sentença. Regularmente proposta e obedecida a regularidade formal, com preenchimento dos pressupostos e condições da ação, deverá o magistrado se manifestar sobre o mérito da demanda, acolhendo a pretensão do autor e, no caso da reconvenção, a pretensão do réu-reconvinte, sobre o que pesará o devido trânsito em julgado, tornando aquela decisão de mérito imutável.

b] **Decidir, de ofício ou a requerimento, sobre a ocorrência de decadência ou prescrição**

A ocorrência da prescrição, implicando a perda do direito de ação para o autor, e a decadência, que resulta na perda do próprio direito material, resultarão na imediata extinção do processo com resolução do mérito.

Não se pode perder de vista a regra estabelecida no parágrafo único do art. 487 do CPC, a qual determina que o reconhecimento da prescrição ou decadência exige prévia manifestação das partes, ressalvada a hipótese em que tal acolhimento ocorra desde logo na análise da inicial, situação em que provocará a improcedência liminar do pedido do autor, nos termos do art. 332, § 1º.

Questão relevante é saber que se, no caso de acolhimento de prescrição ou decadência liminarmente, haverá incidência de custas e honorários sucumbenciais. O entendimento firmado pelo STJ é no sentido de que restando reconhecida a prescrição e a decadência liminarmente, ou seja, sem que o réu tenha sido citado para a demanda, não há que se falar em sucumbência a ser imposta ao autor. Entretanto, tendo tal reconhecimento ocorrido após a citação do réu e a oferta de resposta, eventualmente tendo tal acolhimento decorrido de manifestação deste, deverão incidir os ônus da sucumbência. Diversamente, resta pacificado na jurisprudência do STJ que, no caso de reconhecimento da prescrição ou decadência intercorrente, independentemente de decorrer da manifestação do executado, não haverá incidência dos ônus da sucumbência, aplicando-se a regra contida no § 5º do art. 921 num caso e noutro (REsp n. 2.075.761/SC).

c] **Decisão que homologa transação ou reconhecimento do pedido**

Assinalamos que reconhecimento do pedido guarda distância de confissão, na medida em que esta resulta do reconhecimento da ocorrência de um fato, sendo plenamente compatível com a negativa do pedido, ao passo que o reconhecimento do pedido, implicará naturalmente a extinção da demanda com a imposição da sucumbência sobre o réu.

d] **Decisão que homologar a renúncia à pretensão do autor ou do réu-reconvinte**

Apresentando o autor sua manifestação de renúncia ao direito pretendido, assim como o réu-reconvinte, a demanda torna-se sem objeto, devendo ser extinta com resolução do mérito. Não há aqui, assim como no caso de transação, prescrição, decadência, propriamente uma decisão sobre o mérito, mas a solução do conflito inicialmente posto em juízo. Não se perca de vista que a renúncia pesa sobre o próprio direito material pretendido pelo sujeito ativo da relação processual, sendo causa extintiva de obrigação, pelo fato de o autor abrir mão de seu direito.

6.11 Tutela provisória

6.11.1 Conceito

A tutela provisória é um instituto do direito processual que permite, diante de determinadas circunstâncias do caso concreto, pleitear a entrega de direitos em vias de mera cognição sumária, ou seja, sem o exaurimento das vias cognitivas do processo, chamada de tutela definitiva, em oposição àquela de natureza provisória.

Essa espécie de tutela encontra seu fundamento constitucional na garantia do acesso à justiça, prevista no art. 5º, inciso XXXV, em que se estabelece como garantia fundamental do processo o direito do sujeito de pleitear junto ao Estado-juiz determinada providência jurisdicional com o fito de impedir a violação de um direito seu.

De acordo com a determinação contida no art. 294 do CPC, a tutela provisória pode ocorrer com fundamento na urgência ou na evidência. Na sequência, o parágrafo único do mesmo artigo estabelece que, no caso da tutela de urgência, poderá, ainda, ser de natureza cautelar ou antecipada, antecedente ou incidental. Visando mais clareza na classificação, analisamos esses casos separadamente.

6.11.2 Tutela de urgência

Caracteriza-se nos casos em que a necessidade da antecipação esteja fundada em dois requisitos, quais sejam: i) probabilidade do direito; ii) perigo de dano irreparável ou de difícil reparação, como determina o art. 300 do CPC.

A probabilidade do direito pleiteado se configura nos casos em que o requerente demostra indícios sobre sua titularidade em relação ao direito pleiteado. Quanto mais concretos forem esses indícios, mais próximo o direito estará do requerente. Diante da impossibilidade de cognição exauriente, em face da urgência, deverá o juiz se aproximar tanto mais possível da garantia de que o direito pleiteado é de titularidade do requerente.

Essa dosimetria sobre a suficiência da probabilidade ocorre diante do caso concreto, não sendo possível estabelecer forma concreta de caraterização.

Já o perigo de dano irreparável ou de difícil reparação se caracteriza pelo risco iminente e real de se perder o direito. Esse risco não pode ser hipotético, exigindo a demonstração, ainda que em vias de cognição sumária, do risco de lesão. Imagine-se, a título de exemplo, o pedido de medicamento para determinada doença degenerativa e que possa causar lesão irreversível ou até mesmo a morte da pessoa. O laudo elaborado pelo médico que acompanha o tratamento da parte afirmando que há risco de tal lesão e/ou morte, acompanhado de exames médicos que comprovam a narrativa do laudo, já se mostra suficiente para concessão da medicação.

A concessão da tutela de urgência poderá ocorrer de modo antecipado ou cautelar. No primeiro caso, entrega-se à parte requerente o próprio direito material pleiteado no processo, total ou parcialmente. Nisso difere do julgamento antecipado da lide, no sentido de que, neste último, a cognição já é exauriente, ao passo que na antecipação da tutela a cognição é sumária, consubstanciada nos requisitos indicados nas linhas acima.

A depender do grau de urgência envolvido no caso concreto, a concessão da tutela de urgência antecipada poderá ocorrer antes da citação do requerido, postergando-se a efetivação do contraditório. No entanto, concluindo o magistrado que, apesar da urgência, ela permite a realização do contraditório, será assim determinado, ouvindo-se primeiro o requerido e, depois, decidindo sobre a concessão ou não da tutela antecipada.

Há ainda casos em que a urgência justifica o pedido de tutela antecipada antes mesmo da apresentação do pedido principal, no qual a elaboração da petição inicial completa pode agravar o risco de lesão ao direito pleiteado. Nesse caso, poderá o autor apresentar petição apenas pautada na demonstração factual da probabilidade do direito, nas provas de que já dispõe para convencer o magistrado tanto quanto possível, além da indicação do risco de lesão iminente a direito, tendo-se, então, a tutela de urgência, antecipada e antecedente. Concedida a medida, deverá o requerente apresentar o pedido principal, complementando a narrativa dos fatos e o reforço na instrução probatória, tudo no prazo de 15 dias, sob pena da revogação da ordem judicial, nos termos do que dispõe o art. 303, § 1º, inciso I, do CPC.

Havendo condições materiais e, sobretudo de tempo, a tutela de urgência, antecipada, poderá ser requerida incidentalmente na demanda, já na peça inicial.

Há casos em que o que se pretende não é a obtenção antecipada do próprio mérito, mas a obtenção de alguma medida que garanta a efetivação da ordem judicial final. Nesse caso, tem-se a tutela de urgência, de caráter cautelar, como autoriza a redação do art. 297 do CPC. Imagine-se a prática de atos pelo devedor no sentido de praticar atos de dilapidação de bens com intuito de causar dano a seu credor. Poderá, em casos assim, ser requerida, por exemplo, a indisponibilidade de bens do devedor, para que, ao final da demanda, condenado ao pagamento, haja bens preservados para o pagamento, seja por meio de arresto, sequestro, arrolamento de bens, registro de protesto contra alienação de bens etc., devendo tais medidas ser entendidas como meramente exemplificativas.

6.11.3 Tutela de evidência

Diversamente do que se verifica na tutela de urgência, na tutela de evidência, não há exigência do requisito do risco de dano irreparável ou de difícil reparação. São casos em que há probabilidade do direito pleiteado justificando a entrega imediato do direito ao requerente. Outra hipótese a justificar a tutela de evidência ocorre no caso de atuação protelatória da parte. Aqui a concessão da tutela antecipada com fundamento na evidência surge como medida punitiva àquele que agride a legitimidade da atuação jurisdicional com seus atos.

O art. 311 do CPC estabelece as circunstâncias que permitirão a concessão da tutela antecipada fundada na evidência.

É o caso da reintegração de posse esbulhada com menos de ano e dia (art. 562 CPC), ou o caso em que o réu se esquiva do ato citatório.

Também exemplifica isso o pedido de restituição de coisa entregue em depósito, em que o autor apresenta referido contrato juntamente de seu pedido de tutela, caso em que deverá o juiz determinar o imediato cumprimento do contrato com a restituição da coisa.

A tutela provisória, segundo dispõe o art. 296 do CPC, conservará sua eficácia até o julgamento final do mérito, podendo, no entanto, ser revogada a qualquer momento, bastando que se convença o magistrado de que não se justifica mais a sua conservação.

Quando pleiteada de modo incidental, nenhuma dúvida surgirá quanto à competência do juízo para o pedido de tutela provisória. Já no caso do pedido antecedente, ou seja, antes mesmo da apresentação do pedido principal, deverá ser endereçada ao juízo que teria competência para o pedido principal. Isso significa que deverá o autor seguir a mesma regra de competência a ser adotada para a demanda principal, ficando esta preventa para seguir com ação até o final de seu julgamento, nos termos do art. 299 do CPC.

O art. 304 do CPC prevê a possibilidade de a tutela antecipada tornar-se estável, nos casos em que, concedida a medida liminar, não for interposto recurso de agravo de instrumento pelo requerido, tendo por consequência a imediata extinção do processo com julgamento do mérito, transmudando a tutela de provisória em definitiva.

Apesar de ser expresso o artigo em comento quanto à necessidade de interposição de agravo de instrumento para se evitar a estabilização da demanda, dúvida surgiu sobre a possibilidade de apresentação de a contestação, e não agravo de instrumento, produzir o mesmo efeito. Em resposta, a Primeira Turma do STJ decidiu que somente a interposição do recurso de agravo de instrumento, exatamente como preceituado pelo artigo, tem o condão de impedir a estabilização da demanda (REsp n. 1.797.365/RS).

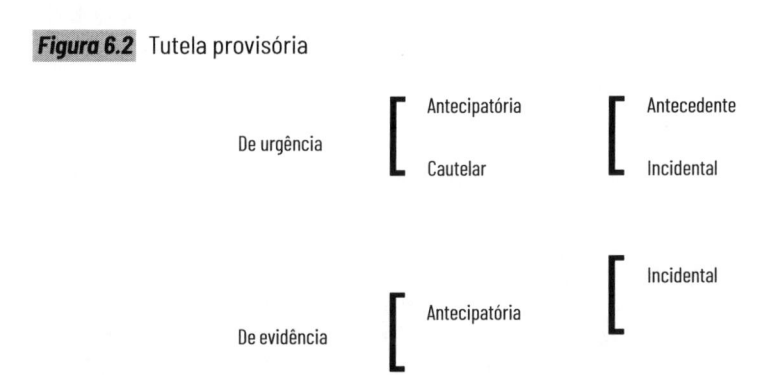

Figura 6.2 Tutela provisória

De urgência
- Antecipatória
  - Antecedente
  - Incidental
- Cautelar

De evidência
- Antecipatória
  - Incidental

6.12 Procedimento comum

6.12.1 Conceito

O processo de conhecimento poderá adotar rito determinado por leis especiais ou, na inexistência de tais leis, adotar o procedimento comum. Nesse sentido, como determina o parágrafo único do art. 318 do CPC, a adoção do procedimento comum ocorrerá de modo subsidiário; não sendo caso de procedimento especial, determinado por lei própria, será o caso do comum.

As regras do procedimento comum estão previstas a partir do art. 318 e seguintes do CPC.

A Figura 6.2, acima, ilustra esquematicamente como se subdividem os casos de tutela provisória.

6.12.2 Petição inicial

A petição inicial é o instrumento por meio do qual o autor provoca a atuação da jurisdição buscando a solução da lide apresentada, sempre nos limites ali estabelecidos na narrativa do autor.

A petição inicial representa, assim, a materialização do direito abstrato de ação do autor, dirigido contra o Estado, para que este exerça a função que lhe cabe de prestar a tutela jurisdicional do demandante.

Incide sobre a petição o princípio da congruência, em que cabe ao magistrado atuar nos estritos limites postos pelo autor na sua inicial, como determina o art. 492 do CPC, não configurando violação a tais parâmetros a manifestação do julgador sobre matérias consideradas de ordem pública. Nessa linha, determina o art. 493 do CPC que, se durante o trâmite da demanda ocorrer algum fato constitutivo, modificativo ou extintivo do direito, vindo a influir no resultado do julgamento do mérito, deverá tomá-lo em consideração, inclusive de ofício.

6.12.2.1 Requisitos da inicial

O art. 319 do CPC elenca os requisitos que deverão ser observados pelo autor na elaboração de sua inicial:

I] **O juízo a que é dirigida**

Na determinação da competência, devem ser levadas em consideração as regras já analisadas quando tratamos da matéria. Percebe-se que a redação do dispositivo se refere a juízo e não mais a juiz. O primeiro diz respeito ao órgão jurisdicional competente, o segundo está relacionado ao magistrado julgador. A petição inicial, portanto, será endereça ao órgão jurisdicional, sendo dele a competência e não do julgador subjetivamente considerado.

II] **Os nomes, os prenomes, o estado civil, a existência de união estável, a profissão, o número de inscrição no Cadastro de Pessoas Físicas ou no Cadastro Nacional da Pessoa Jurídica, o endereço eletrônico, o domicílio e a residência do autor e do réu**

A adequada qualificação dos sujeitos do processo é premissa para a eficiência da prestação jurisdicional. A falta de elementos de identificação do réu, por exemplo, implicará na dificuldade de realização da citação válida e célere.

Nesse ponto, algumas ponderações se fazem necessárias, a exemplo do estado civil e da eventual existência de união estável. É preciso chamar a atenção para o fato de que união estável não configura estado civil; portanto, a pessoa que vive em união estável, deve ser qualificada, com seu estado civil (viúva, solteira ou separada), fazendo constar que está em união estável.

O CPC vigente também faz a exigência de que conste na qualificação da parte seu CPF. Apesar de se destinar à identificação tributária, a exigência se justifica com fins a evitar o erro causado por homonímia.

Da mesma forma, a exigência imposta no CPC/2015 de inserir na qualificação o endereço eletrônico das partes visa à agilidade na prática dos atos de informação do processo. O advento da Lei n. 11.419/2006, combinado com o CPC/2015, inseriu no sistema processual a utilização das vias eletrônicas para prática de atos processuais, permitindo o uso de aplicativos de mensagens e *e-mails* como via de comunicação processual.

III] **Fatos e fundamentos jurídicos do pedido**

Sendo a petição um ato processual, de natureza instrumental, que tem por objeto central conduzir até o Estado-juiz a narrativa sobre um conflito que exige solução imparcial, mostra-se indispensável que o autor apresente as razões jurídicas que justificam seu pedido. Não se trata de alojar nesse campo da inicial referências a artigos legais, mas de estabelecer o liame, a ligação direta entre o fato ocorrido e o direito. Ressalvamos que, não se está aqui dizendo que não possa o autor mencionar no contexto da construção da subsunção do fato a norma, as referências legais, doutrinárias e jurisprudenciais, mas que não é isso que irá configurar o fundamento jurídico. Por exemplo, o fundamento jurídico do pedido de reintegração ou manutenção da posse é o direito legalmente estabelecido de usufruir da posse legítima de forma mansa e pacífica, seja ela decorrente de um contrato, do direito de propriedade; ou o exercício do direito de liberdade, como fundamento do direito do pedido de divórcio, atribuindo a pessoa o pleno direito de decidir com quem quer viver em união conjugal.

IV] **O pedido com suas especificações**

No Capítulo 5, analisamos as caraterísticas de configuração do pedido. No entanto, convém apresentar ainda algumas considerações sobre as formas e as espécies de pedido que podem ser apresentados pelo autor em sua inicial e, sobretudo, a importância do acerto na definição do pedido, visto que servirá de baliza para a atuação jurisdicional, impedindo que a decisão fuja aos limites ali postos.

a] **Pedido único**

O pedido único, simples, caracteriza-se nos casos em que o autor apresenta contra o réu um único pedido pautado nos fatos narrados na sua inicial.

b] **Pedido cumulado**

O pedido será considerado cumulado nos casos em que o autor apresentar mais de um pedido. Pode este se classificar em pedido cumulado alternativo, necessário e subsidiário.

O pedido será considerado **cumulado de modo necessário** quando o autor apresentar mais de um pedido, pretendendo receber todos eles, de modo que, na hipótese de recebimento de apenas um, poderá eventualmente interpor recurso, em face da parcial sucumbência, insistindo junto ao tribunal competente no recebimento de todos os pedidos inicialmente apresentados.

De outro modo, o pedido será considerado **cumulado de modo alternativo** (art. 325) quando o autor, apresentando mais de um pedido, aceitar que a obrigação se cumpra com a entrega de qualquer deles. Aqui, considerando que o autor aceitou que a obrigação fosse cumprida com a satisfação de qualquer de seus pedidos, lhe faltará interesse recursal para exigir que lhe seja entregue pedido diverso do recebido.

Por fim, no caso em que o autor apresenta mais de um pedido, indicando um deles como o principal e aceitando outro na impossibilidade do primeiro, estará configurado o pedido **cumulado subsidiário** (art. 326). Exemplifica isso caso em que o autor pede a substituição do produto com defeito e, na impossibilidade completa de ter atendido esse pedido, aceita a restituição do valor pago devidamente corrigido.

c] **Pedido determinado**

O art. 324 do CPC estabelece que, como regra, o pedido do autor deve ser determinado. Entende-se por *pedido determinado* aquele que se apresenta definido pela sua espécie, mostrando-se insuficiente a indicação de pedido apenas considerando seu gênero. É o exemplo do pedido de pagamento de parcela atrasada de financiamento, em que se exige do autor a indicação exata da parcela que está sendo cobrada, ou o exemplo do autor que pretende ter seu dado reparado, devendo indicar, tanto nos fatos narrados quanto no pedido propriamente dito, qual é exatamente o dano a ser reparado – se moral, patrimonial, estético etc. – e o valor correspondente.

d] **Pedido certo**

Apesar de apresentados aqui de modo isolado, o que se faz apenas para fins didáticos, o pedido do autor deve ser sempre certo e determinado, como impõem os arts. 322 e 323 do CPC.

Entende-se por *pedido certo* aquele que é apresentado de modo expresso, não podendo ser extraído das entrelinhas da narrativa da inicial do autor. É o pedido que não deixa dúvidas, tanto ao juiz quanto ao réu.

Somados, os arts. 322 e 323 do CCP impõem ao autor a necessidade de seu pedido ser sempre certo e determinado, devendo o juiz interpretar o pedido apresentado a partir do conjunto da postulação, considerando sempre o parâmetro da boa-fé, como determina o parágrafo único do art. 322.

e] **Pedido genérico**

A regra, como exposto no item anterior, é que o pedido do autor seja apresentado de modo certo e determinado. Contudo, o § 1º do art. 324 elenca determinadas situações em que o pedido do autor poderá ser apresentado genericamente:

- **No caso das ações universais, se o autor não puder individuar os bens demandados** – Trata-se daqueles casos em que o autor não tem condições de definir seu pedido de modo exato em razão da universalidade dos bens. É o que ocorre no caso do inventário e da falência, em que o autor sabe que tem direito a receber algo, não podendo indicar exatamente o quê.
- **Quando não for possível determinar, desde logo, as consequências do ato ou do fato** – Há situações em que as consequências de um ato ou fato somente serão passíveis de determinação após a restituição da situação anterior. É o caso da indenização decorrente de invasão e depredação de imóvel, em que somente após a reintegração da posse é que o autor terá condições de apurar seu prejuízo; ou, ação em que se pede para condenar plano de saúde a custear tratamento médico que ainda está em curso, ou eventualmente não tenha sequer iniciado, a quantificação do pedido só será possível após o tratamento concluído, sendo este o momento em que o autor terá condições de especificar seu pedido.
- **Quando a determinação do objeto ou do valor da condenação depender de ato que deva ser praticado pelo réu** – Há casos em que será necessário que o réu pratique determinado ato para que o autor tenha condições de quantificar e definir seu pedido. Ilustra isso situação em que o autor necessita de documento que esteja em posse do réu para poder definir seu pedido.

Regra de fundamental relevância nos casos em que o autor pretende cumular pedidos vem disposta no art. 327, § 1º. A primeira delas diz respeito à compatibilidade entre os pedidos, além de que o juízo seja competente para julgar todos os pedidos apresentados e que o procedimento igualmente seja compatível entre os pedidos.

Especificamente para o caso da compatibilidade do procedimento, sendo eles distintos, as demandas tramitarão pelo procedimento comum, como determina o § 2º do mesmo art. 327.

Apresentada a petição pelo autor, poderá ele aditar pedido e causa de pedir, independentemente de aceitação do réu, desde que antes da citação. Realizada a citação, o aditamento do pedido e causa de pedir só poderá ocorrer com anuência do réu; saneado o processo, o aditamento não será mais admitido, ainda que com consentimento do réu, o que se faz necessário para a estabilização da demanda e segurança na decisão do mérito.

v] **Valor da causa**

O art. 291 do CPC estabelece que a toda causa será atribuído um valor, sendo este um requisito obrigatório de qualquer petição inicial.

O que explica tal exigência é o fato de que as demandas judiciais devem recolher custas judiciais, sendo o valor atribuído à causa o critério para o cálculo de tais custas; além disso, o valor da causa serve como critério para definição das ações de competência dos juizados especiais, sendo esta competência relativa, no caso do juizado especial cível[40], e absoluta no caso dos juizados especiais federal[41] e da Fazenda Pública[42].

O critério adotado para definição do valor de cada causa é o legal. Nesse sentido, estabelece o art. 292 as regras para definição do valor de algumas causas, sem prejuízo de outras previsões legais:

- na ação de cobrança de dívida, por exemplo, o valor da causa deverá corresponder ao valor da dívida devidamente corrigido, incluindo juros de mora, eventuais penalidades previstas no negócio, até a data da propositura da demanda;
- nas ações que visam à declaração de inexistência, validade, cumprimento, modificação, resolução ou resilição ou ainda, rescisão de negócio jurídico, o valor da causa corresponderá ao valor do negócio ou à fração sobre a qual pende o litígio;
- nas ações de alimentos, o valor da causa corresponderá a 12 prestações mensais da quantia pedida pelo autor;

---

40 Lei n. 9.099/1995 art. 3º, inciso I.
41 Lei n. 10.259/2001, art. 3º.
42 Lei n. 12.153/2009, art. 2º.

- nas ações de divisão, demarcação ou reivindicação da coisa, o valor corresponderá ao valor do bem, no todo ou em parte;
- na ação de indenização, ao valor pretendido;
- no caso de haver cúmulo de pedido, o valor da causa corresponderá à soma dos pedidos do autor;
- na hipótese de pedido alternativo, ao maior valor pretendido;
- se apresentado pedido subsidiário pelo autor, o valor da causa corresponderá ao valor do pedido principal; e
- no caso de pedidos de parcelas vencidas e vincendas, à soma de todas elas.

O erro do valor de causa tem natureza de ordem pública, podendo ser corrigido de ofício pelo magistrado, como bem anota o art. 292, § 3º, do CPC.

Pretendendo o réu impugnar o valor da causa apresentado pelo autor em sua inicial, deverá fazê-lo em vias de contestação, sob pena de tornar-se matéria preclusa como impõe o art. 293 do CPC.

Questão delicada perdura ainda hoje sobre a definição do valor de causa nas ações em que se pede reparação por danos morais.

Sendo a moral elemento subjetivo, decorrente de constrangimento, dor íntima, sentimentos ofendidos, é natural que o valor do pedido seja apresentado de modo claro pelo autor e, de fato, assim tem de ser.

Definitivamente, não pode o autor atribuir à causa de dano moral valor meramente para fins de recolhimento de custas. O valor da causa deve corresponder ao valor pretendido pelo autor, conforme determina o art. 292, inciso V, do CPC.

No entanto, já se mostra pacífica a jurisprudência do STJ no sentido de que esse valor atribuído pelo autor não vincula o julgado, servindo meramente de baliza ao magistrado[43]. Em continuidade desse raciocínio, diante da sucumbência recíproca gerada da não concessão da totalidade do valor requerido, o STJ emitiu a Súmula 326, estabelecendo que na ação de indenização por dano moral, a condenação em montante inferior ao postulado na inicial não implica sucumbência recíproca, exatamente pelo fato de que, apesar de o magistrado concluir pela caraterização do fato gerador no caso concreto, não está obrigado a conceder ao autor a totalidade do valor pleiteado por ele.

VI] **As provas com que o autor pretende demonstrar a verdade dos fatos alegados**

Ao apresentar sua inicial contendo a narrativa dos fatos que constituem seu direito, mostra-se dever do autor apresentar conjuntamente todas as provas de que dispõe e que poderão convencer o magistrado de sua razão na demanda, nos termos do art. 320 do CPC.

---

43 Conferir: STJ, REsp n. 1.837.386/SP, 4ª Turma.

Esse momento é preclusivo quando se trata de provas documentais como decorrência do dever de lealdade que se impõe sobre a postura das partes no processo, nos termos do que dispõe o art. 5º do CPC.

Estabelece o art. 435 do CPC que é lícito a qualquer das partes, em qualquer tempo, juntar aos autos documentos novos, quando destinados a fazer prova de fatos ocorridos depois dos articulados ou para contrapô-los aos que foram produzidos nos autos.

Sendo assim, não se admite no processo que a parte segure uma prova consigo, escolhendo o momento mais oportuno para trazê-la aos autos, ou que, por negligência, deixe de apresentar as provas que já possua, exatamente porque o processo, apesar de destinado à solução de conflito, deve transcorrer sempre pautado pela ética e boa-fé.

É fundamental que o autor já indique na inicial quais outras provas, além daquelas já anexadas junto da inicial, pretende ainda produzir na fase de instrução – pericial, testemunhal, depoimento pessoal etc.

VII] **Opção do autor pela realização ou não da audiência de conciliação ou mediação**

Uma das importantes tônicas trazidas pelo CPC/2015 tem sido exatamente transformar a cultura da sociedade sobre o meios de solução de conflitos, trazendo a mediação e a conciliação para linha de frente.

Com isso, é necessário que o autor, já na sua inicial, diga sobre o interesse em participar da audiência de conciliação e/ou mediação, mas não é tão simples assim. Para que tal audiência não ocorra, é necessário que tanto o autor quanto o réu se manifestem no sentido de não ter interesse na participação. A ideia é exatamente mostrar às partes que o conflito que está em pauta no processo é delas; logo, se faz necessário que elas também busquem meios de solucioná-lo, não sendo mais admissível que atribuam a exclusividade da solução ao Estado-juiz.

A exigência da manifestação do autor na sua inicial sobre participação em audiência de conciliação e mediação visa mais chamar a atenção para a necessidade de colaboração da parte na solução do conflito do que propriamente impor um comportamento; o não preenchimento desse requisito pelo autor não deve resultar em inépcia da sua inicial, tampouco determinação de emenda, bastando a incidência do art. 334, § 4º, inciso I, do CPC.

Vale lembrar que, mesmo as partes se manifestando expressamente pelo desinteresse na participação dessa audiência, poderá o magistrado determinar sua realização caso entenda haver espaço para a conciliação e/ou mediação; portanto, não pode tal requisito ser visto como elementar à estrutura da petição inicial do autor.

6.12.2.2 Indeferimento da inicial

O art. 330 do CPC estabelece as situações em que a petição inicial do autor será indeferida.

A primeira das hipóteses ocorre quando a inicial é tida por inepta. Portanto, inépcia da inicial é causa de indeferimento e não sinônimo seu.

A inépcia da inicial caracteriza-se, segundo dispõe o § 1º do mesmo artigo, quando: verificado vício relativo ao pedido ou a causa de pedir, como no caso da inicial que se apresenta desprovida de pedido; o pedido não decorre logicamente dos fatos narrados; o autor apresenta pedido indeterminado fora das hipóteses autorizadas em lei; ou os pedidos apresentados se mostrarem incompatíveis entre si.

A falta de interesse processual, como condição da ação, é outro requisito que, se ausente, poderá resultar no indeferimento da inicial. Sabe-se que o interesse de agir se configura pela demonstração da necessidade da atuação jurisdicional para solução do conflito. Imagine-se a propositura de ação de cobrança de dívida ainda não vencida, ou uma execução sobre documento que não se apresenta como título apto a execução. Estes são exemplos de falta de interesse processual, ou seja, casos em que a atuação jurisdicional do Estado não se mostra necessária, ou se mostra inadequada a via tomada pelo autor, levando ao indeferimento de sua inicial, nos termos do inciso III do art. 330.

A ilegitimidade de parte, outra condição da ação, somente resultará no indeferimento da inicial quando se configurar como manifesta, nos termos da exigência do inciso II. A ilegitimidade de parte só será tida por manifesta quando independer de provas para sua conclusão, ou seja, verifica-se naqueles casos em que a ilegitimidade da parte decorre da simples análise da inicial, como no exemplo de ação de cobrança de aluguel por quem não seja locatário ou sublocatário nos termos do contrato de locação firmado entre as partes.

Nos casos em que a conclusão pela ilegitimidade dependa de análise de provas e/ou de aprofundamento da investigação mérito, não poderá o juiz fazê-lo com fundamento no inciso II c/c art. 485, inciso I, do CPC, mas como improcedência da demanda quando a ilegitimidade se confundir com o próprio mérito, nos termos do art. 487, inciso I, do CPC.

Frisamos que não poderá o magistrado, em qualquer hipótese, indeferir a inicial sem antes intimar o autor, na pessoa de seu advogado, para sua emenda no prazo de 15 dias, como determina o art. 321.

Uma vez indeferida a inicial, poderá o autor interpor recurso de apelação, no prazo e nas condições legais, requerendo a reforma da decisão. Referido recurso será endereçado ao próprio juiz da causa, que poderá retratar-se no prazo de 5 dias. Se assim o fizer, será o réu citado para contestar a demanda, perdendo a apelação seu objeto; de outro modo, deverá o magistrado encaminhar o referido recurso ao Tribunal correspondente para sua análise, tudo como determina o art. 331.

6.12.2.3 Improcedência liminar do pedido

O CPC traz em seu art. 332 as hipóteses em que o juiz poderá julgar o mérito da demanda improcedente liminarmente, sem, portanto, ser o réu sequer citado.

De início, cabe observar que tal hipótese só poderá ser verificada nos casos em que não se faça necessária a fase instrutória.

Incide a regra do artigo analisado quando, por exemplo, o pedido do autor contraria enunciado de súmula do STF ou do STJ, ou ainda acórdão proferido por esses tribunais superiores, especificamente no sistema de recursos repetitivos. Outra hipótese em que poderá o juiz dar como improcedente a demanda do autor liminarmente, ocorre no caso em que o pedido do autor contraria entendimento já firmado em procedimento de incidente de resolução de demanda repetitiva (IRDR), ou contraria súmula do Tribunal de Justiça quando a demanda estiver fundada em direito local, além ainda dos casos de conclusão pela ocorrência de prescrição ou decadência.

Em qualquer desses casos, o réu será apenas intimado para tomar ciência quanto ao trânsito em julgado da demanda do auto, não havendo que se falar em direito a honorários de sucumbência exatamente pelo fato de o réu não ter sido envolvido na demanda.

Como se verificou no caso de indeferimento da inicial, aqui também poderá o autor apelar ao tribunal correspondente, cabendo ao juiz se manifestar no prazo de 5 dias considerando ou não sua decisão, tudo nos termos do que dispõe o art. 332 do CPC.

6.13 Resposta do réu

6.13.1 Ideia geral

Proposta a ação pelo autor, estando a inicial apta a produzir seus efeitos e tendo o réu sido validamente citado, nasce de imediato seu direito de resposta como desdobramento natural da garantia do contraditório e da ampla defesa.

No processo civil, a resposta do réu se constitui em mero ônus e não obrigação, de modo que, não se manifestando o réu no prazo legal de 15 dias, será considerado revel, sujeito às consequências que dela decorrem.

O prazo de resposta do réu terá início:

- da data da audiência de conciliação ou de medicação, ou, ainda, da última sessão de conciliação;
- do protocolo de pedido de cancelamento da audiência de conciliação ou mediação apresentado pelo réu, no caso em que este não tiver interesse na conciliação ou mediação;
- de acordo com o modo de realização da citação, nos termos do art. 231 do CPC, o prazo de resposta do réu terá um momento específico para seu início.

Regra importante vem disposta no § 1º do art. 335 do CPC. Na hipótese de haver litisconsortes passivos na demanda, o prazo terá início a partir do momento em que cada um deles apresentar manifestação dispensando a audiência de conciliação.

Todavia, no caso de o autor desistir da demanda em relação a um ou alguns dos litisconsortes, o prazo de resposta para os demais correrá da data de intimação da decisão que homologar a desistência, conforme determina o § 2º do mesmo artigo.

Em decorrência do princípio da eventualidade, também chamado de *concentração dos atos de defesa*, adotado em nosso sistema processual no art. 336 do CPC, incumbe ao réu alegar em sua defesa, em única oportunidade, toda matéria de fato e de direito, além de especificar as provas com que pretende demonstrar suas alegações, sob pena de preclusão.

A nomenclatura *eventualidade* decorre exatamente da ideia de que poderá, eventualmente, o juiz não acolher uma das alegações, devendo a manifestação subsidiária estar disposta para imediata análise pelo juiz do caso.

Portanto, apresentando o réu sua contestação, deixando de alegar determinada matéria de defesa, estará preclusa (preclusão consumativa) a oportunidade de fazê-lo em outro momento do processo, sob pena de configurar inovação indevida, salvo, é claro, aquelas hipóteses permitidas pela lei, como ocorre com as matérias de ordem pública.

6.13.2 Contestação

A contestação é o instrumento processual destinado exclusivamente à defesa do réu. Deve ser endereçado ao juízo do caso, buscando o réu desconstituir ou modificar o direito do autor, a partir da narrativa da sua versão dos fatos, seguido das provas com as quais pretende demonstrar suas alegações.

A defesa do réu deve ser dividida em dois momentos: a) o momento em que se concentra na alegação das matérias preliminares; b) o momento em que defende das matérias de mérito.

O rol das questões preliminares, que deverão ser objeto de alegação do réu antes de adentrar o mérito, vem disposto no art. 337 do CPC.

Chamamos a atenção para o fato de que algumas dessas matérias têm natureza de ordem pública, de modo que, se eventualmente não alegada pelo réu no ato da defesa, poderá fazê-lo em outro momento do processo, visto que não preclui; é o que ocorre com a hipótese de litispendência, coisa julgada, incompetência absoluta. Diversamente, a alegação de incompetência relativa estará preclusa caso não aventada pelo réu no momento único da contestação.

Especificamente com relação à convenção de arbitragem, por se tratar de matéria de natureza essencialmente privada, o magistrado não poderá acolhê-la de ofício, como expressamente veda o § 5º do art. 337.

Quanto à intenção do réu de sustentar sua ilegitimidade passiva ou não ser o responsável pelo prejuízo sustentado pelo autor, deverá, na própria contestação, indicar que seja o legitimado passivo, sob pena de arcar com as despesas processuais e de indenizar o autor pelos prejuízos decorrentes da falta de indicação, como expressamente determina o art. 339 do CPC.

Diante de tal comportamento do réu, deverá o magistrado intimar o autor para que, no prazo de 15 dias, possa alterar o polo passivo da demanda, requerendo a citação contra o sujeito indicado pelo réu como sendo o verdadeiro legitimado (art. 338).

Como consequência por ter promovido a ação contra o réu errado, deverá o autor reembolsá-lo das custas processuais, além de pagar os honorários advocatícios suportados pelo réu na contratação de seu advogado, em valores a serem fixados pelo magistrado. O parágrafo único do art. 338 do CPC estabelece que o juiz deverá fixar tais honorários no mínimo em 3% e máximo de 5% sobre o valor da causa, devendo ser aplicada a regra prevista no art. 85, § 8º, do CPC, no caso de o valor da causa se mostrar irrisório.

Entendendo o réu que a ação fora proposta em juízo absoluta ou relativamente incompetente, poderá protocolar sua defesa no juízo do próprio domicílio, o que deverá ser imediatamente comunicado ao juízo da causa, preferencialmente por via eletrônica, como prevê a redação do art. 340 do CPC.

Optando o réu por protocolar sua contestação no juízo de seu próprio domicílio, como visto no art. 340, será ela distribuída livremente a um dos juízos competentes ou, tendo sido o réu citado por meio de carta precatória, deverá a contestação ser anexada aos autos da referida carta e devolvida ao juízo responsável pelo julgamento da demanda.

Uma vez reconhecida a competência do juízo indicado pelo réu em sua contestação, ficará aquele juízo, onde tenha apresentado sua contestação, prevento para julgar a demanda, como determina o § 2º do art. 340.

Registre-se que, com o advento do processo eletrônico, esta regra não perde sua relevância, ao menos de modo total. Nesses casos, apesar de o trâmite processual ser eletrônico, o que permite protocolo diretamente nos autos do processo, eventual audiência poderá ser realizada de modo presencial, especialmente aquelas destinadas à prática de atos de instrução, além de provas periciais.

Portanto, engana-se aquele que deixa de suscitar a incompetência do juízo por acreditar que, por ser o processo eletrônico, não mais tem relevância o local físico de seu trâmite.

No processo civil, é vedada a contestação por negativa geral, exigindo o art. 341 do CPC que o réu se manifeste precisamente sobre as alegações de fato constantes na inicial do autor, sob pena de presumir-se aquela não atacada como verdadeira. A exceção é permitida para o defensor público, ao advogado dativo e ao curador especial, considerando-se que, nesses casos, tais profissionais encontram-se em situação fática e estrutural de dificuldade no exercício pleno da defesa.

No caso específico do defensor dativo e do curador especial, por exemplo, considerando que foi nomeado pelo juiz para atuar no caso, não tendo sequer travado contato com a parte que defende, exigir a defesa específica configuraria afronta à ampla defesa, posto que não reúne conhecimentos do fato suficiente para formular uma defesa plena. Já no caso do defensor público, a razão de se permitir a apresentação de defesa por meio de negativa geral está intimamente relacionada a estrutura institucional, onde não pode o defensor negar a atuação no caso para o qual foi designado, o que, na prática, pode colocá-lo diante de volume de casos de sua alçada que impede o aprofundamento da atuação.

De elevada relevância é o entendimento do STJ com relação a eventual necessidade de dilação probatória nos casos em que foi apresentada defesa por negativa geral pelo curador especial.

Ao julgar o AGRG no AREsp n. 567.425/SP, entendeu aquele Tribunal que, apesar de a lei processual permitir a defesa por negativa geral nos casos já referidos e constantes no parágrafo único do art. 341 do CPC, a dilação probatória é de atribuição do magistrado, não estando vinculada ao pedido do curador especial.

Da mesma forma, não pode o curador especial deixar de se manifestar sobre os pedidos e fatos narrados pelo autor em algum momento antes do julgamento da demanda, ficando precluso este direito para ser tratado em sede de recurso junto ao tribunal. Parece adequado esse entendimento, na medida em que a permissão para oferta de defesa por negativa geral àqueles elencados no parágrafo único do art. 341 do CPC visa apenas e tão somente não impor um limite de prazo preclusivo para oferta da defesa, em razão da dificuldade que o profissional nomeado tem de obter em tempo exíguo as informações e provas de que necessita.

Contudo, esse direito não lhe faculta escolher como e quando irá apresentar a defesa, por exemplo, deixando para fazê-lo apenas em sede recursal.

O art. 341 elenca ainda outras situações em que ficará dispensada a apresentação de defesa específica do réu:

- Quando não for admissível a confissão sobre os fatos alegados pelo autor. Ora, o silêncio do réu sobre determinado fato suscitado pelo autor em sua inicial configura hipótese de confissão, posto que o silêncio do réu configura aceitação daquelas alegações do autor; portanto, se não há confissão, não se pode exigir defesa específica do réu. É o que ocorre, por exemplo, nos casos de direitos indisponíveis sobre os quais o art. 392 do CPC não admite confissão ou, ainda, a confissão realizada por sujeito incapaz.
- Quando a petição inicial estiver desacompanhada de instrumento que a lei considerar da sustância do ato. Imagine-se o autor tendo proposto ação de reintegração de posse referente a imóvel que alega ser seu, deixando de trazer junto da inicial a matrícula do imóvel que comprova sua propriedade ou contrato que lhe atribui a posse.
- Quando os fatos alegados pelo autor estiverem em franca contradição com a defesa considerada em seu conjunto.

Ofertada a defesa pelo réu, o art. 342 do CPC somente permitirá nova manifestação quando se tratar de alegações relativas a direito ou fato superveniente.

Entende-se por *fato superveniente* aquele ocorrido após o momento de defesa do réu, sendo ônus seu comprovar tratar-se de efetivo fato superveniente. Cabe chamar a atenção para necessária distinção entre **fato novo** e **fato superveniente**. Aquele ocorreu em momento anterior, chegando a conhecimento do réu somente após o tempo regular de defesa; já este é aquele que tenha ocorrido em momento posterior à defesa.

A superveniência de fatos relevantes para o julgamento da demanda deve ser tomada em consideração, até mesmo de ofício pelo magistrado, se verificado que poderá impactar no resultado do julgamento, como expressamente determina o art. 493 do CPC.

6.13.3 Reconvenção

Além de o réu poder contestar especificamente as alegações de fato apresentadas pelo autor, poderá, eventualmente, contra-atacar o autor por meio de uma ação denominada *reconvenção*.

A reconvenção, portanto, é uma ação proposta pelo réu em face do autor, na própria peça da contestação, desde que preenchidos os requisitos legais para tanto.

A reconvenção só será permitida nas demandas de conhecimento, devendo ser apresentada na mesma peça da contestação, sendo exigido que o réu-reconvinte observe os requisitos exigidos para a inicial, como a narrativa dos fatos que ensejam seu direito contra o autor-reconvindo.

O pedido reconvencional poderá ser apresentado tendo no polo passivo somente o autor da ação principal ou este em litisconsórcio passivo com terceiros. Imagine o exemplo em que o autor promove ação contra o réu alegando que este cruzou o sinal vermelho e causou acidente de trânsito com danos materiais ao autor. Poderá o réu, além de contestar a demanda com intuito de negar a responsabilidade que lhe fora atribuída pelo autor, reconvir contra o autor somente ou contra este e eventual terceiro que também tenha responsabilidade pelo dano sofrido pelo réu, alegando na reconvenção que, em verdade, foi o autor que cruzou o sinal vermelho conduzindo carro de propriedade do terceiro, devendo estes serem condenados a reparação do dano.

Figura 6.3 Reconvenção

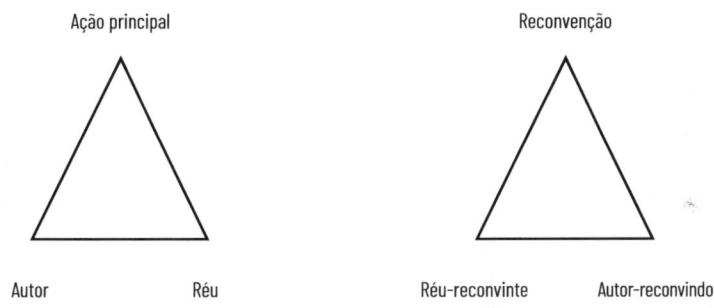

Deve-se frisar que, mesmo na hipótese de o autor desistir da ação principal, a reconvenção apresentada pelo réu-reconvinte seguirá seu trâmite normalmente, tratando-se de demanda processualmente autônoma em relação à ação principal do autor. Exatamente por essa razão, os resultados do julgamento de uma e outra serão também autônomos, de modo que uma poderá ser julgada procedente e a outra improcedente, autonomia que pesará, inclusive, sobre a condenação em honorários sucumbenciais. Na eventual hipótese de procedência da principal e improcedência da reconvenção, o réu será condenado a pagar custas e honorários sucumbenciais em ambas as demandas[44].

---

44. Nesse sentido: REsp n. 2.057.894/SP, j. em 17/10/2023.

Ainda no sentido de não deixar dúvidas quanto à autonomia processual da reconvenção, verifica-se que o art. 343, § 6º autoriza que o réu apresente reconvenção independentemente de contestar a demanda do autor.

O cabimento da reconvenção está condicionado a algumas exigências:

- **Deve haver conexão entre o fundamento da defesa e o mérito da ação principal** – O pedido reconvencional nasce das alegações de fato e do pedido constante na ação do autor. Exemplo: ação proposta por determinado sujeito contra empresa aérea em que pede reparação de dano material e moral em decorrência de falta de assistência na hipótese de atraso de voo. Imagine que o autor tenha usado suas redes sociais para qualificar negativamente a postura da empresa, causando danos a sua imagem. Poderá a empresa, além de contestar a ação do autor, reconvir contra ele para pedir reparação de dano moral exatamente em razão do dano a sua imagem causada pelo comportamento do autor nas redes sociais.
- **Identidade de competência entre a ação principal e a reconvenção** –É indispensável que o juízo da ação principal tenha também competência para julgar a reconvenção, não podendo, por óbvio, ser admitida a reconvenção cuja competência não é do juízo responsável pelo julgamento da demanda principal.
- **Identidade de procedimento**: Além da conexão e da identidade de competência, é necessário que o procedimento previsto para o pedido reconvencional seja o mesmo que para o pedido constante na ação principal. Em tese, não se pode aludir a reconvenção se esta tem procedimento diverso daquele verificado para a ação principal. No entanto, apresentada a reconvenção e tendo procedimento distinto daquele observado para a ação principal, incidirá a regra constante do § 2º do art. 327 do CPC, a qual versa que, sendo distinto o procedimento entre os pedidos apresentados, será admitida a cumulação se o autor empregar o procedimento comum para todas as demandas, podendo este valer-se das diferentes técnicas existentes naquele procedimento diferenciado.

Outra questão de relevo no tema da reconvenção é a distinção que deve ser guardada entre ela e o pedido contraposto. A reconvenção tem cabimento nas demandas de procedimento comum, assumindo natureza de ação autônoma, ao passo que o **pedido contraposto**, como o próprio nome indica, trata-se de mero pedido assessório ao pedido principal e que terá cabimento nos casos de procedimento especial, com expressa permissão legal, como é o caso do juizado especial cível e nas ações relativas a defesa da posse.

Quadro 6.1 Reconvenção *versus* pedido contraposto

Reconvenção	Pedido contraposto
Natureza de ação autônoma	Mero pedido assessório do principal
Exige narrativa de fato novo, ou seja, distintos daqueles narrados pelo autor	Não permite fato novo, deve se pautar nos mesmos fatos narrados pelo autor
Cabível nas ações de procedimento comum	Cabível nas ações de procedimento especial, posse e JEC
Será decidida por sentença autônoma, gerando sucumbência e honorários	Será julgada na mesma sentença da principal, não ensejando sucumbência

Outra questão relevante refere-se à situação em que o autor da ação principal atua em substituição processual. Pretendendo o réu reconvir, deverá fazê-lo em face do mesmo substituto processual, devendo consignar que seu direito material se dá em face do substituído, como determina o § 5º do art. 343 do CPC.

6.14 Revelia

6.14.1 Conceito

Estabelece o art. 344 do CPC que, se o réu deixar de contestar a ação, será considerado revel e presumir-se-ão verdadeiras as alegações de fato formuladas pelo autor.

A primeira questão a ser considerada no que respeita a esse tema é a adequada leitura do termo *contestação* presente no *caput* do referido artigo. Será que o réu que tenha apresentado apenas reconvenção pode ser declarado revel? E o réu que tenha apresentado apenas denunciação da lide?

Em verdade, o termo *contestação* referido no *caput* deve ser lido não como o instrumento contestação, propriamente dito, mas como representativo de impugnação às alegações feitas pelo autor em sua inicial.

Desse modo, caso o réu tenha ofertado apenas reconvenção, e podendo se extrair de sua narrativa que não aceita as alegações do autor, que estas não estão alinhadas com a verdade dos fatos, que o pedido do autor se mostra descabido de qualquer forma, não pode o juiz declarar este réu revel.

6.14.2 Efeitos da revelia

Importante ainda, quanto ao tema de revelia, é a distância que deve ser guardada entre este instituto e seus efeitos. Enquanto a revelia indica a ausência de contradita do réu em relação aos fatos alegados pelo autor em sua inicial, os efeitos que dela decorrem são consequências que poderão, em regra, incidir sobre a condição processual do réu. Essa distinção se mostra relevante especialmente pelo fato de que, em determinadas situações processuais, é possível que o réu, apesar de revel, não sofra a incidência de seus efeitos.

Os efeitos da revelia são dois:

1] **Presunção de veracidade dos fatos narrados pelo autor** – Ficando o réu inerte diante da narrativa de fato do autor, partirá o magistrado da premissa de que tal narrativa se configura como verdade. No entanto, essa presunção não é absoluta, podendo o magistrado concluir de outro modo, caso o contexto fático-probatório dos autos indicar outra situação.

2] **Prazos** – Conforme regra disposta no art. 346 do CPC, os prazos contra o revel que não tenha procurador nos autos fluirão da data de publicação do ato no diário oficial. Aqui se faz necessário chamar a atenção para o fato de que tal efeito, deixar o revel de ser intimado pessoalmente, só ocorrerá se não tiver procurador constituído nos autos; portanto, em sentido contrário, tendo o revel advogado nos autos, a intimação ocorrerá normalmente apesar de sua revelia.

Chama-se, ainda, a atenção para a regra constante no parágrafo único do mesmo artigo, que afirma que, se o revel retornar aos autos de qualquer modo, bastando para isso mera manifestação, voltará a ser regularmente intimado para os atos futuros.

Nesse sentido, dispõe o art. 345 do CPC que a revelia não produzirá o efeito da presunção de veracidade dos fatos narrados pelo autor:[45]

I] **Quando, havendo pluralidade de réus, algum deles contestar a ação.**

Apesar de a narrativa constante no inciso I do artigo 345 ser genérica, não especificando em qual condição e forma de litisconsórcio a regra deva incidir, o conhecimento da formatação do instituto do litisconsórcio permite concluir que somente na hipótese do litisconsórcio passivo unitário tal regra poderá ser aplicada. Como se sabe, a reunião de sujeitos no mesmo polo da demanda poderá ocorrer, tanto em decorrência da determinação legal quanto da indivisibilidade da relação jurídica material que os une, o que caracteriza o chamado litisconsórcio *unitário*, ou seja, aquele em que a decisão judicial atingirá a todos exatamente da mesma forma. É o que o ocorre, a título de exemplo, com a anulação de determinado negócio jurídico em que se tenha no polo passivo dois

---

45 Registre-se que, ocorrendo qualquer das hipóteses arroladas nesse artigo, apenas a presunção de veracidade não incidirá; contudo, deixará o revel de ser intimado para os atos futuros se não tiver procurador constituído nos autos.

sujeitos, de modo que é impossível a anulação do referido negócio apenas para um deles. Ao anular o casamento, por exemplo, em demanda que tenha o casal no polo passivo, mesmo que apenas um deles oferte contestação, não há como cindir a decisão de modo a atingi-los de maneira diversa.

No caso em que o litisconsórcio tenha se formado no polo passivo, tendo por base uma relação material divisível, a contestação ofertada por apenas um deles permitirá a declaração da revelia do réu inerte, incidindo sobre ele os efeitos que daí decorrem. É o que sem tem no caso em que, promovida ação de reparação de dano decorrente de acidente automobilístico, tendo como réus o condutor e o proprietário do veículo, apenas este último oferta contestação; ficando inerte o condutor no prazo de resposta, será declarado revel, sendo presumido como verdadeiro o fato contra ele narrado.

II] **Quando o litígio versar sobre direitos indisponíveis.**

A falta de resposta do réu nas demandas em que se discute direito indisponível, apesar de configurar sua revelia, não permitirá a incidência da presunção dos fatos apresentados pelo autor como verdadeiros, pelo simples fato de que a tutela desse tipo de direito está acima do mero interesse e disposição das partes (REsp n. 1.544.541/PE). A falta de contestação na ação de investigação de paternidade não permite a confirmação da paternidade como decorrência da revelia; e a ausência de contestação do réu em ação de interdição não permite ser ele interditado como efeito da sua revelia, apenas para se ter dois exemplos.

III] **Quando a petição inicial não estiver acompanhada de instrumento que a lei considere indispensável à prova do fato.**

A ausência do instrumento exigido pela lei como exigência legal de constituição do direito impede que o réu tenha condições efetivas de defesa. Imaginem-se estes exemplos: ação de divórcio proposta desacompanhada da certidão de casamento; ação de alimentos desacompanhada do instrumento de comprova a filiação; ação reivindicatória de bem sem o instrumento que comprova a propriedade. Em casos assim, apesar da revelia decorrente da inércia do réu, não pesará sobre ele os efeitos da revelia.

IV] **Quando as alegações de fato do autor forem inverossímeis ou estiverem em contradição com prova constante dos autos.**

Compete ao juiz do caso analisar as manifestações apresentadas pelas partes com base no conjunto fático-probatório constante dos autos, de modo que a falta de defesa do réu, por si somente, não torna o magistrado cego para a realidade dos fatos que, em alguns casos, salta aos olhos dada a falta de concretude e segurança que a narrativa e as provas apresentadas pelo autor apresentam. Em casos assim, mesmo diante da revelia do réu, caberá ao magistrado dar seguimento à ação, requerendo ao autor que produza novas provas indicadas pelo magistrado na busca pela segurança necessária para o julgamento da demanda.

Nestas situações elencadas no art. 345 do CPC, nas quais o revel, apesar de sua revelia, não verá os fatos alegados pelo autor acolhidos como presumidamente verdadeiros, poderá retornar ao processo, devendo para tanto praticar qualquer ato, uma juntada de documento, por exemplo. A partir desse momento, o réu revel voltará a ser normalmente intimado, podendo praticar todos os atos futuros do processo, como prevê o parágrafo único do art. 346 c/c arts. 348 e 349 do CPC.

6.15 Saneamento e organização do processo

6.15.1 Ideia geral

A fase de saneamento do processo ocorre logo após o momento de defesa do réu e se destina a preparar o processo para as fases subsequentes, instrução e julgamento. Passada esta fase de defesa, o juiz deverá adotar duas providências:

1] Analisar os atos praticados até aquele momento, buscando eliminar eventuais vícios sanáveis de modo que siga com a demanda saneada. Na hipótese de encontrar vícios que não permitem o saneamento, deverá proceder à extinção do processo com ou sem resolução do mérito, a depender da situação jurídica identificada.
2] Saneado o processo com a correção dos vícios localizados, o juiz, então, deverá fixar os pontos controvertidos, definindo as questões de fato sobre as quais ainda pende alguma incerteza (chamados de *pontos controvertidos*) e intimar as partes para que, caso queiram, possam indicar as provas que pretendem produzir, limitadas à solução daqueles pontos indicados pelo magistrado como controvertidos.

Ao definir os pontos controvertidos, deverá o magistrado resolver sobre o ônus da prova, indicando a quem cabe provar o quê; no silêncio judicial sobre eventual hipótese de inversão do ônus probatório, deverão as partes considerar a regra geral prevista na legislação processual (art. 373).

6.15.2 Saneamento compartilhado

Como determina o art. 357, § 3º, do CPC, a depender da complexidade da demanda e das questões de fato e de direito, objeto do saneamento e instrução, poderá o magistrado designar audiência específica para que o saneamento ocorra de modo compartilhado, ou seja, com a colaboração das partes.

O compartilhamento exige que as partes deixem a posição de meros expectadores da demanda passando a agentes ativos na busca da solução do conflito. Isso não significa, por óbvio, que deixam de ser partes adversas, mas que devem colaborar com a transparência das medidas adotadas, justificando a necessidade das provas que pretendem produzir. A garantia da ampla defesa não representa o livre direito das partes de se valerem de provas sabidamente inúteis, com caráter meramente protelatório ou medidas de exceção, igualmente sem fundamento.

Uma das possibilidades de organização conjunta do processo pelas partes vem disposta no § 2º desse mesmo art. 357. Prevê referido artigo a possibilidade de as partes apresentarem conjuntamente ao juiz uma pauta de questões de fato e de direito sobre as quais pende algum ponto de controvérsia, requerendo que seja homologada pelo magistrado. Devidamente homologada, esse saneamento negociado do processo vinculará a todos, partes e juiz.

6.16 Provas: parte geral

6.16.1 Conceito de prova

Entende-se por *prova* todo instrumento capaz de demonstrar a ocorrência de um fato. Especificamente no processo, a prova deve ser capaz de convencer o magistrado da ocorrência e da autoria de um fato que seja objeto de demanda processual.

6.16.2 Ônus da prova

O ônus de produzir a prova segue a regra disposta no art. 373 do CPC, ou seja, ao autor cabe comprovar os fatos que alega na sua inicial e que miram a constituição do seu direito; já ao réu, compete comprovar os fatos que visam desconstituir, modificar ou impedir o direito do autor.

No entanto, verificadas determinadas situações no contexto processual, deverá o magistrado inverter o ônus probatório, fixando de outro modo tudo com objetivo de reequilibrar a relação processual.

Nesse sentido, determina o § 1º do art. 373 do CPC que, nos casos previstos em lei, ou diante das peculiaridades do caso concreto, verificando-se a impossibilidade ou excessiva carga probatória para uma das partes, ou pelo simples fato de que a produção da prova se mostra mais fácil para uma das partes, poderá o magistrado determinar quem deverá produzir a prova, sempre com base em decisão fundamentada.

Nada impede, ao contrário, o próprio CPC permite, em seu art. 373, § 3º, que as próprias partes, antes ou durante o processo, definam a quem caberá produzir determinada prova, por meio de negócio jurídico específico. Por certo que o magistrado terá controle sobre o equilíbrio desse acordo, podendo declará-lo sem efeito caso vislumbre que o acordo trouxe excessivo ônus para uma das partes do caso.

Há, contudo, temas sobre os quais o acordo prévio entre as partes sobre o ônus probatório se mostra vedado pelo § 3º do mesmo artigo, sendo eles: (i) fatos sobre direitos indisponíveis da parte; e (ii) ônus probatório excessivamente difícil a uma das partes.

6.16.3 Objeto da prova

Toda produção probatória realizada no processo terá por objeto, única e exclusivamente, os fatos afirmados pelas partes em suas respectivas manifestações. Convém ressaltar, aqui, que não importam, para julgamento do processo, os fatos como ocorrem na vida real, mas as afirmações que as partes fazem sobre esses fatos no bojo do processo. Essa observação está diretamente relacionada à ideia de lide posta por Liebman (2005), inclusive sendo esta a base da crítica feita ao conceito de lide de Carnelutti (2000a). Segundo Liebman (2005), devemos lembrar, a lide se restringe aos fatos, nos limites do narrado pelo autor em sua inicial.

É necessário lembrar que a garantia constitucional da ampla defesa não oferta às partes o direito de produzir livremente as provas que pretendem; em verdade, garante o direito de produzir as provas em busca do convencimento judicial. Portanto, quem direciona a produção das provas é o magistrado, deferindo ou não a prova requerida pelas partes, avaliando se atende ou não seu anseio sobre o esclarecimento de uma dúvida processual.

Por esta razão, determinados questões e fatos dispensam a necessidade de provas, como o fato notório (art. 374, I), ou aqueles sobre os quais não pende nenhuma controvérsia (art. 374, II), ou ainda, aqueles sobre os quais pende presunção de veracidade (art. 374, III).

6.16.4 Produção antecipada de prova

O art. 381 do CPC estabelece as hipóteses em que poderá ser pleiteada a produção antecipada de provas.

O que se busca com a medida é prevenir que a prova se perca, dificultando o exercício da defesa em eventual processo futuro, além de se destinar ao conhecimento de fatos ocorridos, para que, com base nesse conhecimento, a parte adote determinadas providências como a decisão de propor ou não uma ação judicial.

São três as hipóteses em que será permitido o pedido de prova antecipada:

1] **Quando houver receio de que venha a tornar-se impossível ou muito difícil a verificação de certos fatos na pendência da ação.**

Nesse caso, a produção antecipada de prova tem objetivo nitidamente cautelar, garantindo a preservação da prova que poderá servir em eventual demanda futura. Esse caráter acautelatório da prova antecipada de prova exige, inclusive, o preenchimento dos requisitos inerentes a tutela antecipada prevista no art. 300 do CPC, probabilidade do direito, que se configura pelo direito a preservação da prova, e o risco de dano irreparável ou de difícil reparação, que se configura pela demonstração do risco de se perder total ou parcialmente a condição de comprovar o fato que se alega ocorrido.

Apesar do caráter nitidamente acautelatório, não há que se falar em prazo para propositura de eventual ação principal, como ocorria no modelo cautelar do CPC/1973, e a propositura da demanda "principal" nem sequer é imposta, podendo até mesmo não ocorrer.

2] **Quando a prova a ser produzida seja suscetível de viabilizar a autocomposição ou outro meio adequado de solução de conflito.**

Aqui a produção antecipada de prova assume função diversa daquela verificada na primeira situação. O incentivo à utilização de novos meios de solução de conflito, especialmente a mediação e a conciliação, tônica do CPC/2015, levou o legislador a inserir a hipótese de se pleitear uma prova antecipada, com vistas a viabilizar a adoção desses caminhos de solução consensual de conflito. A ideia central é evitar que a parte tenha de promover uma demanda judicial para só então ter condições de requerer uma prova e decidir o conflito de modo consensual ou não.

3] **Quando o prévio conhecimento dos fatos possa justificar ou evitar o ajuizamento de ação.**

Nessa terceira hipótese de cabimento da prova antecipada, assim como na anterior, pretendeu o legislador criar caminhos que impeçam ou reduzam as ações judiciais inúteis, ou que pelo menos pudessem não ser propostas, caso a parte tivesse prévio conhecimento da realidade dos fatos. Imagine sujeito que pretende promover ação judicial contra o banco sob a ideia de que houve cobrança indevida de juros e encargos. Depois de pedir e receber antecipadamente o contrato firmado com a instituição, verifica, com auxílio de profissional técnico, que não há qualquer irregularidade praticada pelo banco, o que faz o cliente desistir de promover aquela demanda.

A competência para se pleitear a produção antecipada de prova, nos termos do § 2º do art. 381, será do juízo do foro onde a prova deva ser produzida ou do foro de domicílio do réu.

Frisamos que a propositura da produção antecipada da prova não torna aquele juízo prevento, como expressamente determina o § 3º do mesmo artigo.

Não havendo no local vara da justiça federal, a competência para se pleitear produção antecipada de prova em face da União, entidade autárquica ou empresa pública federal será da justiça estadual do local, nos termos do § 4º do art. 381.

A produção antecipada de prova só exigirá a prévia citação dos interessados nos casos em que houver litígio estabelecido, como prevê o § 1º do art. 382 do CPC.

É fundamental que o requerente apresente na sua inicial as razões que fundamentam seu pedido, indicando precisamente os fatos sobre os quais pretende receber a prova antecipada. A produção antecipada de prova assume nítido caráter de jurisdição voluntária, na medida em que não se formará litígio sobre a produção da prova, menos ainda sobre o direito material que eventualmente será objeto da demanda principal, como expressamente determina o § 2º do mesmo art. 382 do CPC.

Em regra, não será admitido defesa ou mesmo recurso no procedimento da antecipação da prova, ressalvada a hipótese em que restar indeferida totalmente a produção da prova pleiteada. Contudo, em decisão recente, a Terceira Turma do STJ – REsp n. 2.037.088 – entendeu que a interpretação restrita e literal do disposto no § 4º do art. 382 do CPC implicaria violação à garantia do contraditório. Na decisão, o relator, Ministro Marco Aurélio Bellizze, entendeu que a restrição ao contraditório e ao recurso, narrada no referido dispositivo legal, somente terá espaço naqueles casos em que se pretenda discutir matéria estranha ao objeto da prova a ser produzida.

Produzida a prova desejada, os autos permanecerão no cartório pelo prazo de um mês para extração de cópias e certidões pelos interessados, como determina o art. 383 do CPC.

6.16.5 Natureza jurídica das provas

Qual é a natureza jurídica da prova, processual, material ou mista?

Em verdade, a prova não pode pertencer a um único núcleo; é figura híbrida, portanto, como já sustentava Pontes de Miranda (1972). Ao tratar da legalidade da prova, o ordenamento jurídico certamente a considera de natureza material; já, ao estabelecer o ônus de produzi-la no bojo do processo, ou de regular o comportamento do magistrado de livre análise e atribuição de valor ao seu conteúdo, tem-se aqui uma natureza nitidamente processual (art. 371, CPC).

6.16.6 Hierarquia das provas

É possível afirmar que um tipo de prova possui maior peso do que outro?

Como deve o juiz proceder para formação de sua convicção, quando houver contradição entre o conteúdo de provas de espécies diferentes ou entre provas da mesma espécie? O juiz tem a liberdade de valorar livremente a prova no processo?

Respondendo a essa última pergunta, o CPC, em seu art. 371, diz que "o juiz apreciará a prova constante dos autos, independentemente do sujeito que a tiver promovido, e indicará na decisão as razões da formação de seu convencimento".

A questão que surge é saber se tal artigo atribuiria ao juiz poderes ilimitados para se convencer diante das provas ou se esses poderes estariam limitados de qualquer forma.

João Batista Lopes (2002) mostra-se categórico no sentido de que o juiz encontra limites de atuação quando da análise das provas e, exatamente por isso, sustenta haver hierarquia entre as provas. Alega ainda o autor que, o próprio legislador teria restringido algumas possibilidades de provas, como a testemunhal, que ficaria em segundo plano, quando diante de prova documental.

Faz-se mandatório esclarecer, nesse ponto, a distinção entre hierarquia e eficácia das provas. Ao se aludir a **hierarquia** entre os meios probatórios, se tem de imediato a ideia de que um meio deve ser colocado acima de outro. Nesse aspecto, teríamos de afirmar, como João Batista Lopes, que a prova produzida por documento será sempre superior à prova testemunhal.

Na verdade, o que acontece aqui, como esclarece doutrina de Eduardo Couture (1999, p. 188), é que os meios probatórios têm **eficácia** diferente. Portanto, não haveria propriamente hierarquia entre os meios probatórios, mas eficácia diferente, em que um meio de prova, inserido em determinada demanda, produziria eficácia diversa, considerando todo um contexto fático do caso.

A regra é que o documento tenha peso maior do que a testemunha, aquela, documental, está escrita, formalmente registrada, de modo que vale o quanto escrito. Por sua vez, a testemunha, manipulável, variável, interessada, portanto, mais frágil do que o documento. No entanto, na Justiça Trabalhista, por exemplo, muitas vezes a prova testemunhal prevalece sobre o documento, que, infelizmente, mostra-se sujeito aos registros que decorrem da vontade do empregador em fraude aos direitos do empregado.

Assim, na "prova por representação, o documento é o mais eficaz, porque o espaço entre o juiz e a realidade é menor" (Couture, 1999, p. 188). Com relação à prova testemunhal, afirma Couture (1999, p. 188): "Menos eficaz é a representação por relato"; para ele, nessa espécie de prova, o "relato fica comprometido em razão do interesse".

Como anotado, nem sempre a prova documental terá peso maior do que a testemunhal; é possível que o juiz, analisando os relatos com outras formas de indícios, chegue à conclusão diversa da indicada pelo documento.

Imagine-se, a título de exemplo, o teste de DNA na investigação da paternidade; é gritante a possibilidade de o exame, que se constitui em prova documental/pericial, indicar uma verdade muito próxima da realidade, mas nem mesmo essa possibilidade de eficácia a coloca hierarquicamente acima das demais espécies.

Nada impede, portanto, que o magistrado, ainda que diante do teste de DNA, possa concluir de modo diverso, fundamentando sua decisão com base em outras espécies de prova, concluindo que aquele exame foi objeto de fraude.

Muitas vezes, a conjugação do relato de testemunha com a verificação de outros indícios constantes do processo produz efeitos de convencimento mais reais do que o próprio documento.

Desse modo, acredita-se que falar em hierarquia entre as espécies de prova é inadequado, por parecer indicar uma ideia de regra absoluta; por isso a ideia da maior ou menor eficácia dos meios probatórios considerando o contexto em que foi inserido o meio probatório.

6.16.7 Ilicitude e ilegitimidade da prova

A Constituição Federal, em seu art. 5º, inciso LVI, determina de modo expresso que não poderão ser admitidas as provas obtidas por meio ilícito.

Já de início, é importante fazer a distinção entre prova ilegal, ilícita e ilegítima. A prova ilegal é gênero, tendo por espécies a prova ilegítima e ilícita.

Entende-se por **prova ilegítima** aquela que viola regras de natureza processual, como a oitiva de sujeito incapaz. Por seu turno, é considerada **prova ilícita** aquela que, ao ser produzida, viola direitos fundamentais da pessoa. Tem-se aqui o exemplo da prova que, ao ser produzida, viola a privacidade de alguém, a honra, a imagem, a integridade psíquica ou física.

A consequência quando da identificação da prova ilícita deve ser sua imediata exclusão do processo, seguida também de todos os atos que por esta prova foram contaminados, nos termos do que dispõe o art. 281 do CPC.

Ressaltamos que a ilicitude da prova não está em seu conteúdo, mas na forma como fora produzida; portanto, não importa se o conteúdo da prova ilícita é verdadeiro ou não: declarada a ilicitude na sua obtenção, deve ser excluída dos autos.

Outro ponto de grande indagação na doutrina, presente na questão que ora analisamos, é saber o significado de meio de prova moralmente ilegítimo.

O CPC, em seu art. 369, diz que a parte poderá provar seu direito por quaisquer meios, salvo os moralmente ilegítimos. O próprio CPC alude às formas de provas, como a confissão, o depoimento pessoal, o documento, a testemunha etc. No entanto, todas essas formas de provas previstas na legislação processual devem ser vistas como meramente exemplificativas, de modo que a parte poderá apresentar outras formas de prova, desde que a tenha obtido com preservação dos parâmetros éticos e morais.

O avanço da tecnologia, por exemplo, tem tido peso relevante no surgimento de novos meios de provas, como o uso de imagens em terceira, quarta dimensão, exames médicos cada vez mais avançados e definidores das circunstâncias em que o fato ocorreu.

A imposição do respeito pleno à ética e à moral se mostra fundamental, não só na produção das provas, mas perante toda a vida do processo, impondo o equilíbrio no desenvolvimento da relação processual.

6.16.8 Prova emprestada

Estabelece o art. 372 do CPC que o juiz poderá admitir a utilização de prova produzida em outro processo, atribuindo-lhe o valor que considerar adequado, observado o contraditório.

Em determinadas circunstâncias, a produção de uma prova, apesar de necessária ou útil à solução da lide, se torna de difícil ou até impossível realização, pelo simples fato de não mais existir ou ter se danificada ou, ainda, por estar em condição de difícil reprodução.

Em casos assim, verificando a parte ou o próprio magistrado a existência de prova já produzida em outro processo, seja ele judicial ou administrativo, poderá requerer seu empréstimo para que venha instruir a demanda de destino.

O uso do verbo *poderá* no art. 372 indica que o magistrado tem a discricionariedade de analisar a prova requerida por empréstimo, sua pertinência junto ao caso destino e decidir por aceitar ou não o empréstimo da prova[46].

Essa, contudo, não é a regra, devendo ser entendido que a prova a instruir o caso concreto deve ser produzida em seu contexto, considerando-se as necessidades e possibilidades do caso específico, sendo o empréstimo da prova exceção admitida apenas nas hipóteses permitidas em lei.

O empréstimo da prova se dá por meio de requerimento do juízo que pretende utilizar determinada prova, endereçado ao juízo em que a prova esteja, onde deverá ser especificado qual prova exatamente se quer emprestar.

A prova emprestada precisa, necessariamente, ser submetida ao contraditório, sob pena de invalidade. Nos termos da jurisprudência do STJ, o simples fato de serem as mesmas partes em ambos os processos não dispensa a necessidade de realização de novo contraditório no processo destino; entretanto, considerando-se as peculiaridades do caso concreto, é permitido às partes, logicamente, dispensar a necessidade de renovação do contraditório, se entenderem que o primeiro já se mostra satisfatório para solução da segunda lide[47].

6.16.9 Prova diabólica

A chamada proba diabólica nada mais é do que aquela prova impossível ou excessivamente difícil de ser produzida por uma das partes. Imagine a parte ter de provar nos autos que nunca esteve em determinado lugar, ou que nunca se relacionou com determinada pessoa.

Nesse sentido, o § 2º do art. 373 do CPC estabelece que as hipóteses de distribuição dinâmica do ônus da prova não podem resultar em situação em que a desincumbência do encargo pela parte seja impossível ou excessivamente difícil.

O STJ, por exemplo, entendeu como típica prova diabólica a exigência de que o réu preso e impossibilitado de acompanhar a oitiva das testemunhas arroladas pelo MP, por não ter sido transportado pelo Estado, demonstrasse como seria o processo caso ele estivesse presente na audiência, o que mudaria com a presença dele. Ora, se é direito do réu acompanhar a audiência de oitiva das testemunhas arroladas pelo órgão acusador e ele não compareceu pelo fato de depender do transporte do Estado e este não o fez, já está configurado o prejuízo daquele réu preso, não havendo que se exigir dele a demonstração do que mudaria caso

---

46 Nesse sentido: AGRG no REsp n. 2.059.757/SC (Rel. Min. Reynaldo Soares a Fonseca, j. em 27/11/2023).

47 Conferir EREsp n. 617.428/SP, reiterado pelo julgado no AgInt no AREsp n. 2.405.286, j. em 20/11/2023.

ele estivesse presente, por óbvio que esta exigência não tem resposta (REsp n. 1.794.907/RS, Rel. Min. Sebastião Reis Junior, j. em 13/09/2022).

6.17 Provas: espécies

6.17.1 Depoimento pessoal

O depoimento pessoal, previsto no art. 385 do CPC, é o meio de prova pelo qual uma parte do processo deseja interrogar a parte contrária sobre os pontos controvertidos do processo, objetivando levá-lo à confissão.

O depoimento pessoal poderá ser determinado de ofício ou a requerimento; neste último caso, só se admite que a parte requeira o depoimento da parte adversa, jamais o seu próprio. Em verdade, o depoimento pessoal, quando determinado de ofício pelo magistrado, assume natureza de interrogatório nos termos do art. 139, inciso VIII, do CPC, inclusive, não admitindo a aplicação da pena de confesso. Desse modo, a nosso ver, deve o magistrado evitar o uso do termo *depoimento pessoal*, sendo mais adequado em termos técnicos aludir a *interrogatório da parte*.

Há um momento específico no processo para que o depoimento pessoal seja realizado: a audiência de instrução. Quando o interrogatório da parte, ou mesmo de terceiros, for determinado de ofício pelo magistrado, poderá ocorrer em qualquer momento e fase do processo, como narra o próprio art. 139, inciso VIII, visto que decorre do poder atribuído ao magistrado de determinar a realização de provas, bem como buscar a realidade dos fatos para decidir o mérito final da demanda.

O depoimento pessoal é ato personalíssimo, não podendo, portanto, ser prestado por terceiros, ainda que com procuração e poderes especiais para tanto, como já decidiu o STJ por ocasião do julgamento do REsp n. 623.575/RO.

Salientamos não ser possível falar em depoimento pessoal de pessoa jurídica, de modo que o ato praticado pelo seu representante legal se configura melhor como interrogatório de testemunha ou oitiva de informante judicial. A razão é que o depoimento pessoal só pode ser prestado por aquele que é parte do processo, de modo que, não figurando o representante da empresa nessa condição de parte, não poderá prestar depoimento, menos ainda ser-lhe aplicado a pena de confesso.

Ressalte-se, ainda, que a parte intimada pessoalmente não tem o dever de prestar depoimento, não é uma obrigação, mas somente assume o ônus de fazê-lo, sob pena de confesso, pena esta que não tem peso absoluto, devendo ser considerada dentro de um contexto de fatos e provas constantes dos autos.

Para o depoimento pessoal, a parte tem direito de ser intimada pessoalmente (art. 385, § 1º, CPC), sendo insuficiente a intimação na pessoa de seu advogado, ainda que este tenha poderes para confessar em nome do cliente. Será passível de nulidade a audiência de instrução quando a parte ausente não tiver sido intimada pessoalmente para prestar seu depoimento.

Todavia, se devidamente intimada, a parte não comparece ou, comparecendo, se recusa a depor ou se vale de respostas evasivas, deverá o juiz aplicar-lhe a pena de confesso, desde que a parte tenha sido advertida dessa pena no ato da intimação (art. 385, § 3º).

No § 2º do art. 385, surge uma questão interessante: diz o referido dispositivo legal que a parte que ainda não depôs não poderá permanecer na sala enquanto a parte contrária estiver depondo. Pergunta-se: e quando a parte estiver advogando em causa própria? Nessa hipótese, entendemos que deva o magistrado inverter a ordem de depoimento, ou seja, estando o réu advogando em causa própria, deverá determinar que este seja ouvido em primeiro lugar, mantendo, assim, a preservação do contraditório.

Há também aqueles casos em que a parte está dispensada da obrigatoriedade de prestar depoimento, mesmo se intimada pessoalmente, casos estes arrolados no art. 388.

I] **Fatos criminosos ou torpes que lhe forem imputados.**
II] **Fatos a cujo respeito, por estado ou profissão, deva guardar segredo** – Observe-se, primeiro, que o termo *estado* está ligado à pessoa, seja de cunho familiar ou mesmo profissional, o que, a nosso ver, encamparia a hipótese de vedação por sigilo profissional. O objetivo principal dessa regra é emprestar proteção ao sigilo profissional. Assim, o farmacêutico responsável pela fabricação de um medicamento não pode ser obrigado a depor quando for colocar em risco o segredo da fórmula, bem como o bancário quando colocar em risco o sigilo bancário.

O parágrafo único do mesmo art. 388 determina, no entanto, que as referidas dispensas não serão observadas quando a ação versar sobre estado ou direitos de família.

6.17.2 Confissão

O art. 389 apresenta o que se pode entender por *confissão*: "Há confissão quando a parte admite a verdade de um fato contrário ao seu interesse e favorável ao adversário".

Há uma importante distinção entre *confissão* e *reconhecimento do pedido*. Enquanto naquela, a parte reconhece a ocorrência de um fato, neste, a parte aceita o pedido do autor, ainda que negue a ocorrência do fato.

A confissão pode ser judicial ou extrajudicial, como expressamente determina o art. 390 do CPC.

A parte do processo contra quem se atribui a prática de uma ação, comissiva ou omissiva, poderá tomar o caminho do reconhecimento da ocorrência do fato que lhe seja atribuído, em vez da resistência, sendo exatamente este comportamento denominado *confissão*.

O fato de a parte confessar não significa que esteja de acordo com o pedido do autor. Imagine determinada ação criminal em que se alega que o réu matou um indivíduo ou que réu matou ou agrediu o autor; nada impede que o réu reconheça a prática do ato, mas sob a justificativa da legítima defesa, refutando o pedido de condenação criminal ou cível.

Assim como no caso do depoimento pessoal, a confissão se configura como ato personalíssimo, só podendo ser provocado por terceiros com poderes especiais, nos termos do art. 390, § 1º, denominada, nesse caso, de *confissão espontânea*, ou seja, quando a própria parte decide, de modo livre e desimpedido, confessar; esse caso difere da chamada *confissão provocada*, resultado máximo do depoimento pessoal.

É bom lembrar que, em se tratando de confissão sobre bem imóvel pertencente a casal, somente terá valor se praticada por ambos os cônjuges, ressalvada a hipótese de serem casados pelo regime de separação absoluta de bens.

Há também aqueles casos sobre os quais a parte não poderá confessar, sendo eles:

- quando a parte não for capaz de dispor sobre os direitos fundados no fato a ser confessado;
- quando feita por representante em situação que não pode vincular o representado.

A confissão é irrevogável, no entanto, tendo sido realizada fora dos limites da legalidade, isto é, quando alguém é levado a confessar por erro, dolo ou coação, poderá ser anulada por meio de dois institutos do processo.

1] **Ação anulatória** – Utilizada quando o processo em que se realizou a confissão estiver em andamento.
2] **Ação rescisória** – Usada quando o processo em que se realizou a confissão já teve decisão de mérito transitada em julgado.

A legitimidade para adoção de tais medidas pertence ao próprio confitente, ou aos seus sucessores por ocasião de sua morte após a propositura da ação anulatória ou rescisória, como determina o art. 393, parágrafo único.

É vedado à parte pretender confessar apenas na porção que lhe beneficia, refutando aquilo que não lhe traz benefícios; por isso se diz que a confissão é indivisível, salvo se o confitente apresentar em sua confissão fatos novos, capazes de constituir fundamento de defesa de direito material ou de reconvenção, como orienta o art. 395 do CPC.

6.17.3 Exibição de documento ou coisa

Em regra, o momento adequado para a apresentação de documentos com a finalidade de comprovar as alegações é a petição inicial, para o autor; e a contestação ou reconvenção, para o réu. No entanto, há inúmeras situações em que é permitido às partes trazer ao processo, em outro momento, o documento de que necessitam para a demonstração de seu direito, por exemplo, no caso em que o documento não se encontra em posse da parte, e sim de terceiro.

Se a ação estiver em andamento, poderá a parte solicitar a exibição de documento de forma incidental, como dispõe o art. 396 do CPC. Caso o pedido refira-se a terceiro, deverá aquele que pretende ver o documento ou coisa entregue em juízo propor ação própria, que será distribuída em apenso, tendo como parte passiva o terceiro detentor do documento ou coisa, nos termos do art. 401 do CPC, devendo ser o terceiro devidamente citado para se manifestar no prazo de 15 dias.

Alegando o terceiro que não dispõe do documento ou coisa exigidos, poderá o juiz, na linha do art. 402, determinar a realização de audiência específica para depoimento (em verdade, interrogatório) das partes e do próprio terceiro.

Determinando o juiz que o terceiro ou a parte apresente em juízo o documento ou coisa e, sendo tal ordem descumprida, a medida mais adequada a ser adotada será a imposição de busca e apreensão e não a multa diária, menos ainda a cumulação de ambas, salvo quando for desconhecido o local onde a coisa se encontra.

A apresentação de documento ou coisa em juízo poderá ocorrer por requerimento ou por determinação de ofício pelo próprio juiz, sendo indispensável que o requerente especifique a coisa que pretende receber.

Citado o requerido, este terá o prazo de cinco dias para se manifestar (CPC art. 398), podendo atuar em dois sentidos: permanecendo inerte, poderá o magistrado determinar a busca e apreensão do documento ou coisa; se o requerido disser que nada possui, deverá o juiz intimar o requerente para que prove suas alegações iniciais.

Há casos, elencados no art. 404 do CPC, diante dos quais o requerido estará dispensado do dever de exibir documento ou a coisa requerida:

- quando relativo a negócios da própria vida ou família;
- quando a apresentação do documento puder violar dever de honra;
- sua publicidade redundar em desonra à parte ou terceiros, além de seus parentes consanguíneos ou afins até terceiro grau, ou puder lhe causar risco de ação penal;
- quando puder violar o dever de sigilo profissional;
- demais casos que o magistrado entender justificada a recusa ou houver determinação legal que justifique a recusa.

Questão que se discute em relação ao CPC de 2015 trata-se da possibilidade de a parte pleitear a exibição de documento ou coisa por ação autônoma, ou seja, sem a vinculação de uma ação dita principal, ou, pretendendo a exibição antes de propor qualquer outra ação, deverá se valer do procedimento da antecipação de prova.

A jurisprudência do STJ tem respondido afirmativamente a este questionamento, a exemplo do julgamento do REsp n. 1.803.251/SC, de relatoria do Ministro Marco Aurélio Bellizze, Terceira Turma. Isso significa que o pedido de exibição de documento ou coisa não necessariamente depende da existência de risco de dano, exigido se a natureza do pedido fosse cautelar.

6.17.4 Prova documental

Considera-se documento todo instrumento capaz de demonstrar a realização de um negócio jurídico ou a prática de um ato ou fato jurídico.

As provas documentais, salvo exceções legais, devem ser apresentadas pelas partes na fase postulatória, ou seja, juntamente com a inicial, no caso do autor, ou da defesa no caso do réu, sob pena de preclusão (art. 435, CPC). Os documentos classificam-se em:

a] **Documentos públicos**

Determina o CPC, em seu art. 405, que esse tipo de documento é suficiente para demonstração não só de sua forma, mas de todas as declarações dos oficiais cartoriais envolvidos.

Tudo que o cartorário disser ter ocorrido em sua presença terá natureza de documento público, em razão da fé pública que esses sujeitos detêm. Tal alegação não afasta em absoluto a possibilidade de prova em contrário.

As certidões textuais de quaisquer peças dos autos do processo, se extraídas pelo próprio cartorário ou em sua presença, têm a mesma força probante dos originais, nos termos do que dispõe o art. 425 do CPC.

Também apresentam a mesma força probante dos originais as cópias dos documentos públicos, desde que autenticadas por oficial público. Quanto a essa última situação, o Código Civil dispõe, em seu art. 225, que caberá à parte contrária demonstrar a falsidade da prova, adotando-se aqui o princípio da verdade presumida da prova.

O documento público será indispensável e insubstituível quando, por expressa disposição legal, for exigido como a única forma de provar o fato (art. 406, CPC). Situação a ser levada em conta vem tratada no art. 407 do CPC, dizendo em outros termos que, se o documento público for constituído por oficial público incompetente, terá este força probante equivalente à do documento particular.

b] **Documentos particulares**

Desde que escrito e assinado ou somente assinado, o documento particular constitui prova suficiente contra o signatário, ou seja, contra o próprio sujeito que o assina.

Questão importante vem disciplinada pelo art. 408, parágrafo único, do CPC, observando que, no caso em que o documento particular apresente declaração de ciência de determinado fato, o documento comprova a ciência, mas não o próprio fato, dependendo este de prova específica.

Será considerado autor do documento particular, segundo anota o art. 410 do CPC, aquele que o tenha feito e assinado, aquele por conta de quem ele foi feito, desde que assinado, ou aquele que não se costuma assinar, como assentos domésticos ou livros empresariais.

Outro tópico de grande relevância no estudo da prova documental vem narrado no art. 425 do CPC elencando os documentos que fazem a mesma prova que os originais. São eles:

I] As certidões textuais de qualquer peça dos autos, do protocolo das audiências, ou de outro livro a cargo do escrivão, sendo extraídas por ele, ou sob sua vigilância e por ele subscritas.

II] Os traslados e as certidões extraídas por oficial público, de instrumentos ou documentos lançados em suas notas.

III] As reproduções dos documentos públicos, desde que autenticadas por oficial público ou conferidas em cartório, com os respectivos originais.

IV] As cópias reprográficas de peças do próprio processo judicial, declaradas autênticas pelo próprio advogado, sob sua responsabilidade pessoal, se não lhes for impugnada a autenticidade. Este item é de grande relevância – possibilidade de o advogado declarar autênticos os documentos por ele juntados aos autos, sobretudo na hipótese do agravo –, pois pode colocar fim à dúvida que ainda pairava na prática forense. Não raras vezes, deparávamo-nos com decisões judiciais determinando que se autenticassem as cópias de interposição do agravo de instrumento, que nega seguimento aos recursos especial e extraordinário.

v] Os extratos digitais de bancos de dados, públicos e privados, desde que atestados pelo seu emitente, sob as penas da lei, que as informações conferem com o que consta na origem. O conteúdo desse dispositivo surge diante da inevitável e desejada informatização do Judiciário.

vi] Seguindo a nova disposição do processo eletrônico (art. 439), surge a possibilidade de se atribuir a mesma força de prova às reproduções digitalizadas de qualquer documento, público ou particular, quando juntados aos autos pelos órgãos da Justiça e seus auxiliares, pelo Ministério Público e seus auxiliares, pelas procuradorias, pelas repartições públicas em geral e por advogados públicos ou privados, ressalvada a alegação motivada e fundamentada de adulteração antes ou durante o processo de digitalização. Neste caso, os originais deverão ser preservados pelo seu detentor até o fim do prazo para interposição de ação rescisória, obviamente para atender possível requerimento de juntada aos autos para conferência, quando da alegação de manipulação das cópias. Dependendo da relevância do documento para o processo, poderá o juiz determinar seu depósito em cartório ou secretaria.

Cabe ao réu, no ato da contestação, ou no caso do autor em via de réplica, no prazo de 15 dias, alegar a falsidade do documento, nos termos do que dispõem o art. 430 e seguintes do CPC. Não havendo pedido específico para que a falsidade documental seja resolvida por sentença, será decidida como questão incidental, não produzindo efeitos contra terceiros, menos ainda os efeitos que decorrem da coisa julgada.

Nessa linha, querendo a parte que a decisão que julgar a falsidade seja atingida pelos efeitos da coisa julgada, necessita fazer requerimento nesse sentido.

Por certo que a alegação de falsidade impõe a quem alega o ônus de comprovar a falsidade, expondo os motivos sobre os quais se fundam as manifestações nesse sentido, como expressa o art. 431.

6.17.5 Prova testemunhal

Testemunha é toda pessoa que tem condições de demonstrar a veracidade dos fatos sobre os quais tenha conhecimento.

Em regra, o testemunho será realizado oralmente, exceto quando a testemunha não puder falar, caso em que se permitem os gestos, valendo-se o juiz, se necessário, de intérprete. Outra característica da prova testemunhal é que não se admite, obviamente, que seja realizada por procurador, tendo caráter personalíssimo, assim como se verificou com o depoimento pessoal.

Afirma o art. 442 do CPC que a prova testemunhal será sempre admissível, salvo quando a lei vedá-la, podendo o juiz indeferi-la nos seguintes casos (art. 443):

a] já provados por documento ou confissão da parte;
b] quando somente mediante documento ou por perícia puderem ser provados, como a prova da propriedade que, nos termos do art. 108 c/c art. 1.227, tudo do Código Civil só se prova escritura pública.

Mesmo naqueles casos em que a lei exige prova documental, será admitida a prova testemunhal, se já houver começo daquela primeira, ou seja, algum documento que dê ao menos indícios do direito alegado, devendo este começo de prova documental ter sido emitido pela parte contra quem se pretende provar, nos termos do que dispõe o art. 444.

Igualmente será admitida essa prova testemunhal quando o credor não puder, moral ou materialmente, obter a prova escrita da obrigação, como casos de parentesco, de depósito necessário ou de hospedagem em hotel ou em razão das práticas comerciais do local. Situação comum na prática refere-se ao pleito de direitos trabalhistas, quando o trabalhador exercer atividade sem registro, ou emissão de qualquer outro documento que poderia comprovar não só seu vínculo empregatício, mas também situações como realização de horas extras. Outra situação ocorre na comprovação de aposentadoria, sobretudo no meio rural, onde muitas vezes se verifica precariedade do local ou inexistência de todos os registros, admite-se a prova testemunhal como complemento de começo de prova documental.

Qualquer sujeito pode testemunhar, exceto os incapazes, os impedidos e os suspeitos (art. 447, §§ 1º, 2º e 3º, CPC). Quanto aos impedidos e suspeitos, por terem consciência plena, poderá o juiz ouvi-los independentemente de compromisso, ou seja, como meros informantes judiciais.

Quanto à obrigatoriedade do depoimento da testemunha, a regra é no sentido de que, uma vez intimada regularmente para comparecimento, a testemunha está obrigada a comparecer e a responder às questões que lhe forem apresentadas pelas partes ou pelo magistrado. No entanto, o art. 448 arrola as situações em que a testemunha não está obrigada a depor:

a] com relação aos fatos que possam acarretar grave dano a si ou a seu cônjuge, ascendente ou descendente;
b] sobre os quais, por estado ou profissão, deva guardar sigilo.

Quanto ao local do depoimento, a regra é que se realize na sede do juízo, salvo quando demonstrada a impossibilidade de comparecimento da testemunha, levando o juiz a determinar outra forma (art. 449 c/c arts. 453 e 454, CPC), inclusive por vias eletrônicas.

Podem as partes oferecer no máximo dez testemunhas, devendo o juiz ouvir três, podendo dispensar as demais, como determina o art. 357, § 6º, do CPC.

A parte somente poderá substituir a testemunha do rol apresentado se esta falecer, não puder depor em razão de enfermidade ou não for localizada pelo oficial de justiça (art. 451, CPC).

Caso o próprio juiz seja arrolado como testemunha, poderá proceder de duas formas: declara-se impedido, afastando-se do processo, ou determina a exclusão de seu nome do rol (art. 452, CPC).

Ressalte-se que, uma vez intimada da data, do local e da hora do depoimento, se a testemunha não comparecer, será conduzida debaixo de vara, arcando com todas as despesas do ato, cabendo ao advogado da parte realizar a intimação de suas testemunhas, comprovando nos autos com antecedência de ao menos três dias contados da data da audiência (art. 455, CPC).

6.17.6 Prova pericial

A prova pericial consiste em determinar que um sujeito *expert* no tema sobre os qual os fatos incidem apresente estudo sobre o caso, considerando os quesitos elaborados pelas partes e pelo próprio juiz, bem como as peculiaridades do caso concreto, com intuito de auxiliar o magistrado na elaboração da decisão (art. 464, CPC).

Nomeado o perito[48], o juiz fixará prazo para que apresente o laudo pericial, podendo as partes constituir assistentes periciais de sua confiança (não incidem aqui os limites da suspeição e do impedimento) para acompanhar a realização da atividade pericial, devendo fazê-lo no prazo de 15 dias, a contar da intimação do despacho de nomeação do perito (art. 465, CPC).

Apesar de a intimação das partes para apresentar quesitos e indicar eventual assistente pericial vir seguida de prazo determinado pelo magistrado, entende a jurisprudência que tal prazo não é preclusivo, podendo ser apresentado até antes

---

48 O art. 471 do CPC permite o negócio jurídico processual sobre a nomeação do perito, podendo as partes indicá-lo de comum acordo, desde que a causa possa ser resolvida por autocomposição e sejam todos capazes.

do início dos trabalhos[49]. Verificando o juiz do caso que os quesitos apresentados não auxiliam da solução do conflito, que se mostram impertinentes, deverá indeferi-los, podendo ainda apresentar seus próprios quesitos.

Durante a realização da perícia ou após a entrega do laudo, poderão as partes e o próprio magistrado apresentar quesitos suplementares, que deverão ser respondidos pelo perito de maneira prévia ou em audiência de instrução e julgamento a ser designada, como prevê expressamente o art. 469 do CPC.

Há hipóteses em que poderá o magistrado substituir o perito nomeado, casos estes elencados no art. 468, § 2º, do CPC.

A primeira das hipóteses ocorre quando o perito demonstrar falta de conhecimento técnico ou científico para a atividade que tenha sido nomeado.

A segunda situação que legitima a substituição do perito se dá no caso em que, ausente justo motivo, deixar de cumprir o encargo no prazo que lhe foi assinado, caso em que deverá o magistrado oficiar a corporação profissional respectiva, sem prejuízo de imposição de multa, além da reparação de eventuais danos causados pelo não cumprimento da nomeação.

Em qualquer das hipóteses deverá o perito substituído restituir os valores recebidos, sob pena de ficar impedido de atuar pelo prazo de até cinco anos (art. 468, § 2º, CPC).

O juiz poderá indeferir a realização da prova pericial quando as partes, nas respectivas oportunidades, inicial e contestação, apresentarem pareceres técnicos ou qualquer outra prova que elucide o fato controvertido, de modo que o magistrado se dê por satisfeito em sua atividade cognitiva, como autoriza o art. 472 do CPC.

Questão importante diz respeito à necessidade de intimação das partes para que tenham ciência da data e local para realização da perícia, sob pena de, comprovado prejuízo, ser passível de nulidade a realização da perícia na ausência das partes.

6.17.7 Inspeção judicial

A inspeção judicial é espécie de prova em que o juiz do caso, de ofício ou a requerimento da parte, decide inspecionar pessoas ou coisas, a fim de se esclarecer determinados fatos que tenham relevância para solução da causa.

O CPC regulamenta esta espécie de prova no art. 481 e seguintes, estabelecendo que a inspeção poderá ocorrer quando o juiz entender necessário para esclarecimento de eventuais questões relativas a decisão do caso, não puder a

---

49 Nesse sentido: AgRg no AREsp n. 775.928/RJ, Quarta Turma, Rel. Min. Luis Felipe Salomão, j. em 01/03/2016.

coisa ou pessoa ser levada até a presença do magistrado na sede do juízo, ou, por fim, para participar da reconstituição de um fato.

É direito das partes, com origem no exercício da ampla defesa, acompanhar a realização da inspeção judicial, inclusive contribuindo com o esclarecimento de eventuais dúvidas. Uma vez concluída a inspeção judicial, será lavrado auto circunstanciado em que deverá conter todas as informações úteis para o julgamento da demanda.

6.18 Sentença

6.18.1 Conceito de sentença

O legislador definiu *sentença* no art. 203, § 1º, do CPC dizendo tratar-se do pronunciamento por meio do qual o juiz, com fundamento nos arts. 485 e 487, põe fim à fase cognitiva do procedimento comum, bem como extingue a execução.

Reforçamos que não tem qualquer relevância para o conceito de sentença o fato de o processo ter chegado ao fim ou não, diversamente do que ocorreu no passado recente, em que o CPC definia sentença como o ato do juiz que encerrava o processo, com ou sem decisão do mérito. Essa mudança se deu pelo fato de que é possível que se tenha sentença sem, contudo, o processo chegar ao fim, exigindo que o titular do direito firmado na sentença inicie o necessário cumprimento de sentença para força o cumprimento da ordem judicial.

6.18.2 Requisitos da sentença

Para que se tenha sentença, portanto, será necessária a junção de dois requisitos:

1] que o ato judicial esteja fundamentado no art. 485 ou 487 do CPC;
2] que coloque fim a fase de cognição ou de execução.

Se o magistrado, por exemplo, excluir um dos litisconsortes do processo, com fundamento na ilegitimidade (art. 485, VI), deverá dar seguimento à demanda com as partes remanescentes, até o julgamento do mérito, de modo que aquele ato judicial não pode ser entendido como sentença, exatamente porque, apesar de fundado no art. 485, não coloca fim à fase cognitiva, caracterizando típica decisão interlocutória e passível de recurso de agravo de instrumento.

6.18.3 Elementos de composição da sentença

A sentença deverá conter determinados elementos em sua estrutura, conforme impõe a redação do art. 489 do CPC, a saber:

- **Relatório**, contendo a qualificação das partes, breve resumo dos fatos que ensejaram a propositura da demanda, aspectos relevantes da defesa, das provas produzidas, além de outras questões que o magistrado repute importantes na solução da lide.
- **Fundamentos**, ante os quais o juiz analisará as questões de fato e de direito. O art. 489, § 1º, do CPC estabelece as situações em que a decisão judicial será considerada sem fundamentação, cabendo na hipótese embargos de declaração, com fundamento na omissão, visto que esta será a caracterização do ato desprovido de fundamento, decisão omissa.
- **Dispositivo**, perante o qual o juiz resolverá as questões principais que as partes lhe submeterem. Vale frisar que o termo dispositivo nada tem com a indicação de artigos jurídicos como fundamento da decisão, mas à parte da decisão em que o magistrado enfrenta diretamente os elementos de fato narrados pelas partes, acolhendo ou rejeitando o pedido do autor, no todo ou em parte, em outras palavras, é a decisão propriamente dita.

A adequada identificação dos limites do dispositivo da sentença se mostra de profunda relevância em face do impacto que trará para fixação dos limites da coisa julgada.

Importante regra vem disposta no art. 491 do CPC, no qual é determinado, de modo expresso, que a sentença relativa à obrigação de pagar quantia, ainda que formulado pedido genérico, deverá definir, desde logo, a extensão da obrigação, o índice de correção monetária, a taxa de juros, o termo inicial de ambos e a periodicidade da capitalização dos juros, ressalvadas as hipóteses em que: não foi possível fixar o montante devido; a definição do valor depender de prova cuja realização é demorada ou excessivamente dispendiosa, assim declarada na própria sentença; ou, por fim, o valor tiver de ser apurado em procedimento de liquidação com efetivo contraditório.

6.18.4 Decisão sem resolução do mérito

O art. 485 do CPC elenca as situações em que o juiz irá proferir decisão sem resolução do mérito. Reiteramos que nem sempre a decisão aqui proferida será uma sentença, podendo, em alguns casos, se constituir em decisão interlocutória ou acórdão.

Nos casos em que a decisão estiver fundamentada no abandono do processo pelas partes por prazo superior a um ano (inciso II) e, abandono por parte exclusiva do autor por mais de 30 dias (inciso III), o juiz será obrigado a intimá-los, pessoalmente, para dar andamento ao processo antes de proferir decisão de extinção, o que é determinado pelo parágrafo 1º do mesmo artigo.

No caso em que o processo for extinto por abandono das partes (inciso II), serão responsáveis pelo pagamento de custas e, no caso da incidência do inciso III, ou seja, extinção por abandono do autor por mais 30 dias, será o autor condenado a pagar custas mais honorários de sucumbência.

Reforçamos que, no caso do inciso III, abandono pelo autor, haverá necessidade de requerimento do réu, não podendo o juiz se manifestar de ofício em tal hipótese, como expressamente vedado pelo § 6º.

Poderá o autor desistir da ação até a sentença; contudo, se já oferecida a contestação pelo réu, a desistência ficará condicionada à aceitação deste, como prevê os parágrafos 4º e 5º.

Tendo sido o processo extinto por qualquer das hipóteses do art. 485 e interposta a apelação pelo autor, poderá o juiz se retratar no prazo de cinco dias (§ 7º). Na hipótese de haver juízo de retratação por indeferimento da inicial (inciso I), será o réu citado para contestar a demanda, caso queira, prosseguindo até sentença final.

No caso de não haver retratação pelo magistrado, a apelação por este interposta será encaminhada ao tribunal competente.

Considerando que a decisão proferida com fundamento nas hipóteses do art. 485 do CPC não resolve o mérito, poderá o autor, corrigindo o erro que provocou a sentença, repropor a demanda, como prevê o art. 486, devendo comprovar o pagamento das custas e despesas do processo extinto.

Essa reproposição da demanda é permitida por até três vezes, quando ocorre o que se chama de *perempção*. Verificada a perempção, ficará o autor impedido de repropor a mesma demanda por outras vezes; no entanto, caso o réu proponha ação contra o autor para discutir o fato ocorrido, poderá o autor invocar seu direito na fase de defesa, como autoriza o § 3º do art. 485 do CPC.

6.18.5 Decisão com resolução do mérito

Já o art. 487 apresenta as situações em que a decisão será proferida com resolução do mérito.

De todas, a única em que haverá verdadeiro enfrentamento do mérito até sentença final será aquela prevista no inciso I, quando o juiz acolhe ou rejeita o pedido formulado pelo autor ou pelo réu-reconvinte (CPC art. 490). Nas demais, haverá resolução do mérito, sem que tenha havido um restrito enfrentamento do mérito.

6.18.6 Correlação entre pedido e sentença: princípio da congruência

A sentença proferida pelo juiz no enfrentamento do mérito da demanda deve corresponder em tudo ao que foi delimitado pelo autor em sua inicial. Nesse sentido é que o art. 492 do CPC estabelece que é vedado ao juiz proferir decisão de natureza diversa da pedida, bem como condenar a parte em quantidade superior ou em objeto diverso do que lhe foi demandado.

Nessa linha, a doutrina classifica eventuais quebras de limite do referido artigo de três modos:

a] **Decisão *ultra petita*** – A decisão judicial será assim classificada nos casos em que o juiz decidir sobre pedido apresentado, porém, decidindo também sobre questão não requerida. É o caso em que, diante de pedido de rescisão contratual, a sentença prevê, além da rescisão, condenação em reparação de dano que não foi objeto de qualquer pedido.

b] **Decisão *citra petita*** – Nos casos em que a decisão prevê menos do que deveria, ou seja, deixa de decidir sobre o que deveria. Por exemplo, quando o magistrado deixa de analisar aspectos de fato e de direito aludidos por uma das partes em seus respectivos pedidos. Caracteriza típica situação de omissão, passível de embargos de declaração. Exemplo frequente ocorre quando a sentença deixa de prever a condenação em honorários sucumbenciais.

c] **Decisão *extra petita*** – Nesse caso, a decisão judicial deixa de se manifestar sobre o pedido apresentado, tratando de questão diversa, que não tenha sido objeto de pedido. Exemplo ocorre nos casos em que, tendo o autor pedido despejo por falta de pagamento (sem pedido de pagamento dos aluguéis, apenas despejo), a decisão determina o pagamento dos alugueis atrasados sem, contudo, tratar do despejo.

Nos casos de decisão *ultra petita*, é plenamente possível sua correção, com a simples eliminação do excesso pela via recursal, devendo ser aproveitada a parte correta da decisão. Já no caso da decisão *citra petita*, a omissão se corrige pela via dos embargos de declaração. E, por fim, para decisão *extra petita*, deverá ser objeto de recurso e, no caso de provimento recursal, deverá o juízo a quo proferir nova decisão.

A sentença proferida no processo deve sempre refletir a realidade dos fatos narrados na inicial no ato da sentença.

É nesse sentido que o art. 493 do CPC estabelece que, se, depois da propositura da ação, algum fato constitutivo, modificativo ou extintivo do direito influir no julgamento do mérito, caberá ao juiz tomá-lo em consideração, de ofício ou a requerimento da parte, no momento de proferir a decisão. É o exemplo típico de decisão proferida pelo STF em sede de controle difuso de constitucionalidade e que impacta no mérito de demanda judicial em trâmite. Imagine-se ação reivindicatória de propriedade tendo como autor quem não consta como proprietário do bem, portanto parte ilegítima. Apontada tal ilegitimidade na demanda, o autor se manifesta comprovando a aquisição do bem, ainda que após o início da ação judicial. Nesse caso, a ação deve seguir, porque, apesar da ilegitimidade inicial do autor, tal vício restou suprido no curso do processo.

Regra das mais relevantes no presente tópico vem disposta no art. 492, parágrafo único, do CPC. Estabelece referido dispositivo que a sentença deve ser sempre certa, ainda que decida questão condicional. Isso significa que a decisão deve sempre responder ao final se o pedido do autor é procedente ou improcedente, delimitando com exatidão seu conteúdo, não podendo jamais fazê-lo de modo condicional, condicionando a procedência da demanda a evento incerto e futuro. Decidir relação jurídica condicional, o que é permitido por esse artigo, se configura quando a existência ou inexistência de determinado direito esteja relacionado a evento futuro. Exemplo se tem quando o contrato de compra e venda de imóvel estabelece que o comprador terá direito às chaves do imóvel desde que efetue o pagamento integral do bem.

6.18.7 Efeitos da sentença

Proferida a sentença, ela produzirá efeitos internos e externos no processo, podendo, inclusive, pesar sobre direitos de terceiros, ainda que de modo reflexo. Imagine-se a situação em que, procedente ação de desapropriação de imóvel locado, a consequência imediata para o proprietário será a mudança da propriedade para as mãos do ente público desapropriante; contudo, a sentença também produzirá efeitos sobre o inquilino desse imóvel que terá seu contrato de locação automaticamente rescindido.

Outro efeito que decorre da sentença é sua força executiva. Proferida a sentença, independentemente da natureza de seu conteúdo, se declaratória, constitutiva ou condenatória, assumirá natureza de título executivo judicial, desde que prevendo obrigação líquida, certa e exigível.

As decisões judiciais também produzem efeitos com reflexos no tempo, alguns de modo retroativo, atingindo eventos passados, outros produzindo efeitos apenas para o futuro. No primeiro caso, tem-se as decisões com conteúdo declaratório. Via de regra, a decisão declaratória tem efeito *ex tunc*, ou seja, retroagindo ao momento da constituição da relação jurídica. É o caso da investigação de paternidade, retroagindo ao tempo da concepção; também é o exemplo da declaração de falsidade de documento, retroagindo ao tempo da criação do documento.

Entretanto, as decisões de natureza constitutiva produzirão efeitos para o futuro, ou seja, ex nunc, do momento da decisão para frente. É o que ocorre com a decisão que homologa pedido de adoção: antes da adoção homologada, o adotado ostentava a condição de filho.

Outro importante efeito produzido pela sentença é a hipoteca judiciária, prevista no art. 495, § 1º, do CPC. A decisão que condenar o réu ao pagamento de prestação consistente em dinheiro e a que determinar a conversão de prestação de fazer, de não fazer ou de dar coisa em prestação pecuniária valerão como título constitutivo de hipoteca judiciária, ainda que traga uma condenação genérica, ainda que haja arresto de bens do devedor e ainda que passível de recurso com efeito suspensivo.

Para efetivar a hipoteca judiciaria, deverá o credor extrair cópia da sentença e apresentá-la ao cartório de registro imobiliário, independentemente de ordem judicial, ou de declaração expressa do juiz ou mesmo de urgência, como prevê o § 2º do mesmo artigo. É dever do credor informar o juiz da causa sobre a realização da hipoteca judiciária sobre bem imóvel do devedor, devendo fazê-lo no prazo de 15 dias, a contar da efetivação da hipoteca no cartório.

Efetivada a hipoteca judiciária, terá o credor direito de preferência sobre o bem em relação a eventuais outros credores.

Questão relevante vem prevista no § 5º do art. 495, que estabelece a responsabilidade objetiva do credor hipotecário pelos danos causados ao devedor no caso de a decisão ser reformada ou anulada, exigindo-se que o devedor demonstre a ocorrência de eventuais danos, não podendo haver condenação por presunção.

6.18.8 Tutela específica

Ao buscar o Poder Judiciário apresentando uma insatisfação diante de obrigação não cumprida, o que deseja o autor é que lhe seja entregue ao final exatamente aquilo que foi objeto da demanda e não outra coisa. Assim, aquele que busca uma proteção ambiental deseja receber exatamente esta proteção, não se mostrando adequado permitir que o réu degrade o meio e, após, seja condenado a pagamento de indenização, o que, obviamente, não equivale ao pedido inicial.

É nessa linha que o CPC, em seu art. 497 e seguintes, impõe ao magistrado o dever de adotar medidas típicas e atípicas, no sentido de tornar efetiva a tutela específica do que foi objeto da demanda.

A chamada *tutela inibitória*, portanto, como indica o próprio nome, almeja a não realização do ato jurídico danoso, não bastando a atuação meramente reparatória ou substitutiva do direito.

Para tanto, determina o parágrafo único do art. 497 a concessão da tutela específica destinada a inibir a prática, a reiteração ou a continuação de um ilícito, ou a sua remoção, sendo irrelevante a demonstração da ocorrência de dano ou da existência de culta ou dolo.

Ao proferir decisão determinando a entrega de coisa, por exemplo, deverá o juiz conceder a tutela específica, fixando prazo para o cumprimento da ordem, sob pena de adoção de medidas, como a busca e apreensão da coisa.

A conversão da obrigação em perdas e danos está prevista no art. 499 do CPC, se o próprio autor assim requerer ou se o cumprimento da obrigação se tornar impossível nos termos em que pleiteada.

Já no caso de obrigação destinada a emissão de vontade, a sentença que a julgar, após o trânsito em julgado, produzirá o efeito da declaração não emitida.

Salientamos que a adoção de medidas de apoio, a exemplo, da multa diária, precisa seguir critérios de razoabilidade e proporcionalidade, para não tornar inefetiva a obrigação. Na mesma linha, impor múltiplas medidas de apoio simultâneas e de modo cumulativo igualmente viola parâmetros de razoabilidade, como o bloqueio de CNH e de passaporte ao mesmo tempo.

Dessa forma, a imposição das medidas de apoio deve ocorrer de modo cumulativo e gradativo, considerando que sua função e natureza não é punitiva, mas coercitiva.

Por essa razão é plenamente possível que o magistrado reduza o valor da multa diária na hipótese de verificar que o saldo existente mais dificulta do que viabiliza o cumprimento da medida originalmente imposta. Tal comportamento não viola limites da coisa julgada, visto que a adoção de medidas de apoio não está inserida naquele limite.

6.19 Coisa julgada

6.19.1 Conceito de coisa julgada

A coisa julgada representa a imutabilidade dos efeitos da sentença.

Com a extinção do processo, com ou sem resolução do mérito, pesará sobre a decisão, a coisa julgada, de modo que os efeitos produzidos por esta decisão tonar-se-ão imutáveis.

6.19.2 Limites subjetivos da coisa julgada

Como anota o art. 506 do CPC, a coisa julgada pesará seus efeitos apenas sobre as partes do processo e seus sucessores, não atingido terceiros, seja para beneficiar, seja para prejudicar.

Não se pode confundir efeitos da coisa julgada com efeitos da sentença. Aqueles atingem restritivamente as partes do processo; estes produzem efeitos reflexos sobre sujeitos estranhos a demanda.

Apenas de modo excepcional é que a coisa julgada produzirá efeitos indiretos sobre terceiros. Imagine-se ação de cobrança de aluguel proposta por um dos coproprietários contra o inquilino; julgada improcedente a ação e fazendo coisa julgada, outro coproprietário promove a mesma ação de cobrança contra o mesmo inquilino, justificando que, por não ter sido parte na primeira ação, não teria sido atingido pelos efeitos da coisa julgada. Ocorre que, neste caso, a decisão produzida na primeira ação produziu a imutabilidade da coisa julgada sobre todos os coproprietários, em decorrência da unitariedade do direito que os une.

6.19.3 Limites objetivos da coisa julgada

Quanto aos limites objetivos, a coisa julgada torna imutável a discussão sobre o pedido e a causa de pedir da demanda julgada.

O CPC/1973 excluía desse limite objetivo da coisa julgada as questões prejudicais decididas no bojo da demanda. Diferentemente, o CPC/2015 modifica essa regra, de modo que as questões prejudiciais poderão eventualmente ser atingidos pela coisa julgada, desde que preenchidos os requisitos do art. 503. Convém assinalar que nem toda questão decidida no contexto da ação, ou seja, de modo incidental, será considerada prejudicial, mas apenas aquelas que interferem no resultado do mérito, exigindo a sua solução antes do julgamento do mérito final. É o caso da investigação de paternidade realizada incidentalmente na ação de alimentos; aquela é prejudicial a esta. Também é o caso da falsidade de documento alegada no bojo de ação em que se discute o débito de valor constante no documento. Somente as questões prejudiciais decididas incidentalmente poderão ser atingidas pela coisa julgada, nos termos do art. 503, § 1º, inciso I, do CPC, não as meramente incidentais.

6.19.4 Coisa julgada e preclusão

Não se pode confundir a imutabilidade que decorre da coisa julgada com a impossibilidade de discutir matéria interna do processo, sobre a qual tenham pesado os efeitos da preclusão. Esta última indica que determinado ato específico do processo não poderá ser praticado em decorrência da preclusão, o que pode ocorrer pelo decurso do tempo (preclusão temporal), pelo fato daquele ato já ter sido praticado (preclusão consumativa) ou pelo fato de ser incompatível com outro ato anteriormente praticado (preclusão lógica). A preclusão torna impraticável determinado ato interno e específico do processo, ao passo que a coisa julgada produz seus efeitos para fora do processo, atingindo as partes da demanda e o pedido decidido na parte dispositiva da demanda.

6.19.5 Coisa julgada e a regra do deduzido e dedutível

O art. 508 do CPC alude a figura importante no tema da coisa julgada que é a regra do deduzido e do dedutível que, de certo modo, está inserido no contexto dos limites objetivos da coisa julgada também, tratado aqui em tópico específico apenas como opção didática.

Referida regra determina que tudo aquilo que tenha sido deduzido no processo, bem como tudo aquilo que poderia ter sido deduzido (ainda que não tenha sido) ficará acobertado pelos efeitos da coisa. É o exemplo daquele que, tendo sua demanda julgada improcedente, a repropõe, sob o mesmo fato, com o mesmo pedido, apenas com novo fundamento. Ao propor a demanda, é de dever do autor (e também do réu em sua defesa) apresentar todos os fundamentos que embasam seu pedido, não podendo fazê-lo em outro processo, buscando dar a aparência de ação nova.

6.19.6 Coisa julgada formal e material

O art. 502 do CPC observa que coisa julgada **material** corresponde à autoridade que torna imutável e indiscutível a decisão de mérito não mais sujeita a recurso.

A coisa julgada será meramente **formal** nos casos em que o mérito da demanda não tenha sido enfrentado, tendo sido proferida decisão de extinção do processo sem, contudo, ser o mérito resolvido. Em casos assim, a imutabilidade que decorre da coisa julgada ficará restrita aos limites desse processo, sendo possível que o autor renove a demanda, agora em processo novo.

6.19.7 Casos que não farão coisa julgada

Há determinadas questões que, nos termos do art. 504 do CPC, não serão atingidas pela imutabilidade que decorre da coisa julgada. São elas:

I] **Os motivos, ainda que importantes para determinar o alcance da parte dispositiva da sentença.**

Os motivos são as situações narradas no processo que podem levar o juiz ao juízo de convencimento. Tome-se como exemplo o sujeito que propõe demanda pleiteando indenização em razão de acidente automobilístico. Essa ação é fundamentada no fato de que o réu estava dirigindo embriagado. O juiz, acolhendo o pedido do autor, condena o réu ao pagamento de todas as despesas havidas com o acidente. Nada impede que o réu, mesmo após sentença de sua condenação, promova demanda pleiteando que se declare a inexistência de embriaguez. Sobre esse pedido, que na primeira ação era tão somente um fundamento, não se fala em coisa julgada. Ressalte-se, porém, que mesmo conseguindo provar a inexistência de embriaguez, não será permitido ao réu da primeira demanda solicitar a devolução do valor pago, uma vez que sobre sua condenação ao pagamento houve o trânsito em julgado material.

II] **A verdade dos fatos, estabelecida como fundamento da sentença.**

O que se observa, na realidade, é que o inciso I já responde pelos outros dois, pois, ao falar em "motivos", está-se diante do fundamento e das questões prejudiciais do processo. Assim, no presente inciso, tem-se exatamente a situação que observamos no primeiro caso, ou seja, não faz coisa julgada a conclusão, a motivação, a justificativa ofertada pelo magistrado como base normativa para os fatos do autor e do réu.

III] **A apreciação da questão prejudicial, decidida incidentalmente no processo.**

Quanto a essa última situação, requerendo a parte que o juiz a solucione por sentença, aí, sim, pesará sobre tal decisão a coisa julgada.

Resumidamente, pode-se afirmar que a coisa julgada só pesará sobre o dispositivo da sentença, ou seja, a manifestação judicial sobre o fato e nos limites do pedido narrado pelo autor e contestado pelo réu. A coisa julgada atingirá, portanto, em regra, aquelas partes, aquele pedido e aquela causa de pedir, analisados conjuntamente.

6.20 Liquidação de sentença

6.20.1 Ideia geral

Nos casos em que a sentença não determina a quantia certa do pagamento, será necessário iniciar procedimento próprio para definição, denominado de *liquidação de sentença*.

Apesar de o artigo se referir à liquidação de sentença, cabe esclarecer que esse procedimento não está restrito a esse tipo de decisão, podendo ser aplicado ao acórdão e até mesmo acasos de decisão interlocutória que permita o início da execução provisória.

A liquidação terá início a requerimento do credor ou do devedor, constituindo mero procedimento incidental do processo de conhecimento em que a decisão foi proferida. Não obstante não se tenha novo processo, mas mera fase do mesmo processo de conhecimento, a liquidação faz nascer nova relação jurídica material, cujo objeto, o mérito, é distinto daquele pautado para a fase inicial do processo.

6.20.2 Formas de liquidação

6.20.2.1 Por arbitramento

O procedimento da liquidação por arbitramento terá cabimento nos casos em que for determinado pela sentença ou convencionado pelas partes ou, ainda, nos casos em que for exigido pela natureza do objeto da lide. Nos termos do art. 510 do CPC, deverá o juiz intimar as partes para apresentação de pareceres e documentos elucidativos do caso, fixando prazo para tanto. No caso em que tais documentos não se mostrarem suficientes para convencimento e decisão de liquidação, deverá o juiz nomear perito para elaboração de laudo pericial. É o que acontece na rescisão de contrato de serviços advocatícios em que há necessidade de se encontrar o valor proporcional do serviço até então prestado ou, ainda, no caso de sentença que decide pela reparação de danos cujo valor deverá ser encontrado em fase de liquidação, a partir de efetivo contraditório e ampla defesa.

6.20.2.2 Por procedimento comum

Esta forma de liquidação terá cabimento para os casos em que houver necessidade de as partes apresentarem fatos novos para que proceda a liquidação, como prevê o inciso II do art. 509 do CPC. Essa caraterística da liquidação por procedimento comum, em que há fato novo a ser analisado para se chegar ao valor da obrigação, configura-se como subsidiária em relação às demais. Portanto, não sendo possível liquidar com base em documentos ou perícia (arbitramento), havendo a necessidade de se debater em contraditório algum fato não apresentado na demanda de origem, por ter surgido após a decisão, então, por fim, será utilizado este procedimento de liquidação a partir da instauração de procedimento comum.

Nessa forma de liquidação, por procedimento comum, deverá o juiz intimar a parte na pessoa de seu advogado para, querendo, apresentar contestação no prazo de 15 dias. Não há que se estranhar o fato de se aludir à contestação, se não se perder de vista que o procedimento adotado para liquidação é o comum, ou seja, exigindo contraditório pleno, audiência de instrução, caso necessário e decisão final, em que será apresentado o resultado do procedimento de liquidação da decisão. Nesse caso, é possível afirmar que se terá duas fases de cognição exauriente, duas fases de conhecimento? Exatamente isso. O processo terá a primeira fase de conhecimento com objetivo de julgar o pedido apresentado pelo autor na sua inicial e, a segunda fase, de liquidação, cujo procedimento será também o comum, considerando apenas que o mérito dessa fase se mostra distinto daquele existente na primeira fase.

Qualquer das formas de liquidação será admitida, ainda que haja recurso recebido em efeito devolutivo, apenas devendo, nesse caso, ser processada em autos apartados, como determina o art. 512 do CPC.

6.21 Cumprimento de sentença

6.21.1 Conceito

O cumprimento de sentença se constitui em uma fase do processo de conhecimento destinado a dar efetividade a ordem judicial descumprida pelo obrigado. Regulado no CPC a partir do art. 513, constitui-se em espécie de execução civil, inclusive com obediência a determinadas regras inerentes a toda execução.

6.21.2 Procedimento

Exatamente por se constituir em mera fase do processo de conhecimento, seu início se dá por meio da apresentação de requerimento direcionado ao juiz da causa. Apesar de não se tratar de petição inicial, mas mero requerimento, será necessário que o requerente demonstre que a decisão judicial descumprida tem obrigação líquida, certa e exigível, sob pena de ser indeferido o processamento do cumprimento de sentença, devendo demonstrar ainda o descumprimento da obrigação, além dos fundamentos que justificam a adoção de medidas pelo Judiciário para impor a obrigação constante da decisão e que foi descumprida pelo devedor.

Estando o requerimento nos termos, o juiz determinará a intimação do devedor para cumprir a decisão judicial, o que deverá ocorrer:

a) pelo diário de justiça, na pessoa de seu advogado constituído nos autos;
b) por carta, com aviso de recebimento, quando representado pela Defensoria Pública, ou nos casos em que não tiver advogado nos autos;
c) pela via eletrônica nos casos determinados pelo 246, § 1º, do CPC e a parte não tiver procurador nos autos;
d) por edital, nos casos elencados no art. 256 do CPC.

Questão de grande relevo vem anotada no § 4º do art. 513, que determina que, se o requerimento que dá início ao cumprimento de sentença tiver sido formulado após um ano do trânsito em julgado da sentença, a intimação será feita, necessariamente, na pessoa do devedor, e não de seu advogado. Ademais, deverá ser feita por meio de carta com aviso de recebimento encaminhada ao endereço constante dos autos. Esse endereço será considerado válido na hipótese em que o devedor tenha se mudado no curso no processo e deixado de atualizar o endereço nos autos, conforme § 3º do mesmo artigo.

Sob pena de violar os limites da coisa julgada, não poderá o cumprimento de sentença ser promovido em face do fiador, do coobrigado ou do coobrigado ou corresponsável que não tiver participado da fase de conhecimento, nos termos do § 5º do art. 513, podendo, no entanto, serem considerados para efeito de acordo, inclusive podendo ser inserida no acordo questão que não tenha sido objeto do processo de conhecimento, conforme estabelece o art. 515, § 2º.

No caso de obrigação de pagar quantia, o devedor será intimado a realizá-lo no prazo de 15 dias, conforme art. 523 do CPC. Não ocorrendo o pagamento, poderá o credor levar a sentença condenatória a protesto, nos termos do art. 517, devendo observar o procedimento ali previsto.

6.21.3 Requisitos para o cumprimento de sentença

6.21.3.1 Presença de título executivo judicial

Assim como se exige para qualquer execução, o cumprimento de sentença exige a apresentação de um título executivo que, no caso, será uma decisão transitada em julgado ou sujeita a recurso com efeito apenas devolutivo. Os títulos executivos judiciais que permitem o início do cumprimento de sentença estão arrolados de modo expresso e exaustivo no art. 515 do CPC.

Do rol mencionado, aqueles indicados nos incisos VI, VII e VIII não permitem que a execução se dê pelo procedimento do cumprimento de sentença, pelo fato de que não houve processo de conhecimento que tenha tramitado no Poder Judiciário, ou tramitou na Justiça estrangeira. Como o cumprimento de sentença é fase nova do processo de conhecimento, há premissa lógica de sua existência. É o que ocorre com a sentença arbitral, com a sentença penal condenatória e a sentença estrangeira. No caso da sentença penal, apesar de ter seu processo de conhecimento tramitado no Poder Judiciário Nacional, não tem competência para dar cumprimento de sentença sob matéria cível.

Nestes três casos, será necessário que o credor se utilize do processo de execução autônomo, previsto no art. 771 e seguintes do CPC.

6.21.3.2 Obrigação líquida, certa e exigível

Da mesma maneira, o cumprimento de sentença, assim se verá repetir no processo de execução autônomo, exige que a obrigação constante no título seja líquida, certa e exigível, nos termos do que determina o art. 786 do CPC.

Será a obrigação considerada líquida, nos casos em que estiverem determinadas quantia e espécie que devam ser cumpridas, exigindo, de modo contrário, a prévia liquidação, já exposta no tópico anterior.

A certeza, em verdade, não é requisito da obrigação, mas do próprio título que deverá ofertar ao julgar segurança quanto a sua existência e validade.

Por fim, a exigibilidade se configura, em regra, com o não cumprimento da obrigação no prazo determinado no título. No entanto, há casos em que apenas o vencimento não basta para ofertar exigibilidade à obrigação, havendo necessidade de que a condição que pesa sobre a obrigação seja devidamente cumprida.

6.21.4 Competência

De acordo com o disposto no art. 516 do CPC, o cumprimento de sentença deverá tramitar:

- no tribunal, quando for sua a competência originária;
- no juízo de primeiro grau que tenha proferido da decisão objeto do cumprimento;
- no juízo cível competente, quando se tratar de sentença penal condenatória, arbitral ou estrangeira. Neste último caso, em razão da inexistência de

anterior processo de conhecimento, será necessário que o credor proceda a livre distribuição para uma das varas cíveis.

6.21.5 Cumprimento provisório de sentença

Nos casos em que a sentença esteja sujeita a recurso recebido apenas no efeito devolutivo, nos termos do art. 1.012 do CPC, poderá o credor dar início ao cumprimento provisório de sentença, devendo seguir procedimento estabelecido no art. 520 do CPC.

Em tese, o procedimento adotado no cumprimento provisório será o mesmo do cumprimento definitivo, previsto no art. 523. No entanto, em face da provisoriedade que pesa sobre ele, decorrente da possibilidade de reforma de decisão na via recursal, algumas medidas típicas são determinadas pelo legislador.

Nesse sentido, estabelece o art. 520 que:

- O cumprimento provisório correrá por iniciativa e responsabilidade do credor, que fica obrigado, se a sentença for reformada, a reparar os danos que o executado haja sofrido. Vale ressaltar que, apesar de a responsabilidade do credor, nesse caso, ser objetiva, impõe ao executado a demonstração do prejuízo efetivamente sofrido para que possa exigi-lo do credor.
- Surgindo decisão que anule ou torne sem efeito a sentença exequenda, o cumprimento de sentença ficará sem efeito, devendo ser restituídas as partes ao estado anterior, inclusive com liquidação de eventuais prejuízos sofridos pelo executado.
- No caso em que a anulação ou suspensão da sentença exequenda ocorra em parte, a outra parte, não atingida, poderá seguir com o cumprimento.
- Pretendendo o credor efetuar levantamento de valores depositados ou praticar atos de transferência de posse ou alienação de propriedade, ou praticar qualquer ato que importe prejuízo ao executado, deverá o magistrado exigir-lhe caução suficiente para garantir eventuais danos sofridos pelo executado, nos termos do que determina o art. 520, inciso IV.

Referida exigência de caução poderá, no entanto, ser dispensada pelo juiz do caso, nas hipóteses de crédito de natureza alimentar, independentemente da origem, bem como no caso em que o credor demonstrar situação de necessidade ou, ainda, caso a sentença exequenda esteja de acordo com súmula ou jurisprudência dos tribunais superiores, conforme autoriza o art. 521 do CPC.

6.21.6 Cumprimento definitivo de sentença

Ocorrendo o trânsito em julgado da decisão que imponha obrigação de quantia certa ou já fixada em procedimento de liquidação, poderá o credor requerer o imediato início do cumprimento definitivo da sentença, nos termos do art. 523 e seguintes do CPC.

Referido requerimento do credor deverá conter, obrigatoriamente, demonstrativo completo da evolução da dívida, indicando índice de correção utilizado, discriminação de juro e taxas que eventualmente incidam sobre valor devido, tendo ainda de indicar o termo inicial e final do cômputo dos juros e correção monetária e, por fim, o bem sobre o qual pretende que recaia a penhora.

Apresentado o requerimento pelo credor, o devedor será intimado para efetivar o pagamento no prazo de 15 dias.

Não efetuado o pagamento no prazo legal, será acrescida ao valor devido multa de 10% mais 10% a título de honorários advocatícios. Além disso, será expedido de imediato mandado de penhora e avaliação, seguido de atos de expropriação, como autoriza a redação do § 3º do próprio art. 523 do CPC.

Na hipótese de o devedor efetuar pagamento parcial do valor indicado pelo credor, a multa e honorários incidirão apenas sobre a quantia restante, não paga, conforme determina no § 2º do art. 523 do CPC.

Entendendo o juiz do caso ser necessária a conferência do cálculo, poderá, dentro de seu poder geral de cautela, convocar contabilista de sua confiança, para que, no prazo de 30 dias, apresente laudo de conferência nos autos.

Se, para realização e/ou conferência do cálculo, o magistrado depender de documento que esteja na posse de terceiro, sem que este o apresente de modo voluntário, este incidirá no crime de desobediência, nos termos do § 3º do art. 524.

Faz-se necessário não perder de vista que o prazo de 15 dias para o devedor efetuar o pagamento não se confunde com o prazo para apresentação de impugnação, que também será de 15 dias. No entanto, o prazo referente a apresentação de impugnação só terá início quando encerrado o prazo de pagamento.

6.21.7 Impugnação ao cumprimento de sentença

Tendo sido intimado o devedor sobre o início do cumprimento de sentença, poderá ele apresentar impugnação no prazo já indicado de 15 dias.

A apresentação da impugnação deverá ocorrer nos próprios autos e independentemente de oferta prévia de penhora.

Frisamos que o devedor não será intimado para apresentação da impugnação após transcorrido prazo de pagamento, como expressamente determina o art. 525 do CPC. A intimação ocorre apenas uma única vez, para que pague no prazo de 15 dias ou, caso queira, oferte impugnação, cujo prazo terá início ao final do prazo de pagamento.

Considerando já ter transcorrido todo o processo de conhecimento, com amplo contraditório e ampla defesa, a oferta da impugnação tem matéria restrita, descrita no § 1º do mesmo art. 525, não podendo o devedor alegar qualquer outra questão, sobretudo aquelas que deveriam ter sido objeto de alegação na fase de conhecimento.

Desse modo, destaca o referido dispositivo legal serem matérias impugnáveis:

§ 1º Na impugnação, o executado poderá alegar:

I - falta ou nulidade da citação se, na fase de conhecimento, o processo correu à revelia;
II - ilegitimidade de parte;
III - inexequibilidade do título ou inexigibilidade da obrigação;
IV - penhora incorreta ou avaliação errônea;
V - excesso de execução ou cumulação indevida de execuções;
VI - incompetência absoluta ou relativa do juízo da execução;
VII - qualquer causa modificativa ou extintiva da obrigação, como pagamento, novação, compensação, transação ou prescrição, desde que supervenientes à sentença.

No caso específico do inciso V, será insuficiente a alegação de haver excesso de execução, cabendo ao devedor indicar o valor correto, inclusive com demonstrativo de cálculo atualizado, sob pena de indeferimento de sua alegação liminarmente, nos termos do que dispõem os §§ 4º e 5º do art. 525.

A impugnação não tem efeito suspensivo, de regra, como expõe o § 6º, de modo que sua oferta não impedirá que o cumprimento de sentença siga seu curso, inclusive com a prática dos atos de expropriação, avaliação e alienação do bem. No entanto, poderá o credor requerer a atribuição do efeito suspensivo, desde que ofereça garantia suficiente e indique as razões de fato a caracterizar o risco no prosseguimento do cumprimento da sentença.

Mesmo que atribuído o efeito suspensivo, nada impede que se realize, de ofício ou a requerimento, o reforço da penhora e/ou a substituição do bem penhorado, sempre que se verificar o risco de lesão ao crédito do credor.

Recaindo o cumprimento de sentença sobre mais de um devedor e tendo apenas um ou alguns deles apresentado impugnação com obtenção de efeito suspensivo, o cumprimento seguirá seu regular curso contra aqueles que não tenham impugnado ou não tenham obtido efeito suspensivo em suas respectivas impugnações, como expressamente determinam os §§ 8º e 9º do art. 525.

No caso de surgir fato novo ou mesmo surgindo a necessidade de se requerer a substituição do bem penhorado, após transcorrido prazo para oferta da impugnação, poderá o devedor alegá-lo, por meio de simples petição nos autos, no prazo de 15 dias a contar da ciência do fato.

6.21.8 Cumprimento de sentença em obrigação de prestar alimentos

Nos casos em que o cumprimento de sentença decorra de dever de prestar alimentos não cumprido, determina o art. 528 e seguintes do CPC que o devedor deverá ser intimado para efetuar o pagamento no prazo de três dias, ou comprovar já tê-lo feito ou a impossibilidade de fazê-lo.

Somente a comprovação de fato da impossibilidade de realizar o pagamento justificará a inadimplência. Entretanto, caso o devedor não tenha sua alegação acolhida tampouco efetive o pagamento, poderá o magistrado determinar o protesto da ordem judicial nos termos do que dispõem o art. 528, § 1º c/c art. 517, todos do CPC, sem prejuízo da ordem de prisão por prazo que pode variar entre um e três meses, que deverá ser cumprida em regime fechado, salvo ordem específica no caso concreto.

Frise-se que o cumprimento da pena não resulta na extinção da dívida que passará a tramitar na forma patrimonial com a devida penhora de bens do devedor para quitação do débito.

Questão relevante sobre o tema vem disposto no § 7º do art. 528, que estipula que somente o débito referente aos três últimos meses de alimentos é que autoriza a ordem de prisão, devendo os meses anteriores seguirem na forma de execução patrimonial. Portanto, preso, por exemplo, por débito de três meses, o devedor só voltará a ser preso por nova dívida após acumular outros três meses.

Ressalte-se que compete ao credor dos alimentos optar pela forma de cumprimento de sentença, se na forma de prisão ou patrimonial, de modo que, tendo optado pela forma patrimonial, não caberá pedido de prisão, como determina o § 8º.

6.21.9 Cumprimento de sentença em obrigação de fazer ou não fazer

Nos casos em que o cumprimento de sentença decorra de obrigação de fazer ou não fazer, poderá o juiz do caso impor medidas de apoio específicas que ampliem a eficácia de sua ordem, por exemplo, multa diária ou substituição do obrigado, como expressamente permite o art. 536 do CPC.

A incidência de tais medidas não prejudicará a imposição de penas decorrentes de litigância de má-fé nem a reparação de eventuais danos causados ao credor, cabendo a este, por certo, a comprovação de tais danos, além do requerimento de sua reparação, diversamente do que ocorrerá com a aplicação da multa processual, que poderá se dar de ofício.

Compete, portanto, ao juiz do caso definir sobre a incidência da multa, sua valoração, sua eficácia, podendo, a depender do caso, reduzir o valor e até mesmo suspender sua incidência, tudo diante da avaliação de sua eficácia diante do caso concreto.

Importante regra vem disposta no § 3º do art. 537, no sentido de determinar que a multa aplicada para efetivação da ordem judicial poderá ser objeto de cumprimento provisória de sentença, exigindo-se o depósito imediato por parte do devedor. Contudo, o levamento do valor pelo credor só será permitido após o trânsito em julgado.

6.21.10 Cumprimento de sentença em obrigação de entrega de coisa certa

Descumprida ordem para entrega de coisa, incidirá a regra constante no art. 538 do CPC para o procedimento de cumprimento de sentença.

De acordo com referida regra, não entregue a coisa determinada, será expedida ordem de busca e apreensão, quando se tratar de coisa móvel, ou imissão na posse, para os casos de bens imóveis.

Alertamos que, nesses casos, não há incidência de astreintes, por se mostrar incompatível com a efetividade da busca e apreensão. Tal afirmação não permite concluir ser impraticável a incidência da multa; ao contrário, compete ao magistrado, na avaliação do caso concreto, determinar a incidência da multa para as hipóteses em que concluir pela sua maior eficácia na efetividade da ordem de entrega de coisa.

Concluindo-se pela impossibilidade material de cumprimento da ordem, em decorrência da perda da coisa, será possível ao credor requerer a conversão da obrigação em perdas e danos, com fundamento no art. 499 do CPC.

Entendendo o devedor haver direito de reembolso em decorrência de benfeitorias que tenha feito no bem, deverá alegá-la em contestação, de maneira discriminada, nos termos do que determinam os §§ 1º e 2 º art. 539 do CPC, sob pena de preclusão, não sendo possível, portanto, fazê-lo em vias de impugnação ao cumprimento de sentença.

6.22 Procedimentos especiais

6.22.1 Aspectos gerais

O processo é o meio pelo qual se exercita a vontade concreta da lei; é instrumento de exercício de uma função do Estado. É indispensável à função jurisdicional com o objetivo de eliminar conflitos.

Entende-se por *procedimento* o meio extrínseco pelo qual o processo se instaura, desenvolve e termina, ou seja, a coordenação de atos que compõem o processo.

Sob a égide do CPC atual, foi extinto o procedimento sumário do CPC/1973 e abolida a divisão entre ritos ordinário e sumário, passando a ser adotado o sincretismo processual como regra, na busca de uma entrega jurisdicional mais eficaz.

Assim, foi instituído procedimento comum padrão, a ser aplicado para a fração majoritária das ações, com instrumentos mais eficazes de solução do conflito, como a dinamização do *onus probandi*.

Exceção à regra, permaneceram previstos no atual código os procedimentos especiais, a serem aplicados em ações com objetos mais específicos e que, por este motivo, demandam tratamento procedimental diferenciado.

Isso porque, conforme ensina o magistério de Antônio Carlos Marcato (2004, p. 37), há conflitos de interesses que "escapam ao alcance de um tratamento processual comum, daí por que os procedimentos especiais se ajustam às peculiaridades das exigências das relações jurídicas neles deduzidas, tornando mais aparente e efetiva a relação existente entre direito e processo".

O CPC, atualmente, trata dos procedimentos especiais em seu Título III do Livro I da Parte Especial, e ainda existe previsão de alguns em leis extravagantes. Prevê ainda dois títulos, quais sejam, os de jurisdição contenciosa e jurisdição voluntária.

6.22.2 Procedimentos especiais de jurisdição contenciosa

A jurisdição contenciosa é a própria pretensão resistida. Nessa atividade, o juiz compõe os litígios entre as partes. Tem como características a ação, a lide, o processo e o contraditório ou sua possibilidade. Presume-se que haja um litígio que origina um processo que produz a coisa julgada.

Com a sistemática implementada pelo CPC atual, pautado em seus novos primados de eficácia e sincretismo processual, foram extintas inúmeras modalidades de procedimentos especiais, a saber:

- Ação de depósito
- Ação de anulação e substituição de títulos ao portador
- Ação de nunciação de obra nova
- Ação de usucapião de terras particulares
- Ação de vendas a crédito com reserva de domínio
- Posse em nome de nascituro
- Ação de justificação
- Ação de atentado
- Ação de protesto e da apreensão de títulos
- Ação de especialização de hipoteca legal

Registre-se que o CPC vigente não deixou de dar guarida às pretensões dos jurisdicionados acerca de tais questões de direito material; apenas relegou todos esses méritos ao procedimento comum processual, aprimorado com o advento do estatuto otimizado.

6.22.2.1 Ação de consignação em pagamento

O pagamento, em regra, é feito nos termos convencionados previamente pelas partes. Ocorre que, no decorrer desse pagamento, podem surgir circunstâncias que impedem, por vontade alheia à do devedor, a realização do pagamento ou pela recusa injustificada de quem deva receber. Tais situações tornam difícil ao devedor cumprir sua obrigação, sendo necessário consignar o pagamento.

A ação de consignação em pagamento tem previsão nos arts. 334 a 345 do Código Civil e seu procedimento nos arts. 539 a 549 do Código de Processo Civil, sendo modalidade de prestação de extinção das obrigações pelo cumprimento compulsório do pagamento.

Poderá ser feito em depósito de dinheiro ou por depósito da coisa. Contudo, na modalidade de dívida de obrigação de fazer ou não fazer, não será possível por incompatibilidade de procedimento.

É legitimado a ingressar com ação de consignação em pagamento o devedor, qualquer interessado na extinção da dívida e terceiros que queiram pagar a dívida em nome e por conta do devedor.

No polo passivo da ação de consignação em pagamento, figurarão o credor, seus herdeiros ou sucessores, como veremos.

A ação de consignação em pagamento será proposta no foro do lugar do pagamento (art. 540 do CPC) ou no foro de eleição e, em última análise, não havendo nenhuma dessas hipóteses, seguirá a regra geral, ou seja, no domicílio do réu.

O valor da causa corresponderá ao consignado e, se se tratar de prestações vencidas e vincendas, a soma de 12 parcelas.

As hipóteses de cabimento estão no art. 335 do Código Civil, porém o rol não esgota sua possibilidade, sendo possível a ação por hipótese prevista expressamente em leis extravagantes.

Nas hipóteses do art. 335, inciso I, do Código Civil, caberá a consignação "se o credor não puder, ou, sem justa causa, recusar receber o pagamento, ou dar quitação na devida forma".

No primeiro momento, cabe destacar que, se houver justo motivo para a recusa do recebimento (pagamento ou coisa), não caberá ação de consignação em pagamento, como, no caso de pagamento, o de receber valor inferior ao devido.

No mesmo sentido, não será possível a ação de consignação em pagamento se o credor já ingressou com ação contra o devedor justificado pela mora.

De outra sorte, se o devedor apenas estiver em mora, o credor não poderá recusar o pagamento, evidentemente que incluídos os acréscimos e encargos.

Se o credor se recusar injustificadamente em dar a quitação devida, caberá ao devedor consignar o pagamento, pois é obrigação do credor fornecer recibo de quitação, que é prova de pagamento.

> Art. 335. A consignação tem lugar:
>
> [...]
>
> II - se o credor não for, nem mandar receber a coisa no lugar, tempo e condição devidos;

Se as partes estipularam que caberia ao credor buscar o pagamento e este não o fizer nem mandar alguém que o faça, poderá o devedor, passada a data aprazada, consignar o pagamento.

> Art. 335. [...]
>
> [...]
>
> III - se o credor for incapaz de receber, for desconhecido, declarado ausente, ou residir em lugar incerto ou de acesso perigoso ou difícil;

São assumidas hipóteses em que o devedor encontra obstáculo para realizar o pagamento. A que gera dúvida é a do credor desconhecido; tal situação se refere à de sucessão do credor e ao desconhecimento do devedor daqueles que seriam sucessores ou herdeiros do credor.

Art. 335. [...]

[...]

IV - se ocorrer dúvida sobre quem deva legitimamente receber o objeto do pagamento;

Tal hipótese recai na situação de dois ou mais credores que se habilitam a receber o pagamento, e o devedor tem dúvida sobre qual seria o legítimo recebedor. Daí decorre o risco de, ao se pagar a credor errado, ter de pagar novamente.

O devedor deverá consignar o pagamento, extinguindo-se a obrigação em relação a ele.

Quanto aos possíveis credores, estes permanecerão para litigar pela legitimidade e, posteriormente, farão jus ao recebimento.

Art. 335. [...]

[...]

V - se pender litígio sobre o objeto do pagamento.

A consignação em pagamento será necessária, havendo entre o credor e terceiro litígio pendente de resolução e o mesmo versar sobre o objeto do pagamento.

O mais comum na prática forense é o de recusa em receber o pagamento pelo credor.

No art. 539 e parágrafos do CPC, nos casos que versarem sobre as obrigações em dinheiro, poderá ser realizada a consignação extrajudicial, visando à solução do conflito sem movimentar a máquina do judiciário. Trata-se o depósito judicial de uma faculdade do devedor que realizará o depósito em dinheiro.

Assim, o devedor ou terceiro poderá realizar o depósito da quantia devida em estabelecimento bancário oficial, cientificando-se o credor pessoalmente, por carta com aviso de recebimento, que constará que poderá ser recusado expressamente o depósito no prazo de 10 dias, sob pena de se reputar aceito o pagamento, ficando, assim, a quantia à disposição do credor para ser levantada a qualquer tempo.

Nesse caso, evitará a propositura de ação judicial e seus encargos. Evidentemente, havendo divergência entre o credor e o devedor sobre o depósito, a data da recusa e a validade da ciência do credor, será necessária a propositura de ação judicial, e o banco não permitirá o levantamento da quantia depositada.

Havendo aceitação expressa ou tácita, a dívida ficará quitada, não podendo o credor pleitear qualquer acréscimo alegando insuficiência do depósito.

No caso de recusa do credor, o devedor terá o prazo de um mês para realizar a propositura da ação, instruindo a inicial com a prova do depósito e da recusa (art. 539, § 3º, CPC).

De outra maneira, não sendo proposta a ação, fica sem efeito o depósito, cuja quantia poderá ser levantada pelo depositante (art. 539, § 4º, CPC).

Com a realização do depósito, cessam os juros e os riscos de perecimento ou deterioração da coisa correm por conta do credor, salvo se julgada improcedente a ação, nos termos do art. 540 do CPC e art. 337 do Código Civil.

Quando proposta a ação, o depósito da quantia somente será realizado (em banco oficial) até cinco dias após o despacho da petição inicial (art. 542, I, CPC), sob pena de ser julgado extinto o processo por falta de pressuposto para o prosseguimento da ação (art. 485, IV, CPC).

O art. 541 faculta o depósito, no mesmo processo, de prestações periódicas referentes à mesma relação jurídica, evitando a propositura de diversas ações idênticas. Porém, cabe mencionar que os depósitos das prestações vincendas deverão ser realizados até o quinto dia após o vencimento da prestação, para que tenham o condão de ilidir a inadimplência.

O levantamento implica reconhecimento da procedência do pedido, cabendo a condenação do réu nas custas e em honorários advocatícios, assim como no caso de falta de contestação (art. 546, parágrafo único, CPC).

O credor, em contestação, poderá alegar as matérias do art. 544 do CPC, quais sejam:

> I - não houve recusa ou mora em receber a quantia ou a coisa devida;
> II - foi justa a recusa;
> III - o depósito não se efetuou no prazo ou no lugar do pagamento;
> IV - o depósito não é integral.

Cabe mencionar que, nos termos do art. 545, § 2º, do CPC:

> § 2º A sentença que concluir pela insuficiência do depósito determinará, sempre que possível, o montante devido e valerá como título executivo, facultado ao credor promover-lhe o cumprimento nos mesmos autos, após liquidação, se necessária.

Assim, adquiriu a consignatória natureza de ação dúplice.

Com isso, se o credor entender que o depósito é insuficiente e apresentar defesa escorado sobre o inciso IV do art. 544 do Código de Processo Civil, deverá, em sede de contestação, apresentar os cálculos que entender devidos, que precederão o montante a ser pago por determinação do juiz, podendo o credor executar nos mesmos autos por economia processual.

Destaque-se que, no caso de o réu apontar que o depósito não é integral, deverá apresentar cálculo do montante que entende devido, sob pena de não ver apreciada sua alegação, consoante previsão do parágrafo único do art. 544 do CPC.

O juiz, ao decidir pela procedência da ação de consignação, declarará a efetivação do depósito e a extinção das obrigações decorrentes; tal sentença é apelável, sendo o recurso recebido no duplo efeito.

Outra hipótese comum surge quando o devedor tem dúvida a quem deve pagar, dúvida esta subjetiva, porém, razoável, sob pena de ter o processo indeferido por falta de interesse de agir.

Vislumbra-se aqui a hipótese de o devedor encontrar dúvida quanto àquele que é credor. Nesse caso, o devedor requererá a citação dos potenciais credores (art. 547, CPC).

Se comparecer apenas um pretendente, o juiz poderá decidir imediatamente a causa, sendo que o depósito poderá ser favorável àquele que compareceu (art. 548, II, CPC). Trata-se de uma presunção relativa.

De outra maneira, comparecendo vários credores dispostos a receber, conforme o art. 548, inciso III, do CPC, o juiz declarará efetuado o depósito e extinta a obrigação do devedor. Contudo, a ação permanecerá em litigância perante os credores, pelo procedimento comum.

Por fim, caso nenhum dos possíveis credores compareça ou se faça pretendente, o depósito será convertido em arrecadação de bens de ausentes, seguindo o procedimento dos arts. 745 e seguintes do CPC.

6.22.2.2 Ação de exigir contas

A ação de prestação de contas é o meio pelo qual aquele que possui bens, negócios ou interesses administrados por terceiro pode exigir-lhe contas. O dever de prestar contas surge da relação de gestão de negócios entre as partes, ou seja, quando uma das partes transmite o poder de gerir ou administrar os bens a outra pessoa.

Assim, a ação se destina a fazer com que sejam prestadas contas por quem as deve prestar, nos termos do art. 550 do Código de Processo Civil:

> Art. 550. Aquele que afirmar ser titular do direito de exigir contas requererá a citação do réu para que as preste ou ofereça contestação no prazo de 15 (quinze) dias.

O procedimento de prestação de contas pode ser requerido no decorrer da gestão ou após seu término.

O estatuto processual de regência extinguiu a vetusta figura da ação com finalidade de "prestar" contas, manejada por aquele que tinha dever de prestá-las e pretendia fazê-lo em juízo. Atualmente, apenas se admite a ação movida por aquele que tem o direito de exigir contas, contra quem detenha a administração.

A ação de prestação de contas tem caráter dúplice, pois, além de analisar as contas, pode, em sua sentença, reconhecer crédito ou débito em favor de ambas as partes, servindo o provimento jurisdicional de título executivo judicial para executar a parte que for obrigada a pagar a quantia.

Será competente para analisar a ação de prestação de contas, quando não tiver foro de eleição, o do domicílio do réu. No caso de administrador judicial, será competente o juiz que o nomeou, devendo ser distribuída por dependência, tramitando em apenso aos autos principais.

O valor da causa na ação de prestação de contas será o equivalente à soma do valor dos bens administrados.

A petição inicial deverá seguir os requisitos do art. 319 do CPC, além de não bastar a legitimação de receber contas, pura e simples, para manejo da ação prevista no art. 550, sendo necessária a existência de algum dos requisitos elencados a seguir para que nasça o direito de judicialização da exigência de contas:

a] recusa ou mora em prestar as contas;
b] não aprovação das contas prestadas ou
c] divergência quanto à existência ou o montante do saldo credor ou devedor.

Nesse sentido:

> PROCESSUAL CIVIL. RECURSO ESPECIAL. AÇÃO DE EXIGIR CONTAS. FUNDO 157. NEGATIVA DE PRESTAÇÃO JURISDICIONAL. AUSÊNCIA. INTERESSE DE AGIR. recusa ou mora em prestar as contas, não aprovação das contas prestadas ou divergência quanto à existência ou o montante do saldo credor ou devedor. INEXISTÊNCIA. 1. Ação de exigir contas ajuizada em 19/08/2020, da qual foi extraído o presente recurso especial interposto em 13/04/2020 e concluso ao gabinete em 18/01/2022 2. O propósito recursal consiste em definir se houve negativa de prestação jurisdicional e se, para a configuração do interesse jurídico de exigir a prestação de contas relacionadas ao Fundo 157, é necessário prévio requerimento administrativo. 3. Na hipótese em exame, é de ser afastada a existência de omissões no acórdão recorrido, pois as matérias impugnadas foram enfrentadas de forma objetiva e fundamentada no julgamento do recurso, naquilo que o Tribunal a quo entendeu pertinente à solução da controvérsia. 4. A ação de exigir contas é prevista para se desenvolver em duas fases. Na primeira, verifica-se se há o direito de exigir as contas. Na segunda, analisa-se a adequação das contas prestadas, determinando-se a existência ou não de saldo credor ou devedor. Constatada a existência de saldo, passa-se à fase de cumprimento de sentença, oportunidade em que é revelada a natureza dúplice, já que o polo ativo será assumido por quem a sentença reconhecer como credor. 5. O interesse de

agir é condição da ação caracterizada pelo binômio necessidade-adequação. Necessidade concreta da atividade jurisdicional e adequação de provimento e procedimento desejados. O interesse processual pressupõe a alegação de lesão a interesse. Afinal, se inexistente pretensão resistida, não há lugar à invocação da atividade jurisdicional. 6. Com exceção das hipóteses em que a lei exige que a prestação de contas se dê em juízo (v.g., arts. 1.756, 1.757 e parágrafo único e 1.774 do CC/02), as contas serão prestadas na via extrajudicial. Nessa linha, a doutrina processualista e a jurisprudência do STJ asseveram que o interesse processual na ação de exigir contas pressupõe a existência de controvérsia entre as partes da relação jurídica, cuja caracterização depende da presença de alguma das seguintes hipóteses: a) recusa ou mora em prestar as contas; b) não aprovação das contas prestadas ou c) divergência quanto à existência ou o montante do saldo credor ou devedor. Do contrário, não existirá lide a ser solucionada pelo Poder Judiciário. 7. A recusa na prestação das contas pode ser comprovada mediante prévio requerimento administrativo não atendido em prazo razoável. Essa é, no entanto, apenas uma das formas de demonstrar o interesse de agir na ação de exigir contas, não sendo requisito indispensável para a sua configuração. 8. Conforme alegado na petição inicial, durante o período compreendido entre 1967 e 1983, o recorrente aplicou suas economias no fundo de investimentos regido pelo Decreto-Lei nº 157/67 (Fundo 157). Por meio da presente ação, o recorrente busca saber quais investimentos foram realizados com seu dinheiro, não havendo alegação de violação a interesse. De acordo com a Corte de origem, não houve prévio requerimento administrativo, sendo que, para alterar esse entendimento, seria necessário o reexame das provas, o que é vedado pela Súmula 7/STJ. Ou seja, não houve recusa na prestação de contas ou rejeição das contas apresentadas, tampouco há divergência sobre eventual saldo credor ou devedor. Ante a inexistência de lide, não está presente a necessidade de intervenção do Poder Judiciário, carecendo o recorrente de interesse de agir. 9. Recurso especial parcialmente conhecido e, nessa parte, não provido. (STJ, REsp n. 2.000.936/RS, j. em 21/06/2022, DJe de 23/06/2022)

A ação de exigir contas divide-se em duas fases, quais sejam:

1] a primeira destina-se ao exame da obrigação de prestar contas; e
2] a segunda destina-se à prestação das contas propriamente ditas.

O réu será citado para, no prazo de 15 dias, apresentar as contas ou contestar o pleito. Apresentando o demandado as contas, fica suprimida a primeira fase.

Já se apresentar contestação, o juiz julgará o dever ou não de prestar as contas; se procedente a ação, determinará a apresentação das contas em 15 dias, sob pena de não poder impugnar as contas elaboradas pelo autor (art. 550, § 5º, CPC).

Ainda, pode o réu apresentar contas e contestar a ação, reconhecendo assim a obrigação de prestar contas, mas discordar da necessidade da propositura da ação para tanto.

Neste mister, cabe mencionar que a decisão que julgar a primeira fase será combatível com apelação, quando extinguir o feito sem resolução de mérito ou quando julgar improcedente o pleito, posto que nestes casos colocará fim ao processo.

Já quando julgar procedente a exigência de contas e determinar ao réu que as preste, tal decisão será atacável com agravo de instrumento, consoante entendimento das instâncias superiores:

> AGRAVO INTERNO NO AGRAVO EM RECURSO ESPECIAL. AÇÃO DE PRESTAÇÃO DE CONTAS. CABIMENTO DE APELAÇÃO CONTRA A SENTENÇA QUE JULGA PROCEDENTE A PRIMEIRA FASE DA AÇÃO DE PRESTAÇÃO DE CONTAS. APLICAÇÃO DO ENTENDIMENTO DESTA CORTE. VERIFICAÇÃO DE DÚVIDA SOBRE O TIPO DE RECURSO CABÍVEL. INCIDÊNCIA DO PRINCÍPIO DA INSTRUMENTALIDADE DAS FORMAS. AGRAVO INTERNO DESPROVIDO. 1. Consoante orientação do Superior Tribunal de Justiça, o recurso cabível contra a decisão proferida na primeira fase da ação de exigir contas depende do conteúdo: não acarretando a decisão o encerramento do processo, o recurso cabível será o agravo de instrumento (CPC/2015, arts. 550, § 5º, e 1.015, II). No caso contrário, ou seja, se a decisão produz a extinção do processo, sem ou com resolução de mérito (arts. 485 e 487), aí sim haverá sentença, e o recurso cabível será a apelação. Precedentes. 2. Havendo "dúvida objetiva acerca do cabimento do agravo de instrumento ou da apelação, consubstanciada em sólida divergência doutrinária e em reiterado dissídio jurisprudencial no âmbito do 2º grau de jurisdição, deve ser afastada a existência de erro grosseiro, a fim de que se aplique o princípio da fungibilidade recursal" (AgInt nos EDcl no REsp n. 1.831.900/PR, Relatora Ministra Maria Isabel Gallotti, Quarta Turma, julgado em 20/4/2020, DJe 24/4/2020). 3. Agravo interno desprovido. (STJ, AgInt no AREsp n. 1.841.262/SP, Rel. Min. Marco Aurélio Bellizze, j. em 04/10/2021, DJe de 06/10/2021)

A segunda fase é propriamente a apresentação das contas, em que serão demonstradas na forma contábil, com lançamentos em ordem cronológica, créditos e débitos com seus respectivos históricos e comprovantes e, após o oferecimento, o autor terá 15 dias para se pronunciar sobre elas.

Em havendo dúvidas, pode o Juízo solicitar de ofício a realização de perícia contábil (art. 550, § 6º, CPC).

Não sendo apresentadas as contas no prazo determinado, o autor, em 15 dias, deverá apresentá-las, perdendo o réu o direito de impugná-las (art. 550, § 6º, CPC).

A sentença julgará aprovadas ou não as contas apresentadas e fixará o saldo credor ou devedor.

Um fato importante a ser verificado na segunda fase, prestadas as contas pelo réu e aprovadas pelo juiz, é que a apuração de saldo devedor do autor não implica necessariamente sucumbência de sua parte, pois a vitória, no caso, decorre do acolhimento do pedido de condenação do réu a prestar contas, não importando se há saldo favorável ou desfavorável ao autor. O réu, porém, quando condenado a prestar contas, será também condenado nos ônus da sucumbência.

> RECURSO ESPECIAL. AÇÃO DE EXIGIR CONTAS. PRIMEIRA FASE. PROCEDÊNCIA DO PEDIDO. HONORÁRIOS ADVOCATÍCIOS DE SUCUMBÊNCIA DEVIDOS. ARBITRAMENTO. CRITÉRIO. EQUIDADE. 1. Ação de exigir contas ajuizada em 08/05/2019, da qual foi extraído o presente recurso especial, interposto em 13/03/2020 e concluso ao gabinete em 09/06/2020. 2. O propósito recursal é decidir sobre a fixação de honorários advocatícios na primeira fase da ação de exigir contas. 3. No âmbito da Segunda Seção, é uníssono o entendimento de que, com a procedência do pedido do autor (condenação à prestação das contas exigidas), o réu fica vencido na primeira fase da ação de exigir contas, devendo arcar com os honorários advocatícios como consequência do princípio da sucumbência. 4. Com relação ao critério de fixação dos honorários, a Terceira Turma tem decidido que, considerando a extensão do provimento judicial na primeira fase da prestação de contas, em que não há condenação, inexistindo, inclusive, qualquer correspondência com o valor da causa, o proveito econômico mostra-se de todo inestimável, a atrair a incidência do § 8o do art. 85 do CPC/2015. 5. Recurso especial conhecido e provido. (STJ, REsp n. 1.874.920/DF, j. em 04/10/2022, DJe de 06/10/2022)

Conforme o art. 553 do CPC, as contas do inventariante, tutor, curador, depositário e de qualquer outro administrador deverão ser prestadas em apenso aos autos do processo em que tiver sido nomeado e, se condenado a pagar o saldo, não o fazendo no prazo legal, poderá o juiz destituí-lo, sequestrar os bens sob sua guarda e glosar o prêmio ou gratificação a que teria direito.

Sempre que alguém tiver a administração de bens de outrem, ou de bens comuns, surge a obrigação de prestar contas, ou seja, demonstrar o resultado da ingerência do patrimônio do terceiro, com a verificação da utilização dos bens, seus frutos e rendimentos.

6.22.2.3 Ações possessórias

As ações possessórias são aquelas atinentes à posse, conferindo a seu titular um direito subjetivo, um poder sobre a coisa.

Antes de iniciar o estudo das ações possessórias, convém verificar alguns conceitos importantes.

Posse é o exercício, pleno ou não, de alguns dos poderes inerentes à propriedade. É possuidor quem tem a disponibilidade da exteriorização da propriedade. O possuidor tem sua definição no art. 1.196 do Código Civil: aquele que tem de fato o exercício pleno ou não de algum dos poderes inerentes à propriedade.

- **Posse direta** – Utilizada diretamente pelo detentor do direito.
- **Posse indireta** – Ocorre quando o possuidor se afasta da detenção da coisa por sua própria vontade e continua a exercê-la imediatamente após haver transferido a outrem a posse direta; por exemplo, contrato de comodato, sendo o comodatário detentor da posse direta e o comodante detentor da posse indireta.

Outros conceitos acerca do instituto da posse merecem destaque no presente estudo, quais sejam:

- **Posse de boa-fé** – Quando o possuidor tem o título hábil para conferir ou transmitir direito à posse. Nesse caso, o possuidor terá direito aos frutos percebidos, benfeitorias etc.
- **Posse de má-fé** – Quando o possuidor não tem o justo título.
- **Posse justa** – Não é violenta, precária ou clandestina.
- **Posse injusta** – É a posse violenta, precária ou clandestina.
- **Posse nova (força nova)** – É a posse (turbada ou esbulhada) no lapso de tempo de menos de ano, segundo o art. 554 do CPC, caso em que a lei permite o ingresso com as ações de reintegração ou manutenção da posse, seguindo os procedimentos especiais do código.
- **Posse velha (força velha)** – É a que ultrapassar o lapso de tempo de ano e dia, caso em que a ação seguirá o procedimento comum.

Como veremos, nas ações de força nova, se o juiz entender que os fatos estão comprovados com os documentos juntados na inicial, concederá, sem ouvir o réu, a expedição do mandado liminar de reintegração de posse ou manutenção de posse, podendo ainda, se entender não ser o caso de deferimento da liminar, determinar que o autor justifique previamente o alegado, citando o réu para comparecer à audiência de justificativa (art. 562, CPC).

O juiz determinará a prestação de caução pelo autor, caso defira a liminar e haja requerimento pelo réu com o temor de que a ação decaia e possa sofrer danos irreparáveis, conforme o art. 559 do CPC.

Sendo julgada procedente a justificativa, será expedido mandado de reintegração ou de manutenção da posse, conforme o enquadramento fático com a norma (arts. 562 a 564, CPC).

Nos casos de ordenamento da justificativa prévia, o prazo para contestação iniciará da intimação do deferimento ou não da medida liminar.

Como a posse gera consequências e efeitos jurídicos, dentre eles a usucapião e a aquisição dos frutos, é necessária uma proteção à posse que não se esgote com as ações possessórias, sendo inclusive permitido ao possuidor valer-se da autotutela.

Vale lembrar que a mera detenção não enseja o ajuizamento de ações possessórias.

As ações possessórias permitem a cumulação de pedidos, ou seja, o pedido principal cumulado com os pedidos acessórios. Sendo assim, com o pedido principal (a proteção de posse), pode-se requerer cumulativamente o ressarcimento pelas perdas e danos e, se caso for, a indenização dos frutos (art. 555, I e II, CPC).

Outro ponto importante das ações possessórias é o caráter dúplice. Sendo assim, poderá haver pedidos do autor contra o réu e outros do réu contra o autor, independentemente da necessidade de apresentar reconvenção:

> Art. 556. É lícito ao réu, na contestação, alegando que foi o ofendido em sua posse, demandar a proteção possessória e a indenização pelos prejuízos resultantes da turbação ou do esbulho cometido pelo autor.

As ações possessórias são a reintegração de posse, a manutenção de posse e o interdito proibitório.

O tipo de ação possessória será definido conforme a agressão que a posse sofreu ou está a sofrer.

Demandada a ação e posteriormente alterando-se o tipo de agressão, não será necessário ao possuidor ingressar com outra ação, por aplicação do princípio da fungibilidade.

Nesse enfoque, também se aplica esse princípio quando o possuidor tiver dificuldade em identificar a espécie de agressão à posse.

O que define se a ação tramitará pelo procedimento comum ou pelo procedimento especial será o fato de a turbação ou esbulho ter ocorrido em até ano e dia do ajuizamento do processo.

Havendo força nova, seguirá o procedimento especial previsto nos arts. 554 a 566 do Código de Processo Civil; já na força velha, seguirá o procedimento comum.

- **Ação de reintegração de posse** – Trata-se de ação competente quando houver esbulho à posse. Esbulho é o ato pelo qual o possuidor é privado, contra a sua vontade, do poder de fato sobre a coisa por outrem, podendo ser perda parcial ou total. O esbulho pode ser invasão parcial do imóvel, porém, tem que haver a perda da posse da parte invadida.
- **Ação de manutenção de posse** – Trata-se de ação competente para o possuidor que mantém a posse, porém sua utilização fica prejudicada ou dificultada.
- **Interdito proibitório** – Competente quando o possuidor sofrer ameaça na posse. Não existiu ainda a prática da agressão, mas está na iminência de sofrer.

O cumprimento da ação se dará por **mandado possessório**, somente havendo cumprimento da sentença no tocante à condenação por perdas e danos e sucumbência.

O possuidor de boa-fé terá direito a benfeitorias necessárias e úteis, valendo-se inclusive do direito de retenção.

6.22.2.4 Ação de divisão e demarcação de terras particulares

O Código de Processo Civil dispõe sobre as ações de divisão e demarcação de terras particulares no mesmo capítulo, dada a proximidade dos procedimentos em que se constituem, embora sejam ações diversas.

Cabe destacar que tais ações se referem a terras particulares, pois as terras tidas como *devolutas, bens públicos dominicais*, são objeto de outras ações.

A propositura da ação de divisão e demarcação de terras particulares é cabível nas situações previstas no art. 569 do CPC, quais sejam:

> Art. 569. Cabe:
>
> I – ao proprietário a ação de demarcação, para obrigar o seu confinante a estremar os respectivos prédios, fixando-se novos limites entre eles ou aviventando-se os já apagados;
>
> II – ao condômino a ação de divisão, para obrigar os demais consortes a estremar os quinhões.

Como se pode verificar, a ação de divisão pressupõe a existência de imóvel em condomínio que seja divisível.

A divisão e a demarcação de terras podem ser resolvidas extrajudicialmente por **escritura pública** se, evidentemente, todos os interessados estiverem de acordo quanto à forma que se efetivará, podendo ser parcial ou total com relação ao imóvel (art. 571, CPC).

Caberá ao proprietário o manejo das referidas ações. Em caso de condomínio, qualquer das partes pode propor e os demais serão citados para compor em litisconsórcio.

Têm as ações de divisão e demarcação **caráter dúplice**, de modo que, feita a demarcação, estarão os limites da propriedade do autor e réu definidos, sem que o réu reconvenha.

O art. 570 permite a cumulação das ações de demarcação e divisão, evidentemente que atendidos os requisitos para cada uma e devendo ser processada primeiramente a de demarcação.

Realizada a demarcação e a divisão, é lícito aos confiantes que se julgarem prejudicados em linhas limítrofes pleitear indenização.

A citação em ambas as ações será feita aos réus por correio, pessoalmente, sendo ainda assim publicado edital, nos termos do art. 576, parágrafo único do CPC.

O prazo de resposta é de 15 dias, contados da juntada aos autos do aviso de recebimento.

A sentença de ambas as ações é de natureza **declaratória**. Em razão disso, o procedimento dessas ações se divide em uma fase contenciosa (até a sentença) e outra administrativa, não havendo uma execução propriamente.

> Art. 581. A sentença que julgar procedente o pedido determinará o traçado da linha demarcada.
>
> Parágrafo único. A sentença proferida na ação demarcatória determinará a restituição da área invadida, se houver, declarando o domínio ou a posse do prejudicado, ou ambos.
>
> Art. 582. Transitada em julgado a sentença, o perito efetuará a demarcação e colocará os marcos necessários.
>
> Parágrafo único. Todas as operações serão consignadas em planta e memorial descritivo com as referências convenientes para a identificação, em qualquer tempo, dos pontos assinalados, observada a legislação especial que dispõe sobre a identificação do imóvel rural.

Na demarcação, caso não seja possível delimitar o imóvel, a ação será julgada improcedente. A procedência da ação declara o traçado da linha demarcada. O agrimensor fará as plantas e memoriais descritivos com o acompanhamento de campo com arbitradores, sendo juntado posteriormente aos autos um relatório. As partes serão ouvidas em 10 dias, o que será homologado por sentença.

Na divisão, feitos os trabalhos do agrimensor e dos arbitradores, cada condômino será intimado para, em 10 dias, apresentar seu título sobre a coisa, seguindo-se a abertura do mesmo prazo aos coproprietários para que apresentem impugnação, que será apreciada em 10 dias.

Não havendo impugnação, será proferida sentença homologatória, da qual caberá recurso de apelação apenas no efeito devolutivo.

> Art. 596. Ouvidas as partes, no prazo comum de 15 (quinze) dias, sobre o cálculo e o plano da divisão, o juiz deliberará a partilha.
>
> Parágrafo único. Em cumprimento dessa decisão, o perito procederá à demarcação dos quinhões, observando, além do disposto nos arts. 584 e 585 , as seguintes regras:
>
> I - as benfeitorias comuns que não comportarem divisão cômoda serão adjudicadas a um dos condôminos mediante compensação;
>
> II - instituir-se-ão as servidões que forem indispensáveis em favor de uns quinhões sobre os outros, incluindo o respectivo valor no orçamento para que, não se tratando de servidões naturais, seja compensado o condômino aquinhoado com o prédio serviente;
>
> III - as benfeitorias particulares dos condôminos que excederem à área a que têm direito serão adjudicadas ao quinhoeiro vizinho mediante reposição;
>
> IV - se outra coisa não acordarem as partes, as compensações e as reposições serão feitas em dinheiro.

Das sentenças proferidas em ambas as ações, caberá insurgência por meio de recurso de apelação.

6.22.2.5 Ação de dissolução parcial de sociedade

Inovação trazida com a Lei n. 13.105/2015, houve o fim do procedimento especial de dissolução total da sociedade, remetendo-a ao procedimento comum previsto no código (art. 1.046, § 3º, CPC).

De outra ponta, o legislador estabeleceu, nos arts. 599 a 609 do CPC, o procedimento especial da dissolução parcial de sociedade, consagrando solução já há muito adotada por doutrina e jurisprudência pátrias, no sentido de permitir a resolução parcial da sociedade empresária contratual ou simples em relação ao sócio falecido, excluído ou que exerceu o direito de retirada ou recesso.

Aplica-se o referido procedimento às sociedades personificadas, simples, em nome coletivo e comandita simples. Também se aplica à sociedade em comum, empresária ou não, posto ser contratual (mesmo sem formalização escrita).

O § 2º do art. 599 ainda assegurou a aplicação do referido procedimento aos casos em que se tratar de sociedade anônima de capital fechado, uma vez que reconhecidamente, em tais sociedades, há caráter *intuito personae* de seus acionistas, muitas vezes tratando-se de empresas familiares.

A petição inicial do procedimento deverá, além de atender aos requisitos do art. 319 do CPC, ser acompanhada de cópia do contrato social consolidado, nos termos dos arts. 320 e 599, § 1º, do referido diploma.

Com relação aos pedidos, a lei assegura que poderão ser vindicados pedidos de exclusão do sócio e apuração dos haveres deste, ou apenas apuração dos haveres do sócio retirante, quando já formalizada extrajudicial e consensualmente:

> Art. 599. A ação de dissolução parcial de sociedade pode ter por objeto:
>
> I - a resolução da sociedade empresária contratual ou simples em relação ao sócio falecido, excluído ou que exerceu o direito de retirada ou recesso; e
>
> II - a apuração dos haveres do sócio falecido, excluído ou que exerceu o direito de retirada ou recesso; ou
>
> III - somente a resolução ou a apuração de haveres.

No primeiro caso, a ação terá duas fases, sendo a primeira para decidir pela exclusão ou não do sócio, e a segunda para apuração de seus haveres, se for o caso.

Por sua vez, o art. 600 trouxe o rol de legitimados a manejar a ação de dissolução parcial:

> Art. 600. A ação pode ser proposta:
>
> I - pelo espólio do sócio falecido, quando a totalidade dos sucessores não ingressar na sociedade;
>
> II - pelos sucessores, após concluída a partilha do sócio falecido;
>
> III - pela sociedade, se os sócios sobreviventes não admitirem o ingresso do espólio ou dos sucessores do falecido na sociedade, quando esse direito decorrer do contrato social;
>
> IV - pelo sócio que exerceu o direito de retirada ou recesso, se não tiver sido providenciada, pelos demais sócios, a alteração contratual consensual formalizando o desligamento, depois de transcorridos 10 (dez) dias do exercício do direito;
>
> V - pela sociedade, nos casos em que a lei não autoriza a exclusão extrajudicial; ou
>
> VI - pelo sócio excluído.
>
> Parágrafo único. O cônjuge ou companheiro do sócio cujo casamento, união estável ou convivência terminou poderá requerer a apuração de seus haveres na sociedade, que serão pagos à conta da quota social titulada por este sócio.

Após o ajuizamento, os sócios e/ou a sociedade serão citados para concordar com o pedido ou apresentar contestação, no prazo de 15 dias (art. 601).

Relevante permissivo legal, a sociedade objeto dos autos poderá formular nos mesmos autos pedido de indenização em face do sócio a ser excluído, para que assim se proceda à compensação de seus haveres societários, consagrando o sincretismo processual prezado pelo código de processo civil atual:

> Art. 602. A sociedade poderá formular pedido de indenização compensável com o valor dos haveres a apurar.

Com a vinda da manifestação das partes contrárias nos autos, o juiz decretará de plano a resolução parcial da sociedade, caso haja concordância unânime, passando à liquidação dos haveres (art. 603 do CPC).

Com a vinda de contestação nos autos, passarão estes a seguir pelo procedimento comum do código, ao passo em que a fase de liquidação, seja após o julgamento do feito com a pretensão resistida das partes, seja com a concordância geral destas, seguirá o procedimento especial liquidatório previsto nos arts. 604 a 609 do Código de Processo Civil.

Na apuração dos haveres, será adotado o critério previsto no contrato social e, na sua ausência, o valor patrimonial apurado em balanço de determinação, tomando-se por referência a data da resolução e avaliando-se bens e direitos do ativo, tangíveis e intangíveis, a preço de saída, além do passivo a ser apurado de igual forma, podendo ser nomeado perito para referida aferição, que deverá ser especialista em avaliação de sociedades (art. 606).

6.22.2.6 Inventário e partilha

Segundo o Código Civil brasileiro, em seu art. 610, a existência da pessoa natural termina com a morte, que é presumida quanto aos ausentes, caso em que a lei autoriza a abertura da sucessão definitiva. A sucessão trata da transferência da herança ou legado ao herdeiro ou legatário, por força da lei ou de disposição testamentária.

A morte, real ou presumida, é o fato jurídico que dá ensejo à abertura da sucessão.

A transferência do patrimônio do *de cujus*, a herança, passa imediatamente ao herdeiro no momento da morte. Havendo mais de um herdeiro, formar-se-á um condomínio entre eles, e quando houver a partilha, cada um receberá seu quinhão.

A herança, universalidade jurídica, compõe-se de direitos e obrigações que são transmitidos ao herdeiro. Essa massa de bens e direitos recebe o nome de *espólio*, e perdura até a partilha.

O espólio não tem personalidade jurídica, mas tem capacidade de ser parte, e é representado pelo inventariante ou, antes dele, pelo administrador provisório, se for o caso.

Todos os bens e obrigações que compõem a herança devem ser relacionados e descritos no inventário, no qual devem estar incluídos todos os tipos de bens e direitos de conteúdo patrimonial que pertenciam ao *de cujus*.

A declaração de bens do inventário deve conter a meação do cônjuge, pois a meação não integra a herança por não pertencer ao *de cujus*, mas sim ao cônjuge meeiro.

A princípio, não há como distinguir quais bens pertenciam ao *de cujus* e quais pertencem ao cônjuge meeiro. Em virtude disso, tudo integrará o monte-mor, o que significa dizer que uma das finalidades do processo de inventário é diferenciar os bens que integram o monte-mor, pois tão somente a meação do *de cujus* é que integra a herança e será ela o objeto da partilha, como também é sobre a meação do *de cujus* que incidirá o imposto de transmissão *mortis causa*.

Os direitos e obrigações constantes no inventário serão objeto de partilha entre os diversos herdeiros, ou adjudicados ao herdeiro único. A partilha ou a adjudicação regularizará a situação dos bens imóveis perante o cartório de registro de imóveis, pois, enquanto não houver inventário e partilha, o bem continuará registrado em nome do *de cujus* e os herdeiros não terão nenhum direito real constituído.

Segundo o art. 610 do CPC, o inventário será judicial sempre que houver testamento ou interessado incapaz, bem como nos casos em que não houver concordância entre os herdeiros, podendo ser realizado extrajudicialmente apenas quando todas as partes forem capazes e que haja acordo sobre a partilha de bens:

> Art. 610. Havendo testamento ou interessado incapaz, proceder-se-á ao inventário judicial.
>
> § 1º Se todos forem capazes e concordes, o inventário e a partilha poderão ser feitos por escritura pública, a qual constituirá documento hábil para qualquer ato de registro, bem como para levantamento de importância depositada em instituições financeiras.
>
> § 2º O tabelião somente lavrará a escritura pública se todas as partes interessadas estiverem assistidas por advogado ou por defensor público, cuja qualificação e assinatura constarão do ato notarial.

Segundo o magistério de Carlos Roberto Gonçalves (2018, p. 333-334), o inventário judicial poderá seguir três modalidades distintas, quais sejam:

a) Inventário pelo rito tradicional e solene, de aplicação residual;
b) Inventário pelo rito de arrolamento sumário, abrangendo bens de qualquer valor, para a hipótese de todos os interessados serem capazes e concordarem com a partilha, que será homologada de plano pelo juiz mediante a prova de quitação dos tributos, na forma do art. 659, aplicável também ao pedido de adjudicação quando houver herdeiro único; e
c) Inventário pelo rito de arrolamento comum, previsto no art. 664, para quando os bens do espólio sejam de valor igual ou inferior a 1.000 salários mínimos.

A Lei n. 6.858/1980 diz que prescinde de inventário o levantamento de valores depositados em contas e cadernetas de poupança, saldos bancários, FGTS e PIS-Pasep, desde que sejam de pequena monta, bastando para o levantamento um simples alvará judicial, disposição essa agasalhada pelo art. 666 do CPC.

Apesar de a lei não prever, a doutrina e a jurisprudência admitem a possibilidade do requerimento, pelo cônjuge ou pelos herdeiros, de inventário negativo, que tem por finalidade constatar a inexistência de bens deixados pelo *de cujus*, demonstrando, assim, aos credores, a inexistência dos bens que garantam uma provável cobrança de débitos.

O inventário negativo também poderá ser requerido pelo viúvo ou viúva, quando quiserem contrair novo matrimônio. Existindo filhos do primeiro casamento, ainda que não haja bens, será obrigatório fazer o inventário para atender o disposto no art. 1.523 do Código Civil, sob pena de o casamento efetivar-se em desrespeito ao que prenuncia a lei.

O **inventário** tem por finalidade enumerar e descrever os bens que integram o acervo hereditário, e a **partilha** apontará qual o quinhão que cabe a cada herdeiro.

As regras do direito e sucessões preveem a forma como os bens serão partilhados entre os herdeiros, que receberão seu quinhão por direito próprio ou por representação: **por direito próprio**, quando forem descendentes, ascendentes e cônjuge sobrevivente; **por representação**, quando forem chamados a suceder em lugar do outro parente mais próximo que seja pré-morto, ausente ou incapaz de suceder, pois, segundo o disposto no art. 1.851 do Código Civil, "a lei chama certos parentes do falecido a suceder em todos os direitos em que ele sucederia, se vivo fosse". O direito de representação dá-se apenas na linha descendente, nunca na ascendente. Na linha colateral, dá-se em favor dos filhos de irmãos falecidos quando concorrerem com o irmão deste, segundo o disposto no art. 1.853.

Sendo os herdeiros maiores e capazes, concordando amigavelmente com a partilha, esta poderá ser feita por termo nos autos do inventário, escritura pública ou escrito homologado pelo juiz, mas, se houver incapaz ou se os herdeiros divergirem, a partilha será sempre judicial.

Segundo o disposto no art. 669 do CPC, depois de encerrada a partilha, se aparecerem bens, far-se-á a sobrepartilha nos próprios autos do inventário; serão também sobrepartilhados, segundo o mencionado artigo, os bens sonegados, os que forem descobertos depois da partilha, os litigiosos, os de liquidação difícil ou morosa e os situados em local remoto da sede do juízo onde se processa o inventário: o procedimento a ser observado é idêntico ao do inventário e partilha.

São três as espécies de inventário: o solene ou tradicional, o arrolamento e o arrolamento sumário. O **inventário solene ou tradicional** é o mais complexo dos procedimentos. O **arrolamento** cabe quando o valor dos bens do espólio não superar 1.000 (mil) salários mínimos (art. 664, CPC), ainda que haja incapaz ou desacordo entre os herdeiros. Quanto ao **arrolamento sumário**, este terá cabimento quando todos os herdeiros forem maiores e capazes e estiverem de acordo no tocante aos bens a serem inventariados e à forma da partilha.

Os bens situados no Brasil determinam a competência exclusiva da justiça brasileira nos processos de inventário e partilha, ainda que o *de cujus* fosse estrangeiro e residisse fora do território nacional. Quanto aos bens situados em território estrangeiro, estes serão inventariados e partilhados no local em que se encontram, ou seja, sob as leis daquele país.

O inventário, a partilha, a arrecadação, o cumprimento de última disposição de vontade e todas as ações em que o espólio for réu serão processados perante o domicílio do autor da herança, ainda que o óbito tenha ocorrido no estrangeiro, segundo o disposto no art. 48, parágrafo único, do CPC. Trata-se de regra de competência relativa, o que impede o juiz de se dar por incompetente de ofício, conforme a Súmula 33 do STJ.

> Art. 48. O foro de domicílio do autor da herança, no Brasil, é o competente para o inventário, a partilha, a arrecadação, o cumprimento de disposições de última vontade, a impugnação ou anulação de partilha extrajudicial e para todas as ações em que o espólio for réu, ainda que o óbito tenha ocorrido no estrangeiro.
>
> Parágrafo único. Se o autor da herança não possuía domicílio certo, é competente:
>
> I – o foro de situação dos bens imóveis;
> II – havendo bens imóveis em foros diferentes, qualquer destes;
> III – não havendo bens imóveis, o foro do local de qualquer dos bens do espólio.

O Código Civil admite a multiplicidade de domicílio e, por tal razão, a competência, por vezes, é determinada pela prevenção; mas, quando ocorre a hipótese de o autor da herança não possuir domicílio certo, a competência será determinada pelo foro da situação dos bens e, se eles estiverem em lugares diferentes, o foro será o do lugar onde ocorreu o óbito.

O juízo do inventário atrai as ações propostas contra o espólio, mas somente aquelas que tenham por objeto ações relacionadas com direito sucessório e que, de alguma maneira, repercutam sobre o inventário e a partilha. As ações em que se discute direito real imobiliário não serão atraídas pelo juízo do inventário, porque o foro competente será o da situação da coisa, e essa competência é absoluta, não podendo ser modificada pelo juízo do inventário. O juízo do inventário também não atrairá ações que, embora tenham o espólio no polo passivo, não apresentem nenhuma relevância do ponto de vista sucessório, assim como também não serão atraídas pelo juízo do inventário as ações de investigação de paternidade, requerida por pretensos herdeiros do *de cujus*.

O art. 611 do CPC dispõe sobre o prazo para a abertura do inventário e partilha: "O processo de inventário e partilha deve ser aberto dentro de 2 (dois) meses a contar da abertura da sucessão, ultimando-se nos 12 (doze) meses subsequentes, podendo o juiz prorrogar tais prazos, de ofício ou a requerimento de parte".

O atraso no requerimento de abertura do inventário e partilha não provocará indeferimento da abertura, mas os estados poderão impor multa como sanção para a não observância do prazo legal. São constitucionais as multas fixadas pelos estados-membros, como sanção ao retardamento do inventário, assim declarou o STF. No estado de São Paulo, por exemplo, a multa é de 10% do valor do imposto de transmissão *mortis causa*, se o atraso for superior a 60 dias, e de 20% se exceder 180 dias.

O valor da causa, nas ações de inventário e partilha, deve corresponder ao valor do monte-mor, ou seja, de todos os bens que integram o inventário, inclusive os bens que fazem parte da meação do cônjuge supérstite.

Aquele que requerer a abertura do inventário atribuirá valor aos bens, e essa atribuição poderá ser objeto de impugnação por qualquer interessado, que poderá, inclusive, requerer avaliação judicial. Quanto ao valor dos bens imóveis, esse deve corresponder ao valor venal, ou seja, aquele que serve como base para o lançamento de impostos.

O CPC, em seus arts. 615 e 616, dispõe sobre os legitimados para requerer a abertura do inventário, não sendo mais cabível a abertura de ofício pelo magistrado, como regrava o código processual revogado.

O juiz nomeará o inventariante, que prestará compromisso no prazo de cinco dias, desde que a petição inicial esteja em termos.

O espólio será representado por um administrador provisório, nos termos em que dispõe o art. 1.797 do Código Civil, enquanto não houver a nomeação e o compromisso do inventariante nos autos do inventário. O administrador provisório é obrigado a trazer ao acervo os frutos que desde a abertura da sucessão percebeu, tem direito ao reembolso das despesas necessárias e úteis que fez e responde pelo dano a que, por dolo ou culpa, der causa, como dispõe o art. 614 do CPC.

Questão a ser destacada é o fato de o o Código de Processo Civil atual, a exemplo do quanto preconizava o anterior, conferir à companheira o mesmo patamar de preferência à nomeação da inventariança que é conferido à cônjuge, em consagração ao art. 1.797 do Código Civil e ao art. 225 da Constituição Federal.

Nessa esteira, caso seja necessário o reconhecimento da união estável judicialmente, este poderá ocorrer incidentalmente nos autos do próprio inventário, quando houver prova inconteste da união, bem assim quando houver reconhecimento dos demais herdeiros da união mantida:

> Art. 612. O juiz decidirá todas as questões de direito desde que os fatos relevantes estejam provados por documento, só remetendo para as vias ordinárias as questões que dependerem de outras provas.

A jurisprudência pátria já se encontra adequada ao referido procedimento, aplicando-o sempre que possível:

> INVENTÁRIO. RECONHECIMENTO DE UNIÃO ESTÁVEL. POSSIBILIDADE. PROVA ROBUSTA DE EXISTÊNCIA DA ENTIDADE FAMILIAR. REMESSA DA QUESTÃO ÀS VIAS ORDINÁRIAS. DESCABIMENTO. APLICAÇÃO DA REGRA DO ART. 612 DO CÓDIGO DE PROCESSO CIVIL. POSSIBILIDADE DE RECONHECIMENTO JUDICIAL DA UNIÃO ESTÁVEL NOS AUTOS DE INVENTÁRIO, CONSIDERANDO O FARTO ACERVO PROBATÓRIO PRODUZIDO. PRECEDENTES. REFORMA DA DECISÃO. RECURSO PROVIDO. (TJSP, AI n. 20767585420218260000-SP 2076758-54.2021.8.26.0000, Rel. Vito Guglielmi, j. em 11/05/2021, 6ª Câmara de Direito Privado, DJ de 11/05/2021)

> PROCESSUAL CIVIL E CIVIL. AÇÃO DE ABERTURA DE INVENTÁRIO. RECONHECIMENTO INCIDENTAL DE UNIÃO ESTÁVEL. COMPROVAÇÃO DOCUMENTAL. POSSIBILIDADE. NÃO FIXAÇÃO DE TERMO INICIAL. PREJUÍZO NÃO DEMONSTRADO. O reconhecimento de união estável em sede de inventário é possível quando esta puder ser comprovada por documentos incontestes juntados aos autos do processo. Em sede de inventário, a falta de determinação do marco inicial da União Estável só importa na anulação de seu reconhecimento se houver demonstração concreta de que a partilha será prejudicada pela indefinição da duração do relacionamento marital. Na inexistência de demonstração de prejuízo, mantém-se o reconhecimento. Recurso especial conhecido e desprovido. (STJ, REsp n 1.685.935/AM, Rel. Min. Nancy Andrighi, j. em 17/08/2017, DJe de 21/08/2017)

Ocorre, porém, que, em dadas situações, a união estável depende de prova mais robusta, não suficientemente apresentada com meros documentos juntados no inventário, havendo ainda negativa de sua existência pelos herdeiros, ocasião em que deverá o juízo remeter a questão para discussão em ação de reconhecimento de união estável.

O art. 617 do CPC determina a ordem a ser respeitada para se atribuir a função de inventariante, salvo se ocorrer motivo relevante que determine o contrário do que está ali estabelecido ou se houver a recusa por parte daquele que tenha a preferência. O inventariante deve ser maior de idade e capaz.

O juiz nomeará inventariante dativo, entre pessoas idôneas que aceitem o encargo, na falta ou impedimento das pessoas enumeradas nos incisos do art. 617 do CPC. Apesar de o inventariante dativo ter quase as mesmas atribuições, deveres e direitos que o comum, falta-lhe legitimidade para representar ativa e passivamente o espólio. Em razão disso, segundo dispõe o art. 75, § 1º, do CPC: "Quando o inventariante for dativo, os sucessores do falecido serão intimados no processo no qual o espólio seja parte.".

> HABILITAÇÃO DE CRÉDITO. ESPÓLIO REPRESENTADO POR INVENTARIANTE DATIVO. PODERES RESTRITOS. IMPERIOSA NECESSIDADE DE INTIMAÇÃO DOS SUCESSORES. PRESSUPOSTO PROCESSUAL DE VALIDADE. SENTENÇA ANULADA. RECURSO PREJUDICADO. Habilitação de crédito. Espólio representado por inventariante dativo, que tem poderes restritos. Imperiosa necessidade de serem chamados os sucessores do falecido. Pressuposto processual de validade. Sentença anulada de ofício. Recurso prejudicado. (TJSP, AC n. 0035109702012826048-SP 0035109-70.2012.8.26.0482, Rel. J.B. Paula Lima, j. em 18/08/2021, 10ª Câmara de Direito Privado, DJ de 18/08/2021)

O compromisso do inventariante será prestado no prazo de cinco dias, sendo dispensado nos arrolamentos.

O inventariante tem por incumbência representar ativa e passivamente o espólio, em juízo ou fora dele (salvo se for inventariante dativo), bem como administrar os bens do acervo. Os incisos I a VIII do art. 618 do CPC enumeram as atribuições do inventariante, entre elas a de prestar as primeiras e as últimas declarações, exibir documentos relativos ao espólio, juntar a certidão de testamento, trazer à colação os bens recebidos pelo herdeiro ausente, renunciante ou excluído, prestar as contas de sua gestão e requerer a declaração de insolvência. O art. 619 do CPC enumera outras atribuições do inventariante, mas desde que ouvidos os interessados e com autorização do juiz.

O art. 622 do CPC dispõe sobre a possibilidade de remoção do cargo de inventariante. O inventariante pode ser removido do cargo como forma de punição em decorrência de falta cometida no exercício do encargo; ou seja, se ele for desidioso no cumprimento de seus deveres, a providência adequada será a sua remoção.

O art. 622 do CPC enumera quais os fatos, omissivos e comissivos, ensejam a remoção. A remoção pode ser determinada por ofício pelo juiz, desde que isso seja necessário e sempre com a finalidade de resguardar os interesses do espólio.

A remoção será processada por meio de incidente e correrá em apenso aos autos do inventário; o inventariante será intimado para, no prazo de cinco dias, defender-se e produzir provas, conforme o art. 623 do CPC.

O pedido de remoção pode ser formulado a qualquer tempo e o seu deferimento obrigará o juiz a nomear outro inventariante. Ocorrendo nova nomeação, o inventariante removido entregará a seu substituto os bens do espólio, sob pena de expedição de mandado de busca e apreensão ou emissão de posse, conforme seja o bem móvel ou imóvel. A decisão que remove o inventariante é interlocutória, pois não põe fim ao inventário. Contra tal decisão caberá, portanto, o agravo de instrumento e não a apelação.

Depois de prestar compromisso, o inventariante tem o prazo de 20 dias para apresentar as primeiras declarações. O art. 620 do CPC dispõe sobre essas declarações, que, essencialmente, devem conter:

Art. 620. [...]

I – o nome, o estado, a idade e o domicílio do autor da herança, o dia e o lugar em que faleceu e se deixou testamento;

II – o nome, o estado, a idade, o endereço eletrônico e a residência dos herdeiros e, havendo cônjuge ou companheiro supérstite, além dos respectivos dados pessoais, o regime de bens do casamento ou da união estável;

III – a qualidade dos herdeiros e o grau de parentesco com o inventariado;

IV – a relação completa e individualizada de todos os bens do espólio, inclusive aqueles que devem ser conferidos à colação, e dos bens alheios que nele forem encontrados, descrevendo-se:

    a) os imóveis, com as suas especificações, nomeadamente local em que se encontram, extensão da área, limites, confrontações, benfeitorias, origem dos títulos, números das matrículas e ônus que os gravam;

    b) os móveis, com os sinais característicos;

    c) os semoventes, seu número, suas espécies, suas marcas e seus sinais distintivos;

    d) o dinheiro, as joias, os objetos de ouro e prata e as pedras preciosas, declarando-se-lhes especificadamente a qualidade, o peso e a importância;

    e) os títulos da dívida pública, bem como as ações, as quotas e os títulos de sociedade, mencionando-se-lhes o número, o valor e a data;

f) as dívidas ativas e passivas, indicando-se-lhes as datas, os títulos, a origem da obrigação e os nomes dos credores e dos devedores;
g) direitos e ações;
h) o valor corrente de cada um dos bens do espólio.

O juiz determinará, ainda, segundo o disposto no §1º do art. 993 do CPC, o balanço do estabelecimento, se o autor da herança era comerciante em nome individual, ou a apuração de haveres, se o autor da herança fazia parte de sociedade, porém não anônima.

Serão citados o cônjuge, os herdeiros, os legatários, o testamenteiro (se houver testamento), a Fazenda Pública e o Ministério Público (se houver testamento ou incapazes).

O cônjuge ou o companheiro, os herdeiros e os legatários serão citados pelo correio, sendo também publicado edital para quaisquer interessados (art. 626, §1º).

A Fazenda Estadual deverá ser citada. Os cônjuges dos herdeiros não serão citados, seja qual for o regime de bens; isso porque eles não são sucessores *mortis causa*. Não obstante, qualquer disposição por parte dos cônjuges herdeiros dependerá de outorga uxória, porque o direito à sucessão aberta é considerado bem imóvel por determinação legal, segundo o art. 80, inciso II, do Código Civil.

Após as citações, as partes terão o prazo comum de 15 dias para se manifestarem sobre as primeiras declarações, cabendo-lhes, segundo o art. 627 do CPC:

I - arguir erros, omissões e sonegação de bens;
II - reclamar contra a nomeação do inventariante;
III - contestar a qualidade de quem foi incluído no título de herdeiro.

Uma vez acolhida a reclamação referida no inciso I, o juiz mandará retificar as primeiras declarações. Se o juiz decidir pela procedência do pedido do inciso II, nomeará outro inventariante; se verificar que a disputa sobre a qualidade de herdeiro constitui matéria de alta indagação, remeterá a parte para os meios ordinários e sobrestará, até o julgamento da ação, na entrega do quinhão que na partilha couber ao herdeiro admitido. Segundo dispõe o art. 668 do CPC, o sobrestamento cessará se, em 30 dias, não for proposta ação de exclusão do herdeiro impugnado.

Aquele que se julgar preterido poderá demandar a sua admissão no inventário. A admissão no inventário poderá ser feita a qualquer tempo, desde que seja antes da partilha (art. 628, CPC). As partes serão ouvidas no prazo de 15 dias, e o juiz decidirá no próprio processo do inventário. Havendo necessidade de produção de outras provas, que não aquelas meramente documentais, o juiz remeterá o interessado para os meios ordinários, mandando reservar em poder do inventariante o quinhão do herdeiro excluído até a solução do litígio (art. 628, § 2º,

CPC). Se, no prazo de 30 dias, o interessado não propuser a ação, cessa a eficácia da medida que determinou a reserva de bens.

A Fazenda Pública, após a conclusão das citações, no prazo de 15 dias, informará ao juízo o valor dos bens de raiz descritos nas primeiras declarações, de acordo com os dados constantes de seu cadastro imobiliário, tudo conforme o disposto no art. 629 do CPC. Se o inventariante, ao prestar as primeiras declarações, comprovar o valor venal do imóvel, juntando documentos, será desnecessária a informação da Fazenda Pública.

Os arts. 630 a 636 do CPC, ao disporem sobre a avaliação dos bens inventariados, têm a seguinte finalidade: fazer que tais bens sejam partilhados corretamente, sem que nenhum dos sucessores seja prejudicado, e, ainda, permitir o cálculo dos impostos, principalmente o *mortis causa*.

A avaliação é feita por perito ou avaliador judicial, se houver, obedecendo, no que for aplicável, ao disposto nos arts. 872 e 873 do CPC.

As partes terão o prazo de 15 dias para manifestarem-se sobre o laudo. Caso o juiz acolha a impugnação, o perito retificará o laudo.

O art. 633 do CPC prevê que:

> Art. 633. Sendo capazes todas as partes, não se procederá à avaliação se a Fazenda Pública, intimada pessoalmente, concordar de forma expressa com o valor atribuído, nas primeiras declarações, aos bens do espólio.

Há casos em que a avaliação poderá ser dispensada. Isso ocorrerá quando as partes forem capazes e a Fazenda Pública, intimada, concordar com o valor atribuído aos bens nas primeiras declarações; quando houver bens que tiveram seus valores declarados pela Fazenda Pública, sem que tenha havido impugnação; quando ocorrer a instituição, sobre todos os bens, de um condomínio entre os diversos herdeiros, com igualdade de quinhões, desde que a Fazenda não tenha impugnado.

O termo lavrado com as últimas declarações porá fim à fase do inventário, o que ocorre depois de encerrada a fase de avaliações, com a aceitação do laudo ou com a solução das impugnações. Nas últimas declarações, o inventariante poderá emendar, aditar ou complementar as primeiras declarações, o que significa dizer que, caso algum bem tenha sido omitido, o inventariante poderá incluí-lo no inventário. Se o inventariante se omitir sobre coisa de cuja existência tinha conhecimento, poderá sofrer ação dos sonegados.

O prazo para as partes se manifestarem sobre as últimas declarações será de 15 dias. Depois disso, será feito o cálculo do imposto, que incide em virtude da transmissão de bens em decorrência do falecimento. A alíquota aplicada será aquela vigente ao tempo da abertura da sucessão, conforme já sedimentado pelo entendimento da Súmula n. 112 do STF. A base de cálculo é o valor venal do bem transmitido, incidindo sobre a transmissão de bens móveis e imóveis, sendo a alíquota variável, por tratar-se de tributo de competência estadual. A alíquota atual no estado de São Paulo é de 4% sobre o valor do patrimônio. O imposto *inter vivos* pode incidir na hipótese de ser atribuído ao cônjuge meeiro ou herdeiro um quinhão que ultrapasse a meação ou a cota devida. Assim, se ele receber mais do que lhe cabia, por força de convenção entre os interessados, será necessário recolher imposto *inter vivos*, que será calculado sobre aquilo que foi transmitido a mais ao cônjuge ou sucessor.

O cálculo do imposto será feito pelo contador e as partes terão o prazo de cinco dias para apresentar impugnação. Após, a Fazenda Pública será ouvida. Caso seja recebida a impugnação, o juiz devolverá os autos ao contador, para retificação. Depois, julgará o cálculo do imposto por meio de decisão interlocutória, decisão essa que poderá ser objeto de recurso de agravo de instrumento.

Os descendentes que concorrerem à sucessão do ascendente comum são obrigados a conferir as doações e os dotes que receberam em vida, sob pena de sonegados, com a finalidade de igualar as legítimas.

O art. 544 do Código Civil considera a doação de pais a filhos como adiantamento da legítima. Isso significa que aquilo que o descendente recebeu de seus pais, em vida, deve ser trazido ao inventário e colacionado, para que ele não seja favorecido em detrimento dos direitos dos demais herdeiros.

Nos casos em que o donatário não possua mais o bem recebido, será levado à colação o respectivo valor. O art. 2.004 do Código Civil estabelece que o valor seja aquele da data da doação, incidindo sobre ele correção monetária.

Aqueles que herdarem por representação, seja porque o representado é pré-morto, seja porque foi excluído por indignidade ou deserdação, terão de colacionar os bens que o representado teria de conferir. Aquele que renunciou à herança não fica isento de conferir as doações recebidas, pois terá de repor a parte inoficiosa, as liberalidades que houve do doador.

Os bens que não precisam ser trazidos à colação estão elencados nos arts. 2.004, § 2º, 2.010 e 2.011 do Código Civil.

A colação será feita por termo nos autos do inventário no prazo de 10 dias, depois de concluídas as citações.

Se o herdeiro negar o recebimento dos bens ou a obrigação de conferir, o juiz ouvirá as partes em 15 dias e decidirá à vista das alegações e provas produzidas, segundo dispõe o art. 1.016 do CPC. Declarada improcedente a oposição, e se o herdeiro, no prazo de 15 quinze dias, não proceder à conferência, o juiz mandará sequestrar-lhe, para serem inventariados e partilhados os bens sujeitos à colação, ou imputar ao seu quinhão hereditário o valor deles, se já não os possuir.

Se a matéria for de alta indagação, as partes serão remetidas às vias ordinárias, mas o herdeiro não receberá seu quinhão senão depois de prestar caução correspondente ao valor dos bens colacionados.

O espólio responde, respeitadas as forças da herança, pelas dívidas do *de cujus* até a data da partilha. Esse é o meio pelo qual os credores poderão requerer o pagamento das dívidas vencidas. Essa faculdade deverá ser exercida antes da partilha, porque, após essa fase, a dívida deverá ser cobrada dos herdeiros, na proporção da parte que lhes coube na herança.

O juízo do inventário será competente para conhecer das ações de cobrança das dívidas do *de cujus*, desde que a petição esteja acompanhada de prova literal da dívida. Havendo concordância das partes, o juiz ordenará que se separe dinheiro ou, na sua falta, bens suficientes para o pagamento. Neste último caso, o juiz mandará alienar os bens em hasta pública para pagar o credor com o produto da venda. O credor pode, se preferir, adjudicar o bem, o que será deferido pelo juiz desde que todas as partes concordem.

Não havendo concordância de todas as partes quanto ao pagamento ao credor, o juiz remeterá o credor às vias ordinárias, salvo se "a dívida constar de documento que comprove suficientemente a obrigação e a impugnação não se fundar em quitação", conforme dispõe o art. 643, parágrafo único. O credor pode, ainda, optar por promover ação de cobrança ou de execução, se tiver título. Caso a dívida ainda não esteja vencida, o juiz mandará separar o dinheiro ou bens suficientes para o pagamento, que se realizará quando a dívida vencer.

A Fazenda Pública, por privilégio, não precisa habilitar seus créditos no inventário, devendo valer-se da via executiva, prevista na Lei n. 6.830/1980.

Os bens que restarem só serão partilhados depois de pagas as dívidas do espólio. Se as dívidas ultrapassarem o valor da herança, o patrimônio dos herdeiros não responderá pelo excesso. No entanto, os legados serão atingidos se todo o resto já houver sido absorvido pelo pagamento das dívidas. Nessa hipótese, o legatário deverá ser intimado para manifestar-se sobre os débitos do espólio, podendo impugná-los.

Encerrado o inventário, será feita a partilha, separando-se a meação do cônjuge supérstite.

A partilha é a repartição, entre os herdeiros, do acervo hereditário. Havendo só um herdeiro, basta adjudicar todos os bens a ele. Ela tem força declaratória de qual quinhão cabe a cada herdeiro e quais bens o integram. Será feita depois que as dívidas do espólio tiverem sido pagas, e recairá sobre os bens que remanesceram no acervo, excluída a meação do cônjuge meeiro. Após a separação de bens suficientes para pagamento dos credores, o juiz concederá às partes o prazo de 10 dias para formular seu pedido de quinhão. Depois disso, em 10 dias, proferirá decisão sobre a partilha, resolvendo os pedidos e apreciando o que deverá constituir a parte de cada herdeiro e legatário.

A partilha pode ser de duas espécies: amigável ou judicial. A **partilha amigável** depende de que todos os interessados sejam maiores e capazes e estejam de acordo quanto ao modo de repartir o acervo. A **judicial** será realizada quando houver divergência entre os herdeiros ou quando um deles for incapaz.

A partilha amigável pode ser inter vivos ou post mortem, feita pelo ascendente, por ato entre vivos ou de última vontade, contanto que não prejudique a legítima dos herdeiros necessários.

Se os herdeiros forem capazes, poderão fazer partilha amigável, por escritura pública, termo nos autos do inventário ou escrito particular, homologado pelo juiz. A partilha amigável, lavrada em instrumento público, reduzida a termo nos autos do inventário ou constante de escrito particular homologado pelo juiz, pode ser anulada por dolo, coação, erro essencial ou intervenção de incapaz, segundo o que dispõe o art. 657 do CPC.

O parágrafo único do art. 657 do CPC prevê que o direito de propor ação anulatória de partilha amigável prescreve em um ano, contado este prazo:

    I - no caso de coação, do dia em que ela cessou;
    II - no caso de erro ou dolo, do dia em que se realizou o ato;
    III - quanto ao incapaz, do dia em que cessar a incapacidade.

A partilha amigável post mortem é aquela em que os herdeiros, todos maiores e capazes, acordam, no curso do inventário, sobre o modo de divisão dos bens. A partilha amigável post mortem deverá ser formalizada por escritura pública, termo nos autos ou escrito particular homologado pelo juiz.

O art. 657 do CPC prevê o procedimento da partilha judicial, tal como a formulação de pedidos de quinhão, em 15 dias, e posterior decisão do juiz no mesmo prazo. Contra essa decisão caberá agravo de instrumento.

Após a decisão de que fala o art. 657, será organizado pelo partidor um esboço de partilha, observando-se para pagamento a seguinte ordem:

    I - dívidas atendidas;
    II - meação do cônjuge;
    III - meação disponível;
    IV - quinhões hereditários, a começar pelo coerdeiro mais velho.

Feito o esboço, dirão sobre eles as partes no prazo comum de 15 dias. Resolvidas as reclamações, a partilha será lançada aos autos com todos os requisitos do art. 653 do CPC.

Os bens deverão ser repartidos e o partidor deve observar a cota hereditária que cabe a cada herdeiro. Se isso for impossível ou muito difícil, a solução será fazer que os herdeiros fiquem com uma parte ideal de cada bem, formando-se, assim, um condomínio.

Depois de pago o imposto *mortis causa* e comprovada a inexistência de dívida perante a Fazenda Pública, o juiz julgará a partilha por sentença. Se a partilha for amigável, bastará que seja homologada pelo juiz.

Passada em julgado a sentença da partilha, o herdeiro receberá os bens que lhe tocarem e um formal de partilha, do qual constarão as seguintes peças (art. 655 do CPC):

I - termo de inventariante e título de herdeiros;
II - avaliação dos bens que constituíram o quinhão do herdeiro;
III - pagamento do quinhão hereditário;
IV - quitação dos impostos;
V - sentença.

Segundo o parágrafo único do art. 655 do CPC, o formal de partilha poderá ser substituído por certidão do pagamento do quinhão hereditário, quando este não exceder a cinco vezes o salário mínimo vigente na sede do juízo, caso em que se transcreverá nele a sentença de partilha transitada em julgado.

A partilha amigável pode ser anulada por erro essencial, dolo ou coação, que são os defeitos que invalidam, em geral, os negócios jurídicos. A existência de herdeiro incapaz torna necessária a partilha judicial.

A ação anulatória deve ser proposta, na primeira instância, no prazo decadencial de um ano, que correrá da cessação da coação, quando for este o vício; do dia em que se realizou o ato, quando houver erro essencial ou dolo; ou da cessação da incapacidade, quando for este o defeito.

A partilha judicial será rescindida, nas hipóteses do art. 658 do CPC: quando existente algum dos defeitos do negócio jurídico e feito com preterição das formalidades legais, ou quando tenha preterido herdeiro ou incluído quem não o seja. A rescisão da sentença deverá ser feita por ação rescisória, no prazo de dois anos.

Eventuais terceiros prejudicados poderão também ajuizar ação de nulidade da partilha, que poderá ser cumulada com petição de herança, no prazo de 20 anos.

Quaisquer inexatidões materiais da partilha poderão ser corrigidas a qualquer tempo, de ofício ou a requerimento do interessado.

Quando os bens do espólio forem de pequeno valor, até o limite de 1.000 (mil) salários mínimos, o procedimento a ser usado é o do arrolamento, forma simplificada de inventariar bens, independentemente de serem todos os herdeiros maiores e capazes e haver ou não divergência entre estes.

Qualquer das pessoas enumeradas nos arts. 615 e 616 do CPC pode requerer a abertura do arrolamento, devendo instruir o pedido com a certidão de óbito. O juiz nomeará um inventariante, que não precisa prestar compromisso. O inventariante apresentará, com suas declarações, a atribuição do valor dos bens do espólio e o plano de partilha, conforme o que dispõe o art. 1.036 do CPC.

As partes interessadas ou o Ministério Público, que intervirá sempre que houver incapazes ou testamento, poderá impugnar o valor atribuído aos bens. Se isso ocorrer, o juiz nomeará um avaliador, que apresentará laudo em 10 dias. Apresentado o laudo, o juiz, em audiência que designar, deliberará sobre a partilha, decidindo de plano todas as reclamações e mandando pagar as dívidas não impugnadas, nos termos do art. 664 e parágrafos do CPC.

Julgada a partilha ou a adjudicação – o que ocorrerá quando se tratar de um único herdeiro – e transitada em julgado a decisão, será expedido o respectivo formal de partilha ou a carta de adjudicação.

Quanto ao arrolamento sumário, forma bastante reduzida de inventário e partilha, só pode ser utilizado quando todos os herdeiros forem maiores e capazes e estiverem de acordo quanto à forma de repartir os bens, seja qual for o valor.

O art. 2.015 do Código Civil dispõe sobre o procedimento a ser adotado nos casos de arrolamento sumário, a saber: deverá ser apresentada, para homologação judicial, a partilha amigável, acompanhada de comprovação de pagamento dos tributos relativos ao espólio e a suas rendas.

A existência de testamento não obsta a utilização do arrolamento sumário, desde que todos sejam capazes e não haja divergência entre eles. Nesse caso, porém, o arrolamento sumário terá a intervenção do Ministério Público.

Quando houver herdeiros casados, os respectivos cônjuges também terão de outorgar procuração, em face do caráter negocial da partilha amigável, pois, como já se observou, qualquer ato de disposição dependerá de outorga uxória, porque o direito à sucessão aberta é considerado bem imóvel por determinação legal.

A petição inicial do arrolamento sumário deverá ser instruída da certidão de óbito e de procuração de todos os herdeiros e respectivos cônjuges; deverá ser requerida pelos herdeiros a nomeação de um inventariante, que eles próprios designarão. Também serão enumerados os herdeiros, os títulos de cada um e os bens do espólio, atribuindo a eles um valor para fins de partilha. No arrolamento sumário, como se exige a concordância de todos, a falta de algum herdeiro, que não tenha sido localizado, impede a adoção desse procedimento, obrigando a citação do herdeiro ausente.

O imposto de transmissão *causa mortis* será cobrado por via administrativa, motivo pelo qual a Fazenda Pública não é citada no arrolamento sumário. Se houver diferença de taxa judiciária, poderá esta ser cobrada por lançamento administrativo, porque a Fazenda não fica adstrita ao valor que os herdeiros atribuíram aos bens. Por essa razão, a Fazenda Pública deve ser intimada da sentença homologatória, pois tem interesse em fazer a cobrança posterior, em via administrativa, dos tributos de que seja credora.

A avaliação no arrolamento sumário é desnecessária, salvo se algum credor requerer a reserva de bens suficientes para seu pagamento e impugnar os valores atribuídos, segundo o que dispõe o art. 663, em seu parágrafo único.

A homologação da partilha ou a adjudicação não será impedida pela existência de algum credor, desde que sejam reservados bens suficientes para pagamento da dívida. Essa reserva será feita pelo valor estimado dos bens, salvo se for impugnado pelo credor, caso em que deverá ser feita avaliação.

Uma vez homologada a partilha ou a carta de adjudicação, serão expedidos o formal de partilha ou a carta de adjudicação.

6.22.2.7 Embargos de terceiro

Trata-se os embargos de terceiro, dispostos nos arts. 674 a 681 do CPC, de ação de conhecimento que tem por finalidade a exclusão de bem objeto de atos judiciais em processo do qual proprietário ou possuidor não faça parte, sendo este um terceiro (não é parte na relação processual).

O conceito de embargos de terceiro está contido no art. 674 do CPC, que estipula que:

> Art. 674. Quem, não sendo parte no processo, sofrer constrição ou ameaça de constrição sobre bens que possua ou sobre os quais tenha direito incompatível com o ato constritivo, poderá requerer seu desfazimento ou sua inibição por meio de embargos de terceiro.

Destaque-se que o conceito de constrição ou ameaça de constrição comporta múltiplas hipóteses.

Em regra, somente os bens das partes na relação processual são passíveis de constrição judicial; contudo, existem casos excepcionais em que isso será possível. Não sendo esses casos que se constituem como exceção (por responsabilidade patrimonial do terceiro), os embargos de terceiro, que seguem o rito especial, serão a forma de suscitar a exclusão de bens de terceiros ilegalmente apreendidos em demanda judicial.

Os embargos de terceiro constituem-se como incidente processual, porém autônomo, que será distribuído por dependência ao juízo que ordenou a restrição do bem.

Vale mencionar que somente caberá embargos de terceiros para aqueles que tenham sofrido constrição judicial; no entanto, caso o ato seja feito por particular ou entidade pública que não envolva determinação judicial, as medidas cabíveis serão as ações possessórias ou a ação reivindicatória.

Outra distinção relevante se observa entre os embargos de terceiro e a oposição, pois o pedido do embargante não é coincidente com qualquer das partes no processo principal, não havendo qualquer prejuízo entre as ações (principal e incidente).

Para o caso de substituição processual, também não se trata de terceiro com legitimidade a opor esses embargos. Isso se verifica pois o substituído, ainda que não seja o titular do direito material, figura como parte, sendo atingido pela coisa julgada.

Com relação aos *cônjuges*, em regra, a dívida contraída por um é revertida em proveito de ambos ou da família. Ocorre que existe a situação em que se beneficiou apenas o cônjuge devedor e cabe ao outro, por meio de embargos de terceiro, fazer prova disso, tentando livrar seus bens próprios (aqueles excluídos da comunhão) nos termos do art. 647, § 2º, inciso I, do CPC ou sua meação, com as observações do art. 843 do CPC.

A oposição de embargos de terceiro pressupõe a existência de outra ação em que o embargante não seja parte, mas proprietário ou possuidor da coisa objeto de constrição judicial.

O art. 647, § 1º do CPC prevê que terceiro proprietário, inclusive fiduciário, ou possuidor são partes legítimas para propor os embargos de terceiro, e, em seu § 2º, além do cônjuge, como já mencionado, legitima para propor a ação:

- em decisão de ineficácia da alienação, o adquirente de bens cuja constrição decorreu de decisão que declarou ineficácia da alienação realizada em fraude à execução;
- em incidente de desconsideração da personalidade jurídica, quem sofre constrição judicial de seus bens, de cujo incidente não fez parte;
- havendo credor com garantia real para obstar expropriação judicial do objeto de direito real de garantia, caso não tenha sido intimado, nos termos legais dos atos expropriatórios respectivos.

Os embargos poderão ser opostos a qualquer tempo no processo de conhecimento até o trânsito em julgado e no processo de execução até cinco dias após a arrematação e a adjudicação, porém, antes da assinatura da respectiva carta.

Recebidos os embargos pelo juiz, será determinada a suspensão do processo principal. Contudo, não sendo objeto todos os bens constritos, a ação prosseguirá em relação a esses.

Com a petição inicial devidamente instruída, o juiz poderá conceder liminar, determinando de imediato que o embargante seja mantido ou reintegrado na posse, prestada a devida caução, ressalvada a impossibilidade da parte economicamente hipossuficiente.

Julgados improcedentes os embargos e havendo recurso de apelação, não terá efeito suspensivo caso os embargos sejam julgados improcedentes (art. 1012, § 1º, III, CPC).

6.22.2.8 Oposição

Com a Lei n. 13.105/2015, a nomeação à autoria e a oposição deixaram de ser espécies de intervenção de terceiro.

Contudo, o CPC vigente resguardou o direito do pretenso opoente de, pretendendo reclamar pelo direito controvertido por partes diversas, manejar ação própria para essa finalidade, a ser regida pelo procedimento especial previsto nos arts. 682 a 686 do estatuto processual:

> Art. 682. Quem pretender, no todo ou em parte, a coisa ou o direito sobre que controvertem autor e réu poderá, até ser proferida a sentença, oferecer oposição contra ambos.

Entendendo-se legitimado a reclamar, no todo ou em parte, pelo direito discutido em ação distinta, poderá distribuir ação autônoma, figurando os ali litigantes como demandados, em processo que será distribuído por dependência à demanda originária e será junto com ela julgado:

> Art. 685. Admitido o processamento, a oposição será apensada aos autos e tramitará simultaneamente à ação originária, sendo ambas julgadas pela mesma sentença.

Tamanha é a prejudicialidade entre a oposição e a demanda de origem que o parágrafo único do art. 685 determina a suspensão do curso desta, caso a oposição seja ajuizada após a audiência de instrução, exceto se o magistrado entender que a instrução una conferirá melhor entrega jurisdicional:

> Parágrafo único. Se a oposição for proposta após o início da audiência de instrução, o juiz suspenderá o curso do processo ao fim da produção das provas, salvo se concluir que a unidade da instrução atende melhor ao princípio da duração razoável do processo.

Releva notar que a oposição difere em muito aos embargos de terceiro, conquanto naquele a esfera de mérito esteja restrita à discussão de posse e propriedade, buscando o embargante excluir o bem que alega seu de atos constritivos de processos diversos, ao passo em que, na oposição, o opoente busca excluir a pretensão tanto do autor quanto do réu sobre bem ou direito que entenda ser titular.

Até mesmo por tal característica, poderá apenas um dos opostos reconhecer a procedência do pedido manejado na ação de oposição, sem que isso prejudique o outro, contra quem prosseguirá a demanda especial.

Por fim, nos termos do art. 686 do CPC, julgando simultaneamente a ação de oposição e a ação originária, deverá o magistrado conhecer desta antes daquela.

6.22.2.9 Habilitação

A habilitação está prevista nos arts. 687 a 692 do CPC. Tem por finalidade promover a sucessão do autor ou do réu que veio a falecer durante o andamento do processo.

Conforme preceitua o art. 313, inciso I, do CPC, a morte é causa de suspensão do processo, que se inicia a partir da data do óbito, aguardando a sucessão do falecido por seu espólio ou por seus herdeiros e sucessores.

Dessa maneira, a sucessão (e não substituição como como consta da redação) não poderá versar de direitos personalíssimos que não se transmitem e acarreta a extinção de outro processo sem julgamento do mérito.

Poderá ser requerida a habilitação pela parte em relação aos sucessores do falecido ou pelos próprios sucessores do falecido em relação à parte, e não poderá ser de ofício pelo juiz.

O art. 689 do CPC estabelece que a habilitação pode se dar em qualquer instância. São hipóteses de habilitação também as seguintes:

- promovida pelo cônjuge e herdeiros necessários, desde que provem por documento o óbito do falecido e a sua qualidade;
- em outra causa, sentença passada em julgado houver atribuído ao habilitando a qualidade de herdeiro ou sucessor;
- o herdeiro for incluído sem qualquer oposição no inventário;
- estiver declarada a ausência ou determinada a arrecadação da herança jacente.

O processo permanecerá suspenso até a decisão da habilitação.

6.22.2.10 Ações de família

Trata-se de ações de família as que estão citadas no art. 693 e seguintes, quais sejam, os processos contenciosos de divórcio, separação, reconhecimento e extinção de união estável, guarda, visitação e filiação.

Iniciando pela ação de alimentos, é a que versar sobre interesse de criança ou de adolescente e deve observar o procedimento previsto em legislação específica (Lei n. 5.478/1968), observando os procedimentos tratados em tópico próprio de processo de execução e aplicando-se, no que couber, as disposições deste Capítulo.

Em regra, nas ações de família, todos os esforços serão empreendidos para a solução consensual da controvérsia, devendo o juiz dispor do auxílio de profissionais de outras áreas de conhecimento para a mediação e conciliação. Registre-se, a requerimento das partes, o juiz pode determinar a suspensão do processo enquanto os litigantes se submetem a mediação extrajudicial ou a atendimento multidisciplinar. Referidas medidas visam proteger a família e a harmonia entre as partes, inclusive no melhor interesse do menor, uma visão que privilegia a dignidade da pessoa humana em observância aos artigos constitucionais que tratam do direito de família (art. 226-ss.).

A audiência de mediação e conciliação poderá dividir-se em tantas sessões quantas sejam necessárias para viabilizar a solução consensual, sem prejuízo de providências jurisdicionais para evitar o perecimento do direito.

Recebida a petição inicial e, se for o caso, concedida a tutela provisória, o juiz ordenará a citação pessoal do réu com antecedência mínima de 15 dias da data da audiência de mediação e conciliação, observando que o mandado de citação conterá apenas os dados necessários à audiência e deverá estar desacompanhado de cópia da petição inicial, assegurado ao réu o direito de examinar seu conteúdo a qualquer tempo.

Na audiência, as partes deverão estar acompanhadas de seus advogados ou de defensores públicos.

Não havendo acordo, passarão a incidir o procedimento comum, devendo o réu oferecer contestação em 15 dias.

Nas ações de família, o Ministério Público somente intervirá quando houver interesse de incapaz e deverá ser ouvido previamente à homologação de acordo. O Ministério Público também intervém quando há parte vítima de violência familiar, como dispõe o parágrafo único do art. 698 e a Lei Maria da Penha.

Havendo discussão sobre fato relacionado a abuso ou a alienação parental, o juiz, ao tomar o depoimento do incapaz, deverá estar acompanhado por especialista.

Em recente alteração promovida pela Lei n. 14.713/2023, foi incluído ao CPC o art. 699-A, que determina que nas ações de guarda, antes de iniciada a audiência de mediação e conciliação de que trata o art. 695 deste Código, o juiz indagará às partes e ao Ministério Público se há risco de violência doméstica ou familiar, fixando o prazo de cinco dias para a apresentação de prova ou de indícios pertinentes, sendo relevante a conclusão, pois a mesma lei dispõe quanto ao impedimento de guarda compartilhada se assim ficar provado.

6.22.2.11 Homologação do penhor legal

O penhor legal é uma espécie de garantia real tendo por requisitos a prévia relação negocial, de hospedagem ou de locação, e o inadimplemento de prestação prevista naquele contrato.

A ação disposta nos arts. 703 e 704 tem por objetivo a sua homologação. A petição inicial deve ser instruída com o contrato de locação ou a conta pormenorizada das despesas, a tabela dos preços e a relação dos objetos retidos. O credor pedirá a citação do devedor para pagar ou contestar na audiência preliminar que for designada.

A homologação também pode ser promovida pela via extrajudicial mediante requerimento, atendidos os mesmos requisitos com notário de sua escolha.

O notário então promoverá a notificação extrajudicial do devedor para, no prazo de cinco dias, pagar o débito ou impugnar sua cobrança, alegando por escrito uma das causas previstas em lei, hipótese em que o procedimento será encaminhado ao juízo competente para decisão, tornando o processo extrajudicial um processo judicial.

Não havendo manifestação do devedor, o notário formalizará a homologação do penhor legal por escritura pública.

A defesa só pode consistir em: nulidade do processo; extinção da obrigação; não estar a dívida compreendida entre as previstas em lei ou não estarem os bens sujeitos a penhor legal e alegação de haver sido ofertada caução idônea, rejeitada pelo credor, sendo, portanto, rol taxativo.

Ocorrendo audiência preliminar, observar-se-á o procedimento comum. Homologado judicialmente o penhor legal, consolidar-se-á a posse do autor sobre o objeto; porém, se negada a homologação, o objeto será entregue ao réu, ressalvado ao autor o direito de cobrar a dívida pelo procedimento comum, salvo se acolhida a alegação de extinção da obrigação.

Contra a sentença de homologação, caberá apelação, e, na pendência de recurso, poderá o relator ordenar que a coisa permaneça depositada ou em poder do autor em tutela de urgência.

6.22.2.12 Regulação de avaria grossa

Avaria grossa é aquela praticada deliberadamente com o objetivo de preservar embarcação e carga, transportada, como a carga que é molhada com água salgada (água do mar) para apagar um incêndio. Assim, é um prejuízo assumido para evitar um prejuízo maior.

Os ditames que regulam essa ação estão presentes nos arts. 707 a 711 do CPC. Inexistindo consenso acerca da nomeação de um regulador de avarias, o juiz de direito da comarca do primeiro porto onde o navio houver chegado, provocado por qualquer parte interessada, nomeará um de notório conhecimento. Assim sendo, há um consenso quanto à existência de uma perda a ser rateada, mas a divergência versa sobre quem é mais indicado para avaliar os danos e fazer o rateio.

Nomeado, o regulador declarará justificadamente se os danos são passíveis de rateio na forma de avaria grossa e exigirá das partes envolvidas a apresentação de garantias idôneas para que possam ser liberadas as cargas aos consignatários.

Não concordando com o regulador quanto à declaração de abertura da avaria grossa deverá justificar suas razões ao juiz, que decidirá no prazo de 10 dias.

Eventualmente, se o consignatário não apresentar garantia idônea a critério do regulador, este fixará o valor da contribuição provisória com base nos fatos narrados e nos documentos que instruírem a petição inicial, que deverá ser caucionado sob a forma de depósito judicial ou de garantia bancária.

Havendo recusa do consignatário em prestar caução, o regulador requererá ao juiz a alienação judicial de sua carga na forma dos arts. 879 a 903, procedimento judicial de alienação de bem.

Sendo necessário, poderá ser levantada, por alvará, a quantia necessária para o pagamento das despesas da alienação a serem arcadas pelo consignatário, mantendo-se o saldo remanescente em depósito judicial até o encerramento da regulação.

O regulador ainda fixará prazo para que as partes apresentem os documentos necessários à regulação da avaria grossa. Após, o regulador apresentará o regulamento da avaria grossa no prazo de até 12 meses, contado da data da entrega dos documentos nos autos pelas partes, podendo o prazo ser estendido a critério do juiz.

Oferecido o regulamento da avaria grossa, dele terão vista as partes pelo prazo comum de 15 dias e, não havendo impugnação, o regulamento será homologado por sentença. Havendo impugnação ao regulamento, o juiz o tomará o depoimento do regulador e decidirá em 10 dias.

Aplicam-se, no que couber, os arts. 156 e 157, que ditam sobre produção de prova pericial.

6.22.2.13 Restauração de autos

O CPC, em seus arts. 712 a 718, prevê a possibilidade de serem restaurados os autos.

Não se podem confundir os autos do processo com o processo em si, sendo este a composição da relação jurídica entre as partes, com o objetivo da obtenção da prestação jurisdicional.

Dessa forma, o que será restaurado ao desaparecer serão os autos do processo, nos quais se encontra a documentação dos atos praticados até o momento.

A restauração poderá ser requerida por qualquer das partes (autor ou réu), mesmo que o extravio não tenha sido por eles provocado. Assim, têm legitimidade para requerer o procedimento as partes, o Ministério Público, o juiz de ofício ou outro interessado.

Da petição inicial constarão, além dos requisitos do art. 319 do CPC, aqueles do art. 713 do CPC, que determinam que a parte deve declarar o estado da causa ao tempo do desaparecimento dos autos; juntar certidão dos atos constantes do protocolo de audiência do cartório por onde haja corrido o processo; cópia de peças que tenha em seu poder e quaisquer outros documentos que facilitem a restauração.

A parte contrária será citada para contestar o pedido no prazo de cinco dias, e no mesmo prazo deverá exibir cópias, contrafés e demais reproduções dos atos e documentos que estiverem em seu poder.

Caso na contestação a parte concorde com a restauração dos autos, será lavrado o auto, que, após assinado pelas partes e homologado pelo juiz, suprirá o processo desaparecido.

Tendo em vista que, nesse procedimento, o réu tem interesse na restauração dos autos, não haverá uma contestação literal, mas sim um acompanhamento da atividade para contribuir, apresentando os documentos e verificando a regularidade e a veracidade dos atos praticados na reconstituição dos autos.

Se não houver contestação ou se a concordância for parcial, o processo seguirá o procedimento comum.

Em caso de o desaparecimento dos autos houver ocorrido após a produção de provas em audiência, o juiz, caso julgue necessário, mandará repeti-las, conforme determina o art. 715 do CPC. A repetição das provas poderá ser feita por:

- reinquirição das mesmas testemunhas, que, em caso de impossibilidade, poderão ser substituídas se não houver outro meio de comprovar seu depoimento;
- laudo pericial, e, na falta de certidão ou cópia do laudo, far-se-á nova perícia, sempre que for possível e, de preferência pelo mesmo perito, para não haver divergência de pensamento;
- documentos, visto que, não havendo certidão de documentos, estes serão reconstituídos mediante cópia e, na falta, pelos meios ordinários de prova;
- os serventuários e auxiliares da justiça que tiverem trabalhado no processo não podem eximir-se de depor como testemunha a respeito de atos que tenham praticado ou assistido;
- no caso de o processo desaparecido já estar sentenciado e subsistir cópia da sentença, esta será juntada aos autos e terá a mesma autoridade da original.

O processo de restauração é julgado por sentença, e, após esta, o processo restituído seguirá seu curso normal.

Aparecendo os autos originais, nestes se prosseguirá o andamento processual, ficando os autos restaurados apensados a ele.

Se o desaparecimento dos autos tiver ocorrido no tribunal, a ação será ali distribuída e, sempre que possível, ao relator do processo.

Caso o andamento do processo esteja ocorrendo nos autos suplementares, estes serão restituídos ao cartório, deles se extraindo certidão de todos os atos e termos, a fim de complementar os autos originais.

No processo de restauração de autos, por se tratar de um procedimento especial, o valor da causa não tem critério legal ou lógico a ser seguido. Assim, para cumprir o requisito exigido pelo art. 319 do CPC, o autor deverá atribuir um valor simbólico.

Quem houver dado causa ao desaparecimento dos autos responderá pelas custas e honorários advocatícios, sem prejuízo de responder civil e criminalmente pelo ato.

6.22.2.14 Ação monitória

Trata-se de ação a quem pretender, com base em prova escrita (sem eficácia de título executivo), pagamento de soma em dinheiro, entrega de coisa fungível ou infungível, ou de bem móvel ou imóvel e o adimplemento de obrigação de fazer ou não fazer.

O Código de Processo Civil disciplina a matéria nos arts. 700 a 702 e não se trata de modalidade de execução, mas ação de conhecimento pelo rito especial.

Portanto, o credor de quantia certa de coisa fungível ou de bem móvel que seja documento escrito e sem força executiva pode ingressar com essa ação. De outra sorte, tendo força executiva o documento, deve o credor ingressar com uma execução.

Assim, todo documento escrito e idôneo que servir de demonstração da existência de uma obrigação servirá para instruir uma ação monitória. Vale destacar que o documento não precisa ser emitido pelo devedor necessariamente, podendo sê-lo pelo próprio credor ou terceiro, importando a manifestação de consentimento do devedor. O art. 700 menciona que o devedor deve ser "capaz", ou seja, não poderá figurar no polo passivo da ação pessoa incapaz, ainda que representada.

O documento escrito deve ser juntado com a inicial, sendo o original ou, em alguns casos que não sejam títulos executivos sem força executiva, cópia autenticada.

O juiz, ao receber a monitória, poderá analisar se estão presentes os pressupostos para seu processamento, determinando a expedição de mandado de citação e monitório, não sendo a decisão do juiz que processa a ação monitória impugnável por agravo de instrumento, mas por procedimento em momento oportuno a apresentação de defesa.

No entanto, existem várias possibilidades que dependem da atitude do réu e que definirão a natureza jurídica da decisão.

Se o réu cumprir com a obrigação exigida no prazo de 15 dias, ou opor embargos à monitória, ambos os casos ensejarão decisões interlocutórias. Contudo, se o réu não pagar, se se opuser ou se manifestar, a decisão do juiz terá força de sentença, convertendo o mandado monitório em executivo.

Caso o réu cumpra os termos do mandado monitório em 15 dias, será beneficiado com a isenção de *custas* e *honorários advocatícios*.

Como mencionado, ao se manter inerte o réu, o mandado monitório será convertido em mandado executivo, sendo novamente citado, porém, para o cumprimento de sentença por título executivo judicial.

Outra hipótese lançada ao réu nesse tipo de ação é a apresentação de defesa por meio de embargos à monitória, no prazo do art. 702, § 4º, em 15 dias, que suspenderá a eficácia do mandado monitório até o julgamento em primeiro grau.

Se o réu opuser embargos intempestivos ou não preencher qualquer requisito para seu recebimento, poderá o juiz proferir decisão como não apresentados os embargos, sendo esta decisão interlocutória. Caso o devedor apresente recurso, o mandado convertido em título executivo será executado provisoriamente.

Iniciada a execução definitiva, seguirá ela os trâmites de cumprimento de sentença por título judicial.

Ingressando com ação monitória em face da Fazenda Pública e não sendo apresentados os embargos previstos no art. 702, aplicar-se-á o disposto no art. 496 do CPC, ocorrendo a chamada *remessa necessária*.

6.22.3 Procedimentos especiais de jurisdição voluntária

Ao diferenciar a jurisdição contenciosa da voluntária, temos a **jurisdição contenciosa** compondo conflitos de interesses, e a **voluntária** a ocupar-se daqueles que não estão em litígio, constituindo e modificando relações jurídicas, sendo ambas exercidas por órgãos jurisdicionais com a finalidade de assegurar a paz jurídica.

Efetivamente, a presença ou ausência de lide parece constituir a diferença básica entre a jurisdição contenciosa e a voluntária. No entanto, essas ações supõem lide, ainda que apenas em tese.

Na jurisdição voluntária, todas as pessoas que intervêm no processo são interessados, pois, mesmo sendo citados para compor a lide, não se compõem as posições de autor e réu.

Nos arts. 719 e seguintes do CPC, estão disciplinadas as regras gerais da jurisdição voluntária; todavia, há outros procedimentos especiais disciplinados em leis extravagantes que serão utilizados em situações de direito material. Assim, sempre que estivermos diante dessas situações, será utilizado determinado procedimento de jurisdição voluntária.

Ainda, certas situações serão processadas conforme os arts. 720 a 724 do CPC, nos termos do procedimento geral de jurisdição voluntária. O art. 725 do CPC determina que se processarão pelas regras das disposições gerais os pedidos de:

I - emancipação;
II - sub-rogação;
III - alienação, arrendamento ou oneração de bens de menores, de órfãos, de interditos;
IV - alienação, locação e administração da coisa comum;
V - alienação de quinhão em coisa comum;
VI - extinção de usufruto, quando não decorrer da morte do usufrutuário, do termo da sua duração ou da consolidação, e de fideicomisso, quando decorrer de renúncia ou quando ocorrer antes do evento que caracterizar a condição resolutória;
VII - expedição de alvará judicial;
VIII - homologação de autocomposição extrajudicial, de qualquer natureza ou valor.

O procedimento principia com a apresentação da petição inicial do interessado, do Ministério Público ou da Defensoria Pública, cujo pedido será detalhado, instruído com os documentos necessários e com a indicação da providência judicial.

A petição inicial deverá seguir os requisitos do art. 319 do CPC, sendo atribuída à causa o valor do benefício econômico auferido e, na falta, deverá ser por mera estimativa.

Serão citados, sob pena de nulidade, todos os interessados, bem como o Ministério Público (art. 721 do CPC). O prazo para resposta será de 15 dias, a partir da juntada da comprovação da citação nos autos.

Verificando-se que há interesse da Fazenda Pública, esta sempre será intimada a se manifestar. Da mesma forma, poderá o juiz, de ofício, determinar a citação sempre que se verificar o interesse de pessoa que ainda não está no processo.

Caso entenda necessário, o processo poderá ser instruído com designação de audiência de instrução e julgamento.

O juiz decidirá o pedido no prazo de dez dias; não é, porém, obrigado a observar o critério de legalidade estrita, podendo adotar em cada caso a solução que reputar mais conveniente ou oportuna (art. 723, parágrafo único, CPC).

Da sentença caberá apelação, que poderá ser recebida no duplo efeito.

A sentença, no procedimento de jurisdição graciosa, não condenará a parte vencida em despesas e honorários, pois não existe lide. No entanto, as despesas que forem adiantadas por apenas um dos interessados devem ser rateadas entre os demais.

6.22.3.1 Notificação e interpelação

Refere-se à notificação e interpelação o disposto nos arts. 726 a 729 do CPC, que conforme redação legal, atende ao seguinte propósito:

> Art. 726. Quem tiver interesse em manifestar formalmente sua vontade a outrem sobre assunto juridicamente relevante poderá notificar pessoas participantes da mesma relação jurídica para dar-lhes ciência de seu propósito.

Desta forma, busca notificar a pessoa em relação a assunto jurídico relevante ou o interpelar (art. 727) para que faça ou deixe de fazer algo que o requerente entenda que é seu direito.

Se o interesse do requerente for dar conhecimento geral ao público, mediante edital, isso só será deferido se o juiz entender ser necessário ao resguardo de direito.

A lei entende que há duas hipóteses graves em que se deve ouvir primeiro o requerido antes de haver qualquer deferimento:

> Art. 728. O requerido será previamente ouvido antes do deferimento da notificação ou do respectivo edital:
>
> I - se houver suspeita de que o requerente, por meio da notificação ou do edital, pretende alcançar fim ilícito;
>
> II - se tiver sido requerida a averbação da notificação em registro público.

Sendo realizada a notificação ou interpelação, os autos serão entregues ao requerente. A lei ainda dispõe que, no que couber, se aplicam ao protesto judicial as disposições atinentes a esta seção.

6.22.3.2 Alienação judicial

A alienação judicial é procedimento especial de jurisdição voluntária e está prevista no art. 730 do CPC. Sempre que não havendo acordo entre os interessados sobre o modo como se deve realizar a alienação do bem, o juiz, de ofício ou a requerimento dos interessados ou do depositário, mandará aliená-lo em leilão, observando-se o disposto nos art. 719 e seguintes (normas gerais de procedimentos especiais de jurisdição voluntária), no que couber, o disposto nos arts. 879 a 903 (alienação em processo de execução).

Devemos observar que a divergência é apenas quanto ao método, pois há de se presumir que há ao menos concordância quanto à necessidade de alienar o bem.

Deve-se observar também que os procedimentos comuns de alienação no processo de execução, tais como o leilão, devem observar as ressalvas ao rito especial e não podem restringir que as partes voluntariamente alienem o bem.

6.22.3.3 Divórcio e separação consensuais, extinção consensual de união estável e alteração do regime de bens do matrimônio

Com a promulgação da Emenda Constitucional n. 66, em 13 de julho de 2010, o § 6º do art. 226 da Constituição da República, tem-se nova redação quanto à possibilidade de dissolução do casamento, a saber: "o casamento civil pode ser dissolvido pelo divórcio". O confronto desse novo dispositivo constitucional com o antigo – no qual se lia que "o casamento civil pode ser dissolvido pelo divórcio, após prévia separação judicial por mais de um ano nos casos expressos em lei, ou comprovada separação de fato por mais de dois anos" – evidencia que a nova ordem constitucional não apenas suprimiu o instituto da "separação judicial", mas também extinguiu a necessidade de fluência de prazo para o pedido de divórcio. De acordo com o douto Arnoldo Camanho de Assis (2010), Desembargador do Tribunal de Justiça do Distrito Federal, trata-se de norma constitucional de eficácia plena, que, por isso, torna desnecessária a edição de qualquer ato normativo de categoria infraconstitucional para que possa produzir efeitos imediatos. Agora o divórcio poderá ser consensual, litigioso e extrajudicial. Em nenhum dos três casos, caberá discussão acerca de culpa ou prazo.

O divórcio consensual está previsto nos arts. 731 a 734, do CPC. Não será realizada audiência de ratificação, sobretudo e especialmente pela concreta desnecessidade de se produzir prova testemunhal para fins de comprovar a fluência do prazo.

Conforme consta no art. 731, a homologação do divórcio ou da separação consensuais, observados os requisitos legais, poderá ser requerida em petição assinada por ambos os cônjuges, e no requerimento deve(m) constar:

I - as disposições relativas à descrição e à partilha dos bens comuns;
II - as disposições relativas à pensão alimentícia entre os cônjuges;
III - o acordo relativo à guarda dos filhos incapazes e ao regime de visitas; e
IV - o valor da contribuição para criar e educar os filhos.

Conforme consta no parágrafo único, os cônjuges podem concordar quanto ao divórcio e discordar quanto à partilha de bens que poderá ser feita em outro processo após a homologação do requerimento de divórcio.

Não havendo filhos menores, os cônjuges podem fazer a separação, divórcio ou extinção de união estável por escritura pública que valerá para quaisquer atos de registro, sendo dispensada a homologação do juiz.

Ainda, podem requerer as partes a alteração do regime de bens, no qual será publicado em edital para então decidir após 30 dias, podendo ser adotada outra forma de publicidade a fim de resguardar direitos de terceiros. Após trânsito em julgado, serão expedidos mandados de averbação aos cartórios de registro civil e de imóveis.

6.22.3.4 Testamentos e codicilos

Com a morte de uma pessoa, abre-se a sucessão dos bens do *de cujus*, que pode ser legítima ou testamentária.

A sucessão legítima decorre de lei. Sempre que alguém morrer sem deixar testamento, seus bens serão transmitidos a seus herdeiros, na ordem de vocação hereditária, nos termos do art. 1.829 do Código Civil.

Mas, caso a pessoa seja capaz, poderá dispor, por testamento, da totalidade de seus bens, ou de parte deles, para depois de sua morte. Pode ocorrer, porém, a sucessão legítima e testamentária, quando o testamento não dispuser sobre a totalidade dos bens, e a esses serão aplicadas as regras da sucessão legítima.

O testamento se divide em: ordinário, que pode ser público, particular ou cerrado; especial, que pode ser marítimo, aeronáutico e militar; e, por fim, tem-se o codicilo, que se trata de categoria autônoma de disposição de última vontade.

Todas as formas de testamento são atos personalíssimos, podendo ser alterados a qualquer tempo, conforme dispõe o art. 1.858 do Código Civil. Ainda, é vedada a realização de testamento conjuntivo, tendo em vista ser simultâneo, recíproco ou correspectivo (art. 1.863, Código Civil).

O testamento público se dá por meio de escritura realizada por tabelião em livro de notas próprio, no qual será disposta a vontade do testador, na presença de duas testemunhas.

Para ser válido, o testamento público tem de seguir os requisitos essenciais do art. 1.864 do Código Civil, que enuncia em seus incisos que deverá:

I - ser escrito por tabelião ou por seu substituto legal em seu livro de notas, de acordo com as declarações do testador, podendo este servir-se de minuta, notas ou apontamento;

II - lavrado o instrumento, ser lido em voz alta pelo tabelião ao testador e a duas testemunhas, a um só tempo, ou pelo testador, se o quiser na presença destas e do oficial;

III - ser o instrumento, em seguida à leitura, assinado pelo testador, pelas testemunhas e pelo tabelião.

Ainda, o testamento pode ser escrito manual ou mecanicamente, bem como ser feito pela inserção da declaração de vontade em partes impressas de livro de notas, desde que rubricadas, se houver mais de uma página, e assinado ao final.

Os arts. 1.865 a 1.867 do Código Civil tratam de exigências para casos especiais, por exemplo, ao testador analfabeto, surdo e cego.

O testamento cerrado é escrito pelo testador ou por outra pessoa a seu rogo, e por aquele assinado, e será valido se aprovado pelo tabelião ou seu substituto legal, observadas as formalidades dos incisos do art. 1.868 do Código Civil.

O conteúdo desse testamento é apenas de conhecimento do testador. Após ser escrito e lavrado auto de aprovação pelo oficial público, na presença das testemunhas, que servem apenas para comprovar a autenticidade da formalidade, será lacrado.

Com a morte do testador, o testamento cerrado será apresentado ao juiz, que o abrirá e fará o registro, determinando o cumprimento, caso não ache vício externo que o torne eivado de nulidade ou suspeito de falsidade.

Caso o lacre do testamento cerrado esteja violado, reputará como revogadas as disposições nele constantes.

Os testamentos especiais, marítimo e aeronáutico (arts. 1.888 a 1.892, Código Civil) e o militar (arts. 1.893 a 1.896, Código Civil) somente terão sua utilização em casos de emergência. Os primeiros podem ser primeiros utilizados quando o testador estiver em viagem a bordo de navio nacional, de guerra ou mercante, tendo de testar perante o comandante, em presença de duas testemunhas, por forma que corresponda ao testamento público ou cerrado. Quando estiver em viagem a bordo de aeronave militar ou comercial, pode testar perante pessoa designada pelo comandante, com as observações acima. Os registros desses testamentos serão feitos no diário de bordo.

O militar e demais pessoas a serviço das Forças Armadas em campanha, dentro do país ou fora dele, assim como em praça sitiada ou que esteja de comunicação interrompida, poderá testar e, caso não haja tabelião ou substituto, será realizado perante duas testemunhas, ou três, caso o testador não souber ou não puder assinar (art. 1.893, Código Civil).

Caduca o testamento militar se depois que o fizer o testador estiver a 90 dias seguidos em lugar onde possa testar na forma ordinária, salvo se esse testamento apresentar as solenidades prescritas no parágrafo único do art. 1.894 do Código Civil.

O testamento particular é escrito pelo testador, podendo ser manuscrito de próprio punho ou mecanicamente, não podendo, porém, apresentar espaços ou rasuras. Ainda, deverá ser lido na presença de pelo menos três testemunhas, assinado pelo testador e por elas. Diferentemente do testamento público é a autenticidade do testamento particular.

O codicilo é um ato de última vontade, porém só pode dispor sobre bens de pequeno valor; por isso não se exigem muitas formalidades para sua validade.

Assim, para ter validade, o codicilo tem de ser integralmente escrito pelo testador, datado e assinado.

Além de dispor sobre bens de pequeno valor, o codicilo poderá versar sobre o enterro do testador, bem como doações assistenciais a pessoas determinadas ou não, ou de certo lugar.

O codicilo será revogado caso seja realizado outro ou se elaborado testamento posterior sem que ele seja mencionado, quer para confirmá-lo, quer para modificá-lo.

A abertura do codicilo seguirá o mesmo procedimento do testamento cerrado (art. 1.885, Código Civil).

Todos os testamentos poderão dispor sobre a nomeação de herdeiro, ou legatário, que pode se fazer pura e simplesmente sob condição, para certo fim ou modo ou por certo motivo. Ainda, poderá designar tempo em que deva começar ou cessar o direito do herdeiro, salvo nas disposições fideicomissárias, que serão tidas por não escritas.

Quando a cláusula testamentária for suscetível de interpretações diferentes, prevalecerá a que melhor assegure a observância da vontade do testador (art. 1.899, Código Civil).

Segundo o art. 1.900 do Código Civil, será nula a disposição testamentária:

I – que institua herdeiro ou legatário sob a condição captatória de que este disponha, também por testamento, em benefício do testador, ou de terceiro;
II – que se refira a pessoa incerta, cuja identidade não se possa averiguar;
III – que favoreça pessoa incerta, cometendo a determinação de sua identidade a terceiro;
IV – que deixe a arbítrio do herdeiro, ou de outrem, fixar o valor do legado;
V – que favoreça as pessoas a que se referem os arts. 1.801 e 1.802.

Serão anuladas as disposições testamentárias inquinadas de erro, dolo ou coação. O direito de anular a disposição testamentária se extingue em quatro anos, a partir do conhecimento do vício pelo interessado.

Serão válidas as disposições (art. 1.901, Código Civil):

I - em favor de pessoa incerta que deva ser determinada por terceiro, dentre duas ou mais pessoas mencionadas pelo testador, ou pertencentes a uma família, ou a um corpo coletivo, ou a um estabelecimento por ele designado;
II - em remuneração de serviços prestados ao testador, por ocasião da moléstia de que faleceu, ainda que fique ao arbítrio do herdeiro ou de outrem determinar o valor do legado.

O erro na designação da pessoa do herdeiro, do legatário ou da coisa legada anula a disposição, salvo se, pelo contexto do testamento, por outros documentos ou por fatos inequívocos, for possível identificar a pessoa ou a coisa a que o testador queria referir-se (art. 1.903, Código Civil).

No caso de serem nomeados dois ou mais herdeiros, sem discriminar a parte de cada um, será partilhada, de forma igualitária, a porção disponível do testador. Se, porém, for nomeada a parte de cada herdeiro e, contudo, sobrar herança, essa pertencerá aos herdeiros legítimos, segundo a ordem de vocação hereditária.

Se o testamento nomear o quinhão de uns e não de outros herdeiros, distribuir-se-á por igual aos que não foram determinados os quinhões o que sobrar depois de serem distribuídas as porções hereditárias dos determinados.

A cláusula de inalienabilidade, imposta aos bens por ato de liberalidade, implica impenhorabilidade e incomunicabilidade. No caso de desapropriação de bens clausulados, ou de sua alienação por conveniência econômica do donatário ou do herdeiro, mediante autorização judicial, o produto da venda converter-se-á em outros bens, sobre os quais incidirão as restrições apostas aos primeiros.

Com a morte do testador, será levado a juízo o testamento para publicação e citação dos herdeiros legítimos. Nessa oportunidade, as testemunhas serão ouvidas para confirmarem a realização das formalidades do art. 1.876 do Código Civil. Serão ouvidas pelo menos três testemunhas; se forem contestes, será reconhecida a autenticidade do testamento.

Após a inquirição das testemunhas, os interessados terão cinco dias para se manifestarem. Da mesma forma, será ouvido o Ministério Público.

Se a pessoa que se encontra com o testamento não o apresenta, poderá o juiz, de ofício ou a requerimento de qualquer interessado ou do Ministério Público, determinar sua apresentação, sob pena de busca e apreensão.

O procedimento adotado para reconhecer a autenticidade do testamento particular será o mesmo para o testamento marítimo, aeronáutico, militar, nuncupativo e o codicilo (art. 737, CPC).

Após a abertura ou confirmação dos testamentos, caberá ao testamenteiro nomeado ou dativo dar-lhe cumprimento.

O testamenteiro, nos termos do art. 735, § 5º, deverá cumprir as disposições testamentárias, no prazo legal ou o estipulado pelo testador, prestando contas do que recebeu e despendeu no juízo do inventário.

Incumbe ao testamenteiro: (i) cumprir as obrigações do testamento; (ii) propugnar a validade do testamento; (iii) defender a posse dos bens da herança; (iv) requerer ao juiz que lhe conceda os meios necessários para cumprir as disposições testamentárias; e (v) prestar contas em juízo do que recebeu e despendeu.

A função de testamenteiro não é gratuita. O art. 1.987 do Código Civil estabelece que o testamenteiro tem direito a um prêmio que, se não for estipulado pelo testador, será arbitrado pelo juiz, levando em conta o monte-mor e o trabalho de execução do testamento. O prêmio, porém, não poderá exceder a 5% do valor líquido da herança, da metade disponível quando houver herdeiros necessários.

O testamenteiro poderá ser removido e perderá o prêmio se as contas por ele apresentadas forem consideradas ilegais, ou em discordância com o testamento, bem como se não cumprir com as disposições testamentárias. Caso o testamenteiro seja removido do cargo, perderá o direito ao prêmio (art. 1.989, Código Civil).

6.22.3.5 Herança jacente

Com a abertura da sucessão, não havendo deixado o falecido possíveis herdeiros, a herança será jacente, conforme os arts. 738 a 743 do CPC.

A herança jacente corresponde ao acervo de bens e relações jurídicas deixados pelo *de cujus*.

Assim, verificada a situação de ausência de herdeiros ou ainda da notícia de sua inexistência, o juiz, de ofício, a pedido de qualquer interessado ou do Ministério Público, mandará arrecadar todos os bens da herança jacente e nomeará um curador que a administrará e a representará até que se encontre sucessor legalmente habilitado ou seja declarada a sua vacância.

Os bens serão arrolados, devendo o juiz ordenar que o oficial de justiça, acompanhado do escrivão ou do chefe de secretaria e do curador, arrole os bens e descreva-os em auto circunstanciado.

O juiz determinará a expedição de **edital**, que será publicado na rede mundial de computadores, no sítio do tribunal a que estiver vinculado o juízo e na plataforma de editais do Conselho Nacional de Justiça (CNJ), onde permanecerá por três meses, ou, não havendo sítio, no órgão oficial e na imprensa da comarca, por três vezes com intervalos de um mês, para que os sucessores do falecido venham a habilitar-se no prazo de seis meses, contado da primeira publicação.

Comparecendo qualquer interessado, cônjuge ou herdeiro, a arrecadação será suspensa e será processada a **habilitação**, que, se acolhida, será convertida em **inventário**.

Se não houver qualquer habilitação, após um ano da publicação do primeiro edital, será declarada herança jacente (art. 743, CPC), que, passados cinco anos da abertura da sucessão, será transmitida ao domínio do Município ou Distrito Federal, ou ainda para a União, conforme sua circunscrição ou localização no território federal (art. 1.822, Código Civil).

6.22.3.6 Bens dos ausentes

O Código Civil, em seus arts. 22 e seguintes, disciplina que ausente é a pessoa física que desaparece de seu domicílio sem deixar representante nem notícia de seu paradeiro. Também será considerado ausente aquele que designar mandatário que não queira, não possa exercer ou continuar a exercer o mandato, ou não tenha poderes suficientes para exercê-lo.

A declaração de ausência observará o procedimento especial dos arts. 744 e seguintes do CPC, podendo ser requerida por qualquer interessado ou pelo Ministério Público.

Deve ser observado que seus efeitos são patrimoniais e não pessoais. Declarada a ausência, o juiz ordenará que se arrecade todos os bens do ausente.

Feita a arrecadação, o juiz mandará publicar editais na rede mundial de computadores, no sítio do tribunal a que estiver vinculado e na plataforma de editais do CNJ, onde permanecerá por um ano, ou, não havendo sítio, no órgão oficial e na imprensa da comarca, durante um ano, reproduzida de dois em dois meses, anunciando a arrecadação e chamando o ausente a entrar na posse de seus bens.

Superados os prazos, será aberta a sucessão provisória intimando por edital herdeiros e eventuais interessados. Preenchidos os requisitos, haverá a conversão em sucessão definitiva.

Dessa forma, não se confunde com morte presumida, que pressupõe a existência de uma declaração de óbito da pessoa.

O procedimento para a arrecadação dos bens do ausente será o mesmo da herança jacente, inclusive com nomeação de curador.

Ainda, se o ausente retornar, poderá retomar seus bens, conforme o art. 745, § 4º, do CPC, sendo intimados sucessores definitivos e provisórios para eventualmente contestar o pedido.

A declaração de ausência se constitui como sentença declaratória, que deverá ser levada ao registro no cartório das pessoas naturais.

6.22.3.7 Coisas vagas

Entende-se por *coisa vaga* aquela que foi perdida por seu legítimo possuidor. Portanto, tem dono e deve ser a ele restituída.

Assim, a pessoa que encontra a coisa e não sabe ou não localiza o verdadeiro dono deve restituí-la por meio da autoridade judiciária ou policial competente, procedimento previsto nos art. 746 do CPC.

A autoridade fará a arrecadação dos bens e remeterá ao juízo competente. Depositada a coisa, o juiz mandará publicar edital na rede mundial de computadores, no sítio do tribunal a que estiver vinculado e na plataforma de editais do CNJ ou, não havendo sítio, no órgão oficial e na imprensa da comarca, para que o dono ou o legítimo possuidor a reclame, salvo se se tratar de coisa de pequeno valor e não for possível a publicação no sítio do tribunal, caso em que o edital será apenas afixado no átrio do edifício do fórum.

O Código Civil dispõe que a parte deverá se apresentar em no máximo 60 dias, ou o bem será levado a leilão judicial, apuradas as despesas e recompensa ao descobridor.

Vale lembrar que a coisa considerada vaga é diversa da coisa abandonada; esta não tem dono. Demais situações que não as previstas devem ser tratadas nos termos da lei específica.

6.22.3.8 Interdição

O homem deve ser capaz de possuir direitos e obrigações, mas nem todos possuem essa capacidade de exercer os atos da vida civil; porém, a de angariar direitos é sempre plena.

Para que o indivíduo possa exercer plenamente os atos da vida civil, deve ser dotado de discernimento. A lei denomina *incapazes* aqueles que não têm capacidade de fato, podendo ser a incapacidade absoluta ou relativa.

A incapacidade que decorre da menoridade cessa como regra aos 18 anos de idade, porém, entre 16 e 18, o menor possuirá capacidade relativa.

Ao completar 18 anos, e somente com essa idade, havendo situação de fato que atue na incapacidade, será necessário o processo de interdição.

O procedimento de interdição tem por finalidade a declaração de incapacidade absoluta ou relativa, sendo nomeado um curador ao incapaz.

Estão sujeitos à interdição os que por enfermidade ou deficiência mental não tiverem discernimento suficiente, os ébrios habituais, os viciados em tóxicos, os excepcionais, os sem desenvolvimento mental completo, os pródigos e os silvícolas não integrados à sociedade, todos previstos nos arts. 3º e 4.º do Código Civil.

Poderá requerer o procedimento de interdição de jurisdição voluntária cônjuge ou companheiro, parentes ou tutores, ou representante da entidade em que se encontra abrigado o interditando, devendo provar sua legitimidade com os documentos que instruem a exordial. O Ministério Público também tem legitimidade, mas apenas se os legitimados não existirem ou forem incapazes.

O foro competente será o do domicílio do incapaz. O juiz determinará a produção de prova pericial para avaliação da capacidade do interditando para praticar atos da vida civil.

O interditando poderá impugnar o pedido no prazo de 15 dias, com a constituição de advogado. Caso não o tenha, o juiz irá intimar a Defensoria Pública. Seu cônjuge, companheiro ou qualquer parente sucessível poderá intervir como assistente.

Prevalece o entendimento de que a sentença que declara a interdição é meramente **declaratória** com efeitos *ex tunc*, o que poderá interferir nos negócios jurídicos realizados com o interditando.

Será, portanto, nomeado um **curador** ao interditando, que poderá ser o requerente da interdição, e serão fixados os limites da curatela, segundo o estado e o desenvolvimento mental do interdito.

O juiz determinará que a sentença de interdição seja inscrita no registro de pessoas naturais e imediatamente publicada na rede mundial de computadores, no sítio do tribunal a que estiver vinculado o juízo e na plataforma de editais do CNJ, onde permanecerá por seis meses, na imprensa local, uma vez, e no órgão oficial, por três vezes, com intervalo de 10 dias, constando do edital os nomes do interdito e do curador, a causa da interdição, os limites da curatela e, não sendo total a interdição, os atos que o interdito poderá praticar autonomamente.

Se a motivação da interdição cessar, deixando de existir, o interditando poderá requerer o seu **levantamento**. Poderá requerê-lo, ainda, o próprio curador ou o Ministério Público. O pedido será apensado aos autos da interdição, nomeando-se perito ou equipe multidisciplinar para que proceda ao exame, podendo, ao final, ser levantada a interdição.

A sentença será averbada no Registro de Pessoas Naturais por determinação do juízo.

6.22.3.9 Disposições comuns à tutela e à curatela

O Código de Processo Civil trata, em capítulo específico, das disposições comuns à tutela e à curatela, determinando o procedimento a ser seguido no caso de remoção de tutor ou curador, bem como da escusa do encargo.

Cabe lembrar que a nomeação de tutor se dará quando se tratar de menor que não esteja sob o poder familiar. O curador será nomeado em favor de incapazes, maiores de 18 anos de idade.

O tutor ou curador será intimado a prestar compromisso no prazo de cinco dias, contados da nomeação feita na conformidade da lei civil ou da intimação do despacho que mandar cumprir o testamento ou o instrumento público que o tiver instituído, conforme art. 759 do CPC.

Segundo o art. 760 do CPC, se o tutor ou o curador quiser se eximir do encargo, deverá apresentar escusa ao juiz, em cinco dias, contados:

I - antes de aceitar o encargo, da intimação para prestar compromisso;

II - depois de entrar em exercício, do dia em que sobrevier o motivo da escusa.

Não sendo observado o prazo descrito anteriormente, reputar-se-á renunciado o direito de alegá-la (art. 760, § 2º, CPC).

Caberá ao juiz, de imediato, decidir sobre o pedido de escusa. Se não for admitido, o tutor ou curador continuará a exercer o cargo até sua dispensa ser efetuada por sentença transitada em julgado (art. 760, § 2º, CPC).

O Ministério Público ou quem detenha legítimo interesse poderá requerer, quando ocorrer algum dos casos previstos em lei, a remoção do tutor ou curador.

Quando for requerida a remoção do tutor ou curador, este será citado para contestar a arguição no prazo de cinco dias (art. 761, parágrafo único, CPC).

Verificando-se tratar de caso de extrema gravidade, poderá o juiz suspender o tutor ou o curador do exercício de suas funções, nomeando interinamente um substituto.

Transcorrido o prazo em que o tutor ou curador era obrigado a servir, será lícito requerer sua exoneração do encargo, cessando, assim, suas funções. Contudo, não o requerendo nos 10 dias seguintes à expiração do termo, será considerado reconduzido, salvo se o juiz o dispensar.

Cessada a tutela ou a curatela, é indispensável a prestação de contas pelo tutor ou pelo curador, na forma da lei civil.

6.22.3.10 Organização e fiscalização das fundações

Entende-se por *fundação* o acervo de bens que adquire personalidade jurídica para atingir seus objetivos que não a finalidade de lucro.

O procedimento para a organização e fiscalização das fundações inicia-se com a **instituição**, que é o momento em que o patrimônio total ou parcial é reservado para instituir a fundação e indicar a finalidade a que é dirigida.

Feito isso, será elaborado um estatuto em até seis meses, caso não tenha sido determinado prazo inferior.

A elaboração do estatuto poderá ser feita pelo instituidor, por terceiro por ele nomeado ou, em última análise, pelo Ministério Público. O instituidor pode estabelecer que a fundação atue inclusive após sua morte.

Com a elaboração do estatuto, procederá a **aprovação** do Ministério Público, que deverá observar suas bases e destinação.

O Ministério Público poderá aprovar a instituição, negar sua aprovação ou determinar a adaptação nos estatutos.

Sendo negada sua aprovação pelo Ministério Público ou requeridas adaptações, poderá o interessado requerer ao juiz.

Antes de suprir a aprovação, o juiz poderá mandar fazer no estatuto modificações a fim de adaptá-lo ao objetivo do instituidor.

A fase final será a de **registro** da instituição e estatutos no cartório de registro civil das pessoas jurídicas, para sua existência legal.

Caso se torne ilícito seu objeto por desvio de finalidade, torne-se impossível sua manutenção ou vença o prazo de sua existência, qualquer interessado ou o Ministério Público poderá requerer a **extinção** da fundação (art. 765, CPC).

Capítulo 7
Recursos cíveis

7.1 Atos jurisdicionais

É sabido que, na marcha do processo, o magistrado pratica inúmeros atos, objetivando decidir a lide, seja para resolução de questões incidentes que surjam durante o procedimento, seja para dirimir o conflito de interesses.

Tais atos processuais, de espécie diferente daqueles praticados pelas demais partes que angularizam a relação processual, são chamados de *jurisdicionais*, pelo fato de serem realizados pelo juiz, que é considerado o agente da jurisdição.

Deve-se ter em mente que nem todo ato praticado pelo juiz possui, necessariamente, conteúdo jurisdicional. Esse ato, sem dúvida, é próprio da atividade do Estado-juiz no curso do feito. Noutra quadra, existem atos que também são praticados pelo magistrado com função meramente administrativa, diferentemente de seu ofício típico de julgamento, o que, por si só, caracteriza-os como atos meramente administrativos.

Nesse prisma, é pertinente observar que o judiciário tem função típica de praticar atos jurisdicionais. Contudo, poderão ser praticados, no exercício de suas atividades, os referidos atos administrativos, como a nomeação de funcionários e juízes. Assim, esses atos são ditos *meramente administrativos*, contrapondo-se àqueles, chamados de *atos jurisdicionais típicos* ou *em sentido estrito*, bem como os atos jurisdicionais propriamente ditos.

Feitas tais observações, duas grandes categorias de atos jurisdicionais podem ser observadas no ordenamento jurídico vigente, quais sejam: os provimentos – pronunciamentos – e os atos materiais.

Os atos chamados de *pronunciamento* são aqueles pelos quais o magistrado resolve questões, determina providências para o regular andamento do feito, sendo certo que esses não possuem atributo de resolução ou determinação, razão pela qual se constituem como meros atos instrutórios e de documentação.

Os atos jurisdicionais comportam, ainda, a classificação em decisórios, quando existe conteúdo de deliberação ou de comando; e não decisórios, nas hipóteses em que possua algum conteúdo administrativo ou, até mesmo, policial judicial.

Mesmo com todas essas classificações doutrinárias, o Código de Processo Civil (CPC) tratou de conceituar expressamente os atos praticados pelo juiz em seus arts. 203 e 204. Dessa forma, assim dispõe o art. 203 do CPC: "os pronunciamentos do juiz consistirão em sentenças, decisões interlocutórias e despachos". Já o art. 204 conceitua acórdão como "o julgamento colegiado proferido pelos tribunais".

É notável que as definições feitas pelo CPC vinculam os atos praticados pelo agente da jurisdição, em que o legislador se preocupou em abranger a categoria de provimentos por nós aludidos anteriormente, sendo verbais ou escritos.

O Código vigente adotou a finalidade do ato na conceituação da sentença, não vinculando-se a matéria versada ou conteúdo respectivo, trazendo maior clareza em relação ao estatuto processual anterior, dado que, na redação atual, constituir-se-á como sentença todo ato decisório que extinguir a fase de conhecimento ou a execução, sendo este seu traço distintivo das decisões interlocutórias, posto que ambas podem trazer conteúdo meritório ou processual, mas apenas a sentença poderá finalizar a atividade jurisdicional de primeira instância.

Ainda, ao conceituar de maneira mais clara os despachos e as decisões interlocutórias (art. 204, §§ 2º e 3º), bem como corrigir demais incorreções terminológicas (a exemplo do atual parágrafo único do art. 564), o diploma vigente cuidou de corrigir imprecisões verificadas no código anterior, onde referia-se a "despacho" para atos de cunho decisivo meritório, tornando mais clara a conceituação de *decisão interlocutória* como toda aquela de natureza decisória que não cumpra o requisito extintivo da sentença.

Tal atualização trouxe mudanças de extrema relevância, porquanto é o que determina a espécie de recurso que será utilizada pelas partes no processo, sendo certo que será da natureza da matéria que se extrairá o ato jurisdicional a ser desafiado.

Nesse prisma, é certo que da sentença caberá apelação, conforme disposto no art. 1.009; de uma decisão interlocutória, o recurso pertinente será o agravo – art. 1.015; e os despachos serão irrecorríveis – art. 1.001 do CPC.

Assim, observa-se que deve ser analisada a natureza do ato judicial – consoante o disposto nos arts. 203 e 204 do CPC – para averiguar se o recurso é adequado para aquele tipo de decisão judicial. Fica evidente que o Código utilizou os critérios supramencionados para determinar a natureza do pronunciamento judicial, de modo que não é relevante a forma que o magistrado utilizou para proferir um ato nem mesmo o nome que se lhe atribuiu.

Os operadores do direito deverão perquirir sempre, portanto, o conteúdo do ato emanado pela autoridade jurisdicional no feito, não se vinculando integralmente em face das denominações que lhe imponha a norma processual ou o próprio magistrado. A referida regra se encontra embasada na hermenêutica jurídica, que confere reduzida importância à interpretação gramatical literal da norma, buscando-se os métodos históricos, sistemáticos e mesmo meios necessários para que se descubra o verdadeiro conteúdo do ato praticado pelo magistrado no exercício da jurisdição.

Por fim, os despachos se mantiveram tal como conhecidos, considerados como atos de puro e simples impulso oficial processual. São determinados comandos, sem qualquer cunho decisório, emanados pela autoridade judicial com o escopo de conferir ao processo seu regular andamento, na forma da legislação processual – consoante o entendimento do art. 1.001 do CPC.

7.2 Meios de impugnação

Após o estudo acerca do ato jurisdicional e suas espécies previstas pelo ordenamento jurídico, podemos, neste momento, analisar os meios de impugnação idôneos.

A doutrina reconhece de longa data a previsão de mecanismos que controlam as decisões judiciais, viabilizando que possíveis incorreções praticadas pelo Estado-juiz sejam objeto de impugnação e, eventualmente, de reforma.

Daí é que provém, dentro da historicidade do direito romano, a famosa figura da *apellatio*, que confere explicitamente a identidade de recurso, utilizada para a impugnação dos ditos *errores in iudicando*.

Nesse prisma, além da *apellatio*, identificamos a figura do *restitutio in integrum*, mediante o qual se possibilitava o pedido de restituição das coisas ao estado em que se encontravam antes do julgamento.

Por assim ser, podemos analisar paralelamente os institutos antigos com remédios processuais modernos.

Noutra quadra, a possibilidade de impugnar os referidos atos jurisdicionais garante a lógica facultada às partes que litigam no feito de que o julgamento terá como resultado a maior adequação possível à solução preconizada pelo direito, pelo que se entende justo.

Em contrapartida, existe o interesse social em face da celeridade processual, para que o feito seja um instrumento de plena eficácia à aplicação da justiça. Paralelamente, há o interesse da coletividade pela maior estabilidade nas relações jurídicas, que se traduz no alcance do *status* de segurança jurídica das decisões judiciais, relativizando a garantia de controle das decisões judiciais conferida às partes em juízo.

Consoante o entendimento da doutrina moderna, a classificação dos meios que impugnam os atos jurisdicionais está dividida em três categorias, quais sejam:

1] recursos;
2] ações autônomas de impugnação; e
3] sucedâneos recursais.

A primeira categoria viabiliza o reexame da decisão no próprio processo em que foi explanada, logicamente antes da formação da coisa julgada. Já a segunda, como o próprio nome diz, são novos processos que originam novas relações processuais.

Por diversas vezes, é bem verdade, observa-se que o recurso, como instrumento para impugnação de atos jurisdicionais, só poderá ser destinado a impugnar decisões judiciais antes que ocorra o trânsito em julgado da sentença ou da competente preclusão. A ideia está correta, porém incompleta. O critério diferenciador não deve ser somente o momento em que não poderá mais o ato jurisdicional ser atacado. O que em verdade caracteriza o recurso é o fato de prolongar, no mesmo processo, o reexame da matéria decidida, que obviamente só poderá ser postulado antes da preclusão ou da coisa julgada.

Dessa forma, cabe destacar que é característica do recurso produzir o prolongamento do processo que se encontra em curso.

Convém salientar que existem outros meios de impugnação dos atos jurisdicionais que não estão enquadrados nem na modalidade de ação autônoma, muito menos de impugnação, tampouco na de recurso.

Tais instrumentos visam a revisitar atos de atividade judicial, mas possuem natureza jurídica diferenciada das espécies tipificadas, constituindo-se, por exclusão, como sucedâneos recursais.

Assinale-se, então, que os meios de impugnação abrangem: os recursos, que correspondem ao meio próprio para propiciar aos litigantes, no mesmo processo, invalidação, reforma, esclarecimento ou integração de uma decisão judicial; as ações autônomas de impugnação, que tendem no sentido de desconstituir os atos jurisdicionais, sendo propostas em feitos distintos, com o objetivo de natureza distinta do processo principal, conquanto conexo àquele julgado; e sucedâneos recursais, entre os quais se encontram, por meio de exclusão, as demais figuras que não são açambarcadas nas categorias anteriores.

Passados os referidos pontos, refletiremos sobre as características que abarcam as modalidades de impugnação.

7.3 Conceito de recursos

Prima facie, analisaremos os recursos de um ponto de vista geral, em que lhes são atribuídas suas características, bem como seus princípios norteadores, natureza jurídica e outros aspectos pertinentes a seus fundamentos e definição. Dessa maneira, constituiremos as funções próprias dos recursos na sistemática dos meios de impugnação dos atos jurisdicionais.

O recurso se verifica como o direito que as partes litigantes têm de provocar a renovação do exercício da prestação jurisdicional no mesmo feito. O referido instituto está intimamente ligado ao princípio do duplo grau de jurisdição, que consiste na possibilidade de submeter a lide a exames que se sucedem por juízos distintos.

O ilustre Prof. José Carlos Barbosa Moreira (2008, p. 207) conceitua *recurso* da seguinte forma: "remédio voluntário idôneo a ensejar, dentro do mesmo processo, a reforma, a invalidação, o esclarecimento ou a integração de decisão judicial que se impugna".

O instituto tem como característica basilar o fato de partir sempre de uma conduta totalmente espontânea de quem o propõe, visto que sua interposição está correlacionada a uma insatisfação da parte, em decorrência direta de um provimento jurisdicional. Por assim ser, os recursos são chamados de *remédios voluntários*.

A sua natureza se caracteriza por ser ato de vontade, que pressupõe – em regra – contrariedade daquilo que foi decidido nos autos.

Daí se extrai que seria inadequado atribuir qualidade de recurso ao reexame necessário – também conhecido como *duplo grau de jurisdição obrigatório* –, conforme dispõe o art. 496 do CPC, tendo em vista que não se visualiza o caráter da voluntariedade.

Convém analisarmos que existem casos em que o recurso se formará em autos apartados aos da ação dita principal. A referida hipótese, porém, não fará surgir outro processo, mas sim ensejará o mero desdobramento do procedimento.

Em continuidade à definição explanada por Barbosa Moreira, o recurso autoriza o alcance de quatro resultados possíveis:

1] **Reforma** – Hipótese que incide com mais frequência, na qual o recorrente pretende demonstrar a existência de *error in iudicando*, que ocorrerá quando o magistrado tiver atribuído ao direito positivado uma vontade diferente da verdadeira, ou seja, quando o juiz profere uma declaração errônea da vontade concreta da lei. Nos referidos casos, o ato desobedece a um comando normativo de conteúdo material.

2] **Invalidação** – Ocorre nas hipóteses em que é ônus da parte recorrente focar a análise de *error in procedendo*, ou seja, quando o objeto do recurso que se impugna diz respeito a uma impropriedade formal, desatendendo a uma norma de natureza processual.

3] **Esclarecimento** – Visa sempre a dirimir obscuridade ou contradição existente no ato atacado, sendo exigido do próprio juízo que prolatou a decisão que reafirme, de maneira clara, qual a extensão, bem como o que objetivou exprimir em sua decisão. Nesse prisma, não há que se falar em nova decisão, mas mera reafirmação do quanto se decidiu.

4] **Integração** – Objetiva sanar eventuais decisões omissas. Diferentemente do que acontece no esclarecimento, o que se requer aqui é a reabertura da atividade decisória, com a nova apreciação daquilo que não havia sido apreciado, porquanto a atividade julgadora não se encerrou por ter o juízo omitido questão sobre a qual deveria ter se pronunciado.

7.4 Natureza jurídica

Segundo o entendimento majoritário da doutrina, a natureza do recurso é baseada em um desdobramento do direito de ação que havia sido exercido no âmbito do processo em que foi proferida a decisão que se visa impugnar. Na verdade, trata-se de um prolongamento do direito de ação em outra fase, qual seja, a recursal.

Outros autores, contudo, filiam-se à corrente de que o recurso tem natureza de uma ação constitutiva e autônoma, inserida no mesmo feito, valendo-se dos argumentos de que o recorrente não tem que ser, necessariamente, o autor da principal, razão pela qual a posição processual é invertida, e de que ação possui, como fundamento precípuo, a sentença.

Assim, os defensores da referida corrente aduzem que existem dois tipos de pretensão; a primeira se faz clara na ação, na qual o direito tem como base um fato; já no recurso, o fundamento é a sentença que se ataca. Não obstante o respeito aos que se filiam à segunda corrente, mister se faz a elucidação de que não há distinção entre processo e procedimento, o que, por si só, acaba enfraquecendo a sustentação de tal posicionamento.

Existem doutrinadores que sustentam ser recurso todo e qualquer meio destinado a obter a reforma de uma decisão. Contudo, a crítica que se faz a essa corrente é no sentido de que existem outros meios de impugnação de atos jurisdicionais ao lado dos recursos, quais sejam, as ações autônomas.

As figuras, como tivemos a oportunidade de examinar, apresentam nítidas diferenças, como o fato de que as ações autônomas podem prestar-se a impugnar decisões já transitadas em julgado e produzir a instauração de nova relação processual em um novo processo.

7.5 Fundamentos

Os fundamentos dos recursos podem ser divididos em duas categorias: jurídicos e psicológicos.

Podemos entender como fundamento jurídico para a interposição de um recurso a possibilidade de erro, ignorância ou má-fé do juiz ao julgar. A razão desse fundamento é óbvia, visto que o juiz é um ser humano, sujeito a falibilidades.

Outro fundamento se consubstancia na oportunidade do reexame da decisão por juízes – presumivelmente – mais experientes.

Tal consideração, porém, deve ser verificada com ressalvas, pois não podemos afirmar categoricamente que um juiz de segundo grau será mais experiente que o magistrado de primeiro grau – exemplo: juiz originário do quinto constitucional que ingressa no tribunal sem nunca ter julgado anteriormente nenhum tipo de causa. Outra circunstância diz respeito ao fato de o juiz de primeiro grau ter contato muito maior com o processo e, portanto, estar mais familiarizado com as provas carreadas nos autos.

Ainda como fundamento jurídico dos recursos, podemos ressaltar o fato da uniformização de interpretação da legislação por parte dos tribunais. Dessa forma, existem recursos que se destinam a reprimir atuação maléfica da divergência jurisprudencial.

Todavia, devemos interpretar com reservas esse fundamento, porquanto não será necessariamente o instituto do recurso a ser utilizado para uniformizar o entendimento e a aplicabilidade do direito positivado. Exemplo claro se verifica nos arts. 926 a 928 do Código de Processo Civil.

Visando conferir maior segurança jurídica nessa seara, uma das principais inovações trazidas pelo advento da Lei n. 13.105/2015 foi o Incidente de Resolução de Demandas Repetitivas (IRDR), disposto nos arts. 976 a 987 do estatuto atual, tendo como principal objetivo unificar as decisões para processos que contenham a mesma questão de direito posta.

Já sob outro prisma, há os não desconsideráveis fundamentos de caráter *psicológico* para a utilização dos recursos. Caracteriza-se, preponderantemente, na tendência de inconformidade com a prolação de uma única decisão, bem como na necessidade de reformar um ato jurisdicional que não seja justo.

7.6 Princípios recursais

7.6.1 Taxatividade

Como o legislador está sempre diante de um conflito de interesses, faz-se necessária a enumeração dos recursos possíveis de serem utilizados pelos litigantes.

Por visar à paridade dos interesses, o legislador achou por bem vedar criações de recursos. Tal vedação se aplica no chamado princípio da taxatividade dos recursos, segundo o qual somente são reconhecidos como recursos aqueles considerados como tais – *numerus clausus* – pela lei federal.

Assim, a lei sempre deverá estabelecer quais são os recursos que estão em vigência no ordenamento jurídico pátrio, bem como determinar quais são os recursos cabíveis para impugnar determinadas decisões.

Destarte, apenas a lei federal poderá criá-los, uma vez que a Carta Magna estabelece, em seu art. 22, inciso I, que a competência é exclusiva da União Federal para legislar sobre normas de Direito Processual.

O CPC prevê os seguintes recursos – conforme dispõe seu art. 994:

I - apelação;
II - agravo de instrumento;
III - agravo interno;
IV - embargos de declaração;
V - recurso ordinário;
VI - recurso especial;
VII - recurso extraordinário;
VIII - agravo em recurso especial ou extraordinário;
IX - embargos de divergência.

Mesmo a numeração sendo taxativa, não enseja o entendimento de que não poderá haver outras espécies, tendo em vista que o princípio da taxatividade indica que as espécies de recurso deverão ser explicitadas por lei federal – o que viabiliza a criação de novos recursos fora do Código de Processo Civil.

O Prof. Nelson Nery Júnior (2014, p. 148) entende que:

> Como o legislador federal tem atribuição para regulamentar o direito processual, integra esta competência a possibilidade de, por intermédio de leis extravagantes situadas fora do corpo do CPC, criar novos recursos, complementando o sistema recursal deste, e, até, se for o caso, alterando os já existentes e previstos naquele Código.

É pertinente a observação de que, mesmo não constando no rol taxativo do art. 994 do CPC, o recurso adesivo também se constitui como forma de impugnação de ato jurisdicional. No entanto, tem forma diferente da utilizada pelos litigantes na chamada via principal de recursos.

Por essa razão, o recurso é chamado de *adesivo*, pois, além da sucumbência recíproca, deverá existir recurso conhecido, interposto pela parte contrária.

Durante a época do CPC/1973, sobrevivia a figura do agravo retido, recurso que permitia o combate às decisões interlocutórias, restando ressalvada a possibilidade do uso do agravo de instrumento apenas para combater pronunciamentos em que o magistrado negava seguimento ao recurso de apelação, que versava sobre os efeitos em que esse recurso era recebido, e nos quais houvesse risco de prejuízo imediato à parte, como a concessão de liminares e afins.

Contudo, com o advento da Lei n. 13.105/2015, foi extinta a figura do agravo retido, ampliando as hipóteses de cabimento do agravo de instrumento do art. 1.015.

Da mesma maneira, os embargos infringentes encontraram seu fim no ordenamento vigente, tendo sua figura substituída pelo julgamento estendido, inscrito no art. 942 do CPC/2015, tal como será adiante esmiuçado.

Com relação ao reexame necessário, conforme preceitua o art. 496 do CPC, reafirmamos que tal medida não tem natureza jurídica de recurso, por faltar a voluntariedade, a tipicidade e o interesse de recorrer, sem contar a legitimidade, a tempestividade e o preparo. Segue que o duplo grau de jurisdição, que se faz obrigatoriamente, não poderá ser considerado como recurso.

7.6.2 Unirrecorribilidade

O princípio da unirrecorribilidade, conhecido também como *da singularidade/unicidade*, significa dizer que para, cada decisão judicial, será pertinente a interposição de apenas um único recurso, sendo vedada, dessa forma, a interposição de dois ou mais recursos para impugnação de uma mesma decisão.

O estatuto processual cuidou de correlacionar as definições dos atos judiciais impugnáveis, definidos nos arts. 203 e 204 do Código, com o rol taxativo dos recursos previstos no art. 994 do mesmo diploma, estipulando o cabimento de cada recurso para determinada decisão, adotando o princípio da singularidade como regra.

Existem algumas exceções a esse princípio, como o caso dos embargos de declaração, em que poderá haver dupla interposição de recurso contra uma única decisão. No entanto, tal exceção deve ser considerada apenas fisicamente, porquanto serão analisados de forma sucessiva, sendo certo que haverá a interrupção do prazo do recurso de apelação e, somente após a publicação de julgamento dos embargos – desde que os mesmos não sejam considerados protelatórios – correrá o prazo da apelação.

Há outros casos, porém, que excepcionam a regra geral da unirrecorribilidade da decisão, entre eles a possibilidade de interposição de recurso especial e recurso extraordinário simultaneamente, e a utilização cumulativa de embargos de divergência e de recurso extraordinário para impugnar decisões do STF.

Ressalte-se que, no caso da interposição dos recursos especial e extraordinário, há entendimento de que não fere o princípio da unirrecorribilidade, pois a matéria analisada em recurso especial (legislação federal) é diferente da matéria analisada em recurso extraordinário (legislação constitucional), razão pela qual não fere o princípio em tela.

7.6.3 Fungibilidade

O princípio da fungibilidade dos recursos decorre do princípio da unirrecorribilidade. A fungibilidade se consubstancia no aproveitamento do recurso que foi erroneamente nominado, como se fosse o que deveria ter sido interposto.

O fundamento basilar do referido princípio encontra-se na instrumentalidade das formas, conforme prevê os arts. 277 e 282 do CPC, segundo o qual, tendo atingido o ato sua finalidade, não há que se falar em nulidade.

Assim, tem-se que a parte recorrente não será prejudicada pela interposição da modalidade recursal incorreta, conquanto não se configure erro grosseiro, esteja atuando de boa-fé nos autos e tenha manejado o recurso no prazo do recurso correto.

O Prof. Nelson Nery Júnior (2014, p. 148) entende que:

> os princípios são, normalmente, regras de ordem geral, que muitas vezes decorrem do próprio sistema jurídico e não necessitam estar previstos expressamente em normas legais, para que se lhes empreste validade e eficácia. Logo, mesmo à falta de regra expressa, pode-se entender, em tese, que a fungibilidade dos recursos não repugna ao sistema do CPC, que, como se verá, contém hipóteses capazes de gerar dúvida objetiva a respeito da adequação do recurso ao ato judicial recorrível.

Não obstante, há corrente doutrinária que defende haver previsão expressa no CPC atual acerca do princípio da fungibilidade, especificamente em dois dispositivos:

- possibilidade de recebimento, como agravo interno, de embargos de declaração interpostos contra decisão monocrática do tribunal (art. 1.024, § 3º);
- possibilidade de recebimento de Recurso Especial interposto como Recurso Extraordinário e vice-versa (arts. 1.032 e 1.033).

Assim, verifica-se que a fungibilidade encontra respaldo inclusive no bojo do diploma processual de maneira expressa.

A fazer eco a tal princípio, o Fórum Permanente de Processualistas Civis (FPPC) emitiu o Enunciado n. 104, reforçando o coro doutrinário acerca da fungibilidade recursal e sua abrangência: "O princípio da fungibilidade recursal é compatível com o CPC e alcança todos os recursos, sendo aplicável de ofício".

Somente será aproveitado o recurso, caso sejam preenchidos os seguintes requisitos:

- dúvida objetiva a respeito do recurso cabível, seja induzida pelo juízo (por exemplo, conferir título de sentença a decisão interlocutória) seja em virtude de divergência doutrinária/jurisprudencial acerca do recurso cabível;
- inexistência de erro grosseiro;
- seja tempestiva a interposição, apresentada no prazo para o recurso que seria cabível.

A presença dos mencionados requisitos vem sendo corroborada pelos Tribunais Superiores, sob a ótica do atual Código de Processo Civil:

> PROCESSUAL CIVIL. AGRAVO INTERNO NO RECURSO ESPECIAL. CÓDIGO DE PROCESSO CIVIL DE 2015. APLICABILIDADE. PRETENSÃO DE ANÁLISE DE QUESTÃO OMITIDA NA DECISÃO RECORRIDA. INADEQUAÇÃO DA VIA ELEITA. FUNGIBILIDADE RECURSAL. IMPOSSIBILIDADE. RECURSO NÃO CONHECIDO. AGRAVO INTERNO CONTRA DECISÃO A QUAL RECONHECEU A CONFIGURAÇÃO DE ERRO GROSSEIRO NA INTERPOSIÇÃO DE RECURSO. MANIFESTA INADMISSIBILIDADE. APLICAÇÃO DE MULTA. ART. 1.021, § 4º, DO CÓDIGO DE PROCESSO CIVIL DE 2015. CABIMENTO. I - Consoante o decidido pelo Plenário desta Corte na sessão realizada em 09.03.2016, o regime recursal será determinado pela data da publicação do provimento jurisdicional impugnado. In casu, aplica-se o Código de Processo Civil de 2015 para o presente Agravo Interno, embora o Recurso Especial estivesse sujeito ao Código de Processo Civil de 1973. II - E incabível a interposição de agravo interno para análise de eventual omissão da decisão agravada, sendo os embargos de declaração a via adequada para tal objetivo. III - A aplicação do princípio da fungibilidade depende do preenchimento de dos seguintes requisitos: i) dúvida objetiva quanto ao recurso a ser interposto; ii) inexistência de erro grosseiro; e iii) que o recurso interposto erroneamente tenha sido apresentado no prazo daquele que seria o correto. In casu, nenhum dos requisitos restou cumprido. IV - Em regra, descabe a imposição da multa prevista no art. 1.021, § 4º, do Código de Processo Civil de 2015 em razão do mero desprovimento do Agravo Interno em votação unânime, sendo necessária a configuração da manifesta inadmissibilidade ou improcedência do recurso a autorizar sua aplicação. V - Considera-se manifestamente inadmissível e enseja a aplicação da multa prevista no art. 1.021, § 4º, do Código de Processo Civil de 2015 nos casos em que o Agravo Interno foi interposto contra decisão a qual reconheceu como inadequado o recurso interposto, sem possibilidade de aplicação do princípio da fungibilidade recursal, por tratar-se de erro grosseiro. VI - Agravo Interno improvido, com aplicação de multa de 2% (dois por cento) sobre o valor atualizado da causa. (STJ, AgInt no REsp n. 1656690/RJ, Rel. Min. Regina Helena Costa, j. em 19/10/2017, DJe de 16/11/2017)

Por assim ser, o princípio da instrumentalidade das formas, aplicado à teoria geral dos recursos, induz a que se aplique a fungibilidade recursal, desde que o recurso erroneamente interposto não importe em erro grosseiro, que haja dúvida objetiva quanto ao recurso pertinente, e que tenha sido lançado dentro do prazo daquele que seria correto.

7.6.4 Voluntariedade

Esse princípio é definido como remédio voluntário decorrente de uma insatisfação pessoal do recorrente em face do decisório impugnado. Dessa forma, todo e qualquer recurso decorrerá, necessariamente, da manifestação das partes, sendo pertinente a elas observar a viabilidade do meio impugnativo, bem como a opção de sua interposição.

Por assim ser, não é cabível a obrigatoriedade para interpor recurso, devendo ser considerado um ônus processual, ou seja, ato praticado para tornar viável a obtenção de uma vantagem ou para afastar a consumação de uma desvantagem, evitando a preclusão, afastando a formação da coisa julgada material e impedindo o trânsito em julgado do decisório.

O recurso é uma extensão ao direito de ação, direito esse que havia sido exercido no âmbito do processo em que foi proferida uma decisão que se visa impugnar. Por isso, certamente sua natureza será, forçosamente, um desdobramento do direito de ação, esta entendida, por nós, como o direito subjetivo público à prestação jurisdicional sobre o direito material deduzido em juízo, que imporá a ambas as partes do processo uma pluralidade de faculdades e ônus processuais.

Por conta desse princípio, corroboramos o entendimento de que a chamada remessa obrigatória, também conhecida como *duplo grau de jurisdição obrigatório*, não ter natureza de recurso, por faltar-lhe – entre outras peculiaridades – a característica da voluntariedade.

7.6.5 Proibição de *reformatio in pejus*

O referido princípio alerta sobre a proibição de ser reformada a decisão do recorrente para pior, indicando que o recurso interposto só deve ser aproveitado ao recorrente, sendo vedado beneficiar a parte que não o utilizou.

Ao devolverem ao órgão *ad quem* o conhecimento da parte em que tenha sucumbido da decisão, estará o colegiado restrito ao objeto do recurso, motivo pelo qual não poderá agravar a situação de quem o interpôs.

É pertinente salientar que a proibição da reforma para pior nada mais é do que decorrência lógica da vedação do julgamento *ultra* e *extra petita*, conforme disposto no art. 141, c/c o art. 492, ambos do CPC.

Contudo, é imperioso mencionar que há uma hipótese em que o tribunal poderá, ao apreciar o recurso do apelante, proferir decisão que piore sua situação.

Isso porque, conforme art. 1.013, § 3º, inciso I, do CPC, poderá o tribunal reformar a sentença com base dos dispositivos do art. 485 do mesmo diploma.

Assim, em uma situação hipotética na qual o autor da ação logre a parcial procedência de seu pleito e recorra para obter a total procedência, mas o tribunal verifique a ausência de uma das condições da ação ou de algum pressuposto processual – matérias cognoscíveis de ofício pelo juízo –, poderá, em vez de majorar a condenação, extinguir o feito, resultando em claro prejuízo à parte.

Exceção feita, vige a regra da proibição da *reformatio in pejus* nos casos ordinariamente interpostos, devendo a decisão, via de regra, prejudicar a parte apenas sob o pedido da parte contrária.

7.7 Efeitos da interposição dos recursos

Os principais efeitos do recurso são:

- impedir que transite em julgado o ato decisório recorrido;
- devolver ao órgão *ad quem* o exame da matéria impugnada;
- suspender os efeitos do ato que foi impugnado.

O primeiro efeito é considerado regra a todos os recursos.

Há entendimento no sentido de que a simples interposição do recurso não impede o trânsito em julgado do provimento atacado pela via recursal, mas permite apenas seu adiamento.

Contudo, entendemos que o recurso interposto impede o trânsito em julgado, porquanto a interposição da impugnação ao ato atacado anulará ou substituirá a decisão proferida, transitando em julgado outra decisão.

Já o segundo efeito, como vimos, tem por característica principal a devolução a um órgão diferente daquele em que foi proferida a decisão da questão recorrida. O conhecimento é exercido pelo órgão *ad quem*, sendo certo que a matéria que deu ensejo à interposição do recurso deve ser a mesma daquela realizada pelo órgão *a quo*.

Devolvida a matéria, a questão será inteiramente apreciada e decidida pelo tribunal *ad quem*. Cabe ressaltar que o referido órgão estará adstrito ao que tiver sido objeto de impugnação por meio do recurso, sendo delimitada a análise da matéria naquele momento, em respeito à vedação, feita pelo ordenamento, do julgamento *extra*, *citra* ou *ultra petita*.

Portanto, a regra geral será de que a extensão do efeito devolutivo se determina pela extensão da impugnação. Existe exceção no que tange às questões que, por disposição legal, podem ser apreciadas de ofício pelo órgão *ad quem*, por exemplo, as matérias de ordem pública, como preconizado no art. 1.013, § 3º, inciso I do CPC.

Observe-se que nem todo recurso ensejará a produção do referido efeito. Somente o recurso apropriado a remeter a apreciação da matéria recorrida a um órgão diverso daquele que emitiu o ato jurisdicional impugnado será considerado apto para tal. Assim, caso a lei atribua a competência para o julgamento de determinada espécie de recurso ao próprio órgão *a quo* – como ocorre com os embargos de declaração –, este não será apto a fazer operar o efeito devolutivo.

A terceira e última modalidade de efeito que poderá produzir a interposição dos recursos é o efeito suspensivo, que consiste em impedir que o decisório atacado produza efeitos antes do competente julgamento do recurso.

Atente-se que o ordenamento jurídico vigente não impõe como regra o efeito suspensivo; logo, caso haja ausência desse efeito nos recursos em espécie, deverá o recorrente, assim pretendendo, requisitá-lo expressamente.

O agravo de instrumento, via de regra, não é dotado de efeito suspensivo, cabendo à parte requerê-lo ao relator, conforme o art. 1.019, inciso I, do CPC, demonstrando a existência de *periculum in mora* e *fumus boni iuris*.

Da mesma maneira, os embargos de declaração não têm efeito suspensivo, podendo a eficácia da decisão embargada ser suspensa a pedido da parte, na hipótese do art. 1.026, § 1º.

Ainda, os recursos ordinário, especial, extraordinário e os embargos de divergência não são dotados de efeito suspensivo, podendo também o requerente pugná-los, na forma do art. 1.029, § 5º, do CPC.

Uma das principais excepcionalidades, o recurso de apelação é espécie recursal dotada naturalmente do condão de suspender os efeitos da decisão, tendo, dessa forma, o chamado *duplo efeito*: devolutivo e suspensivo (art. 1.012 do CPC).

Contudo, o CPC cuida de limitar a referida regra, conforme discriminam os incisos do § 1º do art. 1.012 – elucidando as hipóteses em que o recurso será somente recebido no efeito devolutivo, bem como nas hipóteses previstas pelo art. 58, inciso V, da Lei n. 8.245/1991 (Lei de Locações) e o art. 12, parágrafo único, da Lei n. 1.533/1951 (Lei do Mandado de Segurança) será a apelação recebida unicamente em seu efeito devolutivo. Dessa maneira, a eficácia da sentença atacada será imediata.

Existem circunstâncias em que, mesmo sem previsão do efeito suspensivo, o togado poderá concedê-lo, conforme preleciona o § 3º do art. 1.012 do CPC, caso o apelante o pleiteie, demonstrando que haverá risco de que a imediata produção de efeitos da sentença cause ao recorrente dano grave, de difícil ou impossível reparação.

É oportuna a observação de que poderá o juiz conferir o efeito suspensivo nos casos em que a apelação seja desprovida deste efeito, não somente nas hipóteses elencadas pelos incisos do § 1º do art. 1.012 – conforme informa o texto legal. Não poderia ser de outro modo, porquanto o poder de conceder o efeito suspensivo se caracteriza na manifestação do poder geral de cautela – arts. 297 e 301 do CPC – que todo magistrado detém, ainda que a lei não o diga expressamente.

Outrossim, saliente-se a possibilidade de concessão do chamado *efeito suspensivo ativo*, quando o decisório impugnado tiver conteúdo negativo, como ao indeferir uma liminar, cabendo à parte, ao recorrer da decisão, pugnar pela concessão do efeito suspensivo ativo e ao relator, caso o conceda, determinar a adoção da medida pretendida pelo recorrente.

Assim, foi viabilizado ao relator, em casos como este último, conceder o resultado pretendido pelo agravante, antecipando, em caráter provisório, os efeitos da decisão de provimento do agravo.

7.8 Ações autônomas de impugnação

Após a análise sobre algumas peculiaridades inerentes aos recursos, examinamos, nesta seção, as ações autônomas de impugnação. Contudo, cabe tecer breve consideração à classificação residual dos sucedâneos recursais.

7.8.1 Sucedâneos recursais

Como amplamente evidenciado, não se confundem os recursos em face das ações autônomas. O marco que define a distinção entre ambas as impugnações é o fato de que, nas **ações autônomas**, será formada nova angularização processual, distinta da que foi instaurada no processo que deu origem à decisão que se visa impugnar, ao passo que os **recursos** se caracterizam pela impugnação dentro da mesma relação jurídica processual.

Por ser tão evidente a distinção alardeada, foi criada a classificação de *sucedâneos recursais* para qualificar as impugnações que não são feitas por meio dos recursos explicitados no Código Processual, tampouco por meio das ações autônomas de impugnação.

Isso se deve ao fato de que, em dados institutos processuais, não há nova angularização processual, tampouco há a presença de todos os requisitos recursais, em especial a taxatividade e a voluntariedade.

A doutrina majoritária diverge acerca da classificação de alguns institutos na condição de sucedâneo recursal, tal como o pedido de reconsideração, na medida em que parcela da literatura a entende como uma possibilidade de reforma da decisão fora do rol taxativo previsto no estatuto processual, ao passo que fração relevante entende tal pedido como um "nada" jurídico.

A correição parcial, de cunho administrativo, busca suprimir erros ou abusos cometidos por magistrados no processo, que provoquem inversão tumultuária (*error in procedendo*) e contra os quais não haja recurso cabível, razão pela qual também existe entendimento de parcela doutrinária acerca de sua natureza de sucedâneo recursal.

De outra ponta, há consenso suficientemente pacífico no tocante à natureza de sucedâneo recursal da remessa necessária, posto que não se encontra vinculada à voluntariedade das partes, ocorrendo sempre que for proferida sentença contra pessoa de direito público, ocasião em que o processo é levado ao tribunal para confirmação ou não da sentença de piso.

Assim, por se tratar de instituto jurídico de natureza residual, a classificação do manejo processual como sucedâneo recursal dar-se-á por exclusão, quando não se encontrar nas categorias de recurso ou ação autônoma de impugnação.

7.8.2 Espécies de ações autônomas de impugnação

Os recursos são considerados meios próprios – comuns – para impugnar um ato decisório.

No entanto, existem situações em que a legislação criou mecanismos específicos, diversos dos recursos, para atacar decisões.

Encontram-se no CPC a ação rescisória, os embargos de terceiro, o *habeas corpus*, a reclamação e o mandado de segurança.

Além dos referidos institutos, existem doutrinadores que afirmam e identificam como outras espécies de ações autônomas de impugnação a correição parcial, o pedido de reconsideração, o mandado de injunção, a remessa obrigatória, entre outras. Em que pese o respeito devido a esses doutrinadores, entendemos que as duas primeiras hipóteses devem ser consideradas sucedâneos recursais por não se enquadrarem nas modalidades de ação autônoma, muito menos de recurso.

O mandado de injunção, por não atacar decisão judicial – uma vez que seu objetivo é, unicamente, suprir a falta de norma reguladora –, não pode ser caracterizado como ação autônoma de impugnação.

Já a hipótese de remessa obrigatória, ou como diz a doutrina, reexame necessário, ou de duplo grau de jurisdição obrigatório, este não é meio impugnativo, por ser caracterizado como mera condição de eficácia das sentenças, havendo suficiente consenso da doutrina acerca de sua condição de sucedâneo recursal.

Agora, certamente a ação rescisória é considerada uma ação autônoma de impugnação. Por meio dela se verifica o afastamento da coisa julgada material, mediante a rescisão da sentença de mérito transitada em julgado, em razão de algum dos vícios elencados no art. 966 do CPC.

Outra ação autônoma por excelência são os embargos de terceiro. O conceito básico dos embargos consiste na existência de uma demanda que dá origem a processo de conhecimento de procedimento especial, por meio da qual se busca excluir bens do demandante da apreensão judicial, processo de que ele não é parte.

Ainda que se obstinem em impugnar o ato de apreensão, os embargos de terceiro formarão um novo processo, diferente daquele em que fora praticado o ato lesivo do interesse do recorrente.

Na mesma linha, verifica-se que o habeas corpus e o mandado de segurança têm natureza jurídica de ação autônoma de impugnação, fundados em preceitos constitucionais que visam proteger o direito líquido e certo e de locomoção contra atos viciados em ilegalidades.

Não se pode falar em natureza jurídica de recurso, visto que o *habeas corpus* poderá ser impetrado até mesmo para atacar decisão transitada em julgado, instaurando relação jurídica nova, ao passo que o recurso pressupõe atacar decisão que não transitou em julgado.

Entre todas as modalidades alardeadas, a que gera maior discussão doutrinária diz respeito à reclamação, consoante o entendimento dos arts. 102, inciso I, alínea "l", e 105, inciso I, alíena "f", da vigente Constituição, por atribuir expressamente ao STF e ao STJ o processo e julgamento, em instância originária, da "reclamação para a preservação de sua competência e garantia da autoridade de suas decisões".

Tal instituto se destina a atacar uma decisão interlocutória que desnature a competência do STF ou desconheça a autoridade de decisão na relação processual.

A natureza jurídica da reclamação é controvertida, posto que existem doutrinadores que afirmam ter natureza de ação. Noutra quadra, existe entendimento no sentido de que a natureza jurídica da reclamação é de mero incidente.

O entendimento majoritário, porém, segue a premissa de que a reclamação tem natureza jurídica de ação autônoma, conforme os argumentos do STF.

Por fim, entre as ações impugnativas, podemos verificar o mandado de segurança, destinado ao amparo de direito líquido e certo lesado ou ameaçado de lesão em decorrência de uma conduta – positiva ou omissiva – do Poder Público.

Quando impetrado com o objetivo de impugnar decisões judiciais, inaugurando novo procedimento, será caracterizado processo diverso daquele em que fora proferida a decisão que visa impugnar, razão pela qual se consubstancia como ação autônoma de impugnação.

7.9 Pressupostos de admissibilidade dos recursos

Os recursos, como se verifica na própria ação, estão sujeitos a um duplo juízo, ou seja, um juízo que consiste em admitir a sua interposição e outro juízo que analisa o mérito do recurso interposto.

No juízo de admissibilidade estão situados os pressupostos recursais, que são compatíveis com as condições da ação, e os pressupostos processuais. O juízo de admissibilidade é considerado positivo quando se reconhece que conduz ao conhecimento do recurso e dispõe dos pressupostos processuais. Já quando da análise da admissibilidade do recurso o juízo manifestar-se de forma negativa, não se conhece do recurso por falta de um ou mais pressupostos processuais.

Com relação ao juízo de mérito, haverá a apreciação da pretensão recursal, podendo ocorrer o provimento ou o desprovimento do recurso.

A divisão dos pressupostos processuais se verifica da seguinte forma:

- Pressupostos extrínsecos ou objetivos, que estão subdivididos em: cabimento, tempestividade, regularidade formal, inexistência de fato impeditivo ou extintivo.
- Pressupostos intrínsecos ou subjetivos, que estão subdivididos em: interesse processual e legitimidade.

7.9.1 Pressupostos objetivos

7.9.1.1 Cabimento

Só poderá ser considerado recurso, caso ele seja cabível. Conforme estudamos, o princípio da taxatividade ou tipicidade dos recursos trará disposto na legislação vigente o recurso cabível em cada caso. Ressalte-se que existem recursos ditos *inominados*, o que, por si só, não afasta a sua legalidade.

Além do que está previsto legalmente, há a necessidade de se utilizar o recurso adequado, sendo certo que a natureza do ato recorrido ajudará a nortear a adequação sistemática do recurso. Como exemplos, podemos citar que as sentenças são apeláveis. Noutro caso, as decisões interlocutórias – ato pelo qual o juiz decide uma questão incidente sem pôr termo ao processo – são agraváveis, a exemplo da hipótese de indeferimento liminar da reconvenção, que, embora seja uma ação, é considerada pelo STJ como uma questão incidente, sendo agravável.

Numa análise superficial, pode-se dizer que os despachos de mero expediente – que se destinam a dar impulso ao processo – são irrecorríveis, presumindo-se que eles não têm conteúdo decisório.

Outro reforço do pressuposto do cabimento se verifica nos princípios de unicidade, singularidade ou unirrecorribilidade dos recursos, tendo em vista que tais princípios se fundamentam na possibilidade de interposição de um único recurso para cada situação processual debatida, excluindo-se outras formas de impugnação.

7.9.1.2 Tempestividade

A tempestividade consiste na observância do prazo legal para a interposição do ato. Prazo é o lapso temporal previsto pela legislação para a prática de determinado ato.

Os recursos deverão ser interpostos dentro do prazo, sob pena de preclusão temporal, tendo optado o Código atual pela padronização do prazo em 15 dias, com a única exceção dos embargos de declaração, cujo prazo é de cinco dias (art. 1.003, § 5º, do CPC).

É pertinente observar que as regras sobre prazos, estipuladas no CPC, afirmam que:

- a contagem dos prazos recursais se verifica pela exclusão do dia inicial e inclusão do dia final, sendo as partes intimadas da decisão pelo Diário Oficial ou na data da audiência, quando a decisão for proferida nesta;
- suspende-se o curso do prazo recursal nos dias compreendidos entre 20 de dezembro e 20 de janeiro (art. 220, CPC);
- quando ocorrer a morte da parte ou do advogado que está recorrendo, ou for causa de força maior no curso do prazo recursal, haverá suspensão do prazo;
- o prazo começa a fluir da leitura da sentença em audiência, desde que as partes tenham sido intimadas para a audiência.

7.9.1.3 Regularidade formal ou procedimental

Os requisitos que compõem a regularidade formal são:

- **Fundamentos da impugnação** – Os fundamentos devem ser apresentados no ato da interposição do recurso.
- **Pedido** – Vigoram os princípios da demanda e dispositivo. O pedido é que dá a extensão do efeito devolutivo do recurso; vigora a regra de que tanto se devolve ao tribunal, quanto se impugna.

- **Preparo** – Não é ato exclusivo da disciplina recursal. O preparo consiste no recolhimento de custas ou taxa judiciária exigida em determinado momento do processo. A exigência do preparo está disciplinada no CPC em seu art. 1.007, bem assim a exigência de que a prova de seu recolhimento seja feita no ato da interposição do recurso, sob pena de intimação para recolhimento em dobro, consoante disposição do § 4º, excetuada.

Exceção também ocorre quando, no ato da interposição, a parte recorrente pugna pela concessão da gratuidade de justiça, estando dispensada do preparo no ato da interposição, incumbindo ao relator deferir o benefício ou determinar o recolhimento do preparo no caso de indeferimento, conforme art. 99, §7º do CPC.

Ressalte-se que o preparo é dispensado para o Ministério Público e a Fazenda Pública, bem como para outras pessoas que gozem de isenção legal – exemplo, as pessoas que gozam do benefício da justiça gratuita.

Em outras situações. a deserção somente poderá ser relevada pelo juízo caso a parte consiga provar justo motivo – impedimento imprevisível e inevitável. Pedidos de reconsideração não suspendem nem interrompem prazos para o recurso, salvo se expressamente previsto em lei.

Segundo a jurisprudência dominante, caso o juiz já tenha decretado a deserção, o pedido de reconsideração não suspende nem interrompe o prazo para o recurso, o qual deverá ser manifestado com o pedido de reconsideração, sob pena de preclusão.

7.9.2 Pressupostos subjetivos

7.9.2.1 Legitimidade para recorrer

Mesmo a segurança das relações jurídicas sendo considerada um dos fundamentos para a instituição dos recursos no ordenamento pátrio, seria incabível prevalecer o ideal de prestação da tutela jurisdicional, se a todos fosse permitido impugnar as soluções apresentadas, sem que tivessem aptidão para tanto.

Nesse contexto, surge o problema da legitimidade, sendo necessário analisar se o recorrente figura no rol dos habilitados a fazê-lo, e cuja essência é a mesma aplicável à legitimidade para o exercício do direito de ação.

Por isso, o art. 996 do CPC permite apenas a interposição do recurso pelas partes do feito, pelo terceiro diretamente prejudicado e pelo Ministério Público, como parte ou como fiscal da lei.

7.9.2.1.1 Legitimidade da parte

A parte compreende aqueles que integram um dos polos da relação jurídica dentro de um processo, abarcando-se não somente o autor e o réu, mas também as espécies de intervenção de terceiros, os intervenientes e os sucessores processuais.

O autor e o réu sempre serão partes legítimas para interposição de recurso, sendo equiparados a estes os litisconsortes, com legitimação individual, porquanto lhes é permitido manifestar seu inconformismo em face da tutela jurisdicional apresentada.

Já os terceiros que ingressaram na relação processual, como os assistentes – assistência simples ou litisconsorcial –, também são considerados parte para efeito de legitimidade recursal.

O oposto, o denunciado e o chamado ao processo também têm legitimidade para recorrer, posto terem, nessa qualidade, ingressado no processo.

Com relação aos sucessores processuais, estes têm legitimidade, concomitante ou posterior, para recorrer da decisão impugnada. Se a sucessão se deu antes da prolação da decisão recorrida e os polos processuais já se encontrarem regularizados, os sucessores se legitimam a recorrer como partes, visto que essa é a posição assumida por aqueles no feito.

Além das partes, participa do processo o juiz – que não tem legitimidade para interpor recurso, não sendo conferida tal prerrogativa aos auxiliares do juízo, mesmo que lhes sobrevenha prejuízo –, caso em que poderão se valer de processo autônomo.

Contudo, caso sejam parte em incidentes processuais, os juízes e seus auxiliares terão legitimidade para interposição de recurso, por integrarem a parte passiva do incidente.

7.9.2.1.2 Legitimidade de terceiros

Com relação aos estranhos ao processo, existem as hipóteses previstas em lei que legitimam a interposição de recurso, bem como demonstram que existe ligação de prejudicialidade entre o terceiro e a decisão proferida.

Todavia, mesmo se encontrando fora da relação processual, os terceiros deverão respeitar os requisitos para a admissibilidade dos recursos, pois nosso diploma processual, bem como a Constituição Federal, não regulam de forma diferente a admissibilidade dos recursos quando interpostos por terceiro.

Outrossim, é pertinente ressaltar que, conforme os termos do art. 997 do CPC, não há recurso adesivo de terceiro prejudicado, porque este deve interpor o recurso no prazo comum de que dispõe a parte, não podendo aguardar exaurir o prazo com advento de recurso para, então, recorrer.

Por fim, deve-se ter em mente a legitimidade do advogado, representante judicial da parte nos autos, para interpor recurso em nome próprio. Em regra, o CPC não o legitima a interpor recurso em seu nome. Todavia, há exceção a essa regra no que concerne aos honorários de sucumbência, pois estes são devidos ao advogado, e não à parte vencedora, conforme art. 23 da Lei n. 8.906/1994 (Estatuto da OAB) e art. 85, § 14, do CPC.

Por assim ser, caso o advogado seja detentor do direito de percepção aos honorários fixados judicialmente, cabe a ele a legitimidade para discutir o seu valor em sede recursal, atuando, dessa forma, na qualidade de terceiro prejudicado.

7.9.2.1.3 Legitimidade do Ministério Público

O representante do *Parquet*, conforme dispõe o art. 996 do CPC, tem legitimidade recursal nos processos em que é parte, bem como naqueles em que oficiou como fiscal da lei.

Ademais, mesmo quando atue como fiscal da lei, o promotor poderá recorrer mesmo se a parte interessada não o fizer, vislumbrando sempre atender ao interesse social.

7.9.3 Interesse recursal

O autor da demanda necessita demonstrar interesse processual, que é traduzido pelo binômio necessidade/utilidade do provimento jurisdicional solicitado, sob pena de extinção da ação sem resolução meritória. Por igual motivo se verifica indispensável que o recorrente demonstre o referido interesse para a impugnação do ato jurisdicional, sendo certo que o recurso passará sob o crivo da admissibilidade – conforme determina o art. 996 do CPC.

Como previsto no sistema jurídico processual, o recurso deverá apresentar esses requisitos para a sua viabilidade, devendo ser considerado necessário e útil ao recorrente, permitindo, dessa forma, melhorar a situação jurídica de um ou ambos os litigantes que se acham prejudicados com a decisão externada.

7.9.4 Necessidade recursal

Evidentemente, será necessária a interposição de recurso, quando se verificar que o recorrente não dispõe de outro meio processual para alterar a decisão guerreada.

A doutrina ilustra o caso em apreço quando se caracteriza a interposição de recurso contra decisão que recebe recurso de apelação intempestivo. No caso, é explícito que não existe interesse para recorrer, visto que a parte pode suscitar a intempestividade nas contrarrazões do recurso de apelação.

Podemos citar, por exemplo, uma ação de cobrança, em que o autor teve seu pedido julgado improcedente, mas, após a prolação da sentença, o réu efetua o pagamento dos valores pleiteados em juízo mais os acessórios. O referido exemplo demonstra outra hipótese em que inexiste interesse de apelar, por não haver necessidade prática para tanto. Caso o autor apele, o recurso deverá ser considerado inadmissível, por falta de interesse.

Outro ponto se observa quando o ganhador da ação principal não necessita recorrer para levantar questão que foi resolvida em seu desfavor, a conhecimento do órgão *ad quem*, se este já se encontra investido do poder de reexaminar a matéria em razão do efeito devolutivo de eventual recurso pela parte contrária.

No exemplo, poderão ocorrer duas circunstâncias: ou o adversário não interpõe recurso, e com o trânsito em julgado fica o vitorioso protegido em definitivo, ou o adversário recorre, e isso já será suficiente para ensejar o reexame necessário da matéria. Como hipótese, podemos suscitar a preliminar de prescrição, arguida em primeiro grau. Se a matéria não obtiver êxito, mas o julgado for improcedente por falta de prova, não haverá necessidade de apelar nem interesse para tanto.

7.9.5 Utilidade de novo julgamento

O recurso também será considerado útil quando propiciar uma situação que proporciona mais vantagem ao recorrente do que aquela posta na decisão recorrida, independentemente de a situação versar sobre ordem de direito material ou processual.

Desse modo, exige-se uma análise prospectiva pela qual se verifica uma vantagem que ao recorrente advirá acaso tutelada sua pretensão recursal.

Nesse prisma, fica evidente caracterizar que o interesse em recorrer está associado diretamente à ideia de sucumbência ou prejuízo.

Tendo em vista a referida conclusão, o art. 996 do CPC fala em parte vencida. Por *parte vencida* entende-se que não é somente quando a decisão judicial lhe causa prejuízo, mas também quando o processo não proporciona tudo o que poderia esperar.

Daí se extrai o conceito de sucumbência formal e material.

Na **sucumbência formal** verifica-se o desacolhimento da pretensão posta em juízo pelo autor, ou seja, é a discrepância entre o que foi pleiteado e o que restou decidido. Já a **sucumbência material** é caracterizada na ocorrência de prejuízo, mesmo que as pretensões não sejam levadas a juízo. A essas soma-se o interesse da parte, quando não obtém do processo tudo o que poderia almejar.

Ressalte-se que os critérios não podem ser adotados de forma subjetiva. O agravante deve ser constatado de maneira objetiva, sendo averiguado qual proveito atende o recorrente.

Por essa razão, o prejuízo deve ser verificado mediante análise do dispositivo, não se podendo recorrer da fundamentação.

Entretanto, quando o fundamento da decisão causar gravame à parte, terá ela sucumbido, existindo, portanto, interesse em recorrer.

O caso típico se observa quando é interposto recurso pelo réu contra sentença que extinguiu o processo sem resolução do mérito. Analisando-se apenas a noção de sucumbência formal, infere-se que aquele não tem interesse de recorrer, por não ser considerado vencido na demanda.

No entanto, embora não vencido, o réu tem interesse recursal, desde que vise à obtenção de uma decisão de improcedência do pedido – por ser mais vantajosa do ponto de vista prático, já que a extinção do feito sem resolução meritória não forma a coisa julgada material. Existe entendimento que caracteriza com idêntica conclusão, no caso de o réu arguir matéria preliminar em contestação que implicasse a extinção do feito, sem resolução de mérito, fundamentado no princípio da eventualidade.

Outra hipótese se verifica na sentença de improcedência, por serem insuficientes as provas na propositura de uma ação popular. Por assim fundamentar-se, tal pronunciamento garante a possibilidade da renovação da ação por quaisquer dos legitimados, razão pela qual o réu terá interesse em ver julgada a ação improcedente por fundamento diverso.

Embora as razões dos recursos sejam apreciadas em juízo de mérito, existem casos em que se deve fazer o confronto entre as razões do recurso e os fundamentos da decisão, para apurar se todos os fundamentos foram rebatidos.

Caso se verifique que o recurso não abrange todos os fundamentos suficientes, por si só, para manter a decisão recorrida, configura-se a ausência do interesse recursal, vez que, conquanto procedente a razão recursal, o órgão competente não pode modificar a decisão recorrida que se mantém, justamente, pelo fundamento intacto.

Tal ocorre, por exemplo, em acórdão com duplo fundamento, que dá ensejo à propositura de ambos os recursos excepcionais. Se for interposto recurso apenas ao STJ, nenhuma utilidade traria o conhecimento do recurso, pois o acórdão continuaria incólume, sob o fundamento de índole constitucional.

Quanto ao Ministério Público, é pertinente salientar que o Parquet ora atua como parte, promovendo ajuizamento de ações, ora como fiscal da lei, ofertando pareceres – conforme explicitam os arts. 177 e 178, ambos do CPC.

Concomitante ao elencado, deve-se sempre observar o contido no art. 127 da Constituição Federal (CF), segundo o qual o Ministério Público "é instituição permanente, essencial à função jurisdicional do Estado, incumbindo-lhe a defesa da ordem jurídica, do regime democrático e dos interesses sociais e individuais indisponíveis".

Assim, pode-se afirmar que o órgão só terá legitimidade quando estiver caracterizado o interesse para agir. Esse interesse de recorrer será decorrente da lei, ao atribuir ao *Parquet* o dever de proteger determinados bens jurídicos, porque relevantes, não havendo razão para retirar do órgão meios processuais hábeis a alcançar tal desiderato.

Com efeito, saliente-se que o interesse em recorrer do promotor decorre do dever de buscar a justiça da decisão nos processos em que opina.

No tocante ao terceiro prejudicado, apesar de não decorrer prejuízo da decisão judicial, já que não é parte, desde que do recurso por ele interposto possa resultar proveito do ponto de vista prático, isto é, se a situação puder ser melhorada com a obtenção do provimento pleiteado no recurso, considera-se presente o interesse recursal.

7.10 Juízo de admissibilidade dos recursos

A doutrina apresenta como elementos basilares da teoria geral dos recursos os princípios fundamentais, os efeitos dos recursos, o juízo de admissibilidade e juízo de mérito dos recursos.

Como visto, o juízo de admissibilidade e o de mérito dos recursos são conhecidos através de duas etapas. Se presentes os pressupostos intrínsecos e extrínsecos – juízo de admissibilidade –, o órgão julgador passará a analisar o mérito, conhecendo, dessa forma, o que é pretendido no recurso – mérito.

No cumprimento de um dos pressupostos objetivos do recurso – tempestividade –, faz-se necessário suscitar questão referente aos recursos que não são admitidos antes de publicada a decisão recorrida na imprensa oficial, mesmo que a parte já conheça o teor da decisão.

Tal questão, já suficientemente pacificada no código revogado, encontra-se atualmente sepultada pelo Código atual, que cuidou de entalhar dispositivo próprio para dirimir tal dúvida:

Art. 218. Os atos processuais serão realizados nos prazos prescritos em lei.

[...]

§ 4º Será considerado tempestivo o ato praticado antes do termo inicial do prazo.

Ainda assim, em face da doutrina, o FPPC havia emitido o Enunciado 22, reforçando o coro doutrinário acerca da fungibilidade recursal e sua abrangência: "Tribunal não poderá julgar extemporâneo ou intempestivo recurso, na instância ordinária ou na extraordinária, interposto antes da abertura do prazo."

Tal entendimento, por óbvio, é o mais acertado, na medida em que coroa o princípio da razoabilidade e da celeridade, privilegia a instrumentalidade das formas, e reforça o escopo de modernização que tanto se espera do Poder Judiciário.

Por assim ser, a mudança de entendimento supraexplicitada acaba representando uma vitória em face do formalismo moderno.

7.11 Desistência do recurso e renúncia ao direito de recorrer

Está regulamentada a desistência do recurso no art. 998 do CPC, sendo caracterizada como ato processual unilateral de causação, ou seja, que não depende de aceitação da outra parte para que seus efeitos se produzam.

Por assim ser, a desistência do recurso não pode ser caracterizada como ato processual que depende de homologação pelo magistrado, por meio de sentença, para que sejam produzidos seus efeitos, diferentemente do que exige a desistência da ação – consoante o entendimento do art. 200, parágrafo único, do CPC.

A desistência recursal deve ser sempre expressa, pleiteada em petição, e supõe obrigatoriamente a existência de recurso pendente, ou seja, do recurso já interposto, do qual o recorrente vem a desistir, abrindo mão de um direito subjetivo processual – o direito de recorrer –, depois de tê-lo exercido.

Ressalva feita pelo Código atual, com o advento dos recursos repetitivos, quando houver repercussão geral reconhecida ou recursos afetados como representativos da controvérsia com tema sobre o qual haja identidade de matéria com o recurso desistido pela parte, cuidará o Tribunal de apreciá-lo mesmo diante da manifestação de vontade da parte:

Art. 998. O recorrente poderá, a qualquer tempo, sem a anuência do recorrido ou dos litisconsortes, desistir do recurso.

Parágrafo único. A desistência do recurso não impede a análise de questão cuja repercussão geral já tenha sido reconhecida e daquela objeto de julgamento de recursos extraordinários ou especiais repetitivos.

Noutra seara, note-se que, ao formalizarem um acordo, no qual fazem constar que desistem da interposição dos recursos, em verdade as partes renunciam ao direito de interpô-los.

A ausência de interposição de recurso evidencia a renúncia ao direito de recorrer, que se materializa exatamente nessa circunstância – a renúncia somente se exercitará antes do direito de interpor o recurso.

Por assim ser, inexiste desistência tácita, sem que haja manifestação expressa da vontade daquele que já recorreu. Porquanto, nessa hipótese, o recurso interposto continuará a ser processado se o recorrente não se manifestar no sentido de desistir do recurso.

A manifestação expressa da desistência do recurso será equivalente à revogação da interposição, sendo possível ser exercitada a qualquer tempo e grau de jurisdição, independentemente da anuência do recorrido ou dos demais litisconsortes – art. 998 do CPC.

Pondere-se que, ao desistir do feito, será encerrado o processo cognitivo em definitivo, dando lugar à formação da coisa julgada material, caso a decisão contra a qual se interpôs a impugnação já houver apreciado e julgado o mérito.

No que tange às hipóteses de litisconsórcio facultativo ou necessário simples – indispensável a presença de todos na demanda, por determinação legal –, cuja decisão não é necessária a todos, impera o princípio da autonomia entre os litisconsortes – art. 117 do CPC –, razão pela qual a desistência do recurso interposto só atinge o litisconsorte desistente, não prejudicando os recursos dos demais litigantes.

Nesse prisma, se a decisão julgou o mérito, existirá coisa julgada material para aquele litisconsorte desistente, sem que tal circunstância prejudique o regular andamento do recurso pelos demais, que não podem ser afetados por tal coisa julgada nos casos de litisconsórcio facultativo ou de litisconsórcio simples necessário.

Quando a matéria tratar de recursos em litisconsórcio unitário – seja facultativo ou necessário unitário –, previsto no art. 117 do CPC, a sorte de todos na decisão tem de ser uniforme, já que impera o regime da interdependência entre os litisconsortes, em face da natureza do direito material que está sendo discutido no processo. Nesse caso, a desistência não produz efeito, sendo, dessa forma, ineficaz em relação ao próprio litisconsorte desistente, pois, ainda que venha a formalizar seu pedido de desistência, não se sujeitará ao ônus de ver passar em julgado decisão que lhe foi desfavorável.

Noutra quadra, verifica-se outra exceção à regra da autonomia entre os litisconsortes, no art. 1.005, parágrafo único, do CPC, por tratar de casos em que existe a solidariedade no polo passivo, com defesa comum entre todos os litisconsortes contra credor comum. A desistência do recurso interposto por parte de um dos devedores solidários não produz efeitos para ele próprio – desistente –, já que o recurso dos demais a ele aproveita.

Nas referidas hipóteses não haverá formação da coisa julgada material em relação ao desistente, quando a decisão julga o mérito, na medida em que o recurso dos demais litisconsortes subsiste também para ele, dada a ineficácia do ato de desistência.

Tal entendimento é afirmado com maestria pelo Prof. Antonio Carlos Matteis de Arruda (2002), sendo também o nosso posicionamento.

O direito de renunciar está expressamente previsto nos arts. 999 e 1.000 do CPC. Pode ser considerado, também, um ato unilateral de causação, por só depender da vontade de quem o pratica, ou seja, para formalizar o ato da renúncia, a parte vencida só dependerá de sua própria vontade, embora os efeitos a serem produzidos fiquem condicionados às circunstâncias de ela, parte vencida, ser única nos autos, ou de parte vencida em litisconsórcio simples – facultativo simples ou necessário simples –, quando só o renunciante ou só o desistente é atingido, não se efetivando tais efeitos quando se tratar de partes vencidas em litisconsórcio unitário – facultativo unitário ou necessário unitário.

A legislação processual civil vigente prevê duas hipóteses de renúncia – expressa ou tácita –, consoante o entendimento do art. 1.000 do CPC. Cabe ressaltar que a renúncia recursal sempre será anterior à formação do procedimento do ato impugnativo, tendo em vista que a parte que sucumbiu no feito abre mão de seu direito de recorrer da decisão que lhe foi desfavorável.

A renúncia expressa se consubstancia quando o vencido expressa por petição que está renunciando ao direito que lhe é concedido de recorrer, podendo ocorrer, até mesmo, a aceitação integral da decisão que foi proferida.

Saliente-se que a renúncia expressa também pode ser expressa oralmente em audiência, sendo, dessa forma, reduzida a termo.

De outra sorte, a renúncia tácita se observa quando quem perdeu fica inerte, ou seja, deixa transcorrer o prazo recursal sem interpor recurso cabível, ou quando a parte vencida pratica ato incompatível com a vontade de recorrer – art. 1.000, parágrafo único, do CPC –, por exemplo, cumprir a decisão que lhe foi desfavorável.

A aceitação tácita ou expressa da decisão proferida pelo juízo equivale à renúncia ao direito de recorrer, pelo fato de estar contida, implicitamente, nessa aceitação, a renúncia.

Outrossim, os poderes especiais para desistir e para renunciar devem constar expressamente da procuração, para que o advogado possa formalizar tais atos no processo em nome da parte a quem assiste.

Observa-se que o terceiro prejudicado também pode renunciar expressa ou tacitamente ao direito de recorrer, nas mesmas circunstâncias do vencido.

7.12 Recurso adesivo

O instituto do recurso adesivo foi criado por inspiração no direito processual português e alemão. Tem como pressuposto básico para sua apreciação a sucumbência recíproca – art. 997 do CPC.

Por assim ser, surgirá a possibilidade de recurso adesivo apenas nos casos de parcial procedência da demanda, em que foi acolhida parte do pedido do autor, bem como no fato de o réu também sair vencedor na parte do pedido que foi julgado improcedente.

Com efeito, é pertinente ressaltar que o recurso adesivo cabe apenas nas seguintes hipóteses de impugnação de atos jurisdicionais: apelação, recurso especial e recurso extraordinário – art. 997, inciso II, do CPC.

Nos referidos casos, observa-se a possibilidade de um dos litigantes não recorrer, caso o outro também adote a mesma conduta.

O fato de o prazo ser comum a ambos os litigantes – art. 1.003, § 5º, do CPC –, caso um deles interponha recurso no último dia do prazo – 15 dias –, sendo surpreendido aquele que passa a correr o risco de ver reformada a parte da decisão que lhe é favorável, porquanto o recorrente pede em seu recurso que reforme tal decisão exatamente naquela parte que perdeu, é que o art. 997 do CPC instituiu o recurso adesivo em favor daquele que não recorreu e foi surpreendido pela atitude da parte adversa.

No caso em apreço, quem acabou deixando de recorrer em momento oportuno passará a ter direito de aderir ao recurso do adversário, visto que, mesmo vencido o prazo legal do recurso – que não foi interposto da parte que sucumbiu –, julgando que seu adversário também não iria recorrer.

Ao recorrente que em primeiro momento não impugnou a parte que sucumbiu, aceitando a decisão parcial obtida, será devolvida a oportunidade de recorrer, por meio da adesão ao recurso proposto pelo adversário.

A contagem do prazo é de 15 dias para a interposição do recurso adesivo – que se tem para contra-arrazoar o recurso principal –, o que significa dizer que o aderente terá, nesse prazo, de responder ao citado recurso principal e, também, de interpor seu recurso adesivo.

A menção de algumas peculiaridades do recurso adesivo se faz necessária para dirimir controvérsias acerca do assunto.

O ilustre doutrinador Theodoro Júnior (2010) faz as seguintes considerações:

- Em havendo sucumbência parcial da Fazenda Pública, esta poderá, também, interpor recurso adesivo, caso tenha deliberado não recorrer dessa decisão e venha a ser surpreendida com a interposição do recurso voluntário pela parte adversa à última hora.
- Nas sentenças sujeitas ao duplo grau de jurisdição, se a sucumbência for recíproca e as partes não interpuserem recurso voluntário, não cabe recurso adesivo pelo fato de o juiz determinar a remessa compulsória de sua decisão ao tribunal, a fim de realizar-se esse duplo grau de jurisdição. Trata-se de remessa obrigatória para confirmar-se ou não a decisão, determinada pelo juiz prolator, e não de recurso voluntário das partes. Entendemos que tal remessa é de caráter administrativo, e não um recurso, pelo que não se verifica a possibilidade de aderir a ela. Na referida hipótese, só caberá recurso adesivo se houver recurso voluntário – recurso principal – de uma das partes, propiciando à outra interposição do adesivo.
- Nos termos do disposto no art. 997, §2º do CPC, ao recurso adesivo aplicam-se as mesmas regras do recurso principal, quanto às condições de admissibilidade, preparo e julgamento pelo tribunal competente para processar e julgar o referido recurso principal.
- O terceiro prejudicado e o Ministério Público, quando estiver atuando como fiscal da lei e não como parte, não têm legitimidade para interpor recurso adesivo, porque o art. 997 do CPC dispõe que, em sendo vencido parcialmente, a autor ou réu é que cabe tal recurso, ficando excluídas as demais pessoas referidas no art. 996 do referido diploma legal.
- O processamento do recurso adesivo é o mesmo adotado para o recurso principal, ou seja, após seu recebimento, abre-se vista ao recorrido, que é aquele que interpôs o recurso principal, para que apresente suas contrarrazões a esse recurso adesivo, caso queira.
- O recurso adesivo é acessório em relação ao recurso principal e, por essa razão, não será conhecido se houver desistência do recurso principal interposto, ou se o recurso principal for declarado inadmissível ou deserto – abandonado por falta de preparo –, conforme dispõe o art. 997, III, do CPC.

7.12.1 Renúncia ao recurso adesivo e desistência do recurso interposto

A renúncia a um dado direito, como ato de causação unilateral, impede a aceitação pela parte contrária e a homologação por sentença pelo juiz para que produza efeito. Como vimos, circunscreve-se ao direito especificamente renunciado, não atingindo outros direitos da parte renunciante não referidos ou abarcados pelo citado ato da renúncia.

Indaga-se se a renúncia – que é prévia ao exercício do direito de recorrer – à interposição do recurso principal permite ao renunciante vir a utilizar-se, posteriormente, do direito de interpor o recurso adesivo.

Trata-se da hipótese de sucumbência parcial, em que um dos litigantes renuncia previamente ao direito de recorrer, ou mesmo desiste do recurso já interposto, em acerto, vindo o adversário a ser surpreendido pelo rompimento desse acerto, interpondo recurso principal contra aquela parte da decisão que lhe foi desfavorável.

Novamente, com maestria, o Prof. Humberto Theodoro Júnior (2010) aduz que tanto o renunciante quanto o desistente do recurso principal podem valer-se do recurso adesivo, se a parte contrária vier a recorrer – isto é, vier a interpor o recurso principal – após o ato renúncia ou ato desistência.

Nesse sentido, existem dois entendimentos sobre o tema da renúncia ao recurso principal, a saber:

1] a renúncia é específica ao recurso contra o qual é formalizada e não atinge os demais recursos;
2] a renúncia é contra o direito de recorrer, genericamente considerando, conforme deixa claro o art. 999 do CPC, e aquele que renuncia, expressa ou tacitamente, ao direito de recorrer – ou ainda, aceita a sentença desfavorável de forma expressa ou tácita, o que equivale à renúncia ao direito de recorrer – não pode mais vir a recorrer por outra modalidade recursal qualquer, na medida em que a renúncia ao mais – o recurso principal – importa em renúncia ao menos – o recurso adesivo.

Entendemos ser mais correta a posição da primeira corrente, adotada por Humberto Theodoro Júnior.

No mesmo sentido da corrente adotada nesta obra, inclusive, posicionou-se recente julgado do Superior Tribunal de Justiça:

> RECURSO ESPECIAL. PROCESSUAL CIVIL. NEGATIVA DE PRESTAÇÃO JURISDICIONAL. NÃO OCORRÊNCIA. RENÚNCIA AO PRAZO RECURSAL. POSTERIOR INTERPOSIÇÃO DE APELAÇÃO ADESIVA. CABIMENTO. RECURSO ESPECIAL DE SILVANA LEAL

PROVIDO. RECURSO ESPECIAL DE CONDOMÍNIO RESIDENCIAL JARDIM SAVEIROS PREJUDICADO. 1. O Tribunal de origem analisou todas as questões relevantes para a solução da lide de forma fundamentada, não havendo falar em negativa de prestação jurisdicional. 2. O recurso adesivo não se constitui uma espécie recursal propriamente dita, mas sim de modalidade de interposição de um recurso subordinado a um outro recurso já interposto pela parte contrária, com observância das regras do art. 997 do CPC/2015 e cujo propósito é encorajar a parte parcialmente vencida a aceitar o provimento jurisdicional, aguardando o termo final de interposição do recurso principal sem sobressaltos. 3. Essa modalidade pressupõe uma conformação inicial à decisão judicial, pois a pretensão da parte era, em um primeiro momento, a de não se insurgir contra o provimento, mas passou a ter interesse em recorrer a partir do instante em que a parte contrária optou por se insurgir contra a decisão. 4. A renúncia expressa ao prazo para interposição do recurso principal não pode ser estendida, de forma presumida e automática, ao prazo recursal do recurso adesivo, porquanto se trata de um direito exercitável somente após a intimação para contrarrazões ao recurso da parte contrária. 5. Recurso especial de Silvana Leal provido. Recurso especial de Condomínio Residencial Jardim Saveiros prejudicado. (STJ, REsp n. 1.899.732/PR, Rel. Min. Marco Aurélio Bellizze, j. em 14/03/2023, DJe de 20/03/2023)

Caso se verificar que houve sucumbência recíproca, sendo certo que uma das partes renuncia, previamente, ao direito de recorrer, ela estará "abrindo mão", especificamente, do recurso principal, na expectativa de que a outra parte tampouco venha a recorrer.

Deve ser entendido dessa maneira, porque ainda não há que se cogitar da possibilidade da utilização do instituto do recurso adesivo, porquanto inexiste o pressuposto fático para sua utilização, consistente na parte contrária surpreendê-la, e a parte adversa interpondo o recurso principal contra aquele tópico da decisão que lhe é desfavorável, a fim de ensejar-lhe o direito de aderir a tal recurso.

Se assim é, não se pode admitir que a renúncia ao recurso principal abarque, também, o recurso adesivo, pois o suposto fático deste último ainda não se materializou. Tal só ocorrerá quando a parte adversa interpuser o recurso principal.

Por essa razão é que o renunciante pode utilizar-se do recurso adesivo, mesmo tendo renunciado ao recurso principal.

Essas considerações valem também para os casos de desistência do recurso principal interposto, caso a parte contrária ainda não tenha se utilizado de igual recurso contra aquele tópico da decisão que lhe é desfavorável. Nesse caso ocorre o mesmo problema, a saber, ainda não se materializou o suposto fático que origina o direito ao recurso adesivo.

O referido entendimento é afirmado com maestria pelo Prof. Antonio Carlos Matteis de Arruda (2002), sendo também o nosso posicionamento.

Convém ressaltar que, caso a parte adversa tenha interposto o recurso principal, sendo observado que a outra parte, em momento posterior, renuncia, previamente, ao direito de recorrer pela via principal, ou desiste do recurso principal que também havia interposto, tal renúncia ou desistência posterior que venha a ocorrer implica a impossibilidade de o renunciante ou desistente utilizar-se do recurso adesivo, pretendendo aderir ao recurso principal da parte contrária. Isso porque, nessa hipótese, o suposto fático para a existência do recurso adesivo já existia quando do ato de renúncia ou desistência do recurso principal.

Por fim, é pertinente salientar que, no tribunal, os dois recursos submetem-se a procedimento único, ou seja, a apreciação e julgamento de ambos se dá na mesma sessão, e o não conhecimento do recurso principal prejudica o recurso adesivo.

7.13 Recursos cíveis em espécie

7.13.1 Apelação

O recurso de apelação é cabível contra a sentença, ou seja, contra o pronunciamento do Estado-juiz que, com fundamento nos arts. 485 ou 487 do CPC, colocar fim à fase cognitiva do processo ou à execução.

Com o recurso de apelação, o vencido submeterá à segunda instância todas as questões versadas no processo. A apelação devolve ao tribunal o conhecimento de toda a matéria impugnada no recurso. Aliás, a apelação pode abranger todas as questões suscitadas e discutidas no processo, ainda que a sentença não as tenha apreciado por inteiro. A apelação pode ser plena, sendo o recurso com o qual o vencido impugna toda a sentença.

O ilustre doutrinador Amaral dos Santos (1999, p. 103) conceitua *apelação* da seguinte forma:

> Diz-se apelação plena, ou integral, por meio da qual se impugna totalmente a sentença. Nesse caso, a apelação tem pleno efeito devolutivo, pois que a sentença é totalmente impugnada. A apelação devolverá ao tribunal o conhecimento da matéria impugnada – art. 1.013 do CPC. Vale dizer que o juízo *ad quem* toma

conhecimento integral da causa, tal qual ela se ofereceu à decisão do juízo de primeiro grau. O poder de apreciação e de decisão do juízo do recurso é idêntico ao do juiz da sentença recorrida no momento em que se proferiu. Tanto no que respeita ao mérito da causa quanto no que respeita ao processo.

Sua interposição deverá ocorrer perante o juízo *a quo* – órgão jurisdicional que proferiu a sentença – a quem caberá, na dicção do art. 1.010, § 1º, do CPC, apenas intimar a parte contrária a apresentar contrarrazões no prazo de 15 dias.

Caso o apelado interponha recurso adesivo, o juiz ordenará ao apelante a apresentação de contrarrazões (§ 2º), providências após as quais caberá ao magistrado apenas remeter os autos ao tribunal.

É de suma relevância notar que, ao contrário do quanto ocorria com o código anterior, o atual diploma eliminou o duplo juízo de admissibilidade, prevendo expressamente que o juízo *a quo* não realizará nenhuma análise dos pressupostos recursais, cabendo essa tarefa ao juízo *ad quem*.

7.13.1.1 Juízo de admissibilidade e possibilidade de inovação

Recebido o recurso no tribunal, somente então será realizado o juízo de admissibilidade, em que serão apurados os requisitos extrínsecos do recurso, como tempestividade e preparo, para então passar à análise do mérito recursal.

Nesse sentido, além de otimizar o juízo de admissibilidade recursal, concentrando-o no juízo *ad quem* e evitando óbices injustificáveis dos prolatores de origem, o diploma processual atual cuidou de garantir a eficácia do processo, preconizando no parágrafo único do art. 932 que "antes de considerar inadmissível o recurso, o relator concederá o prazo de 5 dias ao recorrente para que seja sanado vício ou complementada a documentação exigível". Isso reduziu drasticamente o número de recursos rejeitados sem apreciação do mérito, propiciando, portanto, uma entrega jurisdicional mais satisfatória.

Note-se ainda que, de outra ponta, também com o objetivo de conferir maior celeridade processual, a Lei 13.105/2015 outorgou ao relator do recurso o poder de julgar monocraticamente a apelação, negando-lhe provimento quando afrontar texto de súmulas ou entendimento remansado em sede de recursos repetitivos.

Igualmente, permitiu ao relator que também monocraticamente desse provimento ao apelo caso a decisão objurgada afrontasse os mesmos entendimentos remansados do inciso anterior:

Art. 932. Incumbe ao relator:

[...]

III - não conhecer de recurso inadmissível, prejudicado ou que não tenha impugnado especificamente os fundamentos da decisão recorrida;
IV - negar provimento a recurso que for contrário a:

    a) súmula do Supremo Tribunal Federal, do Superior Tribunal de Justiça ou do próprio tribunal;
    b) acórdão proferido pelo Supremo Tribunal Federal ou pelo Superior Tribunal de Justiça em julgamento de recursos repetitivos;
    c) entendimento firmado em incidente de resolução de demandas repetitivas ou de assunção de competência;

V - depois de facultada a apresentação de contrarrazões, dar provimento ao recurso se a decisão recorrida for contrária a:

    a) súmula do Supremo Tribunal Federal, do Superior Tribunal de Justiça ou do próprio tribunal;
    b) acórdão proferido pelo Supremo Tribunal Federal ou pelo Superior Tribunal de Justiça em julgamento de recursos repetitivos;
    c) entendimento firmado em incidente de resolução de demandas repetitivas ou de assunção de competência;

Diante do poder concedido ao relator, para julgar monocraticamente o recurso de apelação nas hipóteses taxativamente empregadas pelo Código, assegurou o legislador o manejo do agravo interno, previsto no art. 1.021, para assegurar que a questão seja levada ao órgão colegiado, para julgamento plural, buscando assim uma análise mais detida do mérito recursal.

Outra questão de grande relevância no julgamento dos recursos de apelação se deve possibilidade, ou não, de inovação recursal pela parte que contende em segunda instância.

Nesse contexto, releva pontuar que o art. 493 do CPC, ao preceituar a possibilidade de a parte levar ao conhecimento do juízo fatos novos constitutivos, modificativos ou extintivos do direito versado nos autos, não refere-se apenas ao primeiro grau de jurisdição, sendo aplicável também aos casos em que o fato ocorrer ou for noticiado entre a sentença e o julgamento do apelo:

Art. 493. Se, depois da propositura da ação, algum fato constitutivo, modificativo ou extintivo do direito influir no julgamento do mérito, caberá ao juiz tomá-lo em consideração, de ofício ou a requerimento da parte, no momento de proferir a decisão.

Parágrafo único. Se constatar de ofício o fato novo, o juiz ouvirá as partes sobre ele antes de decidir.

Ainda, é possível igualmente, conforme dicção do art. 1.014 do CPC, que as questões de fato existentes à época do primeiro grau de jurisdição poderão ser suscitadas na segunda instância, conquanto justificada a impossibilidade que levou a parte a não fazê-lo antes da sentença:

> Art. 1.014. As questões de fato não propostas no juízo inferior poderão ser suscitadas na apelação, se a parte provar que deixou de fazê-lo por motivo de força maior.

Por fim, temos de mencionar que, segundo o art. 193 do Código Civil Brasileiro, a prescrição também poderá ser arguida em qualquer grau de jurisdição, ainda que não tenha sido aventada em primeira instância, sendo possível até mesmo que o tribunal, no julgamento do apelo, reconheça sua ocorrência de ofício.

7.13.1.2 Efeitos da apelação

A regra estabelecida pelo Código é que a apelação tem duplo efeito – devolutivo e suspensivo. Somente nas hipóteses legais é que terá exclusivamente efeito devolutivo.

Tais hipóteses estão previstas no art. §1º do art. 1.012 do CPC:

> § 1º Além de outras hipóteses previstas em lei, começa a produzir efeitos imediatamente após a sua publicação a sentença que:
>
> I - homologa divisão ou demarcação de terras;
> II - condena a pagar alimentos;
> III - extingue sem resolução do mérito ou julga improcedentes os embargos do executado;
> IV - julga procedente o pedido de instituição de arbitragem;
> V - confirma, concede ou revoga tutela provisória;
> VI - decreta a interdição.

Nos casos do art. 1.012, § 1º, pode o apelante requerer o efeito suspensivo na forma dos §§ 3º e 4º do mesmo artigo, analogamente ao que ocorre no caso do agravo de instrumento.

O atual diploma igualmente resolveu a questão acerca do direcionamento do pedido de concessão do efeito suspensivo, que deverá ser dirigido ao relator do recurso ou, na pendência da distribuição do apelo, diretamente ao tribunal, que designará relator para apreciar o pleito, tornando-o prevento para o julgamento do recurso.

Já com relação ao efeito devolutivo, aplicam-se basicamente as regras do art. 1.013 do CPC.

Outro importante tema é o efeito translativo da apelação, ou seja, as questões anteriores à sentença acerca das quais não tenha ocorrido a preclusão – condições da ação e pressupostos processuais, ainda que não tenham sido objeto de decisão – ficam transferidas ao tribunal.

Nesse prisma, no tocante ao recurso de apelação, por força dos efeitos translativo e devolutivo, fica vedada a *reformatio in pejus* – reforma para pior. O tribunal que analisar o recurso não poderá agravar a situação de quem se dispôs a recorrer, favorecendo, dessa forma, a situação da parte que ficou inerte, com exceção à possibilidade trazida pelo art. 1.013, § 3º, inciso I, do CPC, em que poderá o tribunal reformar a sentença com base dos dispositivos do art. 485 do mesmo diploma.

No efeito devolutivo, não se transferem ao tribunal questões de fato não propostas em primeiro grau, salvo caso de força maior.

7.13.1.3 Improcedência liminar do pedido

Observa-se alguma semelhança do novo art. 285-A, ao prever a imediata prolação de sentença, dispensada a citação – quando a matéria for unicamente de direito e no juízo já houver sido proferida sentença de improcedência em outros casos já idênticos, reproduzindo-se o teor da decisão anteriormente proferida –, com o indeferimento liminar da petição inicial, prevista no art. 267 do CPC.

O acréscimo do art. 285-A do CPC, no procedimento ordinário, condiciona a citação do réu a dois fatores, dispondo que:

> Art. 332. Nas causas que dispensem a fase instrutória, o juiz, independentemente da citação do réu, julgará liminarmente improcedente o pedido que contrariar:
>
> I – enunciado de súmula do Supremo Tribunal Federal ou do Superior Tribunal de Justiça;
>
> II – acórdão proferido pelo Supremo Tribunal Federal ou pelo Superior Tribunal de Justiça em julgamento de recursos repetitivos;
>
> III – entendimento firmado em incidente de resolução de demandas repetitivas ou de assunção de competência;
>
> IV – enunciado de súmula de tribunal de justiça sobre direito local.

§ 1º O juiz também poderá julgar liminarmente improcedente o pedido se verificar, desde logo, a ocorrência de decadência ou de prescrição.

§ 2º Não interposta a apelação, o réu será intimado do trânsito em julgado da sentença, nos termos do art. 241.

§ 3º Interposta a apelação, o juiz poderá retratar-se em 5 (cinco) dias.

§ 4º Se houver retratação, o juiz determinará o prosseguimento do processo, com a citação do réu, e, se não houver retratação, determinará a citação do réu para apresentar contrarrazões, no prazo de 15 (quinze) dias.

Assim sendo, a citação do réu somente ocorrerá, cumulativamente:

- se a prova constante dos autos já for suficiente ao convencimento do juízo acerca dos fatos e do direito versado nos autos; e
- se já existir entendimento pacificado na jurisprudência, seja por meio de súmula, seja por julgamento de recursos repetitivos.

Caso o autor apele, o juiz terá a possibilidade de se retratar no prazo de cinco dias, determinando o prosseguimento do feito. Mantida a sentença, o réu deve ser citado para responder ao recurso.

Todavia, o referido ordenamento jurídico merece algumas críticas, a seguir aduzidas.

A angularização processual somente é completa com a citação do réu – juiz – autor – réu. Nesse prisma, sem a formação da relação processual, não há processo.

No caso de ter sido interposto o recurso de apelação e o juiz mantiver a sentença, será ordenada a citação do réu para responder ao recurso, sem existir um processo.

Outra indagação pertinente se faz sobre a matéria que será impugnada pelo autor, ou seja, do que tratará o recurso de apelação, tendo em vista que a matéria nem sequer foi discutida.

Ademais, o réu será citado somente tendo o conhecimento da existência de um processo, na fase do recurso, o que, por si só, contraria o que vigora no ordenamento jurídico pátrio.

Analisando dessa forma, verifica-se que o dispositivo mostra facetas inconstitucionais, ferindo gravemente o princípio do contraditório, por não dar oportunidade à defesa do réu na fase do processo. Assim, antes mesmo que o réu tome conhecimento da existência de um processo em que figura no polo passivo, já existirá sentença, podendo o réu tomar conhecimento apenas na fase do recurso de apelação, se houver.

Outrossim, diante da possibilidade da improcedência liminar do pedido, vislumbra-se mais uma exceção ao princípio da proibição de reforma para pior, quando do julgamento do recurso de apelação em face da sentença que aplicou o art. 332 do CPC.

O ilustre doutrinador Barbosa Moreira (1998, p. 434) aduz que a reforma para pior ocorrerá quando "o órgão *ad quem*, no julgamento de um recurso, profere decisão mais desfavorável ao recorrente sob o ponto de vista prático, do que aquela contra a qual se interpôs o recurso".

Outra justificativa para impedir a *reformatio* in *pejus* se verifica no princípio da demanda – dispositivo. No entanto, neste caso se está diante de mais uma hipótese para essa ocorrência.

O novo art. 332 do CPC, como já visto, prevê a possibilidade de o juízo resolver imediatamente o feito – sem precisar citar o réu –, quando não houver necessidade de dilação probatória sobre a matéria jurídica, bem como já existir entendimento remansado sobre o tema, seja ele sumulado ou definido por meio de recurso repetitivo.

Evidentemente que, como o réu ainda não foi citado, não há que se falar em condenação em honorários advocatícios, caso o juiz aplique o art. 332.

Da referida decisão caberá recurso de apelação, sendo certo que o réu deverá ser intimado para apresentar suas contrarrazões.

Nesse sentido, para que o réu exerça o contraditório, será necessária a contratação de profissional habilitado, o que, evidentemente, implicará em despesas econômicas para este, consubstanciando a condenação em honorários à parte vencida.

Após as contrarrazões, caso o tribunal denegue o recurso, a situação do autor ficaria inalterada. Entretanto, no caso em exame, entendemos que o tribunal, ao confirmar a sentença que aplicou o art. 332, deve, de ofício, condenar o autor a ressarcir o réu dos gastos com honorários advocatícios.

A condenação em honorários será aplicada, pois, caso não o seja, haverá um empobrecimento sem justa causa do réu, por ter sido demandado de maneira indevida.

7.13.2 Agravo

O agravo é o recurso adequado contra decisões interlocutórias proferidas no processo.

Logo, é recurso cabível contra ato do juiz que resolve questão incidente no curso do processo – art. 203, § 2º, do CPC –, sem encerrar o feito, que prossegue em seu andamento regular; daí ser essa decisão denominada *interlocutória*.

É pertinente ressaltar, porém, que existem hipóteses em que a decisão tem natureza jurídica de sentença e, no entanto, o recurso cabível é o agravo – e não apelação, a exemplo da hipótese do indeferimento liminar da ação de reconvenção. Contra tal decisão cabe agravo de instrumento, já que o processo no qual foi encartada a reconvenção terá prosseguimento em sua marcha perante o juízo recorrido, e tal não seria possível se o recurso interposto contra tal indeferimento fosse a apelação, obrigando a remessa dos autos ao tribunal. Observe-se, ainda, existirem outros casos excepcionais de despachos – portanto irrecorríveis – que podem gerar prejuízos para uma das partes e, por isso, contra eles, excepcionalmente, tem de caber o recurso de agravo.

7.13.2.1 Agravo de instrumento

Segundo a sistemática atualmente adotada pelo CPC, foi extinta a figura do agravo retido, restando assim os recursos de agravo de instrumento, agravo interno e agravo em recurso especial e extraordinário.

Como é sabido, as decisões interlocutórias são pronunciamentos judiciais com conteúdo decisório, mas que não têm o condão de colocar fim à fase de conhecimento nem à execução.

Com isso em mente, importa destacar que parcela relevante das decisões interlocutórias, sob o manto do código atual, restaram sem correspondência recursal direta, tornando-se em tese irrecorríveis.

Assim, o legislador processual, buscando conferir maior especificidade às hipóteses de decisões interlocutórias recorríveis, entalhou no art. 1.015 a possibilidade de interposição de agravo de instrumento contra as decisões interlocutórias que versassem sobre os temas ali dispostos:

> Art. 1.015. Cabe agravo de instrumento contra as decisões interlocutórias que versarem sobre:
>
> I - tutelas provisórias;
>
> II - mérito do processo;
>
> III - rejeição da alegação de convenção de arbitragem;

IV - incidente de desconsideração da personalidade jurídica;

V - rejeição do pedido de gratuidade da justiça ou acolhimento do pedido de sua revogação;

VI - exibição ou posse de documento ou coisa;

VII - exclusão de litisconsorte;

VIII - rejeição do pedido de limitação do litisconsórcio;

IX - admissão ou inadmissão de intervenção de terceiros;

X - concessão, modificação ou revogação do efeito suspensivo aos embargos à execução;

XI - redistribuição do ônus da prova nos termos do art. 373, § 1º ;

XII - (VETADO);

XIII - outros casos expressamente referidos em lei.

Parágrafo único. Também caberá agravo de instrumento contra decisões interlocutórias proferidas na fase de liquidação de sentença ou de cumprimento de sentença, no processo de execução e no processo de inventário.

Eis que surgiu então a problemática de definir a natureza do rol do art. 1015 do CPC/2015, bem como a necessidade de verificar a possibilidade de sua interpretação extensiva, para se admitir a interposição de agravo de instrumento contra decisão interlocutória que versasse sobre hipóteses não expressas nos incisos do referido dispositivo do CPC vigente.

Assim, foram afetados os REsp n. 1.704.520/MT e REsp n. 1.696.396/MT, para julgamento sob o regime dos recursos repetitivos, tendo ao final o STJ firmado a Tese 988, segundo a qual:

> O rol do art. 1.015 do CPC é de taxatividade mitigada, por isso admite a interposição de agravo de instrumento quando verificada a urgência decorrente da inutilidade do julgamento da questão no recurso de apelação.

Com isso, restou adotada solução intermediária pelo ordenamento vigente, seguindo a linha do reconhecimento da taxatividade do rol, permitindo, contudo, a interposição do agravo de instrumento contra quaisquer decisões interlocutórias capazes de gerar dano irreparável à parte sem que haja urgente tutela jurisdicional para resguardar o direito da parte.

Destacamos nesse mister, inclusive, que o art. 1.009, § 1º, do CPC, a fim de coadunar logicamente a taxatividade mitigada do art. 1.015 com a garantias constitucionais do acesso à justiça e da ampla defesa, determinou que, nos casos em que decisões interlocutórias resolverem questões na fase de conhecimento sem que seja cabível a interposição de agravo de instrumento contra estas, não serão atingidas tais questões pela preclusão, sendo possível a suscitação destas enquanto preliminares da apelação, ou mesmo em contrarrazões de apelo interposto pela *ex adversa*.

> Art. 1.009. Da sentença cabe apelação.
>
> § 1º As questões resolvidas na fase de conhecimento, se a decisão a seu respeito não comportar agravo de instrumento, não são cobertas pela preclusão e devem ser suscitadas em preliminar de apelação, eventualmente interposta contra a decisão final, ou nas contrarrazões.

7.13.2.1.1 Procedimento do agravo de instrumento

O prazo para interposição do agravo de instrumento é de 15 dias úteis, segundo a padronização dos prazos operada pelo art. 1.003, § 5º, do CPC, sendo contado da intimação da decisão a ser objurgada.

Cabe ressaltar que a Fazenda Pública bem como o Ministério Público gozam de prazo em dobro para recorrer, conforme determinam os arts. 180 e 183 do CPC. Assim também acontecerá em casos de litisconsortes com diferentes procuradores, porém apenas nos casos de processos que ainda tramitarem fisicamente, conforme art. 229, § 2º, do CPC. Os defensores público ou quem exerça cargo equivalente – nos estados onde a assistência judiciária é mantida e organizada por eles – também terão o prazo em dobro, nos termos do art. 186 do Código.

A petição do agravo de instrumento, interposta no juízo *ad quem*, deverá atender, para ser processada, aos seguintes requisitos essenciais (art. 1.016, CPC):

- I - os nomes das partes;
- II - a exposição do fato e do direito;
- III - as razões do pedido de reforma ou de invalidação da decisão e o próprio pedido;
- IV - o nome e o endereço completo dos advogados constantes do processo.

Em cumprimento aos preceitos legais, a petição do agravo de instrumento deverá ser acompanhada, obrigatoriamente, com cópias da petição inicial, da contestação, da petição que ensejou a decisão agravada, da própria decisão agravada, da certidão da respectiva intimação ou outro documento oficial que comprove a tempestividade e das procurações outorgadas aos advogados do agravante e do agravado (art. 1.017, I, CPC).

Note-se que, em não juntando os documentos essenciais à interposição do agravo, o relator concederá cinco dias ao agravante para que regularize o vício ou complemente a documentação necessária do recurso, segundo assegura o parágrafo único do art. 932 do CPC.

Cabe ponderar que existem situações em que inexistem procurações conferidas por todos os litigantes. Nesse caso, é aconselhável que o agravante relate o fato em sua petição, demonstrando a razão pela qual não fora providenciada a juntada de procuração relativamente a determinada parte.

O agravante poderá instruir seu recurso com a juntada de documentos não obrigatórios, se achar pertinente assim proceder. Caso queira juntar documentos que não estejam nos autos, o agravante deverá respeitar os limites dispostos no art. 435 do CPC: "É lícito às partes, em qualquer tempo, juntar aos autos documentos novos, quando destinados a fazer prova de fatos ocorridos depois dos articulados ou para contrapô-los aos que foram produzidos nos autos".

Caso o documento seja juntado em grau recursal, sendo que o mesmo não tenha sido submetido ao juízo *a quo*, deverá ser analisado com as cautelas necessárias, para se evitar a supressão de instância.

Com relação às custas de porte de remessa e retorno para a interposição do agravo, o Ministério Público, a União, os estados, os municípios e respectivas autarquias estão dispensados do referido pagamento, bem como aqueles que gozam de isenção legal (art. 1.007, § 1º, CPC).

Contudo, nos casos em que os autos tramitem eletronicamente, o recolhimento do porte de remessa e retorno também será dispensado, conforme preconiza o § 3º do mesmo artigo.

A obrigatoriedade de informação da interposição do agravo de instrumento nos autos de origem sobreviveu sob a égide do código atual apenas quando os autos forem físicos, consoante preconiza o art. 1.018, § 3º, do diploma vigente, ocasião em que o recorrente será obrigado a juntar aos autos principais a cópia da petição do agravo de instrumento e do comprovante da sua interposição, bem como a relação de todos os documentos que instruíram o referido recurso.

Tal providência viabiliza ao juízo *a quo* modificar a decisão proferida, caso este reconheça que existe pertinência nas razões do agravante. Vale salientar que, caso não seja cumprida a referida providência, somente se configurará a inadmissibilidade do recurso se a parte contrária se manifestar a respeito – nos casos físicos, conforme § 3º do art. 1.018.

Recebido no tribunal, o agravo será imediatamente distribuído ao relator, que poderá monocraticamente decidir – desde logo – o destino do recurso, com base nas mesmas hipóteses de julgamento do art. 932 aplicáveis à apelação.

Caso o agravante, ou até mesmo o agravado, discorde da decisão monocrática, será cabível a interposição de outro agravo, qual seja, o agravo interno previsto no art. 1.021 do CPC, dirigido ao órgão competente para o julgamento do recurso, para apreciação colegiada.

Note-se que, sob a sistemática atual, caberá ao relator do agravo de instrumento, tão logo recebido o recurso, decidir em até cinco dias acerca da atribuição de efeito suspensivo ao recurso ou deferir, em antecipação de tutela, total ou parcialmente, a pretensão recursal, comunicando ao juiz sua decisão, caso haja pedido para tanto pelo recorrente (art. 1.019, I, CPC).

Caso seja necessária a oitiva do Ministério Público, deverá ser feita nesse momento, para que se pronuncie no prazo de 15 dias.

Se o juízo agravado se retratar e reformar sua decisão, o agravo será tido por prejudicado (art. 1.018, § 1º).

Contra o deferimento ou indeferimento de efeito suspensivo ou da antecipação da tutela recursal, caberá o agravo interno previsto no art. 1.021 do CPC.

7.13.2.2 Regras para julgamento dos órgãos colegiados em face dos recursos de agravo e apelação

O art. 940, visando conferir maior precisão jurídica aos julgados proferidos pelos órgãos colegiados, assegurou o direito do relator ou de outro julgador que, ao ter contato mais próximo com feito ou informação da qual não dispunha anteriormente, vislumbre a necessidade de se apropriar melhor dos fatos, provas e fundamentos do recurso, ocasião em que poderá requerer vistas, sendo designada nova sessão de julgamento para prolação de seu voto.

> Art. 940. O relator ou outro juiz que não se considerar habilitado a proferir imediatamente seu voto poderá solicitar vista pelo prazo máximo de 10 (dez) dias, após o qual o recurso será reincluído em pauta para julgamento na sessão seguinte à data da devolução.
>
> § 1º Se os autos não forem devolvidos tempestivamente ou se não for solicitada pelo juiz prorrogação de prazo de no máximo mais 10 (dez) dias, o presidente do órgão fracionário os requisitará para julgamento do recurso na sessão ordinária subsequente, com publicação da pauta em que for incluído.

§ 2º Quando requisitar os autos na forma do § 1º, se aquele que fez o pedido de vista ainda não se sentir habilitado a votar, o presidente convocará substituto para proferir voto, na forma estabelecida no regimento interno do tribunal.

O art. 941 do diploma processual manteve o *quórum* ordinário de julgamento pelos órgãos colegiados dos recursos levados à apreciação a partir da segunda instância, visando garantir maior segurança jurídica às decisões, com três julgadores do órgão responsável, seja este órgão, câmara, turma, grupos de câmaras etc., propiciando maior grau de precisão às decisões emanadas pelo Poder Judiciário.

Art. 941. Proferidos os votos, o presidente anunciará o resultado do julgamento, designando para redigir o acórdão o relator ou, se vencido este, o autor do primeiro voto vencedor.

§ 1º O voto poderá ser alterado até o momento da proclamação do resultado pelo presidente, salvo aquele já proferido por juiz afastado ou substituído.

§ 2º No julgamento de apelação ou de agravo de instrumento, a decisão será tomada, no órgão colegiado, pelo voto de 3 (três) juízes.

7.13.2.3 Agravo interno

O agravo interno teve seu advento com a Lei n. 13.105/2015, que concentrou sob o referido instrumento a função de impugnar as decisões monocráticas proferidas pelo relator em tribunal.

Situado no art. 1.021 do estatuto processual, seu objetivo é submeter a decisão do relator à apreciação do órgão colegiado para que a reforme ou mantenha, garantindo que, mesmo nos casos em que o relator entender pela aplicação do art. 932 ao recepcionar o recurso, a parte tenha assegurada a apreciação de sua impugnação pela composição completa do colegiado:

Art. 1.021. Contra decisão proferida pelo relator caberá agravo interno para o respectivo órgão colegiado, observadas, quanto ao processamento, as regras do regimento interno do tribunal.

§ 1º Na petição de agravo interno, o recorrente impugnará especificadamente os fundamentos da decisão agravada.

§ 2º O agravo será dirigido ao relator, que intimará o agravado para manifestar--se sobre o recurso no prazo de 15 (quinze) dias, ao final do qual, não havendo retratação, o relator levá-lo-á a julgamento pelo órgão colegiado, com inclusão em pauta.

§ 3º É vedado ao relator limitar-se à reprodução dos fundamentos da decisão agravada para julgar improcedente o agravo interno.

§ 4º Quando o agravo interno for declarado manifestamente inadmissível ou improcedente em votação unânime, o órgão colegiado, em decisão fundamentada, condenará o agravante a pagar ao agravado multa fixada entre um e cinco por cento do valor atualizado da causa.

§ 5º A interposição de qualquer outro recurso está condicionada ao depósito prévio do valor da multa prevista no § 4º, à exceção da Fazenda Pública e do beneficiário de gratuidade da justiça, que farão o pagamento ao final.

Sua instituição cuidou de garantir à parte a prevalência do princípio da singularidade recursal, eliminando dúvidas acerca de qual instrumento manejar contra a decisão do relator nas diferentes hipóteses do art. 932.

Também se presta o agravo interno a impugnar decisões dos tribunais que negarem seguimento de recursos ou os sobrestarem diante da pendência ou existência de julgamento de recursos repetitivos ou em casos de repercussão geral (art. 1.030, § 2º).

Outra questão que surgiu com a vinda do agravo interno ao ordenamento pátrio foi a da aplicação de multa prevista no § 4º do art. 1.021 do CPC quando o acórdão recorrido se baseia em precedente qualificado.

Isso porque, em muitos casos, o relator, ao recepcionar o recurso, o entendia de plano inadmissível ou improcedente ao, por exemplo, aplicar entendimento de súmula ou tema de recurso repetitivo, mas sobre o qual a parte recorrente entendia que não havia identidade de méritos ou que a aplicação do entendimento havia ocorrido de maneira equivocada.

Por tal razão, foram levados tais reclamos às instâncias superiores, tendo o Superior Tribunal de Justiça afetado os REsp n. 2.043.826/SC, REsp n. 2.043.887/SC, REsp n. 2.044.143/SC, REsp n. 2.006.910/PA, para julgamento do Tema n. 1.201 sob a sistemática dos recursos repetitivos.

Referido tema busca sacramentar:

- a aplicabilidade da multa prevista no § 4º do art. 1.021 do CPC quando o acórdão recorrido se baseia em precedente qualificado (art. 927, III, do CPC);
- a possibilidade de se considerar manifestamente inadmissível ou improcedente (ainda que em votação unânime) agravo interno cujas razões apontam a indevida ou incorreta aplicação de tese firmada em sede de precedente qualificado.

Contudo, na prática forense, é possível verificar que a ameaça iminente de aplicação de multa já quando da prolação de decisão pelo relator do recurso costuma ter efeito pernicioso sobre o exercício do direito de recorrer da parte, bem como refrea de maneira ilegítima sua garantia de uma entrega jurisdicional eficaz e de acesso à Justiça.

Assim, entendemos que tanto a permissão de rechaçar de plano agravo interno que apontar indevida ou incorreta aplicação de tese firmada em precedente qualificado quanto a aplicação de multa com base apenas nesse fundamento mostram-se retrocessos ante os avanços do processo civil brasileiro no tocante a tornar o processo instrumento mais eficaz de realização da justiça.

7.13.3 Julgamento estendido em acórdãos não unânimes

A Lei 13.105/15 sabidamente trouxe consigo o escopo magno de conferir maior celeridade e eficácia à atividade jurisdicional, buscando preservar a segurança jurídica, otimizando o *iter* processual em busca de uma tutela efetiva e justa.

Nessa esteira, um dos principais pontos inscritos pelo diploma no que atina aos institutos recursais foi a supressão dos embargos infringentes, que foram substituídos pelo chamado *julgamento estendido*, nos casos de decisão não unânime.

Mencionado instituto teve seu advento no art. 942 do estatuto processual vigente:

> Art. 942. Quando o resultado da apelação for não unânime, o julgamento terá prosseguimento em sessão a ser designada com a presença de outros julgadores, que serão convocados nos termos previamente definidos no regimento interno, em número suficiente para garantir a possibilidade de inversão do resultado inicial, assegurado às partes e a eventuais terceiros o direito de sustentar oralmente suas razões perante os novos julgadores.
>
> § 1º Sendo possível, o prosseguimento do julgamento dar-se-á na mesma sessão, colhendo-se os votos de outros julgadores que porventura componham o órgão colegiado.
>
> § 2º Os julgadores que já tiverem votado poderão rever seus votos por ocasião do prosseguimento do julgamento.
>
> § 3º A técnica de julgamento prevista neste art. aplica-se, igualmente, ao julgamento não unânime proferido em:

I - ação rescisória, quando o resultado for a rescisão da sentença, devendo, nesse caso, seu prosseguimento ocorrer em órgão de maior composição previsto no regimento interno;

II - agravo de instrumento, quando houver reforma da decisão que julgar parcialmente o mérito.

§ 4º Não se aplica o disposto neste art. ao julgamento:

I - do incidente de assunção de competência e ao de resolução de demandas repetitivas;

II - da remessa necessária;

III - não unânime proferido, nos tribunais, pelo plenário ou pela corte especial.

Se os extintos embargos infringentes partiam de provocação da parte por novo julgamento quando a decisão anteriormente proferida pelo tribunal não era revestida de unanimidade, no atual código, o julgamento não unânime resulta automaticamente na ampliação do *quórum* de julgamento para revisitar a decisão.

Assim, quando não alcançada a unanimidade, tomar-se-ão os votos de juízes "em número suficiente para garantir a possibilidade de inversão do resultado inicial" (art. 942, caput, do CPC).

À guisa de exemplo, caso o desfecho ordinário do julgamento da apelação com quórum de três julgadores (cf. art. 941, § 2º, do CPC) siga pela maioria dos votos (dois vencedores e um vencido), o julgamento prosseguirá, se possível na mesma sessão, com a tomada de voto de mais dois togados, *quórum* este que seria suficiente para se inverter o resultado, ampliando assim o colegiado e possibilitando, neste caso, que o julgado tivesse resultado oposto, com três votos vencedores e dois vencidos.

Por se tratar de instituto ainda jovem em nosso ordenamento, vem gerando grande repercussão jurisprudencial que merece ser analisada.

Isso porque a redação adotada pelo legislador não esclareceu algumas questões de suma relevância, como se o julgamento a ser estendido poderá referir-se a questões preliminares relativas ao juízo de admissibilidade do recurso ou sobre o seu mérito e, ainda, se a objeto de reanálise.

Nesses casos, o STJ definiu que a ampliação ocorrerá sobre qualquer decisão não unânime, inclusive acerca de preliminares recursais, destacando que não estará o *quórum* estendido adstrito aos méritos recursais sobre os quais houve divergência de entendimento, mas sim competindo-lhes também a apreciação da totalidade dos recursos:

RECURSO ESPECIAL. PROCESSUAL CIVIL. CPC/15. ART. 942, CAPUT, DO CPC. JULGAMENTO NÃO UNÂNIME DE QUESTÃO PRELIMINAR. APELAÇÃO ADESIVA. TÉCNICA DE AMPLIAÇÃO DO COLEGIADO. INOBSERVÂNCIA. NULIDADE. 1. Ação de indenização ajuizada contra os recorrentes visando à reparação de danos morais. 2. Controvérsia em torno da necessidade de aplicação da técnica de ampliação do colegiado, prevista no art. 942 do CPC, na hipótese em que não há unanimidade no juízo de admissibilidade recursal. 3. Proclamado o resultado do julgamento das apelações no dia 9/6/2016, não há dúvidas acerca da incidência das normas insertas no Código de Processo Civil de 2015. 4. Consoante entendimento de ambas as Turmas que compõem a 2ª Seção do STJ, diferentemente dos embargos infringentes regulados pelo CPC/73, a nova técnica de ampliação do colegiado é de observância automática e obrigatória sempre que o resultado da apelação for não unânime e não apenas quando ocorrer a reforma de sentença. 5. O art. 942 do CPC não determina a ampliação do julgamento apenas em relação às questões de mérito. 6. Na apelação, a técnica de ampliação do colegiado deve ser aplicada a qualquer julgamento não unânime, incluindo as questões preliminares relativas ao juízo de admissibilidade do recurso. 7. No caso, o Tribunal de origem, ao deixar de ampliar o quórum da sessão realizada no dia 9/6/2016, diante da ausência de unanimidade com relação à preliminar de não conhecimento da apelação interposta de forma adesiva pelo autor, inobservou o enunciado normativo inserto no art. 942 do CPC, sendo de rigor declarar a nulidade por "error in procedendo". 8. Ainda que a preliminar acolhida pelo voto minoritário careça de previsão legal, inviável ao Superior Tribunal de Justiça sanar a nulidade apontada, pois o art. 942 do CPC enuncia uma técnica de observância obrigatória pelo órgão julgador, devendo ser aplicada no momento imediatamente posterior à colheita dos votos e à constatação do resultado não unânime quanto à preliminar. 9. Uma vez ampliado o colegiado, os novos julgadores convocados não ficam adstritos aos capítulos em torno dos quais se estabeleceu a divergência, competindo-lhes também a apreciação da integralidade das apelações. 10. RECURSO ESPECIAL PROVIDO PARA DECLARAR A NULIDADE DO JULGAMENTO DAS APELAÇÕES, DETERMINANDO O RETORNO DOS AUTOS AO TRIBUNAL DE ORIGEM PARA QUE SEJA CONVOCADA NOVA SESSÃO PARA PROSSEGUIMENTO DO JULGAMENTO. (STJ, REsp n. 1.798.705/SC, Rel. Min. Paulo de Tarso Sanseverino, j. em 22/10/2019, DJe de 28/10/2019)

Outra questão também estabelecida pelas instâncias de cúpula se deve ao fato de que, nos antigos embargos infringentes, o recurso era cabível apenas quando o julgamento pelo tribunal reformava a sentença de origem; ora restou estabelecido entendimento de que o julgamento estendido será aplicado sempre que o resultado do julgamento não for unânime, seja ele para manter ou reformar a decisão objurgada:

> RECURSO ESPECIAL. PROCESSO CIVIL. CPC/2015, ART. 942. TÉCNICA DE AMPLIAÇÃO DE JULGAMENTO. DECISÕES COM MAIOR GRAU DE CORREÇÃO E JUSTIÇA. ECONOMIA E CELERIDADE. APELAÇÃO NÃO UNÂNIME QUE REFORMA OU MANTÉM A SENTENÇA IMPUGNADA. EMPREGO AUTOMÁTICO E OBRIGATÓRIO. 1. Nos termos do caput do art. 942 do CPC/2015, quando o resultado da apelação for não unânime, o julgamento terá prosseguimento em sessão a ser designada com a presença de outros julgadores, em número suficiente para garantir a possibilidade de inversão do resultado inicial. 2. A técnica de ampliação do julgamento prevista no CPC/2015 possui objetivo semelhante ao que possuíam os embargos infringentes do CPC/1973, que não mais subsistem, qual seja a viabilidade de maior grau de correção e justiça nas decisões judiciais, com julgamentos mais completamente instruídos e os mais proficientemente discutidos, de uma maneira mais econômica e célere. 3. Contudo, diferentemente dos embargos infringentes do CPC/1973 - que limitava, no caso da apelação, a incidência do recurso aos julgamentos que resultassem em reforma da sentença de mérito -, a técnica de julgamento prevista no CPC/2015 deverá ser utilizada quando o resultado da apelação for não unânime, independentemente de ser julgamento que reforma ou mantém a sentença impugnada. 4. A forma de julgamento prevista no art. 942 do CPC de 2015 não se configura como espécie recursal nova, porquanto seu emprego será automático e obrigatório, conforme indicado pela expressão "o julgamento terá prosseguimento", no caput do dispositivo, faltando-lhe, assim, a voluntariedade e por não haver previsão legal para sua existência (taxatividade). 5. Recurso especial provido. (STJ, REsp n. 1.733.820/SC, Rel. Min. Luis Felipe Salomão, j. em 02/10/2018, DJe de 10/12/2018)

Relevante notar, nesse mister, que ao contrário do entendimento acerca da decisão não unânime em julgamento de apelação, aplicando o julgamento estendido tanto nos casos de reforma quanto de mantença da sentença de origem em sede de apelação, os incisos do § 3º do art. 942 estabelecem que o julgamento estendido também será aplicável nos casos de ação rescisória ou agravo de instrumento, mas somente quando houver rescisão do julgado no caso do inciso I ou reforma parcial do julgado no caso do inciso II, definindo critérios mais rigorosos de aplicação do instituto nesses casos.

Tal como salientado pelos julgados dos Tribunais Superiores, o julgamento estendido – após a superação das típicas controvérsias surgidas com qualquer instituto novo no ordenamento – vem se mostrando meio de aprimoramento do contraditório, bem como forma de conferir maior correção aos julgados, com atenção mais detida a matérias que possam ensejar divergências, sendo instrumento salutar à realização da Justiça.

7.13.4 Embargos de declaração

Topograficamente posicionados no título dos recursos no CPC, os embargos de declaração revelam verdadeira natureza jurídica de recurso, sendo o meio mais amplo encontrado no ordenamento, posto que cabível contra qualquer decisão judicial recorrível.

Previstos no art. 1.022 do atual estatuto, os embargos de declaração serão cabíveis quando se pretende:

> Art. 1.022. [...]
>
> I - esclarecer obscuridade ou eliminar contradição;
> II - suprir omissão de ponto ou questão sobre o qual devia se pronunciar o juiz de ofício ou a requerimento;
> III - corrigir erro material.
>
> Parágrafo único. Considera-se omissa a decisão que:
>
> I - deixe de se manifestar sobre tese firmada em julgamento de casos repetitivos ou em incidente de assunção de competência aplicável ao caso sob julgamento;
> II - incorra em qualquer das condutas descritas no art. 489, § 1º.

Convém clarificar os tipos de vícios que podem ser apontados:

- **Contradição** – Entre os elementos da decisão embargada, não sendo pertinente inquirir sobre a contradição das provas dos autos ou com o direito aplicado, sendo tais circunstâncias matéria de apelação.
- **Obscuridade** – Obstáculo que impede a compreensão da sentença.
- **Omissão** – Ausência de manifestação sobre uma questão relevante para a solução da lide, podendo ser considerada questão de fato ou de direito que se tornou controvertido.

Conforme exposto, verifica-se que os embargos constituem remédio processual para ser utilizado após a prolação de qualquer decisão judicial a que se repute vício de obscuridade ou contradição, ou mesmo quando da ocorrência de pronunciamento incompleto por parte de um juiz ou tribunal, sendo extraído o primeiro pressuposto para a propositura do recurso, a saber: a prolação de decisão ou a ausência de necessária manifestação por parte do juiz singular ou do tribunal.

Nesse esteio, o código vigente cuidou de esclarecer o cabimento dos embargos de declaração para toda e qualquer decisão judicial, seja ela sentença, acórdão, despacho ou decisão interlocutória, conforme previsão expressa do *caput* do art. 1.022.

Cumpre mencionar que o parágrafo único do art. 1.022 ampliou as hipóteses de cabimento dos embargos nos casos de omissão da decisão aclarada.

Assim, diante da sistemática vigente dos recursos repetitivos, inscrevendo importante inovação processual quanto aos precedentes qualificados, entendeu o legislador que a decisão também seria omissa quando deixasse de se manifestar acerca de julgamento de casos repetitivos ou de incidente de assunção de competência aplicável ao caso sob julgamento, conforme previsto no inciso I do parágrafo único do aludido artigo.

Igualmente, por meio do inciso II do referido dispositivo, passou a se considerar omissa também a decisão que não trouxesse fundamentação suficiente, nos termos das balizas entalhadas no § 1º do art. 489 do código, a saber:

> § 1º Não se considera fundamentada qualquer decisão judicial, seja ela interlocutória, sentença ou acórdão, que:
>
> I – se limitar à indicação, à reprodução ou à paráfrase de ato normativo, sem explicar sua relação com a causa ou a questão decidida;
>
> II – empregar conceitos jurídicos indeterminados, sem explicar o motivo concreto de sua incidência no caso;
>
> III – invocar motivos que se prestariam a justificar qualquer outra decisão;
>
> IV – não enfrentar todos os argumentos deduzidos no processo capazes de, em tese, infirmar a conclusão adotada pelo julgador;
>
> V – se limitar a invocar precedente ou enunciado de súmula, sem identificar seus fundamentos determinantes nem demonstrar que o caso sob julgamento se ajusta àqueles fundamentos;
>
> VI – deixar de seguir enunciado de súmula, jurisprudência ou precedente invocado pela parte, sem demonstrar a existência de distinção no caso em julgamento ou a superação do entendimento.

Desta maneira, não há dúvidas acerca da relevância outorgada pelo legislador processual à figura dos embargos de declaração, que passou a ter cabimento em uma gama ainda maior de hipóteses, com respaldo legal para que sua apreciação possa influenciar efetivamente nos rumos do processo.

É relevante apontar que, na esteira do art. 1.003, § 5º, já exposto alhures, o prazo para oposição dos embargos de declaração será de cinco dias a contar da intimação da decisão a ser aclarada.

Após a análise do prazo, bem como tendo sido proferida decisão judicial, as referidas circunstâncias já impõem o conhecimento do recurso, mesmo que não haja constatação dos vícios na peça, posto que a existência ou não de contradições, obscuridades ou omissões constitui matéria de mérito dos embargos, cujo conhecimento levará à sua procedência ou improcedência.

O conhecimento dos embargos está adstrito a seu direcionamento a uma decisão judicial ou a uma ausência de pronunciamento, bem como à observância do prazo legal para sua interposição. Preenchidos tais requisitos, é irrelevante, para o conhecimento do remédio processual, se os vícios alegados realmente existem, porquanto sua análise deve ser procedida num momento posterior.

Noutra quadra, somente deixarão de ser conhecidos os embargos interpostos caso seja verificada sua intempestividade, ou não se dirijam a uma decisão judicial ou, ainda, ante a ausência de pronunciamento necessário.

Verificada a presença dos referidos requisitos, o magistrado observará se realmente existem os vícios cogitados pelo embargante na decisão ou omissão atacada. Caso a resposta seja positiva, os embargos serão acolhidos; do contrário, impor-se-á o desacolhimento destes.

É fundamental observar que os dois casos referidos analisam o mérito dos embargos de declaração, não podendo ser confundidos com as hipóteses de seu conhecimento, porquanto só se analisa a existência de vícios – contradição, obscuridade e omissão – após já os ter conhecido, ou seja, não se pode caracterizar o não conhecimento dos embargos de declaração pela inexistência dos vícios apontados pelo embargante.

O fim da prestação jurisdicional de primeira instância é constatado quando proferida a decisão que afirma inexistirem os vícios alegados pela parte, e, portanto, julgados improcedentes os embargos declaratórios, sendo o recurso conhecido e não acolhido – sem prejuízo da análise de sua utilização para protelar o feito, que ensejará a aplicação das penalidades contidas no art. 1.026, § 2º, do CPC.

É pertinente a ponderação de que, quando os embargos de declaração são utilizados de forma abusiva, faz-se necessário notar que nem tal constatação autoriza o desconhecimento da peça, posto que o ordenamento jurídico regulamenta em sede terminativa as consequências de tal prática. Logo, caso seja caracterizado o intuito protelatório dos embargos, o recurso não pode deixar de ser conhecido sob esse fundamento, sendo imputado ao magistrado seguir a regra do código, no qual se permite a aplicação de multa ao embargante.

Diante da análise do recurso e constatada pelo julgador a existência dos vícios apontados pelo embargante, faz-se necessária a reanálise da decisão.

7.13.4 Efeito modificativo dos embargos de declaração

Com o acolhimento dos embargos de declaração opostos, cabe ao julgador corrigir os vícios constantes na decisão, bem como delimitar seus efeitos, ou seja, se a correção do vício pleiteado acarretará alguma modificação relevante no teor da decisão embargada – o efeito infringente.

A aceitação dos efeitos infringentes dos embargos de declaração, em hipóteses pontuais, já era questão suficientemente pacífica na jurisprudência pátria, encontrando-se entalhada no estatuto processual vigente, sob o art. 1.023, § 2º, o qual determina ao magistrado que, nos casos em que o acolhimento dos embargos de declaração possa causar modificação no desfecho do julgamento, intime a parte embargada para manifestar-se sobre os embargos opostos, em respeito ao princípio do contraditório:

> Art. 1.023. Os embargos serão opostos, no prazo de 5 (cinco) dias, em petição dirigida ao juiz, com indicação do erro, obscuridade, contradição ou omissão, e não se sujeitam a preparo.
>
> § 1º Aplica-se aos embargos de declaração o art. 229 .
>
> § 2º O juiz intimará o embargado para, querendo, manifestar-se, no prazo de 5 (cinco) dias, sobre os embargos opostos, caso seu eventual acolhimento implique a modificação da decisão embargada.

De início, faz-se necessário afirmar que tal possibilidade não deve ser limitada às hipóteses de omissão e contradição, haja vista que, caso constatada a obscuridade, sua correção e o esclarecimento do julgado pelo próprio togado poderá lhe trazer nova percepção sobre fato que eventualmente não estivesse suficientemente claro, considerando a falibilidade humana.

Com relação às contradições e omissões, o saneamento da decisão poderá com maior força implicar em alteração substancial do julgamento, pois, em decorrência disso, pode o julgador analisar uma alegação ainda não apreciada – omissão – ou até mesmo alterar uma conclusão contida no *decisum* que não tem relação com sua fundamentação – contradição.

Ainda, o entendimento dos tribunais sempre caminhou no sentido de permitir a utilização dos embargos de declaração nos casos em que o julgador adotar premissa equivocada para tomada de decisão, ocasião em que seu aclaramento e correção pelo juízo poderá acarretar igualmente alteração do julgado.

O entendimento dos tribunais superiores ecoa na previsão legal da possibilidade de outorga de caráter infringente aos embargos de declaração, em hipóteses pontuais, nas quais seja possível a mudança do julgamento em decorrência do acolhimento do recurso:

> PROCESSUAL CIVIL. AGRAVO INTERNO NO AGRAVO EM RECURSO ESPECIAL. JULGAMENTO DOS EMBARGOS DE DECLARAÇÃO. ALTERAÇÃO DO JULGADO. PREMISSA EQUIVOCADA. CARÁTER INFRINGENTE. POSSIBILIDADE. AGRAVO INTERNO NÃO PROVIDO. 1. A atribuição de efeitos infringentes aos embargos de declaração é possível, em hipóteses excepcionais, para corrigir premissa equivocada no julgamento, bem como nos casos em que, sanada a omissão, a contradição ou a obscuridade, a alteração da decisão surja como consequência necessária. 2. Agravo interno não provido. (STJ, AgInt no AREsp n. 2.175.102/MT, Rel. Min. Moura Ribeiro, j. em 20/03/2023, DJe de 22/03/2023)

Nos referidos casos, além da correção do vício alardeado pelo embargante, cumpre ao julgador determinar em que efeito resultará a decisão embargada, ou seja, se a correção do vício modificará a conclusão ou fundamentação da sentença inicialmente proferida.

Podemos citar como exemplo a apreciação de uma decisão que examina um pedido de indenização, cuja tese de defesa suscita o instituto da prescrição. Ao proferir a sentença, o magistrado julga procedente a ação, sem, contudo, apreciar a prescrição.

No caso em tela, caberá ao réu interpor embargos de declaração, alegando omissão no julgamento, em resposta aos quais, admitindo-se sua interposição no prazo legal, deverá o magistrado, conhecendo do recurso, apreciá-lo acerca da prescrição. Sendo reconhecida, o julgamento resultará efeito modificativo para a decisão originária – por ser considerado o pedido improcedente.

Dessa forma, deverá constar na referida decisão que aprecia os embargos o seu conhecimento, com o julgamento procedente, onde será sanada a omissão e apreciado o argumento do réu, imputando à decisão originária efeito infringente, alterando a conclusão da decisão.

Ressalte-se que, mesmo se a alegação da prescrição fosse infundada, porém não tivesse sido apreciada, o magistrado reconheceria sua omissão. No entanto, rejeitaria o argumento do réu, mantendo a procedência do pedido.

Nessa última hipótese, os embargos seriam conhecidos e não acolhidos, porém desprovidos de efeito modificativo, visto que a decisão atacada foi mantida.

7.13.4.2 Efeitos processuais dos embargos de declaração

Aspecto fundamental a ser observado reside no que dispõe o *caput* do art. 1.026 do CPC, onde se lê: "Os embargos de declaração não possuem efeito suspensivo e interrompem o prazo para a interposição de recurso".

O dispositivo transcrito é claro ao estabelecer o efeito processual que decorre da interposição dos embargos, o qual se consubstancia na interrupção do prazo para a interposição de outros recursos.

Todavia, para que se opere tal efeito, faz-se necessário que os embargos de declaração tenham sido conhecidos, pois, do contrário, a peça processual é tida como inexistente, e, por isso, incapaz de produzir qualquer efeito processual, tampouco a interrupção do prazo – conforme entendimento do STJ, como se exemplifica:

> PROCESSUAL CIVIL. EMBARGOS DE DECLARAÇÃO NÃO CONHECIDOS. NÃO INTERRUPÇÃO DO PRAZO PARA INTERPOSIÇÃO DOS RECURSOS POSTERIORES. PRECEDENTES. AGRAVO INTERNO INTEMPESTIVO. 1. A decisão que determinou o retorno dos autos ao Tribunal de origem (fls. 916-918, e-STJ) foi atacada por Embargos de Declaração (fls. 920-931, e-STJ), dos quais não se conheceu em decisão às fls. 942-943, e-STJ. 2. Observa-se que a decisão agravada (fls. 916-918, e-STJ) foi publicada em 2.6.2021, enquanto o Agravo Interno foi interposto somente em 25.11.2021. 3. O STJ entende que os Embargos de Declaração não conhecidos não causam a interrupção dos prazos para os demais recursos. Dessa forma, constata-se que o Agravo Interno é intempestivo. Nesse sentido: AgInt no REsp 1.708.777/RJ, Rel. Min. Francisco Falcão, Segunda Turma, DJe 12.12.2018; AgRg no AREsp 611.755/RS, Rel. Min. Herman Benjamin, Segunda Turma, DJe 31.3.2015; e AgRg nos EDcl no REsp 1.889.035/SC, Rel. Min. Rogério Schietti Cruz, Sexta Turma, DJe 17.12.2021. 4. Agravo Interno não conhecido. (STJ, AgInt nos EDcl no REsp n. 1.934.033/PE, j. em 16/05/2022, DJe de 24/06/2022)

Igualmente, os embargos de declaração não terão o condão de suspender o prazo recursal nos casos de despacho denegatório de recurso especial ou extraordinário, na medida em que, contra tais decisões, a única hipótese recursal cabível é a do agravo previsto no art. 1.042, segundo entendimento remansado dos tribunais:

> AGRAVO INTERNO NOS EMBARGOS DE DECLARAÇÃO NOS EMBARGOS DE DIVERGÊNCIA. AUSENTES AS HIPÓTESES DE ADMISSIBILIDADE. EMBARGOS DE DECLARAÇÃO NO AGRAVO EM RECURSO ESPECIAL. INTEMPESTIVIDADE. 1. Não prospera o agravo interno cujos fundamentos são a reiteração dos mesmos fundamentos expostos no recurso anteriormente indeferido. 2. A interposição de recurso manifestamente incabível não interrompe o prazo recursal. Assim,

os embargos de declaração opostos a decisão que inadmite recurso especial não interrompem o prazo para a interposição do agravo em recurso especial, único recurso cabível na hipótese. 3. Agravo interno desprovido. (STJ, AgInt nos EDcl nos EAREsp n. 1.632.917/SP, Rel. Min. João Otávio de Noronha, j. em 09/03/2021, DJe de 11/03/2021)

Note-se, ainda, que a interpretação da suspensão do prazo operada pelo manejo dos embargos de terceiro refere-se apenas à interposição de recursos, não aplicando-se a outros meios de defesa ou de impugnação, conforme entendimento mais atualizado dos tribunais superiores:

> RECURSO ESPECIAL. IMPUGNAÇÃO AO CUMPRIMENTO DE SENTENÇA. INTEMPESTIVIDADE. OPOSIÇÃO DE EMBARGOS DE DECLARAÇÃO. EFEITO INTERRUPTIVO. DEFESA DO DEVEDOR. INTERPRETAÇÃO EXTENSIVA. IMPOSSIBILIDADE. RECURSO PROVIDO. 1. Os embargos de declaração interrompem o prazo apenas para a interposição de recurso, não sendo possível conferir interpretação extensiva ao art. 1.026 do CPC/2015 a fim de estender o significado de recurso às defesas ajuizadas pelo executado. 2. Recurso especial a que se dá provimento para julgar intempestiva a impugnação ao cumprimento de sentença. (STJ, REsp n. 1.822.287/PR, Rel. Min. Antonio Carlos Ferreira, j. em 06/06/2023, DJe de 03/07/2023)

Assim, a diferenciação entre o **não conhecimento** e o **não acolhimento** dos embargos afigura-se de salutar importância, já que da correta aplicação da norma legal dependem os efeitos processuais subsequentes.

Outrossim, os embargos também são aptos a estabelecer o prequestionamento, pré-requisito de acesso às instâncias superiores.

O prequestionamento corresponde à apreciação da questão por uma decisão caso se verifique no julgamento que a questão de fato ou de direito relevante para a controvérsia não tenha sido analisada pelo órgão julgador. Assim, conclui-se que os embargos de declaração não se prestam à introdução de questões novas, mas sim à apreciação pelo tribunal *a quo* de questões sobre as quais arrima-se a insurgência recursal, permitindo assim que não haja inovação argumentativa perante as instâncias de cúpula.

Sobre tal efeito, o art. 1.025 do CPC cuidou de assegurar ao recorrente o cumprimento do requisito do prequestionamento quando da oposição de embargos de declaração com esta finalidade, ainda que o citado recurso não seja conhecido ou seja rejeitado pelo tribunal *a quo*:

> Art. 1.025. Consideram-se incluídos no acórdão os elementos que o embargante suscitou, para fins de pré-questionamento, ainda que os embargos de declaração

sejam inadmitidos ou rejeitados, caso o tribunal superior considere existentes erro, omissão, contradição ou obscuridade.

Contudo, para que seja reconhecido o prequestionamento da matéria em casos em que tenha ocorrido a oposição de embargos de declaração com esta finalidade, não basta a mera interposição no tribunal *a quo*.

Isso porque o STJ assentou entendimento no sentido de que a aplicação do art. 1.025 do CPC deverá obedecer a um conjunto de requisitos, como se verifica nos mais recentes julgados de topo:

EMBARGOS DE DECLARAÇÃO. PROCESSUAL CIVIL. ADMINISTRATIVO. POLÍCIA CIVIL DO DISTRITO FEDERAL. SERVIÇO VOLUNTÁRIO GRATIFICADO. REGULAMENTAÇÃO. RESTRIÇÕES À HABILITAÇÃO DE SERVIDORES. ILEGALIDADE INEXISTENTE. SENTENÇA MANTIDA. ALEGAÇÕES DE VÍCIOS NO ACÓRDÃO EMBARGADO. VÍCIO EXISTENTE. EMBARGOS ACOLHIDOS PARCIALMENTE. I - Os embargos merecem parcial acolhimento. II - Segundo o art. 1.022 do Código de Proces so Civil de 2015, os embargos de declaração são cabíveis para esclarecer obscuridade, eliminar contradição; suprir omissão de ponto ou questão sobre as quais o juiz devia pronunciar-se de ofício ou a requerimento; e/ou corrigir erro material. III - No que tange ao dissídio jurisprudencial, os embargos merecem parcial acolhimento, contudo mantido o não provimento do agravo interno, por outros motivos. IV - Ademais, verifica-se que o acórdão é claro e sem obscuridades quanto aos demais vícios indicados pela parte embargante. V - Cumpre registrar ainda que a previsão do art. 1.025 do Código de Processo Civil de 2015 não invalid u o enunciado n. 211 da Súmula do STJ (Inadmissível recurso especial quanto à questão que, a despeito da oposição de embargos declaratórios, não foi apreciada pelo Tribunal a quo). VI - Para que o art. 1.025 do CPC/2015 seja aplicado, e permita-se o conhecimento das alegações da parte recorrente, é necessário não só que haja a oposição dos embargos de declaração na Corte de origem (e. 211/STJ) e indicação de violação do art. 1.022 do CPC/2015, no recurso especial (REsp n. 1.764.914/SP, relator Ministro Herman Benjamin, Segunda Turma, julgado em 8/11/2018, DJe 23/11/2018). A matéria deve ser: i) alegada nos embargos de declaração opostos (AgInt no REsp n. 1.443.520/RS, relator Ministro Napoleão Nunes Maia Filho, Primeira Turma, julgado em 1º/4/2019, DJe 10/4/2019); ii) devolvida a julgamento ao Tribunal a quo (AgRg no REsp n. 1.459.940/SP, relatora Ministra Assusete Magalhães, Segunda Turma, julgado em 24/5/2016, DJe 2/6/2016) e; iii) relevante e pertinente com a matéria (AgInt no AREsp n. 1.433.961/SP, relator Ministro Mauro Campbell Marques, Segunda Turma, julgado em 17/9/2019, DJe 24/9/2019.) VII - Embargos de declaração parcialmente acolhidos. (STJ, EDcl no AgInt no AREsp n. 2.222.062/DF, Rel. Min. Francisco Falcão, j em 21/08/2023, DJe de 23/08/2023)

Assim, tem-se que para o reconhecimento do prequestionamento nas instâncias de cúpula após a oposição de embargos de declaração com esta finalidade, deve haver a cumulação dos seguintes requisitos:

1) ter havido a oposição dos embargos de declaração no tribunal de origem;
2) ser indicada, no recurso especial, violação do art. 1.022 do CPC/2015;
3) a questão discutida no recurso especial deve ter sido previamente alegada nos embargos de declaração em segundo grau e devolvida para julgamento ao tribunal de origem, além de ser relevante e pertinente com a matéria debatida.

Por fim, com a vinda do CPC atual, o § 2º do art. 83 da Lei no 9.099/1995 foi atualizado, garantindo que também no âmbito dos juizados especiais os embargos de declaração tivessem o condão de interromper os prazos recursais.

7.14 Recurso especial e recurso extraordinário

São recursos voltados à tutela do direito objetivo, ou seja, o recurso extraordinário tem como objetivo controlar a ofensa ao texto da Constituição Federal e o recurso especial protege o direito objetivo mediante a uniformidade da aplicação da lei federal.

O **recurso extraordinário** é ferramenta para a manutenção da integridade da Constituição Federal, servindo à tutela dos direitos do jurisdicionado, além de assegurar a validade e a autoridade da Lei Maior. Já o **recurso especial** destina-se à unidade e à uniformidade na interpretação do direito federal em âmbito nacional.

O recurso especial tem competência exclusiva do STJ, para velar e propugnar pela autoridade, integridade, validade e uniformidade de interpretação das leis federais em nível infraconstitucional. Amaral dos Santos (2004) reafirma tal finalidade do recurso especial, qual seja, manter a autoridade e a unidade das leis federais, de natureza infraconstitucional.

Ao STJ compete dar real e efetiva interpretação ao direito positivo – na condição de direito posto, direito vigente, válido e eficaz – elaborado e promulgado pela União, quando a decisão proferida for de única ou última instância, no sentido de, contra ela, não caber mais qualquer outro recurso, a não ser o recurso especial e, evidentemente, o recurso de embargos de declaração, visto que este último é cabível contra qualquer tipo de decisão para sanar ou afastar obscuridade, contradição ou omissão.

No recurso extraordinário se discutem unicamente questões de direito e relativas apenas ao direito federal sob o ângulo da constitucionalidade, ou seja, questões federais em face da Constituição. Busca-se o exame das questões de direito, sob o aspecto objetivo, visando com o dito reexame resguardar a inteireza, a integridade desse direito objetivo federal em face da Constituição.

Esses meios de impugnação não se destinam à correção de injustiças da decisão recorrida. Têm objetivos maiores, tais como fazer prevalecer a Constituição, a unidade e a harmonia do sistema jurídico, a integridade da norma positiva e a uniformidade de interpretação das leis entre os tribunais.

Ademais, o recurso extraordinário é da competência do STF, e o recurso especial, do STJ.

7.14.1 Pontos em comum

Os recursos especial e o extraordinário têm como único objetivo discutir questões de direito. Dessa forma, não se admite o reexame de prova nos autos ou interpretação de cláusula contratual – vontade das partes (Súmulas n. 7 do STJ e n. 279 do STF).

Os dois recursos necessitam do requisito do prequestionamento, sendo que tal exigência impede a supressão de graus de jurisdição.

O STF estabelece como requisito o prequestionamento explícito, não se admitindo como fundamento implícito nem mesmo se a violação do preceito for contemporânea à edição do acórdão (Súmula n. 356 STF).

Já o STJ admite o prequestionamento implícito, estabelecendo, contudo, exigência de que o tribunal *a quo* emita juízo acerca da matéria versada, mesmo que não índice expressamente o dispositivo legal arrimado:

> ADMINISTRATIVO E PROCESSUAL CIVIL. FUNDEF. PRESCRIÇÃO. POSSIBILIDADE DE O PROTESTO JUDICIAL AJUIZADO POR FEDERAÇÃO DE MUNICÍPIOS INTERROMPER PRESCRIÇÃO. NECESSIDADE DE AUTORIZAÇÃO EXPRESSA. PREQUESTIONAMENTO DA MATÉRIA. PRESENÇA.
>
> I - A jurisprudência desta Corte firmou-se no sentido de que, "para que se configure prequestionamento implícito, é necessário que o Tribunal a quo emita juízo de valor a respeito da matéria debatida (REsp. 1.615.958/MG, Rel. Min. HERMAN BENJAMIN, DJe 29.11.2016), ainda que deixe de apontar o dispositivo legal em que baseou o seu pronunciamento" (AgInt nos EDcl no AREsp 44.980/SP, Rel. Ministro Napoleão Nunes Maia Filho, Primeira Turma, DJe 22/2/2017).

II - Uma vez conhecido o recurso especial, cabe a esta Corte aplicar o direito à espécie, o que possibilita o reconhecimento de afronta ao art. 12 do CPC/73 e a utilização de jurisprudência avalizada pelo Supremo Tribunal Federal, que, em repercussão geral (RE 573.232/SC), compreendeu ser necessária a juntada de autorização expressa para o ajuizamento, pela associação, de ação coletiva na defesa de interesses dos associados.

III - Agravo interno não provido. (STJ, AgInt nos EDcl no REsp n. 1.944.336/MA, Rel. Min. Sérgio Kukina, j. em 21/8/2023, DJe de 24/8/2023)

Na verdade, o referido prequestionamento se caracteriza pela submissão da matéria às instâncias ordinárias, e sua exigência decorre da própria natureza dos recursos excepcionais. Justifica-se o prequestionamento por:

- evitar a supressão de instância, o que ocorreria se o STJ ou o STF acolhessem o recurso constitucional e lhe dessem provimento, sem que a matéria ou o tema fossem decididos nessas cortes, ou tivessem sido previamente submetidos ao tribunal local ou sem que esse tribunal tivesse emitido juízo explícito sobre o mesmo;
- manter a hierarquia constitucional das instâncias – decisão do juiz de primeiro grau, podendo ser proposto ao tribunal local (segundo grau), e recurso constitucional – tribunais superiores;
- evitar surpresas à parte contrária, o que eventualmente aconteceria se o tema não fosse pré-questionado nem objeto de impugnação em outros recursos interpostos contra a parte adversa;
- examinar ou esgotar as instâncias locais, para que seja obrigatória a decisão das questões pelas cortes locais.

Nesse sentido, temos conceituada jurisprudência, que transcrevemos por oportuno:

AGRAVO INTERNO. RECURSO EXTRAORDINÁRIO. AUSÊNCIA DE PREQUESTIONAMENTO. INCIDÊNCIA DA SÚMULA 282 DO SUPREMO TRIBUNAL FEDERAL. DISSOCIAÇÃO DE FUNDAMENTOS. SÚMULA 284/STF. 1. O Juízo de origem não analisou a questão constitucional veiculada, não tendo sido esgotados todos os mecanismos ordinários de discussão, INEXISTINDO, portanto, O NECESSÁRIO PREQUESTIONAMENTO EXPLÍCITO, que pressupõe o debate e a decisão prévios sobre o tema jurígeno constitucional versado no recurso. Incidência da Súmula 282 do SUPREMO TRIBUNAL FEDERAL. 2. A pura e simples oposição de embargos de declaração não basta para a configuração do prequestionamento. Tal somente se verificará caso o Tribunal recorrido tenha se omitido sobre ponto a respeito do qual estava obrigado a se manifestar. Inteligência do art. 1.025 do Código de Processo Civil. 3. A indicação, no recurso extraordinário, de norma completamente estranha ao que se decidiu no acórdão recorrido atrai o óbice da Súmula 284/STF, aplicável por analogia (É inadmissível o recurso extraordinário, quando a deficiência na sua fundamentação não permitir a exata compreensão da controvérsia). 4. Agravo Interno a que se nega provimento. (STF, AgR RE n. 1.118.678/DF, Rel. Min. Alexandre de Moraes, j. em 08/06/2018, DJe de 21/06/2018)

Saliente-se que a exigência de prequestionamento também deve ser estendida às questões que envolvem matéria de ordem pública, mesmo sabendo que as referidas matérias podem ser arguidas a qualquer tempo e grau de jurisdição.

O exame do artigo de lei infringido não pode deixar de ser discutido pela decisão atacada, uma vez que constitui requisito para análise do cabimento dos recursos extremos.

Desse modo, podemos caracterizar como requisitos comuns e específicos desses recursos a irrecorribilidade das decisões nas cortes inferiores, com a formação da causa decidida; o reexame apenas de matéria jurídica; e a necessidade de prequestionamento.

Também se exige para a apreciação dos recursos que sejam exauridos todos os recursos ordinários cabíveis, não sendo permitido no ordenamento pátrio o denominado *recurso per saltum*, que viabilizaria a interposição de recursos extraordinários sem prévio esgotamento dos recursos ordinários; logo, caso haja cabimento de qualquer recurso nas instâncias ordinárias, o recurso extraordinário, se interposto, não será admitido, tal como preconiza a Súmula 281 do STF que, mesmo aplicável ao recurso extraordinário, é aplicada analogamente pelos tribunais ao recurso especial.

A necessidade de prévio esgotamento das instâncias ordinárias é traço comum na disciplina dos recursos extraordinário e especial. Somente quando não houver mais possibilidade de interposição dos recursos ordinários poder-se-á atacar a decisão por meio dos recursos excepcionais.

Nos dois recursos, quando o acórdão contiver mais de um fundamento suficiente para a interposição dos recursos, todos eles devem ser impugnados pelos meios de impugnação anteriores. Caso exista afronta a fundamentos constitucionais e infraconstitucionais, deverão ser atacados tanto por Recurso Especial quanto por Recurso Extraordinário, simultaneamente, consoante já assentado pela Súmula 126 do STJ.

7.14.2 Procedimento

Os recursos extraordinário e especial são interpostos perante o tribunal *a quo*, competindo à presidência ou vice-presidência o controle da respectiva admissibilidade. Interposto o recurso, a parte contrária é intimada para contra-arrazoar. Após a intimação da parte adversa, duas são as hipóteses que podem ocorrer no julgamento do controle de admissibilidade: o recurso ser admitido ou não.

Com efeito, vislumbra-se que se manteve o duplo juízo de admissibilidade dos recursos excepcionais, sendo o primeiro realizado pelos tribunais *a quo* e o segundo perante as cortes superiores a que se destinam.

Tratando-se de juízo provisório, seja decidindo pela admissão ou não do recurso perante o tribunal *a quo*, tal decisão não vincula o juízo a ser feito no tribunal *ad quem*.

> Art. 1.030. Recebida a petição do recurso pela secretaria do tribunal, o recorrido será intimado para apresentar contrarrazões no prazo de 15 (quinze) dias, findo o qual os autos serão conclusos ao presidente ou ao vice-presidente do tribunal recorrido, que deverá:
>
> I - negar seguimento:
>
>> a) a recurso extraordinário que discuta questão constitucional à qual o Supremo Tribunal Federal não tenha reconhecido a existência de repercussão geral ou a recurso extraordinário interposto contra acórdão que esteja em conformidade com entendimento do Supremo Tribunal Federal exarado no regime de repercussão geral;
>>
>> b) a recurso extraordinário ou a recurso especial interposto contra acórdão que esteja em conformidade com entendimento do Supremo Tribunal Federal ou do Superior Tribunal de Justiça, respectivamente, exarado no regime de julgamento de recursos repetitivos;
>
> II - encaminhar o processo ao órgão julgador para realização do juízo de retratação, se o acórdão recorrido divergir do entendimento do Supremo Tribunal Federal ou do Superior Tribunal de Justiça exarado, conforme o caso, nos regimes de repercussão geral ou de recursos repetitivos;
>
> III - sobrestar o recurso que versar sobre controvérsia de caráter repetitivo ainda não decidida pelo Supremo Tribunal Federal ou pelo Superior Tribunal de Justiça, conforme se trate de matéria constitucional ou infraconstitucional;
>
> IV - selecionar o recurso como representativo de controvérsia constitucional ou infraconstitucional, nos termos do § 6º do art. 1.036;
>
> V - realizar o juízo de admissibilidade e, se positivo, remeter o feito ao Supremo Tribunal Federal ou ao Superior Tribunal de Justiça, desde que:

a) o recurso ainda não tenha sido submetido ao regime de repercussão geral ou de julgamento de recursos repetitivos;
b) o recurso tenha sido selecionado como representativo da controvérsia; ou
c) o tribunal recorrido tenha refutado o juízo de retratação.

§ 1º Da decisão de inadmissibilidade proferida com fundamento no inciso V caberá agravo ao tribunal superior, nos termos do art. 1.042.

§ 2º Da decisão proferida com fundamento nos incisos I e III caberá agravo interno, nos termos do art. 1.021.

7.14.3 Inadmissibilidade dos recursos especial e extraordinário

Na maioria das vezes, os recursos especial e extraordinário não são admitidos pelo tribunal *a quo*. Contra a referida decisão de inadmissibilidade dos recursos pelo órgão *a quo* é pertinente a interposição do recurso de agravo. Esse agravo deve ser interposto perante o tribunal *a quo*, e não perante o STF ou STJ.

Nesse contexto, nos termos do art. 1.042 do CPC, caberá a interposição do agravo do referido dispositivo sempre contra decisão do tribunal que não admitir recurso especial ou extraordinário, exceto nos casos em que tal decisão se arrimar em entendimento firmado em regime de repercussão geral ou em julgamento de recursos repetitivos, casos nos quais caberá o agravo interno do art. 1.021

Note-se que, na hipótese do art. 1.042, o tribunal *a quo* não tem prerrogativa de negar seguimento ao agravo. Nos tribunais superiores, o agravo será distribuído desde logo a um relator para seu processamento.

7.14.4 Agravo em recursos especial e extraordinário

Via mais estreita dos agravos preconizados na Lei n. 13.105/2015 tem cabimento contra decisão do presidente ou vice-presidente do tribunal de origem que, em prévio juízo de admissibilidade, nega o processamento do recurso especial ou do recurso extraordinário.

> Art. 1.042. Cabe agravo contra decisão do presidente ou do vice-presidente do tribunal recorrido que inadmitir recurso extraordinário ou recurso especial, salvo quando fundada na aplicação de entendimento firmado em regime de repercussão geral ou em julgamento de recursos repetitivos.

§ 2º A petição de agravo será dirigida ao presidente ou ao vice-presidente do tribunal de origem e independe do pagamento de custas e despesas postais, aplicando-se a ela o regime de repercussão geral e de recursos repetitivos, inclusive quanto à possibilidade de sobrestamento e do juízo de retratação.

§ 3º O agravado será intimado, de imediato, para oferecer resposta no prazo de 15 (quinze) dias.

§ 4º Após o prazo de resposta, não havendo retratação, o agravo será remetido ao tribunal superior competente.

§ 5º O agravo poderá ser julgado, conforme o caso, conjuntamente com o recurso especial ou extraordinário, assegurada, neste caso, sustentação oral, observando-se, ainda, o disposto no regimento interno do tribunal respectivo.

§ 6º Na hipótese de interposição conjunta de recursos extraordinário e especial, o agravante deverá interpor um agravo para cada recurso não admitido.

§ 7º Havendo apenas um agravo, o recurso será remetido ao tribunal competente, e, havendo interposição conjunta, os autos serão remetidos ao Superior Tribunal de Justiça.

§ 8º Concluído o julgamento do agravo pelo Superior Tribunal de Justiça e, se for o caso, do recurso especial, independentemente de pedido, os autos serão remetidos ao Supremo Tribunal Federal para apreciação do agravo a ele dirigido, salvo se estiver prejudicado.

No caso de interposição do mencionado agravo – que deverá ocorrer no prazo de 15 dias da intimação da decisão denegatória, conforme regra do art. 1.003, § 5º do CPC – a parte contrária será intimada para apresentar resposta ao recurso, havendo ainda a abertura para potencial juízo de retratação do tribunal *a quo*, sendo certo que, independentemente da retratação do juízo de origem, ocorrerá a remessa do agravo ao tribunal *ad quem*, para apreciação.

Destaque-se que, na hipótese de interposição conjunta de recurso especial e extraordinário, deverá a parte interpor um agravo para cada decisão de inadmissão, posto se tratar de tribunais destinatários diversos.

Nesse mesmo contexto, segundo preceitua o Enunciado n. 77 da I Jornada de Direito Processual Civil da Justiça Federal,

> para impugnar decisão que obsta trânsito a recurso excepcional e que contenha simultaneamente fundamento relacionado à sistemática dos recursos repetitivos ou da repercussão geral (art. 1.030, I, CPC) e fundamento relacionado à análise dos pressupostos de admissibilidade recursais (art. 1.030, V, CPC), a parte

sucumbente deve interpor, simultaneamente, agravo interno (art. 1.021, CPC) caso queira impugnar a parte relativa aos recursos repetitivos ou repercussão geral e agravo em recurso especial/extraordinário (art. 1.042, CPC) caso queira impugnar a parte relativa aos fundamentos de inadmissão por ausência dos pressupostos recursais.

O dispositivo atual conferiu muito maior celeridade ao procedimento adotado nos casos de inadmissão do recurso especial e extraordinário, posto que garantiu a possibilidade até mesmo de julgamento conjunto do agravo do art. 1.042 já com o mérito do recurso excepcional respectivo.

7.14.4.1 Agravo interno contra decisão denegatória de recursos especial e extraordinário

Menção já feita, o art. 1.030, § 2º, do CPC prevê que, nos contextos em que o tribunal *a quo* se arrimar em entendimento firmado em regime de repercussão geral ou em julgamento de recursos repetitivos, para negar seguimento a recurso especial ou extraordinário, ou mesmo para sobrestá-los na pendência de julgamento de precedentes qualificados sobre a mesma matéria, caberá o agravo interno do art. 1.021.

Assim, trata-se de maneira ainda mais restrita de impugnar as decisões que neguem admissibilidade dos apelos excepcionais.

Ocorre que, problemática grave surge de tal disposição, na medida em que, com a interposição de agravo interno contra a decisão monocrática denegatória de seguimento do recurso especial ou extraordinário, o mérito da admissibilidade recursal será debatido pelo colegiado do próprio tribunal *a quo* e, caso se mantenha a decisão, não há qualquer previsão legal de recurso cabível para promover o encaminhamento da insurgência às instâncias de cúpula.

Pela sistemática do ordenamento atual, o exercício do juízo de admissibilidade deverá ser realizado pelo juízo competente para decidir o mérito. No que se refere aos recursos, mesmo que o ordenamento preconize a realização do juízo de admissibilidade pelo órgão *a quo*, tal circunstância não impede a reanálise do tema pelo juízo pelo tribunal *ad quem*.

Parte da jurisprudência pátria vem se mostrando contrária à possibilidade de interposição de recurso contra a decisão tomada em colegiado no julgamento do agravo interno a que alude o art. 1.030, § 2º, do CPC:

> AGRAVO INTERNO NA PETIÇÃO. RECURSO ESPECIAL. DENEGADO NA ORIGEM COM FUNDAMENTO NO REGIME DOS RECURSOS REPETITIVOS (CPC/2015, ART. 1.030, I, b). COMPETENTE AGRAVO INTERNO INTERPOSTO NA ORIGEM (CPC/2015, ART.

1.030, § 2º). DENEGAÇÃO. AUSÊNCIA DE PREVISÃO DE RECURSO DESSA DECISÃO. NÃO IMPUGNAÇÃO DE TODOS OS FUNDAMENTOS DA DECISÃO AGRAVADA. AGRAVO INTERNO DESPROVIDO. 1. De acordo com a nova ordem processual civil, contra a decisão que nega seguimento a recurso especial com base no art. 543-C, § 7º, I, do CPC/1973 (art. 1.040, I, do CPC/2015), não cabe agravo ou qualquer outro recurso para o eg. STJ. Tal entendimento, todavia, não significa concluir pela irrecorribilidade de tal decisão, pois, da decisão que nega seguimento a recurso especial interposto contra acórdão julgado em conformidade com entendimento firmado em julgamento processado pelo regime de recursos repetitivos, o recurso cabível é o agravo interno, para o próprio Tribunal, na forma do art. 1.030, § 2º, do CPC/2015. Entretanto, contra essa segunda decisão, proferida pelo Tribunal de origem em agravo interno, não há mais recurso. 2. É inviável o agravo interno que deixa de infirmar especificamente todos os fundamentos da decisão agravada, nos termos do art. 1.021, § 1º, do CPC/2015. 3. Agravo interno desprovido. (STJ, AgInt na Pet n. 11.755/PE, Rel. Min. Lázaro Guimarães (desembargador convocado do TRF 5ª Região), j. em 27/02/2018, DJe de 02/03/2018)

Entretanto, a prática forense vem buscando potenciais soluções para a questão, seja com a impetração de mandado de segurança, seja com a interposição do agravo do art. 1.042, ou mesmo com a interposição de novo recurso especial ou extraordinário contra a decisão colegiada denegatória.

Em alguns casos, vem se notando permissivo jurisprudencial para manejos recursais que visem rediscutir o mérito do julgamento do agravo interno quando redundar na inadmissão de apelo excepcional:

PROCESSUAL CIVIL. MANDADO DE SEGURANÇA. IMPETRAÇÃO CONTRA DECISÃO JUDICIAL. IRRECORRIBILIDADE E TERATOLOGIA. EXISTÊNCIA. WRIT. CABIMENTO. 1. Segundo pacífica orientação jurisprudencial do Superior Tribunal de Justiça, "o mandado de segurança contra ato judicial é medida excepcional, cabível somente em situações nas quais se pode verificar, de plano, ato judicial eivado de ilegalidade, teratologia ou abuso de poder, que importem ao paciente irreparável lesão ao seu direito líquido e certo" (AgInt no MS 24.788/DF, Rel. Ministro FRANCISCO FALCÃO, Corte Especial, julgado em 05/06/2019, DJe 12/06/2019). 2. Hipótese em que foi impetrado mandado de segurança contra acórdão da Corte Especial do Tribunal de Justiça do Estado do Rio de Janeiro que desproveu agravo regimental e manteve a negativa de seguimento do apelo raro, nos termos do art. 534-C, § 7º, I, do CPC/1973, por entender que o aresto recorrido espelhava tese firmada no STJ em recurso repetitivo. 3. A Corte de origem extinguiu o writ sem resolução do mérito, sob o fundamento de que o impetrante deveria provocar "o Superior Tribunal de Justiça pela via do agravo previsto no então vigente art. 544 do Código de Processo Civil de 1973." 4. Na linha da jurisprudência desta Corte, o único recurso possível para suscitar eventuais equívocos na aplicação do art. 543-B ou 543-C do CPC/1973 é o agravo interno, a ser julgado pelo Tribunal de origem, com exclusividade e em caráter definitivo. 5. A parte recorrente, ora agravada, diante da negativa de seguimento do seu apelo especial com fulcro no art. 543-C, § 7º, I, do CPC/1973, agitou o recurso cabível, qual seja, o agravo interno/regimental questionando a conformidade do acórdão recorrido com a tese recursal julgada sob o rito dos recursos repetitivos, mas não teve êxito na pretensão. 6. A decisão de admissibilidade nada mais tratou senão a conformidade do acórdão recorrido com a tese repetitiva; descabe, assim, falar em dupla impugnação mediante a interposição conjunta de agravo em recurso especial ou mesmo em preclusão pela falta de manejo do agravo do art. 544 do CPC/1973. 7. A irrecorribilidade do acórdão objeto da impetração, que nem sequer admite reclamação, como decidido pela Corte Especial (Rcl 36.476/SP, Rel. Ministra NANCY ANDRIGHI, julgado em 05/02/2020, DJe 06/03/2020), evidencia, no caso concreto, situação de exceção a admitir a via do mandamus. 8. O julgado atacado no writ manifesta teratologia no emprego da tese repetitiva firmada no REsp 1.105.442/RJ: "é de cinco anos o prazo prescricional para o ajuizamento da execução fiscal de cobrança de multa de natureza administrativa, contado do momento em que se torna exigível o crédito (art. 1º do Decreto n. 20.910/1932)." 9. Do confronto entre o acórdão recorrido e o recurso especial obstado, constata-se que a lide não discutia "a extensão do prazo prescricional da pretensão executória da multa administrativa, mas qual seria o seu termo inicial, se a data do ajuizamento da ação anulatória, caso em que a opção pela via judicial antes do exaurimento da esfera administrativa denotaria que o contribuinte abdicou da via administrativa, possível interpretação do parágrafo único do art. 38 da Lei n. 6.830/1980, ou o efetivo término do processo administrativo, uma vez que nele foi interposto recurso pela Petrobras", como bem consignado pelo Ministério Público Federal no parecer lançado aos presentes autos. 10. Caracterizadas a irrecorribilidade e a teratologia do decisum atacado, exsurge cabível o uso excepcional da via mandamental. 11. O indeferimento liminar da inicial do mandamus na origem e a impossibilidade de aplicação da teoria da causa madura em sede de recurso ordinário (art. 515, § 3º, do CPC/1973) não permitem indagar acerca do termo inicial correto para o cômputo do prazo prescricional, mas apenas cassar o aresto recorrido e determinar o retorno dos autos para o Tribunal a quo processar e julgar o mandado de segurança ali impetrado, como entender de direito. 12. Agravo interno desprovido. (STJ, AgInt no RMS n. 53.790/RJ, Rel. Min. Gurgel de Faria, j. em 17/05/2021, DJe 26/05/2021)

A literatura jurídica mais atualizada faz coro – ao qual se filia esta obra – no sentido de permitir, em face do julgamento colegiado do agravo interno referido no art. 1.030, § 2º, do CPC, a interposição do agravo referido no art. 1.042 do CPC, ou mesmo de novo apelo especial ou extraordinário, devendo a matéria ser levada ao tribunal *ad quem*, que deverá julgar o recurso com base no princípio da fungibilidade, evitando assim injustificado impedimento de acesso ao juízo verdadeiramente competente à realização do juízo de admissibilidade.

Se interpostos simultaneamente o recurso especial e o recurso extraordinário, e na hipótese de que ambos tenham sido admitidos, ainda que por conversão, será analisado o caso do recurso especial.

A legislação impõe ser o recurso especial julgado primeiro (art. 1.042, § 8º, CPC). Nesse prisma, se o STJ entender que o recurso extraordinário é prejudicial, remeterá os autos ao STF, em decisão irrecorrível.

Destarte, caso o STF entenda que não há prejudicialidade, devolverá os autos ao STJ, em decisão irrecorrível, ocasião em que o recurso especial deverá ser julgado em primeiro lugar.

No sistema brasileiro, como expusemos, os recursos especial e extraordinário são aqueles que têm limitação – em que pese seus fundamentos de interposição – e requisitos específicos, podendo abordar apenas questões de direito. Tanto é verdade que, além do previsto na Constituição Federal, o STF e o STJ impedem a rediscussão de matéria probatória e fática no âmbito desses recursos – Súmulas n. 279 e n. 454 do STF e n. 5 e n. 7 do STJ.

O art. 105 da CF prevê que o STJ é competente para o julgamento de recurso especial, de causas decididas em única ou última instância, pelos Tribunais Regionais Federais ou pelos tribunais dos estados, do Distrito Federal e territórios, quando a decisão recorrida (art. 105, III, CF):

a) contrariar tratado ou lei federal, ou negar-lhes vigência;
b) julgar válido ato de governo local contestado em face de lei federal;
c) der a lei federal interpretação divergente da que lhe haja atribuído outro tribunal.

Vislumbra-se, desse modo, que nos termos da alínea "c" supracitada, cabe ao STJ a missão de uniformizar a interpretação do direito federal, com base em processo constitucional e tecnicamente estruturado, a fim de evitar a perniciosa divergência que conduz à quebra da previsibilidade que deve nortear a aplicação procedimental do direito.

O manejo do recurso especial não tem como objetivo tolher a liberdade de interpretação dos tribunais inferiores, mas sim direcioná-la, de modo que subsidie uma segurança jurídica na interpretação das normas – até porque não se permite ao STJ o reexame fático, ficando restrita sua atuação à matéria de direito.

Releva notar, a este propósito, que a divergência deverá ocorrer entre decisões de tribunais diversos, tal como expressamente previsto na CF e ratificado pela Súmula n. 13 do STJ ("A divergência entre julgados do mesmo Tribunal não enseja recurso especial").

Vale lembrar que a admissão da divergência jurisprudencial no recurso especial impõe o confronto entre o acórdão paradigma e a decisão hostilizada, a fim de evidenciar a similitude fática e jurídica posta em debate, nos termos do art. 255 do Regimento Interno do STJ. Isso significa que, para que se comprove a divergência jurisprudencial, impõe-se que os acórdãos confrontados tenham apreciado matéria idêntica à dos autos, à luz da mesma legislação federal, mas dando-lhe soluções distintas.

Com o processo digital e os meios eletrônicos de acesso aos julgados, o Regimento Interno do STJ atualizou o § 1º de seu art. 255, para autorizar que os julgados paradigmas fossem juntados com base nas fontes disponibilizadas *on-line* pelos tribunais:

> § 1º Quando o recurso fundar-se em dissídio jurisprudencial, o recorrente fará a prova da divergência com a certidão, cópia ou citação do repositório de jurisprudência, oficial ou credenciado, inclusive em mídia eletrônica, em que houver sido publicado o acórdão divergente, ou ainda com a reprodução de julgado disponível na internet, com indicação da respectiva fonte, devendo-se, em qualquer caso, mencionar as circunstâncias que identifiquem ou assemelhem os casos confrontados.

A propósito, a jurisprudência da Corte Especial do STJ considera que o julgado a ser cotejado deve ser juntado aos autos em seu "inteiro teor", assim compreendidos o relatório, o voto, a ementa/acórdão e a respectiva certidão de julgamento.

Desse modo, o manejo do recurso especial em face da divergência pretoriana, embora facilitado pelos meios eletrônicos, exige cuidados específicos na interposição do recurso.

7.14.5 Juízo de admissibilidade do recurso extraordinário

Nos termos do quanto explicitado alhures, o CPC vigente adota o duplo juízo de admissibilidade para os recursos excepcionais, cabendo não apenas ao presidente ou vice-presidente do tribunal *a quo* a análise de preenchimento dos requisitos para interposição dos recursos perante a instância magna, mas também ao próprio tribunal *ad quem*.

Com isso, cumprirá ao recorrente a tarefa de superar ambas as barreiras formais impostas pelos tribunais envolvidos, com a comprovação eficaz e contundente do cumprimento dos requisitos de admissibilidade do apelo extremo.

7.14.5.1 Repercussão geral

A repercussão geral está prevista no art. 102, § 3º, da CF/1988:

- função – filtrar recursos;
- visa excluir do conhecimento do STF controvérsias que não afetem a sociedade ou coletivo social amplo;
- relevância e transcendência da questão debatida;
- apreciada em sessão pública com julgamento motivado.

7.14.5.2 Relevância e transcendência da questão debatida

Repercussão geral = relevância + transcendência.

Requisitos subjetivos do RE – examinados antes de adentrar no mérito. Deve estar presente o binômio.

- **Transcendente** – Além do interesse subjetivo das partes na causa.
- **Relevante** – Ponto de vista econômico, político, social ou jurídico:
- **Econômico** – Ações que discutem o sistema financeiro da habitação ou a privatização de serviços públicos essenciais.
- **Político** – Causa que possa emergir decisão capaz de influenciar relações com Estados estrangeiros ou organismos internacionais.
- **Social** – Ação envolvendo problemas relativos a escola, moradia ou legitimidade do MP para propor certas ações.
- **Jurídico** – Estivesse em jogo o conceito ou noção de um instituto básico do nosso direito, de molde a que aquela decisão, se subsistisse, pudesse significar perigoso e relevante precedente, como o direito adquirido.

Contribuir para a persecução da unidade do Direito no Estado Constitucional brasileiro, compatibilizando e/ou desenvolvendo soluções de problemas de ordem constitucional.

- **Presunção** – Recurso ataca decisão contrária à súmula ou à jurisprudência dominante do STF.
- **Participação de terceiros** – Intervenção de *amicus curiae* na fase de apreciação do RE no STF – para convencer o STF por petição da existência ou inexistência de repercussão geral a partir do caso concreto.

No âmbito do Recurso Extraordinário n. 1.037.396, o Ministro Relator Dias Toffoli consignou a importância do amigo da corte nos casos de repercussão geral, destacando:

> faz-se imprescindível levar em consideração, nos processos de controle abstrato e nos recursos extraordinários com repercussão geral reconhecida, o equilíbrio e a isonomia entre aqueles que, na qualidade de amicus curiae, apresentam argumentos opostos a respeito da tese sustentada perante a Suprema Corte.

7.14.5.3 Ônus de arguição e demonstração da repercussão geral

Recorrente deverá demonstrar, em sede de preliminar, para a apreciação do STF, a existência de repercussão geral (§ 3º do art. 102 da CF e § 2º do art. 1.035 do CPC).

Se, porém, não for redigida preliminarmente, deve ser conhecida sob pena de grave denegação de justiça. Se não demonstrada, será inadmissível o recurso.

O § 3º do art. 1.035 do CPC assegurou a presunção de reconhecimento da repercussão geral nos casos em que o acórdão vergastado contrariar súmula ou jurisprudência dominante do tribunal, bem assim decretar a inconstitucionalidade de tratado ou de lei federal:

> Art. 1.035. O Supremo Tribunal Federal, em decisão irrecorrível, não conhecerá do recurso extraordinário quando a questão constitucional nele versada não tiver repercussão geral, nos termos deste art..
>
> § 1º Para efeito de repercussão geral, será considerada a existência ou não de questões relevantes do ponto de vista econômico, político, social ou jurídico que ultrapassem os interesses subjetivos do processo.
>
> § 2º O recorrente deverá demonstrar a existência de repercussão geral para apreciação exclusiva pelo Supremo Tribunal Federal.
>
> § 3º Haverá repercussão geral sempre que o recurso impugnar acórdão que:
>
> I - contrarie súmula ou jurisprudência dominante do Supremo Tribunal Federal;
> II - tenha reconhecido a inconstitucionalidade de tratado ou de lei federal, nos termos do art. 97 da Constituição Federal .

O STF pode aceitar recurso mesmo que em razão de outro fundamento constitucional – o que ocorre nas ações declaratórias de constitucionalidade ou diretas de inconstitucionalidade.

7.14.5.4 Competência

STF – outros tribunais não podem se pronunciar a respeito; do contrário, cabe reclamação, já que atenta contra a competência exclusiva do STF.

7.14.5.5 Quórum e momento para apreciação

A recusa deve ocorrer por 2/3 dos membros do STF (§ 3º do art. 102 da CF).

O relator faz exame de admissibilidade; se estiver presente, levará ao plenário para análise da existência ou não de repercussão geral.

Se quatro ou mais ministros entenderem presente a repercussão geral, o recurso não será remetido ao plenário – não precisa necessariamente analisar isoladamente o requisito da repercussão. Apenas a ausência de repercussão geral é que dependerá de *quórum* do qualificado referido no § 2º do art. 102.

Outrossim, a decretação pelo plenário de que a questão em julgamento tem natureza infraconstitucional igualmente dependerá dos votos de 2/3 dos ministros, conforme determina o § 2º do art. 324 do Regimento Interno do STF.

7.14.5.6 Julgamento público e motivado

- Secreto – ineficaz.
- Desmotivado – nulo.
- Publicidade (transparência da justiça); afora isso não há manejo de poder válido e eficaz no Estado Constitucional brasileiro.

7.14.5.7 Súmula do julgamento acerca da repercussão

Constará de ata e será publicada servindo como acórdão (condição de eficácia da decisão).

7.14.5.8 Eficácia do reconhecimento da repercussão geral

Se estiver presente, conhece do recurso, devendo ser apreciado o mérito; após, dá-se ou não provimento ao recurso. Nesse caso, eventual rescisória será de competência do STF – efeito substitutivo do recurso.

7.14.5.9 Eficácia do não reconhecimento da repercussão geral

Se não estiver presente, não conhece do recurso; e decisão do STF não substituirá a decisão recorrida.

Efeito panprocessual (efeitos fora do processo em análise; atinge os demais recursos tidos como repetitivos. Outros recursos fundados em idêntica matéria não serão conhecidos liminarmente. O STF pode negar seguimento de plano – vinculação horizontal (art. 1.030, I, "a", CPC).

A controvérsia deverá ser a mesma e não a matéria (discutida no recurso).

7.14.5.10 Irrecorribilidade de decisão que não conhece de recurso extraordinário por ausência de relevância e transcendência

Da decisão do plenário que não reconhecer a repercussão geral da matéria versada, caberão apenas embargos de declaração, para eventual aclaramento das razões que levaram à conclusão do órgão, especialmente para fins de aplicação a controvérsias similares, posto que, conforme expressa previsão do art. 1.035 do CPC, a decisão de não reconhecimento de repercussão geral é irrecorrível.

7.14.6 Recurso repetitivo

O volume massivo de recursos especiais e extraordinários interpostos versando sobre matérias idênticas ameaçava crescentemente a função magna dos dois principais tribunais do país.

Nesse cenário preocupante, o legislador processual, já vislumbrando maior efetividade na entrega jurisdicional e visando desafogar o volume de demandas repetidas nas instâncias de cúpula, editou a Lei n. 11.672/2008, estabelecendo sistemática de solução de demandas idênticas.

Com o advento do CPC atual, diploma no qual prevalece abordagem processual de otimização do judiciário e do processo, tal sistemática restou mais bem dinamizada, ganhando subseção própria dentro da seção dos recursos especial e extraordinário.

Dispostos nos arts. 1.036 a 1.041 do atual código, os recursos repetitivos dão solução massificada a questões postas sob crivo do judiciário com alto nível de repetitividade, permitindo que o STF ou STJ, ao afetar os recursos representativos da controvérsia e julgá-los, estabeleçam solução idêntica para todos os demais casos do país que versarem sobre a mesma matéria.

Nessa sistemática, o julgador das instâncias ordinárias, recebendo recurso e verificando que se trata de demanda de massa, poderá separar um ou mais processos para apreciação do STF ou STJ. A pluralidade de recursos eleitos para representar a controvérsia permite que se tenha maior diversidade em relação aos argumentos apresentados, tanto pelos recorrentes quanto pelo recorrido, permitindo àquela Corte que tenha amplo conhecimento do debate já realizado nas instâncias superiores sobre aquela matéria.

Segundo prevê o art. 1.036 do CPC, o presidente ou o vice-presidente de Turmas Recursais Estaduais ou Federais, Tribunais de Justiça, Tribunais Regionais Federais e Tribunais Superiores selecionará dois ou mais recursos representativos da controvérsia.

Uma vez escolhidos os recursos passíveis de representação da controvérsia, o presidente ou vice-presidente do tribunal os remeterá ao STF ou STJ e determinará o sobrestamento de todos os demais recursos do órgão que versem sobre matéria idêntica.

A parte que tiver seu recurso sobrestado em decorrência da pendência de julgamento de recurso representativo da controvérsia poderá demonstrar, ao ser intimada do sobrestamento, que o respectivo recurso tem matéria diversa daquela do recurso afetado, em requerimento voltado ao juiz ou relator, conforme instância na qual for determinada tal providência (§§ 8 e 9º do art. 1.037).

Após oitiva da parte contrária, o juiz ou relator decidirá pelo reconhecimento ou não da distinção, em decisão atacável por agravo de instrumento (no caso sobrestamento determinado em primeiro grau) ou de agravo interno (caso seja determinada a suspensão por relator de recurso). É como preconiza o art. 1.037, § 13, do CPC.

No caso de o juiz ou relator reconhecer a distinção, poderá dar prosseguimento ao feito (art. 1.037, § 12, I) ou, se for sobrestado recurso especial ou recurso extraordinário no tribunal de origem, o relator comunicará a decisão do presidente ou vice-presidente do tribunal para que o recurso especial ou o recurso extraordinário seja encaminhado ao respectivo tribunal superior (art. 1.037, §12º, II).

Considerando que tal procedimento terá implicações coletivas, alcançando não só as partes dos recursos especiais e extraordinários em apreciação, mas também outras pessoas e entidades que tenham recursos pendentes de julgamento, ou que tenham interesse direto na matéria versada, poderá o relator dos recursos afetados solicitar informações e manifestações de pessoas, órgãos e entidades interessados e que detenham conhecimento sobre a questão posta a julgamento, após o que ordenará a manifestação do Ministério Público, diante da coletividade social a ser afetada:

> Art. 1.038. O relator poderá:
>
> I - solicitar ou admitir manifestação de pessoas, órgãos ou entidades com interesse na controvérsia, considerando a relevância da matéria e consoante dispuser o regimento interno;

II - fixar data para, em audiência pública, ouvir depoimentos de pessoas com experiência e conhecimento na matéria, com a finalidade de instruir o procedimento;

III - requisitar informações aos tribunais inferiores a respeito da controvérsia e, cumprida a diligência, intimará o Ministério Público para manifestar-se.

Com o julgamento dos recursos representativos da controvérsia, deverão os tribunais do país declarar prejudicados os demais recursos versando sobre matérias idênticas, inclusive julgando automaticamente inadmitidos os recursos extraordinários cujo processamento tenha sido sobrestado, nos casos em que seja negada a existência de repercussão geral no recurso extraordinário afetado (art. 1.039, parágrafo único).

Diante dos efeitos vinculantes do julgamento do recurso repetitivo, após a publicação do acórdão respectivo, deverão os tribunais adotar as providências elencadas nos incisos I a IV do art. 1.040, do CPC, a depender da fase em que se encontre cada processo no qual se está em apreciação a matéria definida no julgamento de topo

Quando o julgado recorrido por meio de recursos especial e extraordinário estiver em consonância com o entendimento estabilizado pelo julgamento repetitivo, deverá o presidente ou vice-presidente do órgão recorrido negar seguimento aos apelos excepcionais, nos termos do art. 1.040, inciso I.

Já quando estiverem suspensos os processos em primeiro ou segundo grau versando sobre a matéria ali definida, terão essas demandas o curso retomado, para adoção da baliza jurisprudencial sedimentada (art. 1.040, III).

Art. 1.040. Publicado o acórdão paradigma:

I - o presidente ou o vice-presidente do tribunal de origem negará seguimento aos recursos especiais ou extraordinários sobrestados na origem, se o acórdão recorrido coincidir com a orientação do tribunal superior;

II - o órgão que proferiu o acórdão recorrido, na origem, reexaminará o processo de competência originária, a remessa necessária ou o recurso anteriormente julgado, se o acórdão recorrido contrariar a orientação do tribunal superior;

III - os processos suspensos em primeiro e segundo graus de jurisdição retomarão o curso para julgamento e aplicação da tese firmada pelo tribunal superior;

IV - se os recursos versarem sobre questão relativa a prestação de serviço público objeto de concessão, permissão ou autorização, o resultado do julgamento será comunicado ao órgão, ao ente ou à agência reguladora competente para fiscalização da efetiva aplicação, por parte dos entes sujeitos a regulação, da tese adotada.

Diante da possibilidade de o tribunal de origem ter adotado entendimento diverso daquele estabilizado pelo julgamento do recurso repetitivo, após o julgamento deste, deverá ser inaugurada a fase de retratação a que alude o inciso II do art. 1.040 do CPC.

Sobre este aspecto, é imprescindível notar que, apesar do efeito cogente do julgamento sob a sistemática dos recursos repetitivos, na fase de retratação, o tribunal de origem poderá acabar por não modificar o desfecho do julgado, mantendo o acórdão, porém sob outro fundamento.

> Art. 1.041. Mantido o acórdão divergente pelo tribunal de origem, o recurso especial ou extraordinário será remetido ao respectivo tribunal superior, na forma do art. 1.036, § 1º.
>
> § 1º Realizado o juízo de retratação, com alteração do acórdão divergente, o tribunal de origem, se for o caso, decidirá as demais questões ainda não decididas cujo enfrentamento se tornou necessário em decorrência da alteração.
>
> § 2º Quando ocorrer a hipótese do inciso II do caput do art. 1.040 e o recurso versar sobre outras questões, caberá ao presidente ou ao vice-presidente do tribunal recorrido, depois do reexame pelo órgão de origem e independentemente de ratificação do recurso, sendo positivo o juízo de admissibilidade, determinar a remessa do recurso ao tribunal superior para julgamento das demais questões.

Nestes casos, conforme previsão do *caput* do art. 1.041 do CPC, o recurso especial ou extraordinário será remetido ao respectivo tribunal superior, para julgamento, devendo ser oportunizada à parte recorrente complementar suas razões recursais com base na nova fundamentação do tribunal recorrido, conforme entendimento esposado pelo STJ:

> RECURSO ESPECIAL. DIREITO PROCESSUAL CIVIL. EN. 3/STJ, PLANO DE SAÚDE. CONDENAÇÃO AO FORNECIMENTO DE MEDICAMENTO IMPORTADO. MANUTENÇÃO DO ACÓRDÃO RECORRIDO NA FASE DO ART. 1.040, INCISO II, DO CPC/2015. AGREGAÇÃO DE FUNDAMENTO NOVO REFERENTE AO REGISTRO ANTERIOR DO PRINCÍPIO ATIVO NA ANVISA. DISTINÇÃO QUANTO AO TEMA 990/STJ. INTERPOSIÇÃO DE UM SEGUNDO RECURSO ESPECIAL. DESCABIMENTO. CONHECIMENTO COMO ADITAMENTO ÀS RAZÕES DO PRIMEIRO RECURSO. APLICAÇÃO DO PRINCÍPIO DA COMPLEMENTARIEDADE. DOUTRINA ESPECÍFICA SOBRE ESSA QUESTÃO PROCESSUAL. INADMISSIBILIDADE DO SEGUNDO RECURSO. DESCABIMENTO. NECESSIDADE DE APRECIAÇÃO EM CONJUNTO DO PRIMEIRO RECURSO COMO PRINCIPAL E DO

SEGUNDO COMO ADITAMENTO. AUSÊNCIA DE INTERPOSIÇÃO DE AGRAVO CONTRA A DECISÃO DE INADMISSIBILIDADE. IRRELEVÂNCIA. APLICAÇÃO DA SÚMULA 528/STF. AUSÊNCIA DE IMPUGNAÇÃO AO NOVO FUNDAMENTO AGREGADO AO ACÓRDÃO RECORRIDO. ÓBICE DA SÚMULA 283/STF. 1. Controvérsia acerca das seguintes questões processuais: (a) cabimento da interposição de um segundo recurso especial após a fase do art. 1.040, inciso II, do CPC/2015, em caso de negativa de retratação pelo Tribunal de origem, com agregação de novos fundamentos ao acórdão recorrido; e (b) consequência processual da inadmissão desse segundo recurso e admissão do primeiro, não tendo havido interposição de agravo em recurso especial. 2. Nos termos do art. 1.041 do CPC/2015, "mantido o acórdão divergente pelo tribunal de origem, o recurso especial ou extraordinário será remetido ao respectivo tribunal superior [...]". 3. Desnecessidade de interposição de um segundo recurso especial na hipótese de não retratação do acórdão recorrido, devendo o recurso já interposto ascender a esta Corte Superior 'ex vi legis'. 4. Possibilidade, contudo, de complementação das razões do recurso especial, com o fim exclusivo de impugnar eventuais novos fundamentos agregados ao acórdão recorrido. Doutrina sobre o princípio da complementariedade recursal. 5. Conhecimento do segundo recurso especial como aditamento às razões do primeiro recurso. 6. Nos termos da Súmula 528/STF: "Se a decisão contiver partes autônomas, a admissão parcial, pelo presidente do tribunal 'a quo', de recurso extraordinário que, sobre qualquer delas se manifestar, não limitará a apreciação de todas pelo supremo tribunal federal, independentemente de interposição de agravo de instrumento". 6. Aplicação da referida súmula ao caso concreto para se conhecer do primeiro recurso e de seu aditamento, não obstante a inadmissibilidade do segundo recurso especial pelo Tribunal de origem e não obstante a ausência de interposição de agravo contra essa decisão. 7. Ausência de impugnação específica ao fundamento da existência de registro do princípio ativo do medicamento na ANVISA, fundamento por si só suficiente para se manter o acórdão recorrido. 8. Aplicação do óbice da Súmula 283/STF ao recurso especial. 9. RECURSO ESPECIAL NÃO CONHECIDO. (STJ, REsp n. 1.946.242/RJ, Rel. Min. Paulo de Tarso Sanseverino, j. em 14/12/2021, DJe de 16/12/2021)

É relevante apontar, ainda, que o Código trouxe exceção à regra do art. 485, § 4º, do mesmo diploma, permitindo que, nos casos em que o processo ainda esteja em curso em primeira instância e haja o julgamento em sede de recurso repetitivo de questão idêntica à versada nos autos, a parte autora possa desistir sem a anuência do réu, mesmo após apresentada contestação (art. 1.040, § 3º), estando inclusive isenta de custas e honorários de sucumbência caso manifeste desistência antes da defesa (art. 1.040, § 2º):

Art. 1.040.

[...]

§ 1º A parte poderá desistir da ação em curso no primeiro grau de jurisdição, antes de proferida a sentença, se a questão nela discutida for idêntica à resolvida pelo recurso representativo da controvérsia.

§ 2º Se a desistência ocorrer antes de oferecida contestação, a parte ficará isenta do pagamento de custas e de honorários de sucumbência.

§ 3º A desistência apresentada nos termos do § 1º independe de consentimento do réu, ainda que apresentada contestação.

Ainda que não perfectibilizada a entrega jurisdicional plena que se espera do referido instituto, já é possível notar ao longo dos anos de implemento da sistemática a otimização na discussão de diversos dos temas postos sob o crivo dos repetitivos, permitindo um descongestionamento do Poder Judiciário. Isso pode ser verificado nos números de processos ingressados nos tribunais de cúpula, permitindo ao cidadão comum, e, por que não dizer, também aos entes públicos, uma prestação jurisdicional mais célere, retomando um processo paulatino de recuperação da credibilidade do Poder Judiciário e dos Poderes Públicos como um todo perante a sociedade, já tão combalida e descrente da seriedade das instituições políticas e jurídicas de maneira geral.

7.14.7 Recursos para o Supremo Tribunal Federal

A Constituição Federal de 1988 fez importante modificação na estrutura do Poder Judiciário, criando, ao lado do Supremo Tribunal Federal – art. 92, I – o Superior Tribunal de Justiça.

A criação do novo tribunal alterou a competência recursal, que era atribuída ao STF, de julgar, via recurso extraordinário, tanto as causas atinentes à preservação e supremacia das normas constitucionais, quanto as causas decididas em única ou última instância pelos tribunais, a respeito do direito federal.

Apresentaremos, a seguir, os outros recursos que, caso admitidos, serão analisados e julgados pelo STF – além do recurso extraordinário.

7.14.7.1 Recurso ordinário

O recurso ordinário está previsto no art. 102, inciso II, da CF, a saber:

Art. 102. Compete ao Supremo Tribunal Federal, precipuamente, a guarda da Constituição, cabendo-lhe:

[...]

I - julgar, em recurso ordinário:

a) o habeas corpus, o mandado de segurança, o habeas data e o mandado de injunção decididos em única instância pelos Tribunais Superiores, se denegatória a decisão;
b) o crime político; [...]

A denominação *recurso ordinário* tem o sentido de recurso comum, ou seja, normalmente interposto contra decisões proferidas no processo – decisões interlocutórias (agravo de instrumento) e contra sentenças (apelação).

As decisões que denegam mandado de segurança, em *habeas data* ou mandado de injunção, são recorríveis por meio do recurso ordinário, quando os tribunais decidem as referidas causas em única instância.

Instância única significa dizer que as referidas ações são propostas diretamente perante os tribunais superiores por serem ações de competência originária desses tribunais, determinadas pela Constituição Federal.

Dessa forma, caso sejam impetrados mandado de segurança, *habeas data* e mandado de injunção – art. 105, inciso I, alíneas "b" e "h", respectivamente –, direto ao STJ, e nos casos dos demais tribunais superiores, na hipótese de os acórdãos desses tribunais serem denegados – extinção do feito sem julgamento do mérito –, poderão ser interpostos recursos ordinários em face de tais acórdãos para o STF, que acabará atuando como segundo grau de apelação, julgando tais recursos.

O art. 1.027, inciso I, do CPC reproduziu a previsão da Carta Magna acerca do cabimento do recurso ordinário perante o tribunal pinacular.

Apenas difere do regramento geral do recurso de apelação, quando impõe a utilização concomitante da lei do mandado de segurança – se a matéria tratar de mandado de segurança e mandado de injunção –, ou da lei do *habeas data* – se se tratar dessas causas, bem como o regimento interno do STF.

Releva apontar que, nos casos de concessão parcial da segurança em MS, será possível a provocação do STJ e/ou STF no âmbito da jurisdição ordinária e excepcional simultaneamente, cada qual combatendo um fundamento da decisão:

> PROCESSUAL CIVIL. ADMINISTRATIVO. AGRAVO INTERNO NO RECURSO ORDINÁRIO EM MANDADO DE SEGURANÇA. CONCESSÃO PARCIAL DA SEGURANÇA. INSURGÊNCIA DO IMPETRADO. DESCABIMENTO. FUNGIBILIDADE RECURSAL. IMPOSSIBILIDADE. 1. O recurso em mandado de segurança somente pode ser manejado pelo impetrante em relação aos capítulos denegatórios de seu pedido. Concedida em parte a segurança, poderá ele, e somente ele, insurgir-se pela via recursal ordinária. Exegese dos arts. 105, II, b da Constituição Federal e 18 da Lei n. 12.016/2009, conforme interpretados por esta Corte e pela melhor

doutrina. 2. Na hipótese de concessão parcial da segurança, o recurso manejável pelo impetrado será o especial ou o extraordinário, conforme suas respectivas hipóteses de cabimento, na medida em que somente se insurgirá, por óbvio, em relação aos capítulos concessivos. 3. Descabe a aplicação da fungibilidade entre as espécies recursais ordinária e especial. 4. Agravo interno a que se nega provimento. (STJ, AgInt no RMS n. 46.642/SP, Rel. Min. Og Fernandes, j. em 17/09/2019, DJe de 20/09/2019)

O CPC vigente, ainda, pacificou questão quanto ao juízo de admissibilidade do recurso ordinário, uma vez que, conforme dispõe o art. 1.028, § 3º, só há um juízo de admissibilidade, que deve ser feito no juízo *ad quem*.

É pertinente salientar que o recurso ordinário não tem efeito suspensivo, o qual poderá, entretanto, ser requerido pela parte.

Ainda sobre o cabimento do recurso ordinário perante o STF, o verbete sumular 272 da instância maior preconiza que "não se admite como ordinário recurso extraordinário de decisão denegatória de mandado de segurança", não cabendo aplicar a fungibilidade no referido caso.

O prazo para interposição do recurso ordinário, seguindo o regramento estabelecido pelo art. 1.003, § 5º, do CPC, será de 15 dias.

7.14.7.2 Embargos de divergência em recurso extraordinário

O cabimento do recurso de embargos de divergência contra acórdão proferido em recurso extraordinário está disposto no art. 1.043 do CPC e no art. 330 do Regimento Interno do STF, respectivamente transcritos, por oportuno:

CPC:

Art. 1.043. É embargável o acórdão de órgão fracionário que:

I - em recurso extraordinário ou em recurso especial, divergir do julgamento de qualquer outro órgão do mesmo tribunal, sendo os acórdãos, embargado e paradigma, de mérito;

II - em recurso extraordinário ou em recurso especial, divergir do julgamento de qualquer outro órgão do mesmo tribunal, sendo um acórdão de mérito e outro que não tenha conhecido do recurso, embora tenha apreciado a controvérsia;

Regimento Interno do STF:

Art. 330. Cabem embargos de divergência à decisão de Turma que, em recurso extraordinário ou em agravo de instrumento, divergir de julgado de outra Turma ou do Plenário na interpretação do direito federal.

O prazo para interposição dos embargos de divergência em recurso extraordinário ou agravo de instrumento é de 15 dias – art. 1.003, § 5º, do CPC.

A forma está prevista no Regimento Interno do STF, conforme seu art. 334, in verbis:

> Art. 334. Os embargos de divergência e os embargos infringentes serão opostos no prazo de quinze dias, perante a secretaria, e juntos aos autos, independentemente de despacho.

Não se admitem os embargos de divergência na hipótese descrita no art. 332 do Regimento Interno do STF.

> Art. 332. Não cabem embargos, se a jurisprudência do Plenário ou de ambas as Turmas estiver firmada no sentido da decisão embargada, salvo o disposto no art. 103.

Os autos serão remetidos ao relator, que poderá admitir o recurso, abrindo vista por 15 dias ao embargado para impugnação, conforme o art. 335, § 3o, do RISTF e art. 511, § 2o, do CPC.

Após processados os embargos, o plenário julgará a matéria restante, conforme determina o parágrafo único do art. 336 do Regimento Interno STF, in verbis:

> Art. 335. Interpostos os embargos, o Relator abrirá vista ao recorrido, por quinze dias, para contrarrazões.
>
> § 1º Transcorrido o prazo do caput, o Relator do acórdão embargado apreciará a admissibilidade do recurso.
>
> § 2º Da decisão que não admitir os embargos, caberá agravo, em cinco dias, para o órgão competente para o julgamento do recurso.
>
> §3º Admitidos os embargos, proceder-se-á à distribuição nos termos do art. 76.
>
> Art. 336. Na sessão de julgamento, aplicar-se-ão, supletivamente, as normas do processo originário, observado o disposto no art. 146.
>
> Parágrafo único. Recebidos os embargos de divergência, o Plenário julgará a matéria restante, salvo nos casos do art. 313, I e II, quando determinará a subida do recurso principal.

Por fim, quando proferido o acórdão pelo plenário, no recurso dos embargos de divergência, será substituída a anterior decisão embargada, fixando-se o entendimento que prevalecerá no recurso extraordinário.

Caso se trate de agravo de instrumento interposto contra decisão que negou seguimento a recurso de competência do STF, o plenário julgará a decisão que admitiu tal recurso, definindo-se a interpretação a ser utilizada.

7.14.8 Recursos para o Superior Tribunal de Justiça

Além do recurso especial, que é de competência recursal exclusiva do STJ – conforme já comentado –, existem outros recursos que estão previstos na legislação pátria vigente que também serão julgados pelo Superior Tribunal de Justiça.

7.14.8.1 Recurso ordinário

O recurso ordinário está previsto no art. 105, inciso II, da CF, a saber:

> Art. 105. Compete ao Superior Tribunal de Justiça:
>
> [...]
>
> II - julgar, em recurso ordinário:
>
> [...]
>
> a) os habeas corpus decididos em única ou última instância pelos Tribunais Regionais Federais ou pelos tribunais dos Estados, do Distrito Federal e Territórios, quando a decisão for denegatória;
> b) os mandados de segurança decididos em única instância pelos Tribunais Regionais Federais ou pelos tribunais dos Estados, do Distrito Federal e Territórios, quando denegatória a decisão;
> c) as causas em que forem partes Estado estrangeiro ou organismo internacional, de um lado, e, do outro, Município ou pessoa residente ou domiciliada no País; A denominação "recurso ordinário" tem o sentido de recurso comum, que outro não é senão o recurso de apelação. Ressalte-se que a matéria a ser arguida no referido recurso não é limitada, podendo ser suscitadas questões de direito estadual, municipal, entre outras – sendo comparado com o recurso de apelação.

Uma das hipóteses elencadas nos artigos supraexplicitados se verifica quando o recurso ordinário é interposto contra acórdão proferido em mandado de segurança de competência originária dos Tribunais Regionais Federais, Tribunais de Justiça dos Estados, Distrito Federal e Territórios, quando for denegatória a decisão.

Ressalte-se que se trata de mandando de segurança de competência originária dos tribunais – art. 1.027, inciso II, alínea "a", do CPC –, sendo interposto diretamente perante um desses órgãos, como instância única.

Pertinente se faz tal distinção, visto que, quando se tratar de mandado de segurança interposto perante juízo de primeiro grau, fica evidente que o recurso cabível da decisão que o denega ou concede é a apelação.

O prazo estipulado para interposição, bem como para a resposta do recurso ordinário, é de 15 dias – art. 1.003, § 5º, do CPC.

Após distribuído no STJ, será aberto prazo de 20 dias para o Ministério Público se manifestar. Quando de seu retorno, os autos vão à conclusão para o relator agendar dia para julgamento.

As regras aplicáveis na teoria geral dos recursos, bem como as referentes aos recursos de apelação e de agravo de instrumento, são aplicáveis ao recurso ordinário.

Outra hipótese a ser ventilada se verifica quando da interposição do recurso ordinário em causas envolvendo Estado estrangeiro ou organismo internacional contra município ou pessoa física ou jurídica residente ou domiciliada no país – conforme disciplina o art. 1.027, inciso II, alínea "b", do CPC e os arts. 105, inciso II, alínea "c", e 109, inciso II, da CF.

Nesses casos, conforme art. 1.028, § 1º, serão aplicadas as disposições relativas ao agravo de instrumento e o Regimento Interno do Superior Tribunal de Justiça nos casos previstos no inciso II, alínea "b", do art. 1.027 do estatuto processual.

O recurso ordinário é interposto diretamente ao STJ, que atua como segundo grau de jurisdição, não sendo encaminhado ao TRF. O prazo para interpor e recorrer do recurso é de 15 dias e, ao ser distribuído à secretaria do STJ, será aberta vista ao Ministério Público pelo prazo de 20 dias, sendo certo que, após sua manifestação, o feito será encaminhado ao relator, que marcará dia para julgamento.

Ademais, para combater decisão interlocutória que inadmitir o recurso ordinário contra sentença que denegou o mandado de segurança, em razão da falta de algum dos pressupostos de admissibilidade, entende-se cabível o agravo interno previsto no art. 1.021, posto que seu espectro de abrangência açambarca as decisões monocráticas proferidas nos tribunais, tendo a jurisprudência do STJ, sob a égide do código atual, rechaçado a aplicação do agravo de instrumento em casos análogos:

> AGRAVO REGIMENTAL EM AGRAVO DE INSTRUMENTO CONTRA DECISÃO QUE INADMITIU RECURSO ORDINÁRIO. INADMISSIBILIDADE. PRINCÍPIO DA FUNGIBILIDADE. INAPLICABILIDADE. HIPÓTESE NÃO CONTEMPLADA NO ROL TAXATIVO DO ART. 1.015 DO CPC/2015. RECURSO ORDINÁRIO INTERPOSTO CONTRA ACÓRDÃO PROFERIDO NO JULGAMENTO DE APELAÇÃO. DESCABIMENTO (ART. 105, II, DA CF).

PRINCÍPIO DA FUNGIBILIDADE. INAPLICABILIDADE. ERRO GROSSEIRO. Agravo regimental improvido. (STJ, AgRg no Ag n. 1.433.611/MS, Rel. Min. Sebastião Reis Júnior, j .em 15/12/2016, DJe de 02/02/2017)

7.14.8.2 Embargos de divergência em recurso especial

O cabimento do recurso de embargos de divergência contra acórdão proferido em recurso especial está disposto no art. 1.043 do CPC.

> Art. 1.043. É embargável o acórdão de órgão fracionário que:
>
> I - em recurso extraordinário ou em recurso especial, divergir do julgamento de qualquer outro órgão do mesmo tribunal, sendo os acórdãos, embargado e paradigma, de mérito;
>
> II - em recurso extraordinário ou em recurso especial, divergir do julgamento de qualquer outro órgão do mesmo tribunal, sendo um acórdão de mérito e outro que não tenha conhecido do recurso, embora tenha apreciado a controvérsia;

O prazo para interposição dos embargos de divergência é de 15 dias – art. 1.003, § 5°, do CPC.

A forma está prevista no Regimento Interno do STJ, que determina a necessidade de ser interposto por petição, a ser juntada aos autos independentemente de despacho, atribuindo efeito suspensivo ao prazo de interposição de Recurso Extraordinário, consoante art. 266-A do RISTJ. Após sorteio do relator, serão remetidos os autos ao Ministério Público – quando necessário seu pronunciamento –, que terá prazo de 20 dias para se manifestar.

O relator poderá indeferir liminarmente os embargos, caso contrariem súmula do tribunal ou não se comprove que configure divergência jurisprudencial, conforme art. 266-C do Regimento Interno. A decisão do relator é irrecorrível.

O cabimento dos embargos de divergência está disposto no art. 266 do RISTJ, a saber:

> Art. 266. Cabem embargos de divergência contra acórdão de Órgão Fracionário que, em recurso especial, divergir do julgamento atual de qualquer outro Órgão Jurisdicional deste Tribunal, sendo:
>
> I - os acórdãos, embargado e paradigma, de mérito;
>
> II - um acórdão de mérito e outro que não tenha conhecido do recurso, embora tenha apreciado a controvérsia.

A maior dificuldade em torno desse recurso reside na comprovação da divergência, que deve seguir rigorosamente o disposto no art. 266 do RISTJ.

Nessa esteira, a Corte Especial do órgão definiu, no julgamento do EAREsp n. 1.521.111, como requisito para comprovação de divergência jurisprudencial a adoção, na petição dos embargos de divergência, de uma das seguintes providências quanto aos paradigmas indicados:

- juntada de certidões;
- apresentação de cópias do inteiro teor dos acórdãos apontados;
- citação do repositório oficial, autorizado ou credenciado em que os julgados estiverem publicados, inclusive em mídia eletrônica; e
- reprodução de julgado disponível na internet, com a indicação da respectiva fonte on-line.

Em complemento, no julgamento do EAREsp n. 154.021, a Terceira Seção entendeu pela impossibilidade de utilização de decisão monocrática como paradigma em embargos de divergência, com o fito de atestar dissídio jurisprudencial, ainda que a decisão tenha analisado o mérito da questão controvertida.

Saliente-se que, para ser admitida a divergência jurisprudencial no recurso especial, impõe-se o confronto entre o acórdão paradigma e a decisão impugnada, a fim de evidenciar a similitude fática e jurídica posta em debate, nos termos da jurisprudência dominante:

> AGRAVO INTERNO. EMBARGOS DE DIVERGÊNCIA. DEMONSTRAÇÃO DISSÍDIO JURISPRUDENCIAL. COTEJO ANALÍTICO. ACÓRDÃOS CONFRONTADOS. DECISÃO MONOCRÁTICA. PARADIGMA. IMPOSSIBILIDADE. AGRAVO INTERNO DESPROVIDO.
> 1. Os embargos de divergência ostentam característica de recurso de fundamentação vinculada, de modo que o seu conhecimento pressupõe a demonstração efetiva do dissídio entre o aresto impugnado e o acórdão paradigma, através do denominado cotejo analítico. Por esta razão, incumbe ao recorrente explicitar as circunstâncias que identifiquem ou assemelhem os casos confrontados, tendo eles, porém, tido pronunciamentos judiciais diametralmente opostos.
> 2. Segundo a pacífica jurisprudência deste Sodalício, não é suficiente, para a comprovação do dissídio, a mera transcrição da ementa e/ou trechos do voto do julgado paradigma, sem se observar as prescrições legais e regimentais aplicáveis à espécie. 3. No caso posto, do teor das razões deduzidas na petição inicial dos embargos de divergência, observa-se que o ora agravante tão-somente transcreveu trechos das ementas dos acórdãos tidos por paradigma, deixando de efetuar o devido cotejo analítico entre os arestos confrontados, requisito este indispensável para o conhecimento do recurso uniformizador, conforme

previsto nos arts. 1.043, § 4º, do CPC c/c o art. 266, § 4º, do Regimento Interno do Superior Tribunal de Justiça. 4. Decisão monocrática não pode ser adotada para fins de uniformização de jurisprudência na presente via. Precedentes. 5. Agravo interno desprovido. (STJ, AgInt nos EAREsp n. 1.433.813/SP, Rel. Min. Jorge Mussi, j. em 01/12/2020, DJe de 07/12/2020).

Capítulo 8
Processo de execução

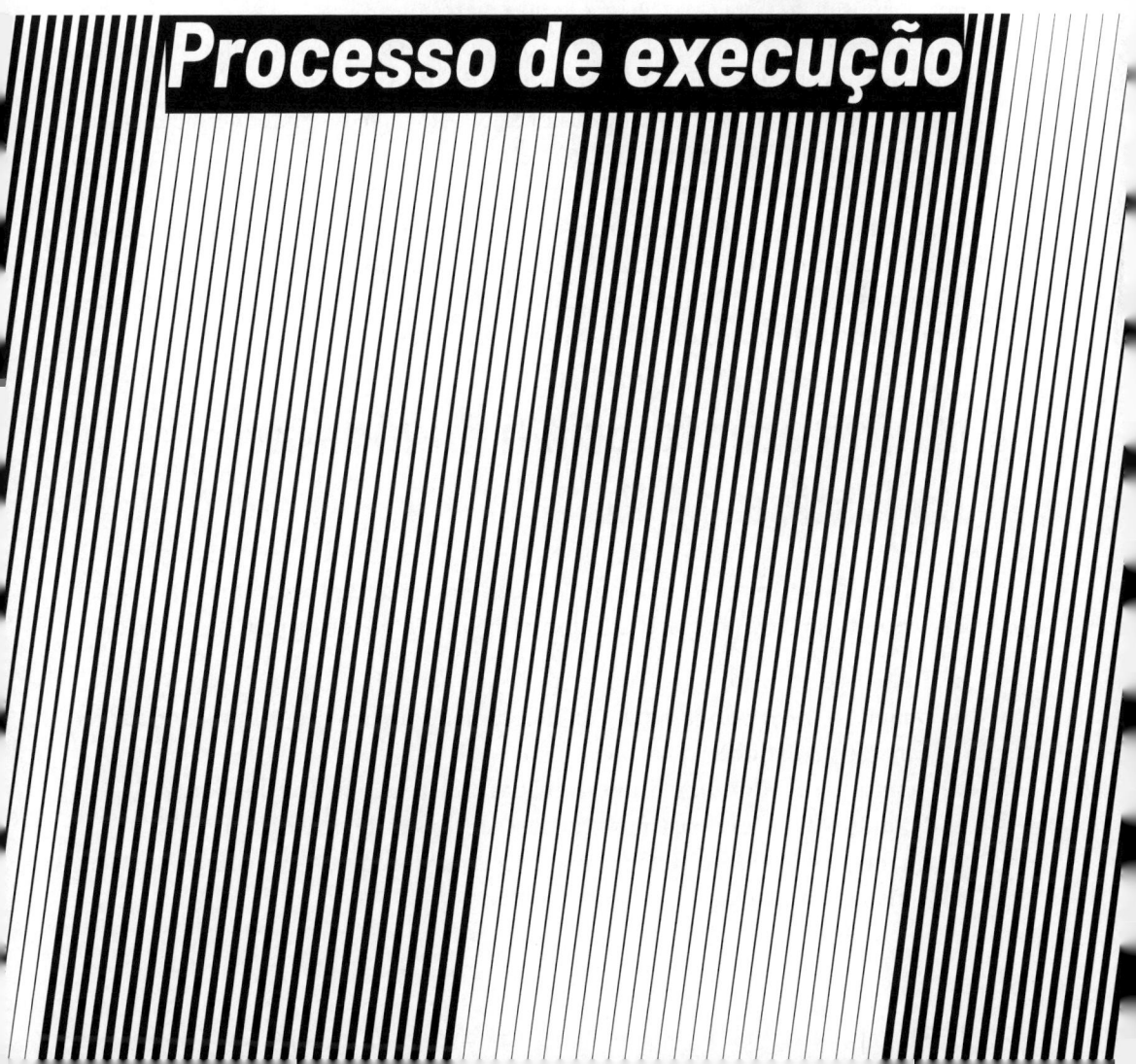

8.1 Conceito

Nos casos em que o crédito inadimplido esteja consubstanciado em título executivo extrajudicial, a execução se dará por meio de processo autônomo, com fundamento nos arts. 771 e seguintes do Código de Processo Civil (CPC).

Como previsto no próprio artigo, tem-se aqui a regra geral de toda execução, incidindo sobre as execuções especiais e, até mesmo sobre o cumprimento de sentença.

8.2 Poder geral de cautela e efetivação da execução

Objetivando a efetividade da execução, o juiz exercerá seu poder geral de cautela, nos termos do art. 772 do CPC, podendo, entre outras medidas, determinar o comparecimento das partes, advertir o executado de que seu comportamento constitui ato atentatório ao exercício da jurisdição, passível de multas processuais, e determinar ao executado que ofereça informações que contribuam para o adequado desenvolvimento da execução.

O art. 773 reforça esse poder do magistrado, orientando que, de ofício ou a requerimento, este poderá determinar medidas necessárias ao cumprimento da ordem de entrega de documentos e dados, como busca e apreensão, incidência de astreintes, multas de natureza punitiva, além de outras medidas típicas e atípicas, sempre buscando a máxima efetivação da execução.

8.3 Ato atentatório à dignidade da justiça

O art. 774 do CPC expressamente prevê os comportamentos da parte executada que configurarão hipótese de ato atentatório à dignidade da justiça, sendo eles:

- fraude à execução;
- quando o executado se opuser maliciosamente à execução, empregando ardis e meios artificiosos;
- quando o devedor dificultar ou embaraçar a realização da penhora;
- quando o devedor resistir justificadamente às ordens judiciais;
- quando o devedor, intimado, não indicar ao juiz quais são e onde estão seu bens penhoráveis.

Convém ratificar a distância entre **ato atentatório à dignidade da justiça** e **litigância de má-fé**. Neste último, o comportamento desidioso se dá contra a parte adversa, com intuito de prejudicá-la no processo, ao passo que no ato atentatório à justiça, o ato desidioso é praticado contra a atuação jurisdicional do Estado. Com base nessa distinção, a multa aplicada num caso e noutro será direcionada ao prejudicado, ou seja, no caso de litigância, a multa será dirigida à parte contrária e, no caso do ato atentatório, a multa será direcionada aos cofres do Estado.

Nos termos do art. 777 do CPC, a cobrança da multa e a eventual reparação de dano deverão ocorrer nos próprios autos do processo, não havendo necessidade de procedimentos autônomos ou incidentais.

8.4 Partes

Nos termos do que dispõe o art. 778 do CPC, pode promover a execução:

a] o credor, a quem a lei confere título executivo;
b] na hipótese de sucessão do credor originário, poderá seguir em seu lugar, independentemente da vontade do executado, o Ministério Público, restritivamente naqueles casos permitidos em lei, o espólio, os herdeiros ou sucessores do credor, sempre que, por morte deste, lhes for transmitido o direito resultante do título executivo;
c] o cessionário, quando o direito resultante do título executivo lhe for transferido por ato entre vivos;
d] o sub-rogado, nos casos de sub-rogação legal ou convencional;

Quanto ao sujeito passivo da execução, poderá ocupar este lugar, nos termos do art. 779 do CPC:

I - o devedor, reconhecido como tal no título executivo;
II - o espólio, os herdeiros ou os sucessores do devedor;
III - o novo devedor que assumiu, com o consentimento do credor, a obrigação resultante do título executivo;
IV - o fiador do débito constante em título extrajudicial;
V - o responsável titular do bem vinculado por garantia real ao pagamento do débito;
VI - o responsável tributário, assim definido em lei.

Quanto ao fiador, especificamente, dispõe o art. 794 do CPC que, sendo ele citado para responder à execução, terá direito de exigir que primeiro sejam executados os bens do devedor situados na mesma comarca, livres e desembargados, indicando-os de maneira pormenorizada, inclusive com certidões, o que se convencionou chamar de benefício de ordem.

Por outro lado, os bens do fiador ficarão sujeitos à execução se os do devedor, situados na mesma comarca que os seus, forem insuficientes à satisfação do direito do credor, preservado o direito do fiador de regressar sobre o devedor no mesmo processo, como permite o § 2º do art. 794.

Com relação ao sócio, seus bens particulares não respondem pelas dívidas da sociedade, senão nos casos permitidos em lei. De outro modo, quando responsáveis pelo pagamento da dívida da sociedade, terão o direito de exigir que primeiro sejam executados os bens da sociedade e, só diante da insuficiência destes é que seus bens particulares poderão ser alcançados, como dita o art. 795 do CPC.

> Art. 795. Os bens particulares dos sócios não respondem pelas dívidas da sociedade, senão nos casos previstos em lei.
>
> § 1º O sócio réu, quando responsável pelo pagamento da dívida da sociedade, tem o direito de exigir que primeiro sejam excutidos os bens da sociedade.
>
> § 2º Incumbe ao sócio que alegar o benefício do § 1º nomear quantos bens da sociedade situados na mesma comarca, livres e desembargados, bastem para pagar o débito.
>
> § 3º O sócio que pagar a dívida poderá executar a sociedade nos autos do mesmo processo.
>
> § 4º Para a desconsideração da personalidade jurídica é obrigatória a observância do incidente previsto neste Código.

8.5 Desistência da execução

Diferentemente do que ocorre nos processos de procedimento comum, em que o autor só terá liberdade de desistir de sua ação livremente até que o réu oferte sua contestação, no processo autônomo de execução, o exequente é livre para desistir de sua execução, nos termos do que dispõe o art. 775 do CPC. Para tanto, deverá cumprir o seguinte procedimento:

I - serão extintos a impugnação e os embargos que versarem apenas sobre questões processuais, pagando o exequente as custas processuais e os honorários advocatícios;

II - nos demais casos, a extinção dependerá da concordância do impugnante ou do embargante.

8.6 Cúmulo de execuções

Dispõe o art. 780 do CPC que é lícito ao credor, sendo o mesmo o devedor, cumular várias execuções, ainda que fundadas em títulos diferentes, desde que para todas elas seja competente o juízo e idêntica a forma do processo. Ainda nesse sentido, segue determinação do enunciado da Súmula n. 27 do STJ que admite que a execução se funde em mais de um título extrajudicial, desde que relativos ao mesmo negócio.

Sendo assim, o exequente deverá atentar para o preenchimento dos seguintes requisitos para que possa promover o cúmulo de execuções:

a) identidade de partes;
b) identidade de competência;
c) identidade do meio executório, ou seja, do procedimento executivo. Assim, pode-se concluir que não se admitirá o referido cúmulo no caso de se ter um crédito de valores e outro de entrega de coisa.

8.7 Competência

A competência para propositura da ação autônoma de execução deverá seguir a disposição contida no art. 781 do CPC, a saber:

I – a execução poderá ser proposta no foro de domicílio do executado, de eleição constante do título ou, ainda, de situação dos bens a ela sujeitos;

II – tendo mais de um domicílio, o executado poderá ser demandado no foro de qualquer deles;

III – sendo incerto ou desconhecido o domicílio do executado, a execução poderá ser proposta no lugar onde for encontrado ou no foro de domicílio do exequente;

IV – havendo mais de um devedor, com diferentes domicílios, a execução será proposta no foro de qualquer deles, à escolha do exequente;

V – a execução poderá ser proposta no foro do lugar em que se praticou o ato ou em que ocorreu o fato que deu origem ao título, mesmo que nele não mais resida o executado.

8.8 Requisitos para o processo de execução

A execução civil, seja ela na forma de processo autônomo ou cumprimento de sentença, exige a observância de dois requisitos:

1] a presença de um título executivo – no caso do processo autônomo, elencados no art. 784 do CPC e, no art. 515, o qual permita o cumprimento de sentença;
2] a inadimplência da obrigação líquida, certa e exigível.

Nos termos do que dispõe o art. 786 do CPC, a execução pode ser instaurada caso o devedor não satisfaça a obrigação liquida, certa e exigível, fundada em título executivo.

A certeza está relacionada ao título e não propriamente à obrigação. A certeza do título estará devidamente configurada quando sua existência não é objeto de controvérsia, ou seja, as partes da execução não discutem sobre a existência e a validade do título, tampouco o juiz tem esta questão por objeto.

Com relação à liquidez, vale lembrar que – não obstante o art. 786 do CPC determinar que, para cobrança das obrigações de crédito, o título deve ser certo, líquido e exigível –, na verdade, tais exigências se apresentam em toda e qualquer forma de execução, e não de modo restrito àquelas relativas a crédito.

É bem verdade que nas obrigações de fazer e entrega de coisa, o procedimento de liquidação será praticado no próprio curso do processo de conhecimento. Isso, contudo, não permite afastar a necessidade de se afirmar haver aí um procedimento de liquidação que apenas possui regramento próprio. Assim, é necessário que a obrigação esteja especificamente determinada para que se possa falar em título líquido. No caso de ordem de pagamento na qual o valor poderá ser apurado mediante simples cálculo aritmético, a liquidação se dará por ato do próprio credor/exequente, que deverá anexar à peça de requerimento de cumprimento de sentença cópia dos memoriais de cálculo, nos termos do art. 798:

> Art. 798. Ao propor a execução, incumbe ao exequente:
>
> I - instruir a petição inicial com:
>
> a) o título executivo extrajudicial;
> b) o demonstrativo do débito atualizado até a data de propositura da ação, quando se tratar de execução por quantia certa;
> c) a prova de que se verificou a condição ou ocorreu o termo, se for o caso;
> d) a prova, se for o caso, de que adimpliu a contraprestação que lhe corresponde ou que lhe assegura o cumprimento, se o executado não for

obrigado a satisfazer a sua prestação senão mediante a contraprestação do exequente;

II - indicar:

  a) a espécie de execução de sua preferência, quando por mais de um modo puder ser realizada;
  b) os nomes completos do exequente e do executado e seus números de inscrição no Cadastro de Pessoas Físicas ou no Cadastro Nacional da Pessoa Jurídica;
  c) os bens suscetíveis de penhora, sempre que possível.

Parágrafo único. O demonstrativo do débito deverá conter:

I - o índice de correção monetária adotado;
II - a taxa de juros aplicada;
III - os termos inicial e final de incidência do índice de correção monetária e da taxa de juros utilizados;
IV - a periodicidade da capitalização dos juros, se for o caso;
V - a especificação de desconto obrigatório realizado.

O terceiro elemento de constituição de toda e qualquer execução é a exigibilidade. Esse requisito, em verdade, diz respeito à obrigação e não ao título, como instrumento formal. A exigibilidade da obrigação está intimamente relacionada ao interesse de agir, condição da ação que, assim como no processo comum, é exigida na formação do processo executivo. Assim, o inadimplemento da obrigação configura sua exigibilidade, impondo a atuação da jurisdição na solução do conflito executivo.

Contudo, o simples fato da obrigação constante do título se apresentar vencida a inadimplida, pode não representar sua exigibilidade, devendo o credor comprovar que não estava sujeita a qualquer condição ou termo, como indicado acima, no art. 798, I, alínea "c".

Da mesma forma, não poderá o credor iniciar ou prosseguir qualquer execução se o devedor cumprir a obrigação, mas poderá recusar o recebimento da prestação se ela não corresponder ao direito ou à obrigação estabelecidos no próprio título executivo, estando permitido neste último caso a iniciar a execução forçada, como autoriza o art. 788 do CPC.

8.9 Fraude contra credores e fraude à execução

O tema das fraudes se mostra um tanto quanto espinhoso, variando tanto na jurisprudência quanto na doutrina sobre sua configuração.

Sendo o patrimônio do devedor aquilo a que se pode segurar o credor para satisfazer seu crédito, é necessário que o devedor assuma a responsabilidade de não dilapidá-lo, sob pena de configuração de ato fraudulento.

Nos termos do que narra o art. 789 do CPC, o devedor responde com todos os seus bens presentes e futuros para o cumprimento de suas obrigações, ressalvadas as restrições legais.

Tal determinação se estenderá aos bens do sucesso a título singular do executado, quando se tratar de execução fundada em direito real ou obrigação reipersecutória, assim como os bens do sócio, dentro dos limites estabelecidos em lei própria.

De acordo com a determinação do art. 790, inciso III, os bens do devedor, responderão ainda que estejam na posse de terceiros, bem aqueles pertencentes ao cônjuge/companheiro do executado, especialmente nos casos em que comprovado que o devedor assumiu a obrigação em benefício da família, ou aqueles bens inseridos na meação.

Respondem ainda aqueles bens pertencentes ao responsável pela obrigação no caso da desconsideração da personalidade jurídica.

Falecido o devedor, passa a responder por suas dívidas o espólio e, somente após a partilha a responsabilidade pesará sobre os herdeiros, sempre no limite do que cada um recebeu de herança, de modo que, nada recebendo, por nada respondem, como dita o art. 796 do CPC.

Especificamente quanto à fraude a credores, ocorrerá quando presentes os seguintes requisitos:

a) crédito anterior ao ato considerado fraudulento;
b) comprovação de prejuízo ao credor, chamado de *eventus damni*;
c) ciência pelo terceiro adquirente da condição de insolvência do devedor quando do ato negocial (má-fé negocial).

Já a fraude à execução, ocorrerá nas hipóteses elencadas no art. 792 do CP, sendo elas:

I - quando sobre o bem pender ação fundada em direito real ou com pretensão reipersecutória, desde que a pendência do processo tenha sido averbada no respectivo registro público, se houver;
II - quando tiver sido averbada, no registro do bem, a pendência do processo de execução, na forma do art. 828;
III - quando tiver sido averbado, no registro do bem, hipoteca judiciária ou outro ato de constrição judicial originário do processo onde foi arguida a fraude;
IV - quando, ao tempo da alienação ou da oneração, tramitava contra o devedor ação capaz de reduzi-lo à insolvência;
V - nos demais casos expressos em lei.

Questão relevante diz respeito aos efeitos da fraude a credores ou à execução.

Verificada a fraude a credores, o ato jurídico praticado é considerado válido até que o credor, por meio de ação própria, ação pauliana, comprove sua ocorrência e obtenha a nulidade do negócio jurídico fraudulento.

De outro modo, como expressamente determina o § 1º do art. 792 do CPC, a alienação praticada em fraude à execução é considerada de nenhum efeito em relação a terceiro, sendo nula em relação ao devedor que tenha disposto de seus bens nas hipóteses acima elencadas.

Por essa razão, a fraude a credores exige ação própria, não podendo por isso ser declarada de ofício, sendo o negócio jurídico inicialmente válido, ao passo que a fraude à execução é nula de pleno direito, podendo ser declarada de ofício, inclusive.

A necessidade de o credor demonstrar que o terceiro adquirente tinha ciência da condição de insolvência do devedor no momento em que realizou a transação não isenta o terceiro de comprovar que diligenciou de modo suficiente para investigar a condição patrimonial do devedor alienante, o que é denominado *dever de diligência do adquirente*. Para tanto, deverá apresentar todas as certidões negativas, relativas ao imóvel e ao devedor e seu cônjuge, na hipótese de casado, nos termos do § 2º do art. 792.

Especificamente no caso da desconsideração da personalidade jurídica, a fraude à execução exigirá a comprovação de que o ato negocial se realizou a partir da citação da parte cuja personalidade se pretende desconsiderar, como exige o § 3º do mesmo artigo.

Em respeito ao contraditório pleno e à garantia constitucional da ampla defesa, deverá o juiz intimar o terceiro adquirente para que, caso queira, oponha embargos de terceiro, cujo prazo será de 15 dias.

8.10 Formas de execução

8.10.1 Execução para entrega de coisa certa

A coisa objeto da obrigação será considerada certa quando definida por sua espécie e quantidade.

A execução para esse tipo de obrigação deverá observar o disposto tanto no Código Civil, em seu art. 233 e seguintes, quanto as regras previstas no art. 806 do CPC.

Proposta a execução para entrega de coisa certa, o devedor será citado para que, em 15 dias, satisfaça a obrigação, devendo o juiz, já na própria ordem de citação, indicar as consequências para a hipótese do descumprimento, como a fixação de multa, possibilidade de busca e apreensão da coisa, imissão na posse etc., como prevê e autoriza o art. 806 do CPC.

No caso de ter sido a coisa alienada em fraude à execução, ou seja, quando já citado validamente o devedor, terá o terceiro adquirente de apresentar embargos, desde que deposite previamente a coisa em juízo, como determina o art. 808 do CPC.

> Art. 808. Alienada a coisa quando já litigiosa, será expedido mandado contra o terceiro adquirente, que somente será ouvido após depositá-la.

Tendo a coisa se perdido por culpa do devedor, certamente, ou mesmo no caso de não ser encontrada, terá o credor direito a receber a indenização cabível que deverá ser apurada no bojo da própria execução.

Diversamente, havendo benfeitorias a serem indenizadas ao devedor ou terceiro, deverá o juiz do caso determinar a necessária liquidação nos termos do que dispõe o art. 810 do CPC.

8.10.2 Execução para entrega de coisa incerta

A coisa incerta será caracterizada quando definida apenas pelo gênero e pela quantidade, nos termos do que dispõe o art. 811 do CPC.

Nesse caso, deverá o devedor ser citado para entregá-la já individualizada, salvo no caso em que a escolha couber ao credor, devendo, neste caso, indicar a coisa em sua petição de execução.

Em qualquer das duas hipóteses, poderá a parte contrária impugnar a escolha feita pelo outro no prazo de 15 dias, cabendo ao juiz do caso decidir, se necessário, com oitiva de perito, como narra o art. 812 do CPC.

8.10.3 Execução para obrigação de fazer

Como determina a redação do art. 814 do CPC, tanto no caso de execução de obrigação de fazer quanto de não fazer, deverá o juiz, ao despachar a inicial determinando a citação do obrigado, fixar a multa a que estará sujeito na hipótese de descumprimento da ordem.

É mandatório considerar a espécie de obrigação de fazer, se fungível ou infungível, posto que poderá interferir nas medidas que deverão ser adotadas pelo magistrado na busca da efetividade da obrigação.

Nessa linha, tratando-se de obrigação de fazer fungível, ou seja, aquele em que não importa quem a cumprirá, não havendo interesse na personalidade do obrigado, será o devedor citado para cumpri-la no prazo designado pelo juiz, que poderá variar de acordo com a complexidade do ato a ser praticado.

Não satisfeita a obrigação no prazo determinado, é lícito ao exequente, nos próprios autos do processo, requerer a satisfação da obrigação por terceiro, às custas do devedor, ou requerer a sua conversão em perdas e danos.

É possível que o próprio credor pretenda executar a obrigação ou mandar alguém de sua escolha executar, tendo, neste caso, direito de preferência desde que as condições apresentadas sejam as mesmas ofertadas pelo terceiro indicado pelo juízo, como prevê o art. 820 do CPC.

Já no caso de se tratar de obrigação de fazer infungível, ou seja, contratada em razão das características pessoais do obrigado, deverá o credor fazer esta indicação em sua inicial, requerendo que o devedor seja intimado para cumprir a obrigação no prazo determinado pelo juiz do caso, nos termos do art. 821 do CPC.

Por se tratar de obrigação personalíssima, havendo recusa do obrigado ou ainda mora no cumprimento, será a obrigação convertida em perdas e danos, passando a execução a seguir na forma de quantia certa.

8.10.4 Execução para obrigação de não fazer

Tratando-se de obrigação negativa, em que o obrigado deve se abster da prática de algum ato, determina o art. 822 do CPC que deverá o obrigado ser citado para desfazer o ato ou, na impossibilidade, para fixação de perdas e danos, devendo, neste caso, seguir na forma de execução por quantia certa.

Cabe ressaltar que, deverá o magistrado adotar as medidas cabíveis e necessárias para que a obrigação negativa não se realize, especialmente naqueles casos em que a mera reparação de danos se mostre insuficiente, a exemplo de dano ambiental. Em casos assim, a conversão em reparação de danos se mostra absolutamente incompatível e insuficiente para a proteção do bem jurídico cuja obrigação de não fazer pretendia proteger.

8.10.5 Execução por quantia certa contra devedor solvente

Quando se trata de execução pautada em obrigação por quantia certa, a busca pela satisfação executiva se dará por meio de penhora e expropriação de bens do devedor, nos termos do art. 824 e seguintes do CPC.

A expropriação poderá ocorrer por:

a) adjudicação;
b) alienação;
c) apropriação de frutos e rendimentos e empresas ou de estabelecimento e de outros bens.

É direito do executado remir a execução antes da adjudicação do bem pelo credor. Para tanto, deverá pagar a importância executada, devidamente atualizada, acrescida de juros, custas e honorários advocatícios, nos termos do que dispõe o art. 826 do CPC.

8.10.5.1 Citação do devedor e do arresto

Ao determinar a citação do executado, deverá o juiz fixar os honorários advocatícios de 10% a serem pagos pelo executado.

Decidindo o executado pelo pagamento integral da dívida no prazo de três dias, o valor dos honorários advocatícios será reduzido pela metade, como autoriza o § 1º do art. 827.

Todavia, o valor dos honorários poderá ser elevado até 20% no caso de rejeição dos embargos do executado ou caso estes não tenham sido apresentados, a depender da complexidade da execução e o trabalho desenvolvido pelo advogado.

Importante providência que poderá ser adotada pelo exequente com o fito de provocar pressão sobre o executado vem disposta no art. 828 do CPC. Esse dispositivo autoriza ao exequente obter certidão indicando que a execução foi aceita pelo juiz, com identificação das partes e o valor da causa, para fins de averbação junto ao registro de imóveis, de veículos ou de outros bens sujeitos a penhora, arresto ou indisponibilidade. Feita a averbação, deverá o exequente comunicá-la nos autos no prazo de 10 dias. Concretizada a penhora sobre o bem e sendo ela suficiente para garantir a execução, deverá o exequente providenciar o cancelamento do registro, conforme determina o § 2º do art. 828; ou, não o fazendo o exequente, deverá a medida ser determinada de ofício pelo juiz do caso.

Efetivada a aludida averbação, qualquer ato que implique em comprometimento do bem configurará fraude à execução presumidamente, como narra o § 4º.

O prazo para pagamento da dívida pelo executado será de três dias, contados da seguinte forma disposta no art. 829:

> § 1º Do mandado de citação constarão, também, a ordem de penhora e a avaliação a serem cumpridas pelo oficial de justiça tão logo verificado o não pagamento no prazo assinalado, de tudo lavrando-se auto, com intimação do executado.
>
> § 2º A penhora recairá sobre os bens indicados pelo exequente, salvo se outros forem indicados pelo executado e aceitos pelo juiz, mediante demonstração de que a constrição proposta lhe será menos onerosa e não trará prejuízo ao exequente.

Na hipótese de o oficial de justiça não encontrar o executado para citá-lo, mas encontrar seus bens, poderá arrestar tantos e quantos bens se mostrem suficientes para garantir a execução, como permite o art. 830 do CPC.

Efetivado o arresto, deverá o oficial ainda tentar citar o executado por 2 vexes em dias distintos e, havendo suspeita de que está se ocultando, realizar a citação por hora certa, informando nos autos, por óbvio.

Vale lembrar que, assim como no processo de conhecimento, a citação por edital depende de requerimento do exequente, não podendo se realizar de ofício pelo juízo.

Feita a citação e transcorrido o prazo de pagamento, o arresto do bem se transmuda automaticamente em penhora.

8.10.6 Penhora

8.10.6.1 Bens absolutamente impenhoráveis

O art. 833 do CPC dispõe sobre o rol de bens considerados absolutamente impenhoráveis, ou seja, aqueles que estão fora da execução, junto dos inalienáveis, sendo eles:

I - os bens inalienáveis e os declarados, por ato voluntário, não sujeitos à execução;

II - os móveis, os pertences e as utilidades domésticas que guarnecem a residência do executado, salvo os de elevado valor ou os que ultrapassem as necessidades comuns correspondentes a um médio padrão de vida;

III - os vestuários, bem como os pertences de uso pessoal do executado, salvo se de elevado valor;

IV - os vencimentos, os subsídios, os soldos, os salários, as remunerações, os proventos de aposentadoria, as pensões, os pecúlios e os montepios, bem como as quantias recebidas por liberalidade de terceiro e destinadas ao sustento do devedor e de sua família, os ganhos de trabalhador autônomo e os honorários de profissional liberal, ressalvado o § 2º ;

V - os livros, as máquinas, as ferramentas, os utensílios, os instrumentos ou outros bens móveis necessários ou úteis ao exercício da profissão do executado;

VI - o seguro de vida;

VII - os materiais necessários para obras em andamento, salvo se essas forem penhoradas;

VIII - a pequena propriedade rural, assim definida em lei, desde que trabalhada pela família;

IX - os recursos públicos recebidos por instituições privadas para aplicação compulsória em educação, saúde ou assistência social;

X - a quantia depositada em caderneta de poupança, até o limite de 40 (quarenta) salários-mínimos;

XI - os recursos públicos do fundo partidário recebidos por partido político, nos termos da lei;

XII - os créditos oriundos de alienação de unidades imobiliárias, sob regime de incorporação imobiliária, vinculados à execução da obra.

Cumpre advertir que a impenhorabilidade tratada no artigo será afastada no caso de a dívida estar relacionada ao próprio bem, por exemplo, aqueles decorrentes de financiamentos para aquisição ou reforma do bem.

Quanto aos vencimentos de qualquer ordem, elencados no inciso IV, e o saldo previsto em caderneta de poupança, indicado no inciso X, estarão fora da impenhorabilidade quando a dívida decorrer de alimentos, nos termos do que dispõe o § 2º do art. 833.

8.10.6.2 Bens relativamente impenhoráveis

Diversamente daqueles bens indicados no art. 833, que se mostram absolutamente impenhoráveis, o art. 834 observa que os frutos e rendimentos dos bens inalienáveis poderão ser penhorados na ausência de outros bens penhoráveis.

Há ainda que se observar certa ordem de preferência dos bens penhoráveis, podendo o juiz analisar a maior efetividade da penhora, inclusive podendo inverter a ordem indicada no art. 835 do CPC como autoriza expressamente o seu § 1º.

De acordo com o referido artigo, a preferência deve ser a seguinte:

I - dinheiro, em espécie ou em depósito ou aplicação em instituição financeira;

II - títulos da dívida pública da União, dos Estados e do Distrito Federal com cotação em mercado;

III - títulos e valores mobiliários com cotação em mercado;
IV - veículos de via terrestre;
V - bens imóveis;
VI - bens móveis em geral;
VII - semoventes;
VIII - navios e aeronaves;
IX - ações e quotas de sociedades simples e empresárias;
X - percentual do faturamento de empresa devedora;
XI - pedras e metais preciosos;
XII - direitos aquisitivos derivados de promessa de compra e venda e de alienação fiduciária em garantia;
XIII - outros direitos.

Quando a penhora recair sobre bem imóvel, ou direito de natureza real sobre imóvel, deverá ser, necessariamente, intimado o cônjuge do executado, ressalvada a hipótese em que estejam casados em regime de separação total de bens, como exige o art. 843 do CPC.

No ato da alienação do bem, o coproprietário ou cônjuge do executado terá preferência na arrematação do bem, considerando a igualdade de condições dos demais interessados na arrematação.

É imperioso que o exequente tome a providência de averbar a penhora ou o arresto do bem no registro competente, a fim de que terceiros interessados tenham conhecimento do ato, o que deverá ocorrer independentemente de ordem judicial, como prevê o art. 844 do CPC.

8.10.6.3 Modificação da penhora

O art. 847 do CPC permite ao executado, no prazo de 10 dias, após sua intimação acerca da penhora, requerer a substituição do bem penhorado, devendo para isso comprovar sua menor onerosidade, além da suficiência do novo bem para preservação da garantia do exequente.

No entanto, a substituição se trata de direito adquirido do executado, cabendo ao juiz avaliar a pertinência e a adequação do requerimento.

Segundo o art. 847, § 1º, do CPC, o juiz só autorizará a substituição se o executado:

I - comprovar as respectivas matrículas e os registros por certidão do correspondente ofício, quanto aos bens imóveis;
II - descrever os bens móveis, com todas as suas propriedades e características, bem como o estado deles e o lugar onde se encontram;

III - descrever os semoventes, com indicação de espécie, de número, de marca ou sinal e do local onde se encontram;
IV - identificar os créditos, indicando quem seja o devedor, qual a origem da dívida, o título que a representa e a data do vencimento; e
V - atribuir, em qualquer caso, valor aos bens indicados à penhora, além de especificar os ônus e os encargos a que estejam sujeitos.

Pretendendo o executado ofertar bem imóvel em substituição ao bem penhorado, deverá colher expressa autorização do cônjuge, como determina o § 3º do art. 847.

Visando preservar o efetivo contraditório, o exequente deverá ser intimado para se manifestar sobre o pedido de substituição nos termos do que indica o § 4º do mesmo artigo.

8.10.6.4 Penhora *on-line*

O art. 854 do CPC prevê a possibilidade de penhora de valores existentes em contas bancárias e aplicações financeiras, devendo, para tanto, se valer do procedimento de comunicação ao sistema financeiro gerido pelo Banco Central, tornando indisponíveis os valores eventualmente encontrados, o que exigirá a pronta intimação do executado, na pessoa de seu advogado, para se manifestar tão logo se efetive o ato do bloqueio.

8.1.0.7 Embargos à execução

No processo de execução, assim como no cumprimento de sentença, não cabe defesa do sujeito passivo, ao menos, no sentido tradicional, como ocorre no processo comum. Contudo, isso não significa que o executado ou requerido, no caso do cumprimento de sentença, não tenham à sua disposição instrumentos que lhes permitam desconstituir o crédito executado.

No caso específico do processo autônomo de execução, a via a ser utilizada pelo executado são os embargos à execução, disciplinados a partir do art. 914 do CPC.

Os embargos à execução se constituem em ação proposta pelo executado contra o exequente, com a finalidade de desconstituir o crédito exequendo, seja demonstrando a ilegitimidade do próprio crédito, por exemplo, demonstrado seu anterior pagamento ou, ainda, pela desconstituição do próprio título, a exemplo de quando se comprova tratar-se de título irregular, ilíquido, inexigível etc.

Nos termos do que dispõe o art. 914 do CPC, o executado, independentemente de penhora, ou qualquer outra garantia do juízo, poderá se opor à execução por meio de embargos.

A distribuição dos embargos será feita por dependência, devendo ser autuado em apartado e devidamente instruído com cópia das peças processuais relevantes, que poderão ser declaradas autênticas pelo próprio advogado, sob responsabilidade pessoal.

No caso em que o executado seja citado por meio de carta precatória, poderá apresentar seus embargos no próprio juízo deprecado, se assim preferir, sem prejuízo de apresentá-lo no próprio juízo deprecante.

Por certo que, no caso de processo que tramite pela via eletrônica, essa problemática perde seu sentido, com a devida *venia* a quem pensa de modo diverso, pelo fato de que a territorialidade física do processo sede lugar para a virtualidade dos atos praticados, inclusive em vias de eventual necessidade de audiências.

Os embargos deverão ser ofertados no prazo de 15 dias, contado de acordo com a regra geral prevista no art. 231 do CPC, como expressamente determina o art. 915.

Na hipótese de haver mais de um executado, o prazo para cada um deles embargar conta-se a partir da juntada do respectivo comprovante de citação, ressalvada a situação o cônjuge ou companheiro, para quem o prazo terá início a partir da última citação juntada aos autos.

Quando a execução tramita por carta, deverá ser observada a seguinte regra disposta no § 2º do art. 915:

I - da juntada, na carta, da certificação da citação, quando versarem unicamente sobre vícios ou defeitos da penhora, da avaliação ou da alienação dos bens;
II - da juntada, nos autos de origem, do comunicado de que trata o § 4º deste art. ou, não havendo este, da juntada da carta devidamente cumprida, quando versarem sobre questões diversas da prevista no inciso I deste parágrafo.

Ressalte-se que, no processo de execução, que vale igualmente para embargos, não se aplica a regra disposta no art. 229 do CPC, que permite dobrar o prazo de defesa em havendo nos autos litisconsórcio passivo, representados por diferentes advogados.

Se o executado, por eventualidade, pretender aceitar o valor da execução, terá direito de requerer o benefício previsto no art. 916 do CPC, em que lhe é autorizado realizar depósito da quantia correspondente a 3% do valor executado, devidamente atualizado, mais custas e honorários advocatícios, podendo parcelar o valor restante em até seis parcelas mensais, acrescidas de correção monetária e de juros de 1% ao mês.

Esta foi claramente uma forma encontrada pelo legislador de incentivar o executado a efetivar o pagamento do valor executado sem opor obstáculos ao processo executivo. No entanto, essa possibilidade precisa ser muito bem avaliada pelo executado, em conjunto com seu advogado, posto que depende da circunstância de fato que cerca a execução.

É imperioso destacar que, em se tratando de direito do executado, não pode o exequente se opor ao pedido de parcelamento, salvo se demonstrar que os requisitos legais não foram devidamente preenchidos para tanto.

Contudo, assumindo o compromisso pelo executado de realizar a quitação do valor exequendo pelo parcelamento proposto, o não cumprimento implicará no vencimento das prestações subsequentes, além do prosseguimento do processo executivo, sem prejuízo da imposição de multa de 10% sobre o valor das prestações não pagas, como determina o § 5º, inciso II do art. 916 do CPC.

Por certo que, aceito o valor cobrado pelo executado, ocorrerá a preclusão lógica, de modo que ficará impedido de opor embargos, como veda o art. 916, § 6º.

Quanto à matéria alegável pelo executado, ficará restrita a determinados aspectos dispostos no art. 917, sendo elas:

I - inexequibilidade do título ou inexigibilidade da obrigação;
II - penhora incorreta ou avaliação errônea;
III - excesso de execução ou cumulação indevida de execuções;
IV - retenção por benfeitorias necessárias ou úteis, nos casos de execução para entrega de coisa certa;
V - incompetência absoluta ou relativa do juízo da execução;
VI - qualquer matéria que lhe seria lícito deduzir como defesa em processo de conhecimento.

Especificamente quanto à matéria prevista no inciso II acima, penhora incorreta ou erro de avaliação, poderá o executado se manifestar por simples petição nos autos do processo executivo, dispensada a necessidade dos embargos, como determina o § 1º do art. 917.

O excesso de execução, disposto no inciso III, se configura quando:

I - o exequente pleiteia quantia superior à do título;
II - ela recai sobre coisa diversa daquela declarada no título;
III - ela se processa de modo diferente do que foi determinado no título;
IV - o exequente, sem cumprir a prestação que lhe corresponde, exige o adimplemento da prestação do executado;
V - o exequente não prova que a condição se realizou.

Ao alegar excesso de execução, terá o executado, sob pena de indeferimento liminar, de apresentar planilha descritiva com valor correto, nos termos do que dispõe o art. 917, § 3º do CPC.

Sendo a alegação de excesso de execução o único fundamento dos embargos, serão estes prontamente rejeitados caso o executado não apresente a planilha discriminada; havendo outras matérias, deixará o juiz de analisar especificamente a alegação de excesso de execução, como prega o § 4º do mesmo artigo.

Há casos em que o juiz deverá rejeitar liminarmente os embargos ofertados pelo executado. De acordo com o art. 918 do CPC, sendo intempestivos, indeferimento da inicial, improcedência liminar do pedido, ou nos casos em que os embargos se mostram manifestadamente protelatórios, o que configurará atuação atentatória ao exercício da jurisdição, devendo o juiz do caso aplicar multa nos termos permitidos em lei.

Em regra, os embargos à execução não suspendem o trâmite da execução, salvo na ocorrência de qualquer das situações narradas no art. 919 do CPC:

> § 1º O juiz poderá, a requerimento do embargante, atribuir efeito suspensivo aos embargos quando verificados os requisitos para a concessão da tutela provisória e desde que a execução já esteja garantida por penhora, depósito ou caução suficientes.
>
> § 2º Cessando as circunstâncias que a motivaram, a decisão relativa aos efeitos dos embargos poderá, a requerimento da parte, ser modificada ou revogada a qualquer tempo, em decisão fundamentada.
>
> § 3º Quando o efeito suspensivo atribuído aos embargos disser respeito apenas a parte do objeto da execução, esta prosseguirá quanto à parte restante.
>
> § 4º A concessão de efeito suspensivo aos embargos oferecidos por um dos executados não suspenderá a execução contra os que não embargaram quando o respectivo fundamento disser respeito exclusivamente ao embargante.
>
> § 5º A concessão de efeito suspensivo não impedirá a efetivação dos atos de substituição, de reforço ou de redução da penhora e de avaliação dos bens.

8.10.8 Suspensão do processo de execução

A execução poderá ser suspensa nos casos elencados no art. 921 do CPC, sendo eles:

I - nas hipóteses descritas nos arts. 313 e 315 naquilo que couber,
II - no todo ou em parte, quando recebidos com efeito suspensivo os embargos à execução;
III - quando não for localizado o executado ou bens penhoráveis
IV - se a alienação dos bens penhorados não se realizar por falta de licitantes e o exequente, em 15 (quinze) dias, não requerer a adjudicação nem indicar outros bens penhoráveis;
V - quando concedido o parcelamento de que trata o art. 916.

Não localizados bens penhoráveis do executado, a execução permanecerá suspensa por até um ano, devendo o juiz determinar o arquivamento dos autos, voltando o prazo de prescrição intercorrente a ser contado. Surgindo patrimônio do executado, poderá o exequente, a qualquer tempo, requerer o desarquivamento, a indicação do bem novo, requerendo sua penhora.

8.10.9 Extinção do processo de execução

O art. 924 do CPC dispõe sobre as situações que ensejarão a extinção do processo executivo, sendo elas:

- I - a petição inicial for indeferida;
- II - a obrigação for satisfeita;
- III - o executado obtiver, por qualquer outro meio, a extinção total da dívida;
- IV - o exequente renunciar ao crédito;
- V - ocorrer a prescrição intercorrente.

Frisamos que não basta a alegação das situações que ensejam a extinção da execução, produzindo efeito apenas após ser declarada por sentença, como prevê o art. 924 do CPC.

Capítulo 9
Ação rescisória

9.1 Conceito

Trata-se de ação destinada a rescindir decisão de mérito, transitada em julgado, nas hipóteses taxativamente previstas no art. 966 do CPC, sendo elas:

I - se verificar que foi proferida por força de prevaricação, concussão ou corrupção do juiz;
II - for proferida por juiz impedido ou por juízo absolutamente incompetente;
III - resultar de dolo ou coação da parte vencedora em detrimento da parte vencida ou, ainda, de simulação ou colusão entre as partes, a fim de fraudar a lei;
IV - ofender a coisa julgada;
V - violar manifestamente norma jurídica;
VI - for fundada em prova cuja falsidade tenha sido apurada em processo criminal ou venha a ser demonstrada na própria ação rescisória;
VII - obtiver o autor, posteriormente ao trânsito em julgado, prova nova cuja existência ignorava ou de que não pôde fazer uso, capaz, por si só, de lhe assegurar pronunciamento favorável;
VIII - for fundada em erro de fato verificável do exame dos autos.

O erro de fato que admite a propositura da ação rescisória será precisamente aquele que ocorre quando a decisão rescindenda admitir fato inexistente ou quando considerar inexistente fato efetivamente ocorrido, sendo indispensável, em ambos os casos, que o fato não represente ponto controvertido sobre o qual o juiz deveria ter se pronunciado na ação em que foi proferida a decisão rescindenda.

Em que pese o *caput* do art. 966 aludir expressamente ao cabimento da ação rescisória diante de decisão de mérito, transitada em julgado, há casos em que mesmo não sendo de mérito, admitirá excepcionalmente a propositura da rescisória. Tais casos descritos no § 2º do referido artigo são aqueles que impedem a propositura de nova demanda ou a admissibilidade do recurso correspondente.

Caso a decisão rescindenda seja composta de mais de um capítulo, poderá a parte pretender a rescisão apenas de um deles, o que se mostra plenamente possível nos termos do art. 966, § 3º, do CPC.

O prazo prescricional da rescisória será de dois anos, contados a partir do trânsito em julgado da decisão rescindenda, nos termos do art. 945.

9.2 Legitimidade para propor ação rescisória

De acordo com a determinação contida no art. 967 do CPC, terá legitimidade para propor a presente ação aquele que tenha sido parte na ação em que foi proferida a decisão rescindenda ou seus respectivos sucessores *causa mortis* ou *inter vivos*.

O terceiro que se entende prejudicado pela decisão rescindenda terá também legitimidade para propositura de eventual ação rescisória, assim como o membro do Ministério Público, restritivamente nos casos em que, apesar da obrigatoriedade, não foi ouvido, ou quando entender ter havido conluio entre as partes com intuito de fraudar o processo.

Além da legitimidade ativa do Ministério Público para ação rescisória nos casos acima indicados, terá atuação obrigatória em todas as demais ações rescisórias que venham a ser propostas, sob pena de nulidade.

A petição inicial da ação rescisória exige o preenchimento dos mesmos requisitos impostos para qualquer inicial e dispostos no art. 319 do CPC. Ao apresentar sua inicial, deverá o autor:

- apresentar duplo pedido, sendo um de rescisão da decisão e outro de novo julgamento;
- comprovar o depósito de quantia referente a 5% do valor da causa atualizado, salvo o caso em que comprovadamente seja beneficiário da justiça gratuita. De acordo com a determinação do § 2º do art. 968 do CPC, o valor dessa multa não poderá ultrapassar a quantia referente a mil salários mínimos e será revertida à parte contrária, no caso de a rescisória ser julgada improcedente por unanimidade, nos termos do art. 974, § único do CPC.

9.3 Competência para julgar a ação rescisória

A ação rescisória proposta contra decisão de primeiro grau será de competência do tribunal que teria competência para julgar eventual recurso daquela mesma decisão. Pretendendo rescindir sentença de primeiro grau da justiça estadual, a competência para julgar a rescisória será do respectivo Tribunal de Justiça do Estado.

Na hipótese de pretender rescindir acórdão, a competência para a rescisória será do mesmo tribunal que tenha proferido o acórdão rescindendo.

Na hipótese de haver de necessidade de produção probatória na rescisória, poderá o relator do caso delegar competência ao juízo de origem para produção das provas necessárias e que irão instruir a rescisória.

Referências

ALVIM, A. **Manual de direito processual civil**. 8. ed. São Paulo: RT, 2003. v. I e II.

ALVIM NETO, J. M. A. O princípio da proporcionalidade nos quadros da dogmática contemporânea: análise de alguns casos, recentes e relevantes, da jurisprudência brasileira, em que incide tal princípio. **Doutrina do STJ**, edição comemorativa, p. 367-396, 2005.

ARAGÃO, E. D. M. de. Embargos de nulidades e infringentes do julgado. São Paulo: Saraiva, 1965.

ARMELIN, D. Tutela jurisdicional diferenciada. **Revista de Processo**, São Paulo: RT, v. 65, p. 45-55, 1992.

ARRUDA, A. C. M. de. **Recursos no processo civil**: teoria geral e recursos em espécie. São Paulo: Juarez de Oliveira, 2002.

ASSIS, A. C. de. EC n. 66/2010: a emenda constitucional do casamento. **Instituto Brasileiro de Direito de Família**, 20 jul. 2010. Disponível em: <https://ibdfam.org.br/index.php/artigos/644/novosite>. Acesso em: 25 mar. 2024.

ÁVILA, H. **Teoria dos princípios**: da definição à aplicação dos princípios jurídicos. 8. ed. São Paulo: Malheiros, 2008.

BEDAQUE, J. R. dos S. **Direito e processo**: influência do direito material sobre o processo. 3.ed. São Paulo: Malheiros, 2003.

BRASIL. Constituição (1988). **Diário Oficial da União**, Brasília, DF, 5 out. 1988. Disponível em: <https://www.planalto.gov.br/ccivil_03/constituicao/constituicao.htm>. Acesso em: 25 mar.. 2024.

BRASIL. Lei n. 5.172, de 25 de outubro de 1966. **Diário Oficial da União**, Poder Legislativo, Brasília, DF, 27 out. 1966. Disponível em: <https://www.planalto.gov.br/ccivil_03/leis/l5172compilado.htm>. Acesso em: 25 mar. 2024.

BRASIL. Lei n. 8.078, de 11 de setembro de 1990. **Diário Oficial da União**, Poder Legislativo, Brasília, DF, 12 set. 1990. Disponível em: <https://www.planalto.gov.br/ccivil_03/leis/l8078compilado.htm>. Acesso em: 25 mar. 2024.

BRASIL. Lei n. 9.099, de 26 de setembro de 1995. **Diário Oficial da União**, Poder Legislativo, Brasília, DF, 27 set. 1995. Disponível em: <https://www.planalto.gov.br/ccivil_03/leis/l9099.htm>. Acesso em: 25 mar. 2024.

BRASIL. Lei n. 9.307, de 26 de setembro de 1996. **Diário Oficial da União**, Poder Legislativo, Brasília, DF, 23 set. 1996. Disponível em: <https://www.planalto.gov.br/ccivil_03/leis/l9307.htm>. Acesso em: 25 mar. 2024.

BRASIL. Lei n. 9.469, de 10 de julho de 1997. **Diário Oficial da União**, Poder Legislativo, Brasília, DF, 11 jul. 1997. Disponível em: <https://www.planalto.gov.br/ccivil_03/leis/l9469.htm>. Acesso em: 25 mar. 2024.

BRASIL. Lei n. 10.406, de 10 de janeiro de 2002. **Diário Oficial da União**, Poder Legislativo, Brasília, DF, 11 jan. 2002. Disponível em: <https://www.planalto.gov.br/ccivil_03/leis/2002/l10406compilada.htm>. Acesso em: 25 mar. 2024.

BRASIL. Lei n. 10.741, de 1 de outubro de 2003. **Diário Oficial da União**, Poder Legislativo, Brasília, DF, 3 out. 2003. Disponível em: <https://www.planalto.gov.br/ccivil_03/leis/2003/l10.741.htm>. Acesso em: 25 mar. 2024.

BRASIL. Lei n. 11.079, de 30 de dezembro de 2004. **Diário Oficial da União**, Poder Legislativo, Brasília, DF, 31 dez. 2004. Disponível em: <https://www.planalto.gov.br/ccivil_03/_ato2004-2006/2004/lei/l11079.htm>. Acesso em: 25 mar. 2024.

BRASIL. Lei n. 11.101, de 9 de fevereiro de 2005. **Diário Oficial da União**, Poder Legislativo, Brasília, DF, 9 fev. 2005. Disponível em: <https://www.planalto.gov.br/ccivil_03/_ato2004-2006/2005/lei/l11101.htm>. Acesso em: 25 mar. 2024.

BRASIL. Lei n. 13.105, de 16 de março de 2015. **Diário Oficial da União**, Poder Legislativo, Brasília, DF, 17 mar. 2015. Disponível em: <https://www.planalto.gov.br/ccivil_03/_ato2015-2018/2015/lei/l13105.htm>. Acesso em: 25 mar. 2024.

BRASIL. Lei n. 13.140, de 26 de junho de 2015. **Diário Oficial da União**, Poder Legislativo, Brasília, DF, 26 jun. 2015. Disponível em: <https://www.planalto.gov.br/ccivil_03/_ato2015-2018/2015/lei/l13140.htm>. Acesso em: 25 mar. 2024.

CARMONA, C. A. **Arbitragem e processo**: um comentário à Lei n.º 9.307/96. 4. ed. rev., atual. e ampl. São Paulo: Atlas, 2023.

CARNELUTTI, F. **Sistema de direito processual civil**. Tradução de Hiltomar Martins Oliveira. São Paulo: Classic Book, 2000a. v. I.

CARNELUTTI, F. **Teoria geral do direito**. São Paulo: Lejus, 2000b.

CARVALHO, M. P. de. **Do pedido no processo civil**. Porto Alegre: Fabris, 1992.

CASTILLO, N. A-Z. **Estúdios de teoria general e história del processo**. México: Institutos de Investigaciones Jurídicas, 1974. tomo I.

CHIOVENDA, G. **Instituições de direito processual civil**. 2. ed. Tradução de J. Guimarães Menegale. São Paulo: Saraiva, 1965.

COUTURE, E. J. **Fundamentos de direito processual civil**. Tradução de Benedicto Giaccobini. Campinas: Red Livros, 1999.

CUNHA, L. J. C. **A Fazenda Pública em juízo**. 2. ed. São Paulo: Dialética, 2005.

DIDIER JR., F. **Curso de direito processual civil**. 24. ed. Salvador: JusPodivm, 2022. v. I.

DINAMARCO, C. R. **A instrumentalidade do processo**. 6. ed. São Paulo: Malheiros, 1998.

DINAMARCO, C. R. **A reforma da reforma**. 5. ed. São Paulo: Malheiros, 2003.

DINAMARCO, C. R. **Execução civil**. 8. ed. São Paulo: Malheiros. 2002a.

DINAMARCO, C. R. **Fundamentos de direito processual civil**. 4. ed. São Paulo: Malheiros, 2001a. v. I.

DINAMARCO, C. R. **Instituições de direito processual civil**. 2. ed. São Paulo: Malheiros, 2001b. v. I, II e III.

DINAMARCO, C. R. **Instituições de direito processual civil**. 6. ed. São Paulo: Malheiros, 2009. v. II.

DINAMARCO, C. R. **Litisconsórcio**. 7. ed. São Paulo: Malheiros, 2002b.

GONÇALVES, C. R. **Direito civil brasileiro**. 9. ed. São Paulo: Saraiva, 2012.

GONÇALVES, C. R. **Direito civil brasileiro**: direito das sucessões. 12. ed. São Paulo: Saraiva Educação, 2018.

GRIMM, D. **Constitucionalismo y derechos fundamentales**. Estudio preliminary de Antonio López Pina sobre obra daquele autor. Tradução de Raúl Sanz Burgos e José Luis Muñoz de Baena Simón. Madrid: Editorial Trotta, 2006.

GRINOVER, A. P. **O processo em sua unidade**. São Paulo: Saraiva, 1978.

HABERMAS, J. **Direito e democracia**: entre facticidade e validade. Tradução de Flávio Beno Siebeneichler. Rio de Janeiro: Tempo Brasileiro, 2010. v. I.

HACHEM, D. W. Direito animal. Os animais são sujeitos de direito no ordenamento jurídico brasileiro? Daniel Wunder Hachem. **RBDA**, Salvador, v. 13, n. 3, p. 141-172, 2017.

LIEBMAN, E. T. **Estudos sobre o processo civil brasileiro**. São Paulo: José Bushartsky, 1976.

LIEBMAN, E. T. **Manual de direito processual civil**. 3. ed. Tradução de Cândido Rangel Dinamarco. São Paulo: Malheiros, 2005. v. I.

LOPES, J. B. **A prova no direito processual civil**. 2. ed. São Paulo: RT, 2002c.

MANCUSO, R. de C. **A resolução dos conflitos e a função judicial no contemporâneo Estado de Direito**. São Paulo: RT, 2009.

MARCATO, A. C. **Código de Processo Civil interpretado**. São Paulo: Atlas, 2004.

MARQUES, J. F. **Instituições de direito processual civil**. Rio de Janeiro: Forense, 1958. v. 1.

MIRANDA, P. de. **Tratado das ações**. 2. ed. São Paulo: RT. 1972.

MOREIRA, J. C. B. **Comentários ao Código de Processo Civil**. 7. ed. São Paulo: Forense, 1998.

MOREIRA, J. C. B. **Comentários ao Código de Processo Civil**. 12. ed. Rio de Janeiro: Forense, 2005.

MOREIRA, J. C. B. **Comentários ao Código de Processo Civil**. 14. ed. Rio de Janeiro: Forense, 2008. v. V.
NEGRÃO, T.; GOUVEA, J. R. F. **Código de Processo Civil anotado**. 35. ed. São Paulo: Saraiva, 2003.
NERY JR., N. **Princípios do processo civil na Constituição Federal**. 6. ed. São Paulo: RT, 2000.
NERY JR., N. **Teoria geral dos recursos**. 7. ed. São Paulo: RT, 2014.
PEREIRA, C. M. da S. **Instituições de direito civil**. Rio de Janeiro: Forense, 1966. v. II.
ROSENBERG, L. **Tratado de derecho procesal civil**. Tradução de Angela Romera Vera. Buenos Aires: Ejea, 1955. t. I.
SANTOS, E. F. dos. **Manual de direito processual civil**. 11. ed. São Paulo: Saraiva, 2006.
SANTOS, M. A. dos. **Primeiras linhas de direito processual civil**. 4. ed. São Paulo: Saraiva, 1999. v. III.
SANTOS, M. A. dos. **Primeiras linhas de direito processual civil**. 21. ed. São Paulo: Saraiva, 1999. v. I e II.
SANTOS, M. A. dos. **Primeiras linhas de direito processual civil**. 23. ed. São Paulo: Saraiva, 2004.
SILVA, O. A. B. da; GOMES, F. L. **Teoria geral do processo civil**. São Paulo: RT, 1997.
SOUZA, A. P. de. O poder-dever do juiz de tentar conciliar as partes. **Migalhas**, 26 out. 2017. Disponível em: <https://www.migalhas.com.br/coluna/cpc-na-pratica/267878/o-poder-dever-do-juiz-de-tentar-conciliar-as-partes>. Acesso em: 14 mar. 2024.
STOCO, R. **Abuso do direito e má-fé processual**. São Paulo: RT, 2002.
TARTUCE, F. **Mediação nos conflitos civis**. São Paulo: Método, 2008.
THEODORO JR., H. **Curso de direito processual civil**. 47. ed. Rio de Janeiro: Forense. 2007. v. I e II.
THEODORO JR., H. **Curso de direito processual civil**. 51. ed. Rio de Janeiro: Forense. 2010. v. I.
TUCCI, J. R. C. **A causa petendi no processo civil**. 3. ed. São Paulo: RT, 2009.
TUCCI, J. R. C. **Limites subjetivos da eficácia da sentença e da coisa julgada**. Tese (Concurso para o cargo de Professor Titular de Direito Processual Civil) – Faculdade de Direito da Universidade de São Paulo. São Paulo: 2006.
VON BÜLOW, O. **Teoria das exceções e dos pressupostos processuais**. Tradução não indicada. Campinas: LZN, 2003.
WACH, A. **Manual de derecho procesal civil**. Traducción del aleman por Tomás A Banzhaf. Buenos Aires: Ediciones Juridicas Europa-America, 1977. v. I.

Sobre os autores

Adriano Cesar Braz Caldeira é doutor em Direito pela Universidade Presbiteriana Mackenzie (2015) e mestre em Direito pela Pontifícia Universidade Católica de São Paulo – PUC-SP (2008). Professor da graduação e pós-graduação em Direito da Universidade Mackenzie; professor da pós-graduação em Processo Civil na Escola Superior da Advocacia; professor da pós-graduação da Escola Paulista de Direito. Ex-chefe do Departamento de Direito Processual Civil da Universidade Mackenzie. Ex-Coordenador-Adjunto do curso de Direito da Universidade Mackenzie. Membro do Instituto Brasileiro de Direito Processual e do Instituto Panamericano de Direito Processual. Advogado em São Paulo. Autor de livros e artigos jurídicos.

Guilherme Strenger é doutor em Direito (2014); mestre em Direito (2009); e graduado (2002) em Direito, todos pela PUC-SP. Professor da Pós-Graduação em Processo Civil da Escola Paulista de Direito. Tem experiência na área de Direito, atuando principalmente no tema Processo Civil. É autor de diversas obras jurídicas.

Impressão: xxxxxxxxx